甘肃省2007年度哲学社会科学规划项目阶段性研究成果之一

# 我们走在青藏高原上

## ——洮商考察纪行

丁汝俊　敏文杰　丁克家　著　　敏生贵　摄影

中国社会科学出版社

**图书在版编目（CIP）数据**

我们走在青藏高原上：洮商考察纪行/丁汝俊、敏文杰、丁克家著；敏生贵摄影．—北京：中国社会科学出版社，2009.3
ISBN 978-7-5004-7665-8

Ⅰ．我… Ⅱ．①丁…②敏…③丁…④敏… Ⅲ．商业史—研究—青藏高原 Ⅳ．F729

中国版本图书馆 CIP 数据核字（2009）第 031946 号

责任编辑 黄燕生
责任校对 李小冰
封面设计 大鹏工作室
技术编辑 戴 宽

---

出版发行 中国社会科学出版社
社 址 北京鼓楼西大街甲 158 号 邮 编 100720
电 话 010－84029450（邮购）
网 址 http：//www.csspw.cn
经 销 新华书店
印 刷 北京君升印刷有限公司 装 订 广增装订厂
版 次 2009 年 3 月第 1 版 印 次 2009 年 3 月第 1 次印刷
开 本 710×1000 1/16
印 张 19
字 数 300 千字
定 价 36.00 元

---

凡购买中国社会科学出版社图书，如有质量问题请与本社发行部联系调换
**版权所有 侵权必究**

# 目 录

甘
嘉峪关
酒泉
张掖
金昌
德令哈
西海
西宁
平安
共和
海
省
同仁
玛沁
甘德
达日
玉树
石渠
甘孜
德格
江达
白玉
昌都
炉霍
道孚
理塘
新都桥
阿坝

# ◎前 言

我国辽阔雄伟的青藏高原突兀于中国版图的西南角，面积达250万平方公里，平均海拔4000米以上，被誉为“地球第三极”。年平均气温零摄氏度左右，常年高寒缺氧，无霜期短，生态极度脆弱。境内群峰林立，山势险峻，大江奔流，湖泊众多，秀丽多姿，构成了地球上一幅优美而神奇的风景画，令人神往。

洮商的故乡——甘肃省临潭县，地处青藏高原东部边缘，汉藏走廊的过渡地带，也是历史上汉地商贸、文化与青藏高原各族人民进行多种交流的前沿地带。当地回汉各族人民以自己的民族智慧与生存意志，为开发和建设边疆做出了历史性的贡献。无论是历史还是现实，临潭地方多元宗教、多元文化的碰撞与交流始终贯穿于临潭社会发展的全过程，是我国西北地区最具典型的民族融合与碰撞的地带之一。

历史上的洮州大地，由于其所处的区位优势和战略地位，曾名噪于河、湟、洮、岷诸地，对周围地区有显著的辐射力和凝聚力。虽地处偏僻而不断发展繁荣，成为西部边陲重镇。这里生活着汉、回、藏等多个兄弟民族，其中以回族为主体的洮商们，由于长期生活在甘肃西南部的甘南藏区，熟悉藏族人民的风俗习惯和语言文化，适应藏区的气候环境和生产生活方式，使他们能够克服内地商人难以想象的艰辛和困难，常年主要活动在青藏高原地区，艰苦创业，辛勤经营，成为促进汉藏贸易和文化交流的真正开拓者和实践者。他们在这一主要区域所进行的经济活动，已延续了600多年。他们就是驰名于青藏高原上的洮商。

由于历史的变迁、人口的增长和生态的变化，临潭艰苦的自然环境和有限的发展空间，决定了这里的人们要发展，就不能仅仅在自己的土地上寻找出路。他们根据自身的优势和周围的环境，选择了从商之路。所以，在历史上就自然地形成了一个特殊的商人群体——洮商。洮商是分布在特殊区域、发挥着特殊作用的特殊商人群体。洮商的经济活动主要集中分布在被称为“地球第三极”的世界屋脊——青藏高原。

作为洮商主体的临潭回族商人，虽然处于汉藏文化的社会人文环境中，但他们与当地各民族的文化始终“和而不同”，保持着自己的宗教信仰和文化传统，成为青藏高原东北边缘地带最具生命力的商人群体。他们的经济活动表现出了丰富的发展历史和商业文化内涵以及独特的时代特征。这在中国著名的商人群体中是一种很独特的现象，近几年已引起经济界、新闻界、学术界的广泛关注。

由于历史的原因，临潭洮商深受江浙传统文化的影响，有着深厚的中国传统文化底蕴。同时，回族洮商又深受西北回族共有的伊斯兰文化的熏陶和高原特色地域文化的影响。

在中国进入改革开放的新的历史时期，洮商获得了历史上最快的复兴并迅速发展壮大，至今仍有70%以上的洮商活跃在青藏高原地区。他们发挥自己善于经商的传统和优势，以自己勤劳的双手，诚实守信的品德，不畏艰险、自强不息的精神和追求美好生活的信念，纷纷投入市场经济的时代大潮。他们纵横于甘、青、川、藏、滇广大青藏高原，驰骋于东南沿海，足迹遍布大江南北、长城内外和祖国的边疆重镇。为促进内地与藏区经济贸易和文化交流，为推动青藏高原各地的经济社会发展和文明进步，为维护祖国边疆的稳定和各民族的团结以及和睦相处做出了特殊而重要的贡献。

洮商在青藏高原的活动已有600年的历史，但他们并不拘泥于传统商业领域，而是努力地拓展着更广阔的经济发展空间；他们延续着历史却又不断地拓展着历史的坐标，他们继承传统却不忘与时俱进。我们可以预言，洮商在青藏高原所发挥的不可替代的特殊作用，在未来一定的历史阶段内还将存在。他们创造和正在创造着令人尊敬和催人奋进的独特光辉历史。洮商发展的历史和现状表明，他们必然在未来的市场经济大潮中，焕发出更加灿烂而耀眼的光芒。

洮商600多年的创业历程中，蕴含着平凡而伟大的创业精神，闪耀着人性美的光芒。改革开放30年来，洮商形成了知难而上、拼搏创新的阿拉山精神；一人有难、八方支援的雀儿山精神；团结向上、自强不息的顺达精神。涌现出了大爱无私、多年抚养弃儿的洮商张建军夫妇；冒着生命危险为汶川灾区运送救灾帐篷的洮商敏生才兄弟；在都江堰灾区奋力抢救自己员工遇难家属的洮商马伟君等一批优秀的洮商。为社会公益事业做出贡献的洮商代表敏文祥、张世明、马而利、丁仕祥、张忠良、吴映俊、敏仲义、丁汝贤、敏俊成、马明礼等。洮商的历史传统和这些洮商们所表现出来的精神、高尚的品德共同形成了一个独特而伟大的精神——洮商精神。这就是：诚实守信、吃苦耐劳、坚忍不拔、勤俭自律、团结互助、创新向上。

我国历史上的徽商、晋商曾名甲天下。他们的经济活动足迹大多是在内地农耕文明的大环境中孕育与形成的，所以留下来的文字资料和文献非常丰富。但是洮商不同，他们是农耕文明与游牧文明交流的产物，是汉藏贸易的开拓者、实践者，长期活动在自然条件艰苦、生产力水平较低、信息传播缓慢的青藏高原腹地，往往被内地的专家学者所忽略，这是一个历史的缺憾。一直到了近代，才有个别历史学家和新闻记者注意到他们，留下了很有限的文字记录。但洮商发展的历史和在青藏高原上所发挥的不可替代的作用却不容置否。同晋商、徽商辉煌的过去、湮没于历史尘埃中的遗迹相比，洮商在青藏高原上至今仍充满勃勃生机，焕发着旺盛的生命力。这一事实使我们有理由相信，洮商的历史贡献、商业精神、商业伦理和时代特征必然会得到国内外经济界、新闻界、学术界应有的关注、报道和研究。

呈现在广大读者面前的是甘肃省2007年度哲学社会科学规划项目——《临潭回族史》阶段性研究成果之一。我们通过本书第一次从一个侧面客观反映了洮商在改革开放30年来为青藏高原做出的巨大贡献，用文字记录了洮商的经济活动和经商的日常生活，向世人介绍这一具有独特魅力的商人群体。我们用一组组数据和表格说明洮商在青藏高原经济社会发展中所起的重要作用，用一个个鲜活的个案诉说洮商的奋斗历程和人生的酸甜苦辣。可以说，青藏高原的每一座大山上，每一条大河里都有洮商留下的汗水、眼泪和鲜血，甚至生命。一年四季，长年累月，不论天寒地冻，还是暴风骤雨，洮商用智慧、勇敢、汗水和生命征服了青藏高原上几乎所有的高山大河。但这一切过去的史书上没有记载，新闻上没有报道，学术上没人研究，社会上也没人关注。可是四姑娘山、二郎山、折多山、雀儿山、岗托山、大玛拉山、业拉山、甘巴拉山、唐古拉山等高山峻岭却无言地见证了他们的存在和价值；洮河、黄河、黑河、大渡河、雅砻江、金沙江、澜沧江、怒江、雅鲁藏布江等大江大河默默地为他们做了记录和注脚。只有在我们所处的改革开放的好时代，才有可能对青藏高原上这一独具魅力的商人群体给予关注，进行考察和展开研究。

我们调研组的这次实地考察体验和见证了中国改革开放30年青藏高原地区经济发展、社会文明进步和各族人民生活水平快速提高的历史事实，也见证了党和政府对少数民族地区的极大关怀和在各个领域所付出的巨大努力。

作　者

2008年12月28日

◎第一章

# 跨越土门关——甘肃篇

甘肃，古属雍州，地处青藏、内蒙古、黄土三大高原交汇处。它东接陕西，南控巴蜀青海，西倚新疆，北扼内蒙古、宁夏，是古丝绸之路的锁匙之地和黄金路段。甘肃地处黄河上游，地域辽阔，资源丰富，自然条件复杂多样。其境内地势起伏、山岭连绵、江河奔流，地形复杂。这里有直插云霄的皑皑雪峰、一望无垠的辽阔草原、茫茫的戈壁瀚海、郁郁葱葱的次生林、神奇碧绿的湖泊佳泉和江南风韵的自然风光，也有西北特有的奇花名果。

甘肃是取甘州（今张掖）、肃州（今酒泉）二地的首字而成。西夏曾置甘肃军司，元代设甘肃省，简称甘。唐代设陇右道，故又简称为陇。全省总面积45.4万平方公里，占全国总面积的4.72%，人口为2600万人。甘肃地形狭长，东西长1655公里，南北宽530公里。海拔最低500米，最高近5000米。

甘肃东南部的天水和陇南地区，是历史悠久、山川锦绣、物产丰富、气候宜人、民俗奇特的天然肥沃之地，有小江南之称。甘肃东部的庆阳和平凉地区是历史悠久的革命老区。河西走廊是甘肃著名的粮仓，也是昔日铁马金戈的古战场和古丝绸之路的要道。闻名于世的敦煌莫高窟壁画、肃南裕固族、肃北蒙古族风情、阿克塞、天祝民俗、雷台奇观、古酒泉传奇、嘉峪关传说在这里熠熠生辉。而甘南藏族自治州和临夏回族自治州，则是藏、回、东乡、保安、撒拉等少数民族的集居地，有独具一格的民情和风俗，这里的宗教民俗活动，独特隆重，令人叹为观止。

洮商在甘肃主要分布在甘南藏族自治州、临夏回族自治州以及兰州市。其中以洮商的故乡临潭县和临夏市人数最多。

## 一、洮商的故乡——临潭

甘肃临潭县，古称洮州，位于甘肃省南部甘南藏族自治州东部，地处青藏高原东北边缘。海拔在2209-3926米，平均海拔2825米，属青藏高原东北边缘的高山丘陵地区。北结临夏州康乐县、定西市渭源县，东临定西市岷县与甘南州卓尼县，西南面均与卓尼县交叉接壤。全县总面积1557.68平方公里，东西最大距离60公里，南北最大距离83公里，总人口14.85万人，其中农业人口13.4万人，占总人口的92%。在这里，居住着汉、回、藏等10个民族的人民，少数民族人口占总人口的30%，少数民族以回族居多，有2.3万人，约占总人口的16%。他们是洮商的主体，约占洮商总人数的90%以上。临潭县县政府所在地城关镇，位于县境中部，面积136.54平方公里，人口约2.4万人，岷合公路、定新公路穿镇而过，距甘肃省省会兰州市345公里。

历史上的洮州处于“南控生番，北抗番族，西南抗迭部，正东毗连新城，为洮州之门户，华夷之枢纽”的战略地位。明清两代派驻重兵守卫

洮州，以确保洮岷河湟地区的政治稳定和经济发展。因此，从明代中期以来，洮州就以“藏马互市”兴盛，人们“重农善贾”，商贸发达而闻名于世，成为中原通往青、川、藏的重要孔道和藏汉各民族商贸往来的西部重要旱码头和西北边陲重镇。

在清代，茶马贸易由官办转为民间自由贸易，商品交易范围进一步扩大，藏汉贸易更为发展和繁荣。洮州新城农贸集市出现了民间组织形式“营”，旧城作为内地与藏区物资贸易集散地地位得到进一步加强。《洮州厅志》记载：“旧城人历来重农善贾，无人不商，无家不农。汉回杂处，藏羌往来，五方人民贸易者络绎不绝。”在新旧城最早出现了如著名的“泰盛行”、“德盛马”、“万盛西”、“义心公”和“天兴隆”等数十家商号。洮州逐步发展为甘肃西南部重要的商品集散地和藏汉贸易主要中心之一。

1913年（民国二年），洮州厅改称为临潭县。民国初年，内地虽战乱频繁，但地处西部边陲的临潭却因为皮毛生意的兴盛而带动了市场的发展和商贸的繁荣。洮商已开始向外地及全国各大城市发展，外地商客则云集临潭。到1929年（民国十八年）在临潭设立商号的外省客商就达10家。有京帮、陕帮、豫帮、鄂帮等商帮。本地商号200多家，其中资金在3万银元以上的商号新旧城就有77家，共有资金达230余万银元。可见当时临潭商贸之繁荣。这一时期洮商的经济活动范围、规模和形式也随之发生了变化，形成坐商和行商两种主要形式。行商又分为商队和“单马客”。商队主要有牛马贸易商队、牛马驮队、盐帮驮队等。行商是洮商在青藏高原从事商贸活动的主要组织形式。“单马客”则是一人一马一枪独行经商。

1929年（民国十八年），在临潭历史上发生了最为严重的地方变乱事件。这一事件对以后临潭社会的发展产生了重要影响。由于国民党地方政府（当时由国民革命军刘郁芬主政甘肃）的腐败统治，导致各种历史的和现实的矛盾激化，终于发生了极其残酷的民族残杀。致使以临潭旧城为中心的许多房舍、商铺和清真寺被焚烧，回族人民惨遭杀戮，临潭经济遭到毁灭性的打击，回族洮商几百年积累起来的财富几乎丧失殆尽。临潭社会进入了最黑暗的一个历史时期。然而，回族人民和回族洮商求生存的强烈使命，让他们在极其艰难的环境中坚韧地生活，重新奋起，继续拼搏，去迎接新时代的到来。

1934年10月，中国工农红军开始了举世闻名的二万五千里长征。1936年8月14日至9月30日红四方面军二纵队四军十二师、十师在临潭休整驻军，这支新型人民军队严明的纪律、尊重少数民族的风俗习惯、保护群众利益的实际行动，深深地打动了当地各族人民群众。临潭回汉各族人民和洮商积极为红军办粮台、筹备粮草、制作军衣鞋袜，并动员各族青年积极参加红军。红军在临潭虽然停留的时间不长，但在这片偏僻封闭的民族地区，由于工农红军的到来和影响，临潭各族人民都在黑暗中看到了黎明的曙光，他们愿意为解放自己和中国光明的未来贡献力量。红军在临潭的历史证明，长征是中国共产党领导的工农红军模范地执行党和民族政策的光辉篇章。

新中国的成立和社会主义制度在中国大地的逐步确立，使临潭经济社会的发展进入了一个崭新的历史时期。从1949年新中国成立到1956年，临潭逐步建立了一些新型的国营、集体商业和城乡商业网点，洮商的私营经济也有了稳步的发展，对百废待兴的临潭经济社会发展起了重要的推动作用。1956年国家对私营工商业进行社会主义改造，洮商的经营活动全部纳入国营和集体商业管理的轨道。但随着高度集中的计划体制的全面确立以及频繁的政治运动，从1958-1978年中共十一届三中全会召开前的整整20年的时间，洮商的贸易活动基本停止，私营经济在临潭几乎全部消失，临潭经济一片萧条，人民生活处在极度的贫困和商品短缺之中。

在中国进入改革开放的新的历史时期，洮商获得了历史上最快的恢复兴起并迅速发展壮大。他们纵横甘、青、川、藏、滇广大青藏高原，驰骋于东南沿海，足迹遍布大江南北、长城内外和祖国的边疆重镇。

现在，驰名于青藏高原的洮商不仅走向了全国，而且也走向了世界。他们中的不少人用世界的眼光和国际思维来设计自己发展的蓝图。近年来，洮商在中印边境的亚东口岸、中尼边境的樟木口岸安营扎寨，开展边境贸易，有的已打开了尼泊尔、印度的旅游品、畜产品、中药材市场，获得了良好的经济效益。在美国纽约、德国汉堡、马来西亚吉隆坡、尼泊尔加德满都、阿联酋迪拜都有洮商设立的分公司和办事处；在印度、泰国、缅甸、印度尼西亚、沙特阿拉伯、伊朗、科威特、土耳其、利比亚、委内瑞拉、墨西哥、白俄罗斯等国的土地上也留下了洮商进行经贸交流或商务考察的身影。如今的洮商已摘下昔日神秘的面纱，逐步为世人所了解。

临潭的区位优势至今仍比较明显。洮商从临潭县出发，从西、向南两个方面进入藏区。向南进入甘南草原的迭部、舟曲和阿坝大草原；向西，进入甘南的夏河、碌曲、玛曲，并由此进入青海省的果洛州、玉树州和西藏自治区。

据我们考察初步统计，目前洮商约占青藏高原民营经济中货运业运输量的33%，旅游品经营的65%，人造毛的60%，绸缎的90%，布匹的60%；虫草交易量的35%，废旧军用品销售的90%，帐篷生产和销售的95%，曲拉生产加工的95%，蕨麻批发量的90%，对青藏高原地区经济发展做出了重要的贡献。

表1

**洮商主要经营企业一览表**

| 企业名称 | 企业地址 | 主营 | 固定资产 | 总经理 |
|---|---|---|---|---|
| 甘肃华羚乳品集团公司 | 甘肃合作市 | 干酪素加工销售 | 3.4亿元 | 敏文祥 |
| 甘肃顺达集团公司 | 甘肃兰州市 | 货运、物流 | 2亿元 | 张世明 |
| 甘肃天银国际贸易进出口有限责任公司 | 甘肃兰州市 | 房地产、进出口贸易 | 5600万元 | 王海西 |
| 临夏锦河宾馆 | 甘肃临夏市 | 宾馆 | 2500万元 | 敏仲义 |
| 临夏宾馆 | 甘肃临夏市 | 宾馆 | 1500万元 | 敏俊成 |
| 康美乳业开发有限责任公司 | 云南香格里拉县 | 干酪素加工销售 | 1100万元 | 马卫东 |
| 临夏州兴发纺织业有限责任公司 | 甘肃临夏市 | 纺织品、房地产 | 1000万元 | 马而利 |
| 临夏三金礼帽厂 | 甘肃临夏市 | 礼帽生产销售 | 1000万元 | 吴映俊 |
| 临夏大发公司 | 甘肃临夏市 | 房地产 | 1000万元 | 丁麻乃 |
| 甘肃仁德昌中药材贸易有限责任公司 | 甘肃合作市 | 房地产、中药材贸易 | 820万元 | 王之仁 |
| 广州哈达雅进出口贸易有限责任公司 | 广东广州市 | 进出口贸易 | 500万元 | 马建宏 |
| 高原魂宾馆 | 四川色达县 | 宾馆 | 400万元 | 丁树忠 |
| 上海阿敏生物技术有限责任公司 | 上海市 | 生物制品 | 300万元 | 苏 翰 |
| 新月宾馆 | 四川道孚县 | 宾馆 | 300万元 | 敏 祥 |

表2 **洮商投资建设水电站一览表**

| 电站名称 | 坐落位置 | 装机容量 | 投资规模 | 总经理 | 备　注 |
|---|---|---|---|---|---|
| 青石山水电站 | 临潭县新堡乡 | 12000千瓦 | 1亿元 | 敏文祥 | 已运行 |
| 鹿儿台水电站 | 临潭县术布乡 | 12200千瓦 | 1.3亿元 | 马玉清 | 已运行 |
| 上川水电站 | 临潭县洮滨乡 | 15000千瓦 | 1.2亿元 | 张世明 | 修建中 |
| 阿拉山水电站 | 碌曲县西仓乡 | 9000千瓦 | 8000万元 | 丁仕祥 | 已运行 |
| 莲花山二级水电站 | 康乐县莲麓镇 | 5800千瓦 | 5200万元 | 张世荣 | 已运行 |
| 术布水电站 | 临潭县术布乡 | 6000千瓦 | 5800万元 | 张世清 | 已运行 |
| 莲花山一级水电站 | 康乐县莲麓镇 | 2300千瓦 | 2000万元 | 张世荣 | 已运行 |
| 莲花山水电站 | 临潭县冶力关 | 2230千瓦 | 1700万元 | 张治国 | 已运行 |
| 羊沙水电站 | 临潭县羊沙乡 | 600千瓦 | 500万元 | 丁学斌 | 已运行 |
| 冶海水电站 | 临潭县冶力关 | 500千瓦 | 360万元 | 张世荣 | 已运行 |
| 冶海二级水电站 | 临潭县冶力关 | 150千瓦 | 150万元 | 张世荣 | 已运行 |

除上述表格中所列洮商主要企业外，还有青海忠良商贸有限公司（总经理张忠良）、青海安多商贸有限责任公司（总经理张海清）、临夏华丰人造毛商行（总经理敏士秀）、临夏雅克公司（总经理张国林）、临夏天兴隆公司（总经理敏全喜）、临夏户外用品销售公司（经理马明礼）、临夏布匹批发公司（董事长马全喜）、临夏天兴隆商行（总经理李正明）、兰州力牛食品有限公司（总经理敏生光）、临夏明达土特产品销售公司（总经理丁志明）、临夏全福纺织品批发部（总经理马全福）、临夏华美公司（总经理麻志珍）、云南安多地毯销售公司（总经理丁志强）、临夏市福禄毛毯经销部（经理丁伊辉）、那曲“再回首”商店（总经理敏武）、藏特产聚宝行（经理黎穆萨）、色达忠兴民族用品经销部（经理丁汝贤）等。这些公司或商行在发展中取得了良好的经济和社会效益，为地方经济的发展做出了贡献。

洮商的历史足迹、经商经验和奋斗精神，是他们留给我们后人的一笔宝贵财富。在他们无数平凡而感人的故事中，投射出的是洮商精神的光芒，反映出洮商的历史传统和时代风貌，展示了从甘南大山深处走来的洮商卓尔不群的峥峥风骨和人性之美。

洮商作为我国商海大潮中独特而具有魅力的商人群体，是青藏高原上异常活跃而具有重要影响的民营经济主力军和文化的传播者、友好交流的使者。

## 二、草原新城——合作

甘南藏族自治州位于甘肃西南部，是一个多民族聚居区。甘南地处青藏高原东北边缘，西接青海，南邻四川，北通临夏回族自治州，东达定西、陇南地区，现辖临潭、夏河、碌曲、玛曲、卓尼、迭部、舟曲七县与合作一市，总面积4.5万平方公里，人口66万。

甘南州以高寒阴湿山地和高山草原为主，平均海拔在2000米以上，年均降雨为600-810毫米，年平均气温4℃，其中夏季平均气温8-14℃。

甘南州洮商主要集中于洮商的故乡临潭和合作市以及玛曲、碌曲、夏河等县，主要从事房地产开发、民族用品生产与销售、畜产品生产与销售、服务业、货运信息业、废旧军用品批发和水电行业等。

合作市地处甘南高原北部，是甘南藏族自治州政治、经济和文化中心，是一座正在发展中的草原新城。合作市距兰州276公里，总面积2670平方公里，人口约8.05万，平均海拔在3000米以上。距临潭县县城只有78公里，是距临潭最近的城市。

合作市有洮商企业3家，分别是甘肃华羚乳品集团公司、甘肃仁德昌中药材有限责任公司和雪羚集团公司。其中甘肃华羚乳品集团公司是甘肃省著名民营企业，也是甘南州最大的企业和纳税大户，已在国内外设立11家分公司，总资产达5.3亿元，其产品远销东南亚、北美、西欧等国家。另有

10余家洮商商铺，主要经营日用百货、民族用品、牧区用品、食品、古玩杂项和中药材等。

甘肃华羚乳品集团公司是我国目前规模较大的以充分利用藏区独有资源牦牛乳为原料，运用先进的生物技术，生产高原牦牛乳酪蛋白系列产品，并从事高原牦牛的饲养、培育、基因优化及营养保健食品的开发、生产和销售的综合性乳制品股份制企业。

在合作，有这样一位值得各民族自豪的回族企业家，他通过自己的智慧和心血，得到了社会的广泛认可，在奋斗的历程中获得了众多荣誉——1998年荣获“甘南州乡镇企业家”称号；1998年被甘肃省政协评为“政协委员优秀企业家”；2000年获甘南州第二届十大杰出青年、甘肃省政协百名优秀企业家称号；同年12月被国家农业部授予“质量管理先进工作者”称号，被甘肃省乡镇局授予“环境保护先进个人”称号；2001年被评为“甘肃省第五届十大杰出青年”；2003年获“第六届甘肃省乡镇企业家”称号，同年获中共甘南州委、州政府“优秀乡镇企业家”称号；2004年荣获“全国乡镇企业家”称号；2005年被甘肃省人民政府评为“甘肃省优秀非公有制企业家”，“全省企业十大明星企业家”，“甘肃省第七届乡镇企业家”称号。“全国第四届、第五届乡镇企业家”、“全省第五届、第六届、第七届乡镇企业家”、“全省十大明星乡镇企业家”及被国家农业部授予“全国乡镇企业质量管理先进工作者”、被国务院授予“全国民族团结进步模范个人”等光荣称号。他就是“草原黑骏马”——敏文祥。我们对他进行了专访。

敏文祥，现任甘肃华羚乳品集团公司董事长，甘肃省政协常委、甘南州、合作市政协常委，甘南州青年联合会执委，甘肃省青年联合会委员，甘肃省光彩事业协会理事，甘肃省质量协会理事，甘肃省乡镇企业质量协会副会长,甘肃省工商联执委，甘肃省奶业协会理事，甘南州、合作市工商联副会长。他自1994年10月在党和国家深化改革，进一步放开搞活，鼓励非公有制经济发展的大好形势下，以他多年从事个体经营的丰富经验和敏锐的思维，超常的胆识，多方筹集资金创办甘南州华羚干酪素厂以来，始终以高度的敬业精神和顽强的拼搏精神，致力于民族经济的发展，成为甘南州非公有制经济发展的带头人和甘肃省优秀企业家，多次受到国家、省、州的表彰奖励。

敏文祥生活简朴、待人诚恳、平易近人、乐于助人、谦虚好学。他通过自身刻苦努力，完成了两年大学专科学习，并取得了经济师职称。他一直在不断地努力学习，向专家学者请教，向更高层次奋斗。为了适应企业快速发展的需要和国内外市场急剧变化的形势，他认真学习国家的有关法律、法规和政策以及现代企业管理知识，并教育员工心系社会，具有一定的社会责任感和使命感。他经常教育员工，现在的华羚已不是华羚人的华羚，而是甘南的华羚、社会的华羚，华羚要为社会做出应有的贡献。几年来在他的决策下，企业给希望工程、抗击击毁"非典"、救济地震灾民和地方公益事业捐款达几十万元。在企业中，他十分重视民族关系，心系民族团结，对在企业内从事工作的回、藏、汉、东乡、维吾尔、哈萨克各族员工一视同仁，不厚此薄彼。各族员工也在敏文祥的带领下友爱相处，诚信、敬业、爱岗、互助蔚然成风。在企业管理层中，他以身作则、谦虚自律、克己奉公、忘我工作，起到了模范和带头作用。他不仅抓企业生产经营，而且十分重视企业的文化建设，在企业内形成了一种讲公德、守纪律、重道德、树新风的良好氛围。他在职工中享有很高的威信，在社会上具有一定的影响。

敏文祥非常重视企业的科研开发工作，懂得企业拥有核心技术和品牌的决定性作用。所以，华羚集团实施了"科技兴企"战略，提升产品的国际市场占有率。企业已与清华大学生物系、中国农大食品学院、甘肃省畜产品工程技术中心等进行"科技联姻"，自主开发了牦牛曲拉精制盐酸干酪素等3项产品，填补了国内空白。投资成立国内第一家酪蛋白生物技术研究中心，企业由单一生产工业级干酪素，发展到第二代产品酪朊酸钠、第三代产品酪蛋白磷酸肽，提高了产品国际市场竞争力。

他具有一定的世界眼光和国际思维，积极开拓国际市场，努力打造国际品牌。1999年华羚乳品成功地进入欧盟市场，产品销往世界上86个国家或地区。企业先后通过TQC国家质量认证、国际质量认证等，并获得了英国皇家认证委员会颁发的UKAS国际质量最高认证证书。

华羚集团公司多年来打造"中国甘酪素"的品牌，已成为国际市场上著名品牌。华羚集团也已成为全国最大的干酪素加工出口企业。建厂13年来，华羚集团公司已累计实现销售收入13亿元，出口创汇6400万美元，上缴国家税金3600万元，累计投放牧区的原料（曲拉）收购资金10亿元，带动收购区域牧户10.3万户，带动甘南州牧户2.949万户。直接拉动牧区牧民户均年纯收入930元。"曲拉"已成为当地牧区牧民主要经济收入来源之一，牛乳酪蛋白生产也已成为一个发展潜力巨大的行业。

华羚集团所走过的辉煌历程，作为董事长的董文祥功不可没，他获得的许多荣誉也当之无愧，他是洮商中的优秀代表。他的成功也代表了洮商今后应该选择的发展方向。

合作洮商个案访谈：敏文祥（甘肃华羚乳品集团公司董事长）

时间：2008年6月29日

地点：甘肃华羚乳品集团公司驻兰州办事处

问：华羚集团公司已成为我省的优秀民营企业，你作为董事长，能否给我们介绍一下早期主要的经商经历？

答：我祖籍临潭县城关镇马家沟，1967年6月我出生于合作一个普通的回族家庭，初中毕业后进入社会，开始为父母亲分忧。

甘肃华羚乳品集团公司创建于1994年，总部设在甘肃省甘南藏族自治州合作市。1994年，经过对市场敏锐观察和分析，我认定干酪素行业前景广阔，于是我果断筹集资金100万元，决定在合作投资办厂。公司最初的名称叫华羚干酪素厂，我担任副厂长，这是甘南州有史以来第一家以曲拉为原料生产干酪素的加工厂。1998年华羚干酪素厂更名为甘肃华羚干酪素有限公司，我出任董事长兼经理。2001年甘肃华羚干酪素有限公司又更名为甘肃华羚乳品集团公司，我继续担任董事长兼总经理。2003年企业规模进一步扩大，我担任甘肃华羚乳品集团公司董事长一直到今天。2008年我当选为甘肃省政协常委，同时我还担任甘南州政协常委、合作市政协副主席。

我们经过15年的艰辛努力，集团已发展成为一个集产、销、科、贸、水电资源开发一体化，总资产达5.3亿元的企业集团。集团公司现有11个子公司，两个境外独资公司，两个控股公司。拥有现代化的酪蛋白生产线四条，年设计生产能力1.2万吨。现有员工1000余人。

求真务实、开拓进取、大胆探索、把握市场、紧跟时代已成为华羚人的工作精神和严谨作风。从1994年华羚建厂到现在资产总量已由100万元增至5.3亿，增长530倍；年销售收入由580万元增至现在的4.4亿元，增长了76倍，可以说实现了跨越式的发展。

目前华羚集团已成为国内同类产品生产企业中最大的一家。2007年占国内同类产品年生产总量的70%。截至2007年公司已累计实现产值、销售收入18.45亿元，出口创汇12450万美元，上缴国家税金4410万元。我们企业的发展是在国家改革开放大好的政策环境中实现的。

为了做活、做大、做强企业，我集团投资兴建了“甘南干酪素山区经济产业化示范项目”和“甘南藏族自治州牦牛奶加工项目”。项目的建成使畜牧业产业化链条更进一步延伸，我们基本达到了畜牧业资源的充分利用，足够开发、精深加工和相关连接转化的目的。

问：能否介绍一下华羚集团对地方经济发展的拉动?

答：华羚集团以我国藏区独有的奶渣——“曲拉”资源生产牛乳酪蛋白产品。2006年产量占国内同类产品年生产总量的72%，成为全国最大的以“曲拉”为原料生产高原牦牛乳酪蛋白的乳制品综合加工出口企业，使这一产业也成为我国乃至世界独特的行业。我们企业的发展除了每年上缴税收外，直接带动甘青川三省交界的藏区及西藏约10万户农牧民增收，每公斤1.2元的曲拉，经产业的带动增长到31元，最高达40元，直接拉动农牧民户均年纯收入增长905元。2007年，华羚公司出口创汇1600万美元，占甘南州出口创汇的40%。华羚集团不断进行科技创新，在国内外市场上树立“华羚”品牌，使华羚集团成为全国最大的干酪素加工出口企业。

问：华羚集团现已发展成为国内干酪素系列产品最大生产商，而且在国际市场上占有一定的份额，能否谈一下主要的情况?

答：华羚集团现已发展成为国内干酪素系列产品最大的生产商，产品已在市场占主导地位。我们“华羚”商标已成为本行业中的知名品牌，公司已通过ISO9001:2000质量认证并获得出口卫生许可证，产品通过了Halal/Kosher OU-D认证。

华羚集团还建有国内第一家酪蛋白生物技术研究中心，是农业产业化国家重点龙头企业和国家扶贫龙头企业。目前集团已拥有11个子公司，分布在甘肃省甘南藏族自治州、临夏回族自治州、兰州、广州、温州、嘉兴、武汉、郑州、天津、新疆伊犁地区、塔城地区，在德国汉堡、美国纽约等地还设有办事处，在阿联酋、马来西亚设有代办机构。

我们生产的牛乳酪蛋白系列产品年产量已占全国同行业总产量的72%，年出口创汇3300万美元。企业先后通过了TQC国家质量认证、出口食品企业国内卫生注册、HACCP认证、HALAL认证、OU认证及ISO9001:2000国际质量标准认证，获得了英国皇家认证委员会颁发的UKAS国际质量最高认证证书。2005年荣获“甘肃省名牌产品”称号，2006年荣获“甘肃省重点培育和发展的出口品牌”。

打造“甘南干酪素”、“甘肃干酪素”、“中国干酪素”品牌，将产品推向世界，将成为我们企业发展的主要方向。华羚集团积极开拓国际市场，努力打造国际品牌。从1999年成功进入欧盟市场以来，产品销往86个国家。

华羚集团公司已被国家农业部等八部委确定为“农业产业化国家重点龙头企业”，被国务院扶贫开发领导小组及中国农业银行确定为“国家扶贫龙头企业”等。

问：华羚集团发展15年来，形成了怎样的经营宗旨和发展理念？

答：华羚集团15年以来，在不断总结实践的基础上，已形成了“产业发展、社会和谐、农牧民增收、客户满意、企业创利”的多赢理念；秉承“立足地方资源优势，带动区域经济发展，实现民族经济振兴”的社会责任；崇尚“绿色产品，科技领先，顾客至上，持续改进”的宗旨；坚守“勇于创新，勇于竞争，诚实守信，注重品质，打造世界品牌”的信念与梦想。用青藏高原丰富的原料和华羚人的智慧创造了辉煌。

问：能否介绍一下华羚集团研制开发的主要产品？

答：华羚集团非常重视核心技术的研发，这与一般的民营企业发展有很大的不同。华羚集团之所以有今天，靠的就是不断解放思想，不断根据市场行情调整思路，而且未雨绸缪，在研制开发新产品上下工夫。我们华羚人要主动抢占国内外市场同类产品的制高点。我公司发展非常重要的一个经验就是，从刚开始生产产品单一的工业级干酪素起家就加大对科研的投资力度，现在已在研制开发方面形成了集3大系列14个品种的产品结构体系。具体来说，我公司现已能够生产酪蛋白磷酸肽、酪朊酸钠、鲜奶级酪朊酸钠、凝乳酶干酪素、乳酸干酪素、工业级干酪素、工业二级干酪素、工业一级干酪素、食用级干酪素（酪朊酸）、鲜奶级干酪素等产品。

华羚集团实施了“科技兴企”战略，提升国际市场产品占有率。我们企业与清华大学生物系、中国农大食品学院、甘肃省畜产品工程技术中心等进行“科技联姻”，自主开发了牦牛曲拉精制盐酸干酪素等3项产品，填补了国内空白。投资成立了国内第一家酪蛋白生物技术研究中心，使企业由单一生产工业级干酪素，发展到第二代产品酪朊酸钠、第三代产品酪蛋白磷酸肽，提高了产品在国际市场上的竞争力。

问：作为甘肃商界骄子，能否谈谈你的经商理念？

答：我的经商理念来自实践和书本，这些理念是绝大多数成功的商人必备的。

首先，要有坚强的决心。古人云：“天行健，君子以自强不息。”天道如此，我认为商道亦如此，也就是说经商必须靠不断的奋斗才行。许多成功的企业家都是凭着勤俭创业，依靠自己的才能与奋斗，在逆境中百折不挠，破浪前进的。我华羚集团创业15年来，就是从无到有，从小到大一步步走过来的，这里面固然离不开我个人的因素，但也凝聚着公司员工的心血与汗水。

其次，要有足够的信心。我很欣赏李嘉诚的一句名言：“好的时候不要看得太好，差的时候不要看得太差，因为好差都是变化的。”在这个飞速发展的时代，可以说没有什么是一成不变的，只有求新求变才是不变的经商之道。只有变才能带来机遇，只有变才能带来发展。以曲拉为例，当初别人不看好的时候，我却果断地在合作投资设厂，大量收购曲拉生产干酪素，取得了成功。今年由于受三鹿奶粉中三聚氰胺的影响，曲拉价格大幅下跌，许多人惊慌失措，叫苦不迭，而我华羚集团却处惊不乱，阵脚稳固，静观市场变化。

再次，要有宏观的计划。作为企业家要有足够的危机感，就是说在投入资本以前，要考虑如果市场发生逆转会怎样，作为生意人要经常思考这些问题，否则就不是一个成功的企业家。企业在有自己的主打产品后，必须不断从纵向和横向两方面拓展业务，把事业做强做大。众所周知，华羚集团是从干酪素起家的，但公司发展到一定规模后，并没有拘泥于干酪素。从纵向上看，华羚集团不断开发研制新产品以满足瞬息万变的市场的需要，为此华羚集团还专门成立了华羚生物技术研究中心，聘请知名专家和技术人员加盟，与国内外相关产品研发中心合作，进行新产品的研制与开发。另外从横向上看，华羚集团的业务领域也不断拓展，从最初的干酪素产业逐步发展到水电业、养殖业、乳品业、旅游业以及房地产业等诸多领域并成立了与之相关的11家子公司。这样即使干酪素短期内市场价格低迷，但不影响公司的整体效益。

最后，要有远大的目光。不要永远将自己的生意局限在某一领域，某一地区，不要认为自己从事的生意永远会赚钱，要有世界眼光，适时将自己的生意扩大到全国乃至世界。我华羚集团最早在甘肃合作起家，但我并没有将眼光局限在合作，而是胸怀全国，将生意拓展到临潭、临夏、和政以及新疆的伊犁等地，进而放眼世界，开拓国外市场，将业务拓展到北美、西欧等地，华羚集团在美国纽约、德国汉堡、马来西亚吉隆坡都有分公司。在我眼里，全世界的每个角落都是市场，只有把产品推向世界，那才标志着你的事业达到最高峰。

在合作市调研中，我们采访了近几年发展转型比较快的王之仁等几位洮商。他们取得的业绩虽然非常艰辛，但对今后我们洮商的发展方向提供了具体的成功例证。现简要介绍如下：

王之仁，甘肃仁德昌中药材贸易有限责任公司总经理。现年55岁，临潭县城关镇人，初中文化程度。1978年政策开放后开始做生意，最初在城关镇做中药材生意。1982年先后到西藏拉萨、四川甘孜一带收购中药材，1986年4月迁居临夏至今。他与洮商丁仕祥等为改革开放后临潭第一批迁居临夏的移民，现住临夏王寺街，任临夏老王寺管委会副主任。

他迁居临夏后在临夏北大街经营民族用品，同时贩卖虎、狼、豹皮以及猞猁、水獭等动物皮张。1988年开始在临夏解放路海峡饭店下面经营绸缎批发，经常南下苏州、杭州、南京等地进货，是洮商中敢作敢为的先行者之一。

1988年开始王之仁与洮商敏俊成合资在临夏解放路修建五层的友谊商场，建筑面积4000多平方米，投资300多万元。目前还在经营，平均年收入70万元–80万元。

王之仁还继续经营绸缎批发，一直到1995年。后到甘南、甘孜、新疆经营曲拉生意。2001年到定西与临夏州广和县三甲集人合资开办干酪素加工厂。2004年转营到甘南州合作市。适逢合作市实施国有企业改制，他便与洮商敏德荣、刘永昌合作，收购了甘南州医药公司，先后共投资820多万元。收购医药公司1幢楼、18亩地、库房130多间以及价值200多万元的药材。

2007年他们筹备兴建商业大楼，总投资400多万元，建筑面积5000平方米。今后的计划是继续开发16亩土地，修建3万平方米的商品住宅楼。

王之仁还与刘永昌合作，投资收购甘南州客运公司的商业楼720平方米，每平方米5000元，共投资300多万元，出租给个体户经营，每年收入22万元。同时，在合作市腾志街商贸商场投资收购了一个500平方米的小型商场，每平方米8000元出租，每年净收入23万多元。

王之仁多年经商，至今仍锐气不减当年。他对洮商的评价是：洮商吃苦耐劳，诚信为本，大多眼光比较开阔，重视文化教育。

刘永昌，回族，1957年生，临潭县城关镇人，小学文化程度，现迁居临夏市至今。甘肃仁德昌中药材贸易有限责任公司副总经理、合作医药公司总经理。他为人诚恳，重信重义，在自己的经商道路上获得了良好的经济效益，曾担任过临潭县城关清真华大寺管委会成员。1975年参加工作，在临潭县水电局当驾驶员，一直工作到2000年退休。后到冶力关风景区后，与张泽经理合作，个人投资了120万元，经营莲花山大酒店，经营了3年，每年平均收入10万元；后因为各种原因而转让给别人。

1998年，他曾和洮商敏德荣合资收购了临夏市一个二建招待所，经营了几年，后出售给别人。2006年他与洮商王之仁、敏德荣合资来到合作市，合作经营开发收购的甘南州医药公司。

敏德荣，回族，1957年生，临潭县城关镇人，高中文化程度。现迁居临夏市。曾经担任过临潭县清真华大寺管委会成员。1979年开始经商。先后到四川省凉山彝族自治州木里县开铺子，经营民族用品。后在临夏市与洮商刘永昌合作经营了临夏市二建招待所达8年之久。2006年到合作市，他与刘永昌、王之仁合作经营开发收购的甘南州医药公司。他具有一定的文化水平，平时非常注重学习，善于钻研，喜欢与专家学者进行交流，视野较为开阔。

## 三、洮河之源——碌曲

碌曲县地处青藏高原东部、甘肃省西南部，北连夏河，东临卓尼，西南与玛曲接壤，西接青海河南县，南与四川省若尔盖县毗邻。位于甘南州西部，县城距首府合作78公里。全县面积5208平方公里，其中，草场面积约591万亩，林地25.7万亩，耕地面积4.11万亩。境内大部分地区海拔为2900-4287米，平均海拔3500米，年均气温为2.3℃，相对无霜期15天。人口仅有3万余人，其中藏族占80%以上。

碌曲是藏语“洮河”之意。洮河发源于碌曲县西南西倾山和其支脉李恰如山南麓的代富桑草原，在甘南境内全长330公里，洮河支流遍及碌曲，水能资源十分丰富。

碌曲县西部是高原山地，广阔的草滩成为优良的天然牧场。东部地处洮河流域，沿洮河两岸山岭陡峭，小片河滩地是主要的农业种植区。缓缓流淌的洮河水犹如草原母亲的大动脉，滋润着这块美丽神奇的西部草原，全县2/3的地区是适宜放牧的草原。全县境内生活着以藏民族为主的十多个民族，是一个以牧业为主、兼营农林业，富有民族特色的草原小县。

碌曲草原浓厚的民族特色、独特的草原风光，吸引着不少中外旅游者。则岔石林、尕海湖、郎木寺等知名风景区，与海内外闻名的四川九寨沟、黄龙寺、夏河拉卜楞寺等景区连成一线，已在甘南草原上形成为一条

中外游客神往的民俗、风光旅游热线。当你身临碌曲草原，走进星星点点的帐篷，欣赏成群的牛羊马队，倾听优美动听的牧歌时，就会感受到“天苍苍，野茫茫，风吹草地见牛羊”的辽阔与壮美；当你走进则岔石林、尕海湖、朗木寺等风景区时，你又会禁不住嗟叹，“猛虎归山”、“灵猿望月”、“青天一线”等大自然的杰作竟是如此的逼真。群鸟聚集的尕海湖被世人誉为高原上的明珠当之无愧。只要你走过碌曲，就会有发自内心的赞叹。

在碌曲县，人们受益最多和谈论最多的是洮商丁仕祥投资修建的阿拉山电站。我们在碌曲调研期间采访了他，对他的成就做了真实的记录。

丁仕祥，回族，临潭县城关镇人，1956年出生，洮河上游明珠水电有限责任公司董事长兼总经理。作为首家投资甘南水利水电开发的民营企业家，为了履行合同和誓言，尽早让项目产生经济效益，他不畏劳累，四处奔波，多方筹措资金，终于于2005年8月28日使阿拉山水电站顺利实现了首台机组并网发电，12月28日3台机组全部并网发电。

在设备试运行的1年时间里，公司在克服了种种不可抗拒的自然灾害及不利因素制约的情况下，累计发电量4511万千瓦时，实现销售收入697.4万元，上缴税金121.6万元。2007年丁仕祥多次主持召开分析会议，对试运行期间的各种不利因素进行了充分的讨论，最大限度地消除隐患，并针对性地制定了操作性极强的应对预案。经过大家的努力在2007年累计发电量达到了5200万千瓦时，实现销售收入975.4万元，上缴税金169.3万元。阿拉山水电站的建成投产，使碌曲县非公有制经济的财政收入翻了50多倍，甘南电网供需矛盾得到了进一步缓解。电站为甘南民族地区水利水电开发所确定的即定战略目标的实现作出了贡献，也为甘南开展招商引资工作营造了良好的气氛。

在电站刚建成时，由于项目一次性投资大，公司运作非常艰难，但丁仕祥心里时时刻刻还惦记着周边牧民群众的生产生活及孩子们受教育的问题。为了鼓励帮助阿拉村27名育龄儿童完成九年义务教育，他一次性拿出5.3万元建立阿拉村教育基金。为了改善阿拉村27户牧民群众的生产生活条件，又拿出12万元在河拉村建立了光明基金，解决了阿拉村牧民十年的生产、生活用电。此两项基金共计17.30万元，由乡政府和村委会统一逐年逐户逐项跟踪发放。公司自成立至2007年年底，向“圆梦工程”及各种慈善事业累计捐款达8.2万元。为了减轻民族地区就业压力，阿拉山电站建成后，面向甘南州招聘下岗失业人员27人，退伍人员5人，并送到甘肃省电力技术学校进行了为期一年的培训。

民营企业家丁仕祥不但关注民族地方的经济可持续发展，而且热衷于社会慈善事业。为甘南的发展尽了一个企业家的社会责任。2004年6月他获得甘肃省工商业联合会颁发的常务理事荣誉证书，2005年11月被推选为甘肃省民族企业联合会副会长。从2005年起连续当选碌曲第十届、十一届、十二届政协委员，2006年当选为临潭县第十五届、十六届人大代表。2007年5月被甘肃省省情委员会授予州情调查“特邀委员”荣誉证书。2007年当选为甘肃省工商业联合常务理事、副秘书长。

2000年丁仕祥在甘肃省碌曲县投资兴建阿拉山水电站，并注册成立了洮河上游明珠水电有限责任公司，是甘南藏族自治州首家投资水电项目的民营企业。2004年6月又与甘肃省临潭县人民政府签订了临潭县术布水电站的开发合同。丁仕祥善于在实践中及时总结，不断进取，热衷于社会慈善事业和教育事业，是甘南藏族自治州民营企业家之典范。

**知难而上、拼搏创新的阿拉山精神**

阿拉山电站位于碌曲县西仓乡境内，洮河上游地段。2000年洮商丁仕祥得知碌曲县要修建阿拉山电站的信息，通过多方了解得知，水电业发展前景良好。他便迅速决策，找到碌曲县政府领导面谈。最后经过努力，他与碌曲县政府以招商引资形式，签订了修建阿拉山水电站的正式合同。2001年6月正式开工，资金为个体集资和贷款。但开工后困难重重，一切从头学起，包括技术、资金、专业知识、聘请工程师，技术人员设备考察等，前后花了四年多的时间，终于2005年10月28日前期两台机组同时发电，12月底3个机组发电，正式投入运营。在电站建设过程中，他遇到了许多困难，曾多次想退出，但重诚信的丁仕祥认为已没有退路，只有咬牙往前走。有时候他几乎到了山穷水尽的地步，缺资金、缺技术、缺人才，千头万绪，基本上靠他本人来解决。但他文化程度有限，一切几乎从零起步。他一边刻苦学习钻研水电业务以及相关专业知识，一边积极向专家和技术人员虚心求教。同时他多方奔走，筹措资金。这四年当中，他在3050 米的海拔上长年坚守工地。夏日头顶烈日、冬天寒风凛冽，在简易工棚里坚持了8年之久。建设工地由于海拔高，水的沸点只有70度，大部分时间他吃着半生不熟的饭，也很少回家关心孩子们的学业。在最困难的时候，由于资金不能及时到位，职工的伙食费都发生了危机，但他总是咬紧牙关，挺了过去，赢得了职工们的理解。在建设期间还要协调与当地群众、银行、工程队、政府等方面的关系。最主要的还是由于资金问题，让他身心疲惫。但他咬紧牙关坚持往前走，因为他知道现在已没有退路。

让他最难忘的是，为了协调与当地群众的关系，有一段时间晚上几乎没有休息，有时只好在行进的车上打盹。有一次，碌曲县政府眼看电站不能按期完工，催着要收回电站建设权，因为合同工期只有两年半。

阿拉山电站建设是一个很苦很累的探索过程。对丁仕祥而言，他涉足的是一个非常陌生的领域。从银行到专家，从开始与人合股到半途合作者抽资退股，涉及到政府、设计单位、税收、财政等方面，但他以超人的毅力和知难而上的精神终于实现了自己的奋斗目标。2004年8月28日总投资8100多万元的阿拉山电站终于建成，电站装机容量9000千瓦，年发电量4800万度，安排就业人员42人，实际效益1120万元，年上缴利税210万元。成为洮河上游第一座民营投资经营管理的水电站，有力地带动了甘南州水电事业的发展。

阿拉山电站在建设和运营过程中，充分发挥团队精神和作用，把自我价值观与企业价值观有机地统一起来，为团队成员之间，成员与团队之间提供一个紧密的联系纽带，为企业的行为规范提供了基础，为发展提供了重要的动力。从2005年8月28日顺利实现首台机组并网发电到2007年12月31日，通过团队成员们互相协作，共累计发电量9880万千瓦时，超出原设计发电量318万千瓦时，上缴税金302.6万元，有力地缓解了碌曲县就业压力和财政紧张的状况。同时也为碌曲县的发电运行及管理培养了一大批技术骨干人才，为打造平安碌曲和和谐碌曲做出了重要的贡献。2006、2007年被中共碌曲县委、县人民政府评为对地方经济发展做出突出贡献的民营企业。2005年获得中共碌曲县委、县人民政府颁发的重点保护企业荣誉证书。阿拉山的这种“团队”合作精神产生了良好的经济效益和社会效益。

碌曲洮商个案访谈：丁仕祥（洮河上游明珠水电有限责任公司董事长兼总经理）

时间：2008年9月14日

地点：洮河上游明珠水电有限责任公司兰州办事处

问：你能否谈谈个人的出身和早期的经历？

答：1956年我出生于临潭县城关镇上河滩村。出生不久就遭遇全国性的大饥荒年代，我幼年的艰辛只有我们这一代人才有刻骨铭心的体会。可以说，那个年月里我们能活下来就是一个奇迹。那个年代实在是太贫穷了。

1966年由于家庭成分原因，我们全家从城关镇居民被强行下放到农村——长川乡木地坡生产队从事农业劳动。当时我年仅10岁，在木地坡生产队边读书边劳动达6年之久。

1970年我思前想后，忍痛离开了学校。因为家里没有任何经济来源，连温饱都成了问题，继续念书更是不可能的。我辍学后先在卓尼县靠割竹子的报酬来给家里人换取一些食品，也减轻一些负担。但是我不甘心一辈子靠卖力气混饭吃，于是决定到外边去闯一闯。那时候政策也开始有些松动。1972年我转到玛曲县给供销社放牧、在屠宰场打零工4年之久，除解决自己的温饱之外，也给家里接济一点急缺的食品。

问：请你谈谈改革开放以来你所取得的经商成就。

答：成就谈不上，只能说我的艰辛创业得到了一定的回报。是的，我之所以有今天这样一点业绩，其过程是艰辛的，道路是曲折的。我成长的道路是用汗水、泪水铺就的。

1976年粉碎“四人帮”，第二年邓小平复出，我们这批苦难的少年终于迎来了春天。随着各方面政策逐渐解冻，我开始涉足商业领域。1978年我拿着仅有的120元钱来到了陕西省西安市，看到那儿的肥料市场非常紧俏，但是在甘南的农牧民群众宁可用传统家肥，也不用政府无偿提供的化学肥料，于是马上回来低价回收复合肥、钾肥、氮肥。由于自己本钱小，每次也只能肩扛手提4袋。我一个星期跑两次西安，每趟来回能赚到200元钱，经过近半年时间的不懈奋斗，手头有了4600元的积蓄。

1980年我到发达城市转了一个月时间，去考察商机。我选择的第一站就是浙江和福建。到福建后觉得电子表这个生意不错，第一次拿了100块电子表，回到甘南销售后赚了500元钱。之后我南下广州，开始搞电子表、计算器等人们常用的电子产品的批发，其间曾被人骗过3次，使自己积攒的20万元一下子降到10万元。我跑遍了福建、浙江和广东，体会最深刻的就是自己受教育的程度太低，时刻有被人算计的危险。

1978—1986年我一直从事中药材生意。1986年我迁居临夏，为临潭县第一户迁居临夏的商人。在临夏期间，我与人合伙经营绸缎。1988年开始涉足房地产业，也可以说是洮商中第一个从事房地产的人。1989年我又转到了福建，1990年和福建鑫达礼帽厂合资在甘肃省临夏市投资兴建了第一家礼帽厂。经过5年的苦心经营，资金原始积累一下子达到230万元。在此基础上，1994年与人合资在临夏市合作开发了锦河宾馆，为融资股东之一。1996年在兰州市搞房地产经营，1998年在兰州东部市场租借铺面卖服装两年。2000年，我与人合资在西宁共和路食品市场开发房地产，修建了西宁商贸有限公司。2004年，与人合资在青海西宁兴建了西宁宾馆。

经过20多年的不懈努力和顽强拼打，到2000年前后，我手头有了上千万的积蓄。

问：阿拉山电站倾注了你个人的全部心血，也是你人生的得意之作，能否谈谈主要过程?

答：多年在商场摸爬滚打，使我练就了善于捕捉信息和掌握投资前景的能力，根据全国每年用电高峰时期，内地许多城市拉闸限电的报道，我深知水电业发展前景良好。2000年初我通过了解得知碌曲县招商修建阿拉山电站信息，于是我本人出面找碌曲县政府谈判，费时一年之后，与碌曲县政府以招商引资形式，2000年签订了修建阿拉山水电站的合同，资金为多渠道筹资，以个体集资和贷款为主。2001年注册成立了洮河上游明珠水电有限责任公司，我出任董事长（法人代表）兼总经理，同年6月2日阿拉山水电站正式开工，于2005年8月28日顺利实现了并网发电，电站总装机容量9000KW(3000×3台)，实际总投资8193万元。

我自从商以来，最苦最累的就是阿拉山电站从开工到竣工的那4年岁月。电站开工后困难重重，缺资金、缺技术、缺人才、千头万绪，一切从头学起，一切从头干起。

首先是资金上的困难。为了履行合同和誓言，尽早让此项目产生经济效益，我四处奔波，多方筹措资金，想尽一切办法。除了个体集资外，先后从银行贷款4500万元，光每季度利息及担保费高达87万元。这期间我多次想打退堂鼓，但由于没有退路，只有咬牙往前走，有时几乎到了山穷水尽的地步。最困难时，由于资金困难连职工的伙食都发生了危机，可想而知我当时顶着多大的压力。

其次是技术上的困难。由于个人文化程度有限，却又涉足一个完全陌生的领域，所以一切几乎从零起步，我一边筹集资金，一边刻苦学习钻研水电业务以及相关专业知识，什么涵洞、流量、势能、水头、涡轮机等我以前从未听过的概念一一要熟悉，然后才能聘请专家和工程师，否则与工程师难以对话。

再次是生活上的困难。这4年当中，我和施工人员长年坚守在海拔3050 米的工地上，夏天头顶烈日，冬天寒风凛冽，常年经受强紫外线的照射，硬是在简易工棚里坚持了8年之久。饿了吃工地上半生不熟的饭，渴了喝沸点只有70度的开水。

作为总经理，我除了驻守工地之外，还要马不停蹄地跑银行贷款，因为贷款不到，工程队就要停工；跑完银行就还要跑专家和技术人员，带来他们考察机器设备。4年中我几乎没有休息时间，有时只好在行进的车上睡觉打盹。4年当中我很少回家，孩子们的学业顾不上。可以说到电站竣工时我已身心疲惫到了极点，但我深知我的事业决定了我只能负重爬坡、逆水行舟。

作为总经理，为了电站施工，我还要多次地协调与当地群众的关系；为了资金得协调与银行的关系；为了工程质量得协调与工程队的关系；为了项目顺利完工得协调与政府的关系；由于资金原因，原计划2年半的施工期拖了4年，碌曲县政府眼看电站按期完不成，吵着要按合同收回电站。好在这一切我总算挺过来了。

问：作为一名成功的商人，你认为自己引以为豪的是什么？

答：我从小就有一股“敢为天下先”的冲劲，凡是我认准、瞅准了的事，我就下决心干，绝不半途而废，也不在乎别人说什么。1986年，我家里装上电话，成为临潭第一个私人装电话的人。1988年我买来一辆本田125摩托车，成为临潭第一个私人骑摩托车的人。1990年我买了一辆淘汰吉普车，成为临潭第一个开私家车的人。1986年，我成为第一个迁居临夏的临潭商人。2002年，我成为临潭第一个在兰州买房子的商人。2002年，我是甘南州第一个私人投资修建水电站的民营企业家。这些虽然算不上什么壮举，但从以上一系列的“第一”，你就可以看出我总是在洮商中“第一个敢吃螃蟹”的人。

## 四、九曲黄河之首——玛曲

黄河从巴颜喀拉山发源，一路浩浩荡荡东下，在青藏高原东部边缘突然形成了一个433公里的九曲黄河第一湾，玛曲县就被这第一湾所怀抱。玛曲县位于甘、青、川三省交界之地，东与甘肃省碌曲县、四川省若尔盖县接壤，南与四川省阿坝县相邻，西与青海省久治县、甘德县、玛沁县相连，北和青海省河南蒙古族自治县相接。总面积10100平方公里，海拔在3000-4800米之间，总人口4.3万人，其中藏族人口占88%。

玛曲地形复杂多样，草原、高山、河谷相间其中，高原湖泊星罗棋布。天高云淡，自然纯朴，高原风景，空旷奇异。属典型的高原大陆性气候，日照时间长，辐射大，冬季漫长寒冷，夏季短暂凉爽。玛曲是一块流光溢彩的草原。由于这里植被良好，雨水充沛，水资源丰富，形成了黄河第一湾最大的一块草原湿地。今天的玛曲县城是一个民族特色浓郁的美丽的草原新城，旅游业发展迅速，已树立起“天下黄河第一湾、格萨尔王发祥地、亚洲一号天然草原”三大旅游品牌。

在玛曲草原上，很早就有洮商活动。玛曲现有洮商10多家，主要经营民族用品、日用百货、中药材、餐饮业和畜产品加工等。我们在记录玛曲洮商时，不能不提及洮商在玛曲的先行者，曾多年驰名于甘南大地的已故著名洮商——马德明。

马德明，回族，临潭县城关镇下庄子人，出生于1935年。自幼勤奋好学，吃苦耐劳，由于时代的限制，他书念到小学三年级就被迫辍学。

他的父亲马叶古1935年在四川藏区经商时遇到红四方面军，马叶古随即将自己和一名雇工所赶的9匹骡子连同9驮银元捐给红军（每驮600银元，共计5000多银元），为红军解决筹粮问题起了很大作用。同时，他也加入了红军并随红四方面军继续长征。对于马叶古捐献银元给红军的事，红军曾给马叶古出具过一张方印字据，上面盖有朱德总司令的大印（此字据曾被马叶古长期保存，后来妻子不知其重要价值，不小心剪成了鞋样）。由于他有着这一段光荣历史的经历，家乡的人们一直都誉称他为“共产叶古”。

1936年中央组成的红西路军到达河西走廊，并在那里和青海军阀马步芳指挥的马家军发生了激烈的战斗。弹尽粮绝的西路军除少数失散人员外，几乎

全军覆没，马叶古也被马家军俘虏。由于在战斗中红军英勇作战，马家军死伤惨重，作为报复，马家军将部分红军士兵活埋，马叶古也在其中。就在活埋过程中，眼看土要及胸，已觉无望的马叶古开始诵念归真词（穆斯林临终前念的清真言），手持铁锨铲土的马家军士兵听到诵念声说，这人是回民，是“自己人”。于是将他从被埋的人群中提了出来，马叶古因此保住性命，被送往青海战俘营改造。

1943年马叶古在改造期间，他乘马家军不注意逃了出来，辗转回到阔别九年的家乡。回到家里时，他面容憔悴，面黄肌瘦，几乎如同乞丐。他的一子一女已长到10岁和8岁，全然不认得眼前这个形容枯槁的“乞丐”竟是他们的父亲，他的家人也没想到他能活着回来。一家人抱头痛哭之后，养家糊口的重担责无旁贷地落到马叶古的肩上。

新中国成立后，由于所谓的张国焘路线的影响，马叶古被打成“四类分子”，在历次政治运动中受尽迫害，于1974年含冤去世。

马德明1935年出生时，他的父亲马叶古进入四川藏区经商时加入红军并随红军长征，一去杳无音信。当时马德明年仅2岁，其妹年仅1岁，尚在襁褓之中。两个孩子由母亲艰难拉扯长大。新中国成立后，马德明当选为共青团临潭县城关镇第一任团支部书记。1958年马德明积极带领家庭参加农业合作社，带头创办临潭县城关镇社办工厂并担任厂长。但很快由于“大跃进”、“文革”等原因被迫停办。在办厂期间，马德明善于动脑筋，努力进行技术改进与创新，做出了显著成绩。后来在甘南州木材公司收购点为公司收购木材。他任劳任怨，每年都能很好地完成任务，但终因工资太低无法维持家庭生活而辞职，回到家后务农并兼搞副业。在“文革”中，他因家庭出身不好（父亲是“四类分子”）屡遭批斗。

“文革”结束后，1977年马德明被人诬陷为“黑包工头”，受到迫害，举家离开临潭迁往玛曲县尼玛公社（现尼玛乡）。由于马德明善于搞建筑预算和建筑设计，不久被玛曲县尼玛公社聘为尼玛公社社办厂厂长，主要生产砖瓦、盖房、管理、旅社、压面等。

在玛曲期间，马德明组建了施工队，独立设计建造了弓形窑洞，并为生产队修建了大量弓形窑洞式羊圈和百家牧民住房，较好地解决了知识青年的住宿以及牛羊的过冬问题。随着生产的发展，他又组建了玛曲县尼玛公社社办企业，从事旅馆、皮革以及牛羊肉加工等业务。由于经验丰富，管理有方，企业经济和社会效益非常显著。

1980年，马德明自己贷款筹资，正式创办了玛曲县尼玛皮革厂（附属尼玛屠宰厂）。他大胆引进内地生产线，聘请温州师傅，生产加工“首曲牌”苏式、西式皮夹克以及皮鞋、皮靴等皮革产品。尼玛皮革厂每年生产1000多件皮夹克，畅销甘、青、川、滇、藏等广大藏区，年盈利30万元，其中25万元用于缴纳公社管理费。在企业发展高峰时，尼玛皮革厂员工达200多人，员工中有汉、回、藏各民族，其中相当一部分为老弱病残的工人，有效地解决了他们的就业问题。皮革厂固定资产达300多万元，流动资金100多万元。尼玛皮革厂异军突起，成为当时玛曲县唯一的也是最大的乡镇企业，闻名于甘南草原。得到省、州乡镇企业局领导的重视和高度赞誉，各级领导也多次来厂考察。1987年马德明荣获“全省优秀乡镇企业家”称号并出席了全省表彰大会。

1990年马德明因劳累而鼻子大出血，在临夏陆军七院检查为肝硬化，遂住院治疗。后经兰州医院全面检查，进一步确诊为肝癌。

1992年自知来日不多的马德明举意赴麦加朝觐，以实现他本人多年的夙愿。身边的亲友们都因顾虑他的身体再三劝他，但拼搏一生的马德明毅然抱病于当年3月前往麦加，于5月7日因劳累过度引发胃出血。经抢救无效，不幸在沙特阿拉伯麦加去世，被葬于该地穆斯林公墓。

洮商马德明虽然离开我们至今已有16年了，但他是洮商中最早办企业的人，他的奋斗精神和强烈的社会责任感，都给我们留下了丰富的精神遗产。临潭的洮商们会永远记住他。

## 五、西部旱码头——临夏

临夏回族自治州位于青藏高原和黄土高原的过渡地带，总面积 8169平方公里，平均海拔2000米，人口190.79万，其中少数民族人口占总人口的56.48%。临夏市是临夏回族自治州的首府，距兰州市150公里。全市面积88.55平方公里，人口约25万，其中以回族为主的少数民族占51.4%。临夏市商业气息浓厚，素有“中国西部旱码头”之称。

临夏市是洮商最为集中的地区之一,现有洮商150多家，主要从事帐篷生产与加工、人造毛批发与零售、布匹绸缎批发与零售、房地产开发、民族用品生产与销售、货运信息、旧军用品批发、服务业、纺织品生产与销售、家用电器批发等。据不完全统计，临夏市洮商拥有资金8085万元，年上缴国家税收32.3万元，年支付当地租金67.96万元，从业人员343人。

表3

## 甘肃省临夏市洮商情况调查

（调查时间：2008年5月10-14日）

| 业主姓名 | 性别 | 年龄 | 商铺名称 | 坐落位置 | 开业时间 | 从业人员 | 商铺面积 | 商铺租金（月） | 主营 |
|---|---|---|---|---|---|---|---|---|---|
| 丁建华 | 男 | 39 | 南华贸易商行 | 临夏市解放南路69号 | 2002 | 5人 | 150平方米 | 自有 | 人造毛 |
| 丁振忠 | 男 | 47 | 南华招待所 | 临夏市解放南路69号 | 2002 | 3人 | 36床 | 自有 | 招待所 |
| 丁振忠 | 男 | 47 | 振忠人造毛经销部 | 临夏市前河沿30号 | 2000 | 5人 | 300平方米 | 3000元 | 人造毛 |
| 丁尚仁 | 男 | 66 | 滨河路商铺 | 临夏市滨河路 | | 2人 | | | |
| 丁志贵 | 男 | 40 | 潭华纺织品有限公司 | 临夏市前河沿路167号 | 1998 | 4人 | 150平方米 | 3200元 | 纺织品、针织品 |
| 丁志明 | 男 | | 临夏明达土特产品公司 | | | | | | 土特产 |
| 丁伊辉 | 男 | | 临夏市福禄毛毯经销部 | | | | | | 毛毯 |
| 丁卓才 | 男 | 55 | 临潭房地产信息中心 | 临夏市香匠庄 | 2001 | 2人 | 20平方米 | 600元 | 房地产信息 |
| 丁而利<br>丁麻乃<br>敏永清<br>敏俊成 | 男<br>男<br>男<br>男 | 52<br>50<br>42<br>53 | 大发毛绒有限责任公司（大发公司） | 临夏市滨河中路9号 | 1999 | 36人 | 35亩 | 自有 | 毛绒生产加工、房地产 |

续表

| 业主姓名 | 性别 | 年龄 | 商铺名称 | 坐落位置 | 开业时间 | 从业人员 | 商铺面积 | 商铺租金（月） | 主营 |
|---|---|---|---|---|---|---|---|---|---|
| 敏俊成 | 男 | 53 | 临夏宾馆 | 临夏市解放南路 | 1996 | 25人 | 3亩 | 自建 | 宾馆 |
| 敏仲义<br>马玉清 | 男<br>男 | 51<br>51 | 临夏锦河宾馆 | 临夏市前河沿西路 | 1995 | 32人 | 5亩 | 自建 | 宾馆 |
| 敏士秀 | 男 | 44 | 华丰人造毛商行 | 临夏市解放南路32号 | 1995 | 6人 | 50平方米 | 2400元 | 人造毛 |
| 敏永德 | 男 | 42 | 承达家纺有限公司 | 临夏市三道桥水泉二部 | 2004 | 3人 | 70平方米 | 2400元 | 床上用品 |
| 敏成福 | 男 | 65 | 军用品批发 | 临夏市解放南路88号 | 1988 | 4人 | 50平方米 | 1000元 | 民族用品 |
| 敏兆兴 | 男 | 30 | 恒翔日用化妆品商店 | 临夏市解放南路85号 | 2003 | 5人 | 40平方米 | 1600元 | 日用化妆品批发 |
| 敏永忠 | 男 | 36 | 民族用品批发店 | 临夏市解放南路68号 | 2001 | 3人 | 40平方米 | 1000元 | 废旧军用品 |
| 敏士俊 | 男 | 35 | 雪域帐篷厂 | 临夏市前河沿路69号 | 1997 | 11人 | 100平方米 | 2500元 | 帐篷生产销售 |
| 敏全喜 | 男 | | 临夏天兴隆公司 | | | | | | 绸缎、布匹 |
| 敏振华 | 男 | 42 | 荣华长虹电器专卖店 | 临夏市前河沿路68号 | 2006 | 5人 | 60平方米 | 2500元 | 电器批发 |
| 敏俊才 | 男 | 40 | 笤帚王 | 临夏市前河沿路66号 | 1997 | 4人 | | 2500元 | 扫具批发 |
| 敏文元<br>麻志珍 | 男<br>男 | 38<br>46 | 华美人造毛商行 | 临夏市三道桥 | 2006 | 5人 | 30平方米 | 2500元 | 人造毛 |
| 马而利 | 男 | 48 | 临夏州兴发纺织品有限责任公司 | 临夏市滨河南路 | 2005 | 25人 | 650平方米 | 自有 | 地毯挂毯 |
| 马明礼 | 男 | 55 | 临夏户外用品销售公司 | 临夏市解放路临夏宾馆 | 1996 | 3人 | 60平方米 | 1600元 | 废旧军用品 |
| 马胡赛 | 男 | 59 | 福盛和 | 临夏市北大街 | 2005 | 3人 | 80平方米 | 3900元 | 地毯 |
| 马全福 | 男 | | 临夏全福纺织品批发部 | | | | | | 纺织品 |
| 马继良 | 男 | 39 | 福元布料藏服商行 | 临夏市解放路39号 | 2006 | 2人 | 40平方米 | 自有 | 布料、藏服 |

续表

| 业主姓名 | 性别 | 年龄 | 商铺名称 | 坐落位置 | 开业时间 | 从业人员 | 商铺面积 | 商铺租金（月） | 主营 |
|---|---|---|---|---|---|---|---|---|---|
| 马志明 | 男 | 35 | 燎原帐篷加工厂 | 临夏市滨河路16幢 | 2008 | 2人 | 950平方米 | 3300元 | 帐篷加工 |
| 马忠仁 | 男 | 33 | 军用帐篷 | 临夏市五金厂 | 2007 | 2人 | 80平方米 | 1000元 | 帐篷加工 |
| 马义轩 | 男 | 55 | 欣雅达化妆品商店 | 临夏市滨河路 | 2008 | 2人 | 50平方米 | 3500元 | 化妆品 |
| 马　明 | 男 | 40 | 雪莲家纺商店 | 临夏市滨河中路 | 2007 | 6人 | 320平方米 | 1600元 | 床上用品 |
| 马　正<br>马　健 | 男<br>男 | 30<br>32 | 妙莲帐篷加工厂 | 临夏市香匠庄 | 2004 | 30人 | 400平方米 |  | 帐篷加工 |
| 马折麻 | 男 | 65 | 华羚集团股东 |  |  | 3人 |  |  | 干酪素生产加工 |
| 马达吾 | 男 | 50 | 临潭信息部 |  |  | 3人 |  |  | 信息 |
| 马永剑 | 男 | 36 |  | 临夏市滨河中路 |  |  |  |  | 建筑业 |
| 马国华 | 男 | 36 |  | 临夏市红园新村 |  |  |  |  | 房地产信息 |
| 马松迪 | 男 | 50 | 纺织品批发 | 临夏市前河沿路64号 | 1997 | 3人 | 40平方米 | 2500元 | 纺织品、针织品 |
| 马忠义 | 男 | 37 | 天天汽车经销部 | 临夏市滨河路19幢 | 2005 | 5人 | 150平方米 |  | 汽车销售 |
| 马旭东 | 男 | 48 | 格桑花帐篷加工店 | 临夏市滨河中路 | 2006 | 38人 | 720平方米 | 2100元 | 帐篷生产销售 |
| 冶世贤 | 男 | 43 | 草原帐篷加工厂 | 临夏市前河沿路167号 | 2002 | 12人 | 120平方米 | 1500元 | 帐篷生产销售 |
| 冶世荣 | 男 | 36 | 高原红帐篷加工店 | 临夏市滨河路 | 2006 | 8人 | 120平方米 | 830元 | 军用帐篷、藏式帐篷制作、盖布 |
| 铁文海 | 男 | 42 | 民族用品专营商店 | 临夏市滨河路海轩商行 | 1993 | 2人 | 120平方米 | 自有 | 民族用品 |
| 李正明 | 男 |  | 临夏天兴隆商行 |  |  |  |  |  | 布匹、绸缎 |
| 苏继德 | 男 | 48 | 继德房地产公司 | 临夏市滨河中路19幢 | 2007 | 2人 | 330平方米 |  | 房地产开发 |

续表

| 业主姓名 | 性别 | 年龄 | 商铺名称 | 坐落位置 | 开业时间 | 从业人员 | 商铺面积 | 商铺租金（月） | 主营 |
|---|---|---|---|---|---|---|---|---|---|
| 苏永辉 | 男 | 30 | 兴盛民族商店 | 临夏市海峡饭店1楼 | 2008 | 2人 | 80平方米 | 5600元 | 藏族用品 |
| 苏永芬 | 男 | 31 | 雪莲家纺 | 临夏市滨河中路9幢 | 2007 | 6人 | 320平方米 | 1600元 | 家纺 |
| 张国林 | 男 | 52 | 临夏雅克公司 | 临夏市滨河路 |  |  |  |  | 肉类生产加工 |
| 张治国 | 男 | 48 | 莲花山水电站 |  | 2007 | 2人 |  |  | 电力 |
| 苟永福 | 男 | 57 | 浙临商城32号 | 临夏市解放南路浙临商城 | 1997 | 2人 | 20平方米 | 500元 | 各类小商品 |
| 牛正德 | 男 | 45 | 水泉毛线铺 | 临夏市解放南路 | 1997 | 2人 | 66平方米 | 600元 | 毛线、小商品 |
| 肖曼亥 | 男 | 58 | 房地产 | 临夏市木场河滩 |  | 1人 |  |  | 房地产开发 |
| 吴映俊 | 男 | 54 | 临夏三金礼帽厂 | 临夏市木场 | 1995 | 20人 | 5.2亩 | 自有 | 藏式礼帽、牛仔帽 |
| 吴拜克 | 男 | 34 | 藏衣加工厂 | 临夏市滨河路 | 2008 | 10人 | 8平方米 | 1000元 | 各式藏衣加工 |
| 敏艾由 | 男 | 58 | 雪莲花帐篷加工厂 | 临夏市滨河中路22栋 | 2006 | 12人 | 500平方米 | 自有 | 帐篷生产销售 |

在临夏市的洮商中有许多优秀的洮商，他们不论在经济效益上，还是在社会效益上都取得了令人尊敬的业绩，并对临夏市以及临夏州的社会经济发展做出了重要的贡献，得到了广泛认可和社会的赞誉。我们从中重点采访了他们中几位优秀的代表。

在临夏市的调研中，我们专访了临夏兴发纺织业有限责任公司董事长马而利。他是近年来在临夏洮商中脱颖而出的优秀商人。在经十几年的经商中所获得的荣誉中包含着他的成功与艰辛。

2007年马而利出席了由中华环保联合会、中国社会科学院中国循环经济与环境评估预测研究中心主办，北京杰出华商会展有限公司承办的“中国节能减排论坛”大会，受到全国政协副主席张榕明、九届全国政协副主席王文元等国家领导人的亲切接见。

2007年12月，马而利被中国国际经济发展研究中心授予“2007年度中国改革创新人物”。

2007年12月6日，马而利在北京出席由世界杰出华商协会、中国商业联合会主办，商务部中国国际经济合作学会、北京杰出华商会展有限公司承办的“第三届杰出华商大会”。马而利为西北地区唯一代表，受到全国政协副主席周铁农，九届全国政协副主席孙孚凌、王文元等国家领导人的亲切接见。本次会议上，马而利获得“世界杰出华商”荣誉称号，这是西北五省唯一一位获此殊荣的商人。

2008年元月，马而利被中国经济体制改革杂志社，中国国际经济科技开发国际交流协会评为“杰出爱国人士”并授予荣誉证书。

2008年元月26日，马而利应邀出席钓鱼台国宾馆的新春团拜会，受到全国政协副主席阿布来提·阿布都热西提以及九届全国政协副主席的亲切接见，并出席在北京人民大会堂举行的“信用中国——2008海内外知名人士新春团拜会”。

2008年4月15日，马而利应聘担任世界杰出华商协会理事会副理事长，其公司——临夏州兴发纺织业有限公司也被世界华商协会授予世界杰出华商协会理事单位。庆祝改革开放30周年系列活动组委会决定，授予马而利为“中国改革开放先进人物”，并颁发了荣誉证书。

马而利，临夏州兴发纺织业有限责任公司董事长兼总经理。1962年8月，他出生于临潭县城关镇杨家桥。由于时代的原因，他小学毕业就步入社会，加入到劳动挣工分的行列中，以尽可能地为家庭减轻负担。从1978年改革开放以来，他开始从事商业活动至今已有26载，可以说他的每一步成长，都被打上了深深的时代烙印。

20世纪80年代初，改革开放的春风开始在神州大地刮起，也吹进了临潭县。当时不满18岁的马而利还没弄懂什么是市场经济时，就已经从几百元本钱起开始了自己的经商生涯。1981年他在临潭县城开办了“新兴商店”，主要经营服装、电器、百货和日用品,实现了从流动小摊贩到坐商的转变。1987年他远赴到西藏林芝地区开办了“新兴综合经销部”，主要经营日用百货，同时在当地经营客运和货运。1991年他看准时机做起了出口生意，到兰州与人联合创办了“甘肃省华侨进出口有限责任公司”，他担任业务主办，主要负责地毯、工艺品、服装等产品的出口工作，产品主要出口到中东阿拉伯国家。

到了90年代中期，他将目光盯到自古以来称之为“旱码头”的临夏市，决定在临夏居家创业。1994年到临夏市三道桥开办了“新兴绸缎批发部”。1995年在临夏市南龙镇尕丁家创建了“新兴停车厂”，占地面积近10亩，他出任总经理兼厂长，企业职工有30余名。主要经营停车、住宿、餐饮等业务。后又在停车厂院内修建了梳绒厂，安置了30多名工人。

1995年临夏州建州四十年大庆，在州、市两级政府旧城改造，大兴城市建设之时，由于他做出的贡献，受到市委、市政府的表彰并颁发了荣誉证书。

1996年至今，他在临夏市前河沿开设有“新兴综合经销部”，主要经营绸缎、人造毛、藏毯、民族用品等。1997年承包了由于经营不善而濒临倒闭的临夏州粮食局下属的“良友宾馆”。经过他的辛勤努力，使一个即将破产、发不出职工工资的企业，盘活了资本，逐步走上了盈利的道路。这不但解决了粮食局30多名老职工的生活问题，还为临夏市的社会稳定做出了贡献。收到了经济和社会效益双赢的效果，得到当地政府的充分肯定和群众的赞誉。

从1998年开始，马而利创办了民族用品加工厂，主要生产加工卡垫、人造毛被子、藏毯、毡褥子等。加工厂吸纳了300多名无业家庭妇女，解决了她们的生活问题。他还创造了青龙藏毯、人造毛被子、毡褥子等产品的制作法，有力地带动了当地民族用品加工业的发展。

2003年他积极响应迎接临夏回族自治州建州五十周年大庆，建设“五个一”工程的号召。他在北滨河中路带头组织联合开发修建了两栋总建筑面积达1万平方米的“滨河商厦”。

2005年他在滨河南路南龙马家庄创建了兴发公司纺纱厂，占地面积8亩多，吸收当地的农民工60多人，并将他们培养成了掌握一定生产技术的工人。

2006年他成立了“临夏州兴发纺织业有限责任公司”，任公司董事长兼总经理。2007年在北滨河中路开始开发建筑面积约3万平方米的“惠达商厦”，目前工程正在建设中。

2008年他利用自己在商界的广泛关系，与多家外商协商合作，准备在甘肃省临夏市新建厂区，主要生产节能保温新型材料和亚克利毛毯，为临夏市的民营经济发展做出自己更多的贡献。

临夏洮商个案访谈之一：马而利（临夏州兴发纺织业有限责任公司董事长兼总经理）

时间：2008年5月10日

地点：临夏市锦河宾馆

问：请你谈谈在社会公益事业方面所做的贡献。

答：我虽然取得了一点成绩，但深知社会上还有相当一部分弱势群体需要扶助。为解决群众的困难，我多次带头赶赴临夏州七县一市为困难群众捐款、捐物，为困难群众助学、济困，也见义勇为，勇救遭遇车祸而受伤的教师。我以我的爱心，真情回报社会。如果说时代造就了我的话，我深知自己必须不断地用自己的行动回报社会。

我在临夏的事业刚有起色时，就每年拿出一定比例的资金扶持弱势群体。除了对家乡临潭县的贫困乡亲、社会团体扶持外，我还向临夏州七县一市的贫困群众捐款、捐棉被、捐衣服。为此，2005年6月和政县新庄乡、永靖县董岭乡、康乐县八松乡等人民政府给我送来了锦旗，对我的善举表示感谢。中共临夏市委、市政府也为我颁发了荣誉证书。2005年，我得知一位东乡族姑娘马艳红以优异的高考成绩被兰州大学物理系录取后，因贫困上不了学。我听到这个消息后，找到马艳红家，送去了几千元钱，解决了她的上学问题。现在，马艳红已考上清华大学的研究生。

2007年9月，为了配合临夏市的大夏河南岸治理工程开发建设，按照市里的规划，我在没有兑现搬迁费的情况下，将公司的两个企业——纺纱厂和砂料厂全部让出。我的厂子在没有新的厂房下，300多名工人在家待业，生活艰难，企业也蒙受了重大的损失。在这种情况下，我对工人们仍多方设法给予补贴，解决他们的实际困难。

### 临夏个案访谈之二：吴映俊（临夏三金礼帽厂厂长）

时间：2008年5月10日

地点：临夏市锦河宾馆

问：请你谈谈个人的早年生活经历。

答：我于1955年出生于临潭县城关镇上河滩村。由于人所共知的原因，我书念到小学三年级就被迫辍学。我14岁开始出门打工，倍偿过早承担家务的艰辛。1976年，我们几个不安分守己的小伙子在城关镇搞运输，为所在生产队拉石灰。拉石灰虽然劳动强度大，但还能往来走动，符合年青人好动的个性，比束缚在庄稼地强多了。

当时我们几个年轻气盛，精力旺盛，在往来拉送石灰的过程中，我也逐渐学会了开手扶拖拉机，每当拖拉机开到平路上时，我总是按捺不住地从司机师傅手里接过方向盘“过把瘾”。

有一次我们从乡下往县城拉石灰，坐着同伴开的天津55牌拖拉机途经陈旗乡女儿山时，因下雨路面奇滑，我们乘坐的拖拉机艰难地行驶在红胶泥路面上。就在快到山顶时，拖拉机突然失控滑出路面，司机和拖拉机拖车车厢内的两人均吓得闭上了眼睛，齐声叫主（穆斯林遇难时不由自主地呼叫真主尊名）。由于路基松软，拖拉机头在路侧的松软泥土中缓缓下陷，使得拖拉机机身未能继续下滑，奇迹般地搁置在路边悬崖上，而山路下面是云雾缭绕的峡谷。当时拖拉机要是掉下山崖，我们几个势必粉身碎骨，这是毫无疑问的。自打那次“未遂车祸”后我就下了决心，机械活虽然“来劲”，但危险系数太大，毕竟不是好玩的，生死有时只在一瞬间。这也是我以后没有走上汽车运输行业的原因，尽管20世纪80年代到90年代临潭汽车运输业一度兴盛，但我始终不为所动。

问：能否谈谈你的主要经商经历？

答：应该说我是第二批闯荡南方的洮商，比我更早的一批早在20世纪80年代以前到过广州，他们主要是贩卖金银。贩卖金银在当时属于扰乱国家金融秩序的违法行为，国家严厉禁止私人贩卖黄金。所以，贩卖金银虽然利润可观，但风险很大，弄不好就会“连锅端”。我作为第二批闯荡南方的洮商，一开始就拿定注意不走他们的路子，而是从小本生意着手。我向来不在乎利润的薄与厚，而在乎生意合法与否。也就是说，我做生意不光要在教法允许的框架内，而且也在国法允许的框架内。事实证明我是对的，做违禁生意，虽然利润重，但毕竟要冒风险，而且不会长久。退一步讲，小本生意虽然不起眼，但只要生意上路，那就大有赚头，不少人在这方面思想认识上有误区。我个人的成功是从小本生意开始，完成资金原始积累后，才到今日投资办厂的。

1983年改革开放的春风吹到我们西北边陲的小县临潭。那里虽然政策有所松动，但出门还得要介绍信。我当时衣兜里装着由于长期折叠已经断为数截的介绍信，怀着一颗懵懂的心闯江南。广州、杭州、上海、宁波一路走过，一方面如饥似渴地品读外面精彩的世界，另一方面凭借敏锐的嗅觉和犀利的目光寻找商机。改革开放之初的中国，由于20多年的封闭，普通话还远未普及。有时候跟南方业主询问价钱，看货议价，双方都听不懂对方的语言。因为双方都不会说普通话，各自的方言又相去甚远，几乎等同于外语，双方只好通过纸笔交流。

由于手头资金有限，攒不起大本钱，客观上也决定了我只能从小本生意起家。记得我最初到大上海转悠，回来时买了些气球（2分钱1个），妇女头巾饰品（3毛钱1个）等小件带回临潭试探行情。结果一提包小件拿到临潭后很快就销售一空，1个气球1毛钱出手，利润4倍；头巾饰品一个1.5元甚至3元钱出手（利润5–10倍）。除却自己赴一趟大上海的所有费用挣回后，尚有一定的利润空间。于是我更加坚定了往大城市跑的信心。我心里想，即使这些生意不赚钱，但只要把我四处转悠的费用挣出来，那也值。就等于别人替我掏路费，我去旅游，何乐而不为呢？

很快我又去上海，用低价收购有些布料厂的下脚料（做衣服剪裁的剩余布料），然后就地找服装厂拼凑加工成花花绿绿的童装，每套成本只有3元钱。之后我拟将这些童装带回临潭销售，结果走到兰州，就被抢购一空。因为那个时候，国家政策刚开放，是商品极度短缺的年代。对西北人来说，即使上海人用下脚料拼凑而成的童装拿到西北还是稀缺货。我在兰州将带来的童装5.5元批发，零售6元，利润几乎翻一番。从此，我小本生意越做越有信心，接着从上海拿袜子，一双0.5元，一到兰州1.5元批发完毕，有时我还刻意留出一部分袜子，拿到临潭以更高的价格卖掉。当时，我带回临潭的包括袜子在内的小件，优先考虑“供应”亲戚、朋友、邻居等，其他“没关系”的人还得通过“托关系”才能拿到。

随着社会的向前发展和人民整体生活的进步，当那些小玩意已不再稀奇时，我事实上已经淘到了第一桶金。此时，如果我还抱残守缺，继续小打小闹的话，那我就不会有今天的成功。作为一名商人，必须时刻解放思想，敏锐捕捉商机，才能永远立于不败之地。通过小件生意，我有了一定的资金积累，于是我很快把目光瞄准成本更高的“大生意”上。

1985年我去了天津，在劝业场一带考察商机。当时，天津生产的盛锡福礼帽名气很大，于是我设法从那里采购盛锡福礼帽，然后拿到临潭销售。礼帽在当时来说是真正的稀缺货，一般人可望而不可即，根本拿不到手。我设法打通关系，以较低的价格购置一些有缺陷的帽子，进而搞到厂子内部指标的帽子拿到临潭，再由临潭洮商拿到藏区销售。盛锡福礼帽拿到藏区后大受欢迎，销路极广，即使有缺陷的帽子也被抢购一空。于是各路客户纷纷找我拿帽子，而我则多次往返天津—临潭，成为盛锡福礼帽第一中转（批发）的红人，而进藏的洮商则完成了帽子的第二中转（零售）。

按市场规律说，物资批发的价格应该低于零售价格。但由于当时我的帽子处于垄断地位，所以我的利润空间和他们差不多。也就是说我和跑藏区的洮商们挣同样的钱，但我省去了跑藏区的辛苦和劳累，而且节约了许多时间，这本身就是财富。因为时间就是金钱啊。别人跑一趟藏区的时间我可能跑两趟天津，在利润空间相等的情况下，那显然我挣的钱就多一点。当然这期间，也有个别洮商艳羡我的生意，自己跑到天津，想找到源头发货，但终因人际关系不熟而未能如愿，最后只得从我那儿拿帽子。

这期间，我一直关注藏区帽子的销路以及前景，在确认市场前景广阔之后，我萌发了在临夏办分厂的念头。再说长此以往跑天津也不是个事。下定决心后，我向盛锡福礼帽厂老板提出在甘肃临夏办分厂的设想，这样可以降低生产和运输成本，可以就近辐射藏区。我的建议得到他们的肯定，在认真考虑之后，他们同意和我合资在临夏筹建盛锡福礼帽分厂。

双方在签订合同时规定，我个人投入70%的资金，拥有50%的股份；对方投入30%的资金，拥有50%的股份（其中技术股占20%）。合同还规定，如有中途一方退股，则技术股自动作废。

1995年6月，经过一段时间的紧张筹备，被正式命名的“三鑫礼帽厂”在临夏开工生产。由于临夏靠近西部藏区，劳动力低廉，大大降低了生产和运输成本，价格相应下调，于是“三鑫礼帽厂”生产的礼帽销路广开，随之生产规模也扩大，“三鑫”成了藏区的一大品牌。再到后来，我本人嫌“鑫”字繁琐，好多客户连“鑫”字都不会读，于是将三鑫更名为三金，这就是今日“三金礼帽厂”的由来。

问：能否简要介绍一下创办三金礼帽厂的过程以及经营情况？

答：临夏市三金礼帽厂是在临夏市委、市政府招商引资优惠政策下，于1995年6月由临潭洮商投资兴建的。现有员工20余人，年产各类礼帽10万余顶，产品主要销往四川、西藏、青海、云南及我省甘南、河西等少数民族地区，尤其在西藏、四川等藏区市场占有一定的市场份额。

我厂生产的“金牛牌”系列藏式礼帽和牛仔帽，以澳大利亚优质羊绒以及纯天然虫胶为原料，采用百年老厂——天津“盛锡福”的传统工艺，手工精制而成。我厂也是西北唯一一家和“盛锡福”合作，合法使用“三帽牌”商标厂家。

建厂12年来，企业稳步发展，产品数量和品种不断增加，产品质量稳步提高，产品销路不断扩大。因产品质量上乘且独具民族特色，曾先后荣获“1999西藏少数民族运动会受欢迎产品”、“2001年西藏和平解放50周年庆祝会定向产品”。

产品质量是企业生存的根本，顾客满意是企业发展的动力，顾客价值最大化是我们的目标，“用心做帽子，让顾客满意”是我们的宗旨。我们的产品已经得到广大消费者的肯定，我们将继续努力，实现共赢！

问：能否给我们介绍一下天津盛锡福礼帽的由来和礼帽产业发展的基本情况？

答：天津盛锡福是一个百年老厂，最早是从编织草帽起家的。20世纪初，西风东渐，原先洋人戴礼帽的习俗也被中国人接受，并迅速成为达官显贵尊严、荣誉和财富的象征。当时的草帽厂老板迅速瞅准巨大的市场潜力，下大力气从德国引进机器在天津开始生产礼帽，成功地实现了商业转型。据天津盛锡福厂里人说，当年老板取名盛锡福是有一定内涵的，“盛”字意即成功是要付出血汗的，“锡”字意即金钱来之不易，“福”字意即饭要一口一口吃，钱从点点滴滴来。

天津盛锡福礼帽很快成为国人争相购买的品牌，在全国红极一时。盛锡福礼帽男女款式不一，冬夏有别。由于生产速度和数量远远满足不了广大消费者的需求，盛锡福礼帽始终是少数人拥有的奢侈品，这种状况一直持续到新中国成立直至20世纪末。1949年全国解放，1952年盛锡福礼帽厂在社会主义改造过程中被没收，随即成为国营单位，其生产的帽子由国家统一限量发往各省。

从国内来看，礼帽行业发展缓慢，起步晚，所以礼帽行业前景良好。我从1995年正式筹办天津“盛锡福”礼帽生产临夏分厂，使生产销售成为一体，很快产生效益，社会影响逐年扩大，誉满藏区。高峰时，年产礼帽12万顶，行销甘、青、川、滇、藏、蒙、新等7个省、自治区，三金礼帽已成为藏区的一大品牌。1999—2002年每年利润20万元。建厂以来，得到各方面的赞誉，2000年自己设计金牛牌商标，占有藏区市场份额的大部分，藏民认可金牛商标。我厂生产的礼帽曾作为2000年西北民族大学建校50周年、西藏民族运动会和甘肃省民委以及国家民委民族产品指定用品。

礼帽有高、中、低档之分，根据藏区的实际情况，我厂生产的礼帽一般以中档为主，兼顾高档、低档礼帽，也就是说中间大，两头小。价格低档10多元，中档30多元，高档者上百元。

礼帽还有色泽、质地、男女、款式的区分。由于藏区海拔高，日照时间长，紫外线辐射强，藏民族非常喜欢戴礼帽。一般情况下，礼帽每年要更换两次。一次是每年藏区各县的赛马会上，青年男女大都盛装出席，闪亮登场，其中帽子是必不可少的。再一次就是每年的挖虫草季节，为了防止太阳辐射，牧区群众自然乐于购置一顶礼帽戴上。近几年来国内虫草价格飙升，牧民的收入也随之大幅度增长，买一顶帽子自然不在话下。比如前几年，挖一根好点的虫草就值一顶礼帽，即使次一点的虫草也能换一顶低档礼帽，所以牧区群众特别流行戴礼帽。

礼帽还有一大特点是老幼可戴，男女均宜。在20世纪80年代以前，礼帽是牧区群众的稀缺货，只有富有人家才拥有一顶礼帽。有的家庭为了结婚，往往骑马到50-60公里之外的地方去借帽子一用。往返路上将借来的礼帽小心翼翼地放在专门的木匣子里提着。一般情况下，男性草原牧民喜欢浅褐色礼帽，而牧区青年妇女则流行瓦蓝色礼帽。

我们金牛牌帽子加工厂原占地3亩，厂房破旧。临夏市滨河西路拓宽后，

2000年被路面无偿占有。厂址现为1.5亩，产量也减少一半。计划在今后的几年，另外选址进行扩建。

问：能否给我们谈谈你经商的体会？

答：我认为一个商人要获得成功，主要有四个原因：一是凡事托靠真主，自始至终相信真主给人的给养，并在此基础上奋斗。对于穆斯林来说，凡事都得托靠真主，这是穆斯林信仰的根本原则。这个原则谁都知道，但是在生意场上，关键时候有些穆斯林对真主的托靠发生“休克”，甚至还有一些穆斯林遭遇逆境时才会想起真主，顺境中就把真主忘记；二是我尽量往大城市跑，常年在全国各大城市穿梭，寻找商机，避免了跑藏区。这一点我和许多人有所不同。我们同时代的青年人爱往藏区跑，总是认为藏区耐厚、养人，钱相对好挣。持有那种观点和认识的人主要是受前辈们的影响和带动，其次是害怕自己在发达城市“沾不上边”。一句话，就是怕吃亏。我可不这样认为，我个人的体会是，只有往大处跑，往城市跑，才能开阔思路，增长见识，拓宽商业渠道，也就是说只有敢于直面“狼群”，才能练就“与狼共舞”的本领；另外，藏区也并不是人们所认为的那样耐厚养人。恰恰相反，如果将尊严、生命、时间、青春以及夫妻团聚、子女的教育方面所付出的代价作为成本计算在内的话，很多在藏区奔波的洮商其实是得不偿失的。2005年青海囊谦的“6·02事件”、2008年的拉萨“3·14事件”就充分说明了这一点。有不少洮商几十年的血汗一夜之间化为乌有，而上告久久没有着落。当然，有时候坏事也能转变成好事。如果说这些事件使一部分洮商觉醒，撤资告别藏区走下青藏高原的话，那么2008年的拉萨“3·14事件”则使大多数洮商醒悟，会促使他们下决心在内地谋求发展；三是我尽量依靠当地政府，借助政府的力量和支持发展生意，这一点非常重要；四是要及时掌握国家政策的动向，善于准确捕捉市场信息，适时调整自己的商业思路，切不可固守传统的东西。

我们的家乡有一句民谚：“是雄鹰就应飞翔在万里蓝天，是骏马就应奔驰在千里草原。”同样作为商人，只有在先进的地方运用先进的发展理念与先进的人们打交道，才能永远立于不败之地。反过来，那些运用落后的理念在落后的地方与落后的民族打交道的商人，只能风光一时，而绝不会获得长久的发展。

临夏个案访谈之三：敏仲义（临夏锦河宾馆总经理）

时间：2008年5月10日

地点：临夏锦河宾馆办公室

1955年9月我出生于临潭城关镇上河滩。小时候家庭困难，我咬紧牙关念完初中后被迫走向社会，一边参加生产队劳动，一边打工干零活糊口。

1978年政策开放后我开始做经营当归、秦艽等中药材生意。很快我在这一行当脱颖而出，为今后的生意积累了必要的资金。1988年前后，我远赴西藏昌都做虫草生意，当时我三十出头，正是人生的黄金岁月，也是我生意最辉煌时期。我多次往返于昌都和成都之间，有时也常驻成都，坐等昌都一带藏族商人或者其他商人送货上门，而我则将虫草带到广州、深圳以及北京同仁堂等地交货。

1993年我举家迁往临夏市。到临夏后我继续做中药材生意。1994年我与丁仕祥、马玉清、敏俊成4人集资480万元修建了临夏市锦河宾馆。1995年锦河宾馆建成运营，我出任总经理。锦河宾馆共拥有床位200多张，可同时接待客人300多人，每年盈利140多万元，现有员工30多人，全部为临夏本地人，自开业以来，累计上缴国家税收100多万。1999年我在锦河宾馆的基础上创建了临夏市锦河有限责任公司，我出任董事长及法人代表至今。1996年本人荣获临夏市委、市政府颁发的"捐款助教"荣誉证书。

2004年临夏新星幼儿园成立，我被推举为第一届董事会副董事长，参与了新星幼儿园董事会章程的讨论与修订以及该幼儿园的规划与建设。新星幼儿园浸注着我的心血，因为它是一家非营利性质的幼儿园，对普通家庭学生只收取一定的生活费，对贫困家庭学生减免三分之一到一半生活费，而对孤儿的生活费则实行全免，其公益性非常突出。2008年，新星幼儿园有学生180多名，预计2009年能达到300名。

### 临夏个案访谈之四：丁麻乃（临夏大发公司总经理）

时间：2008年5月10日

地点：临夏市锦河宾馆办公室

我出生于1956年10月，临潭城关教场村人。1957年父母因家庭困难流落到夏河县博拉加科村以打工为生，后落户夏河县博拉乡。现住临夏市北滨河路大发庄园。

在此期间我就读于博拉初中，但求学之路并非一帆风顺。1970年冬季，由于各种原因我又随父母迁移到博拉乡尕加生产队，随之辍学，当时只有13岁，从此走上了十年之久的放牧生涯。

1978年10月到1981年我曾担任尕加生产队社干。1978年改革开放后迁回博拉加科，以打工、拉车、搞小商业谋生，几经折腾还是难以解决家庭的温饱，不得已从阿坝等藏区贩牛马。贩卖牛马期间我们经常行走在大雪深数尺的隆冬烈风中，脸上皮肤被冻裂，手脚被冻僵，反倒担心买的牛马被冻死。那情形正如诗人白居易在《卖炭翁》里面描写的："可怜身上衣正单，心忧炭贱愿天寒"。

俗话说，天无绝人之路。作为穆斯林，更应该按照伊斯兰的精神，积极奔忙在大地上寻觅真主的恩惠。1982年我在别人的帮助下赊了一辆破旧卡车在西藏拉萨市搞了两年运输。1984-1992年我在四川省色达县搞小商品、布匹、绸缎、畜产品等生意。1993年到甘南合作做了3年干酪素生意，但当时市场的销售不太景气。

1995年我到拉萨市开绸缎铺，由于当时拉萨经济发展尚在起步阶段，市场流通不理想，绸缎铺亏损严重，无法经营下去，于是一年后返回临夏。到临夏后因为个人经济薄弱，无法在临夏立足，就回到合作市重新经营奶酪生意，经济效益还算可以。

1999年临夏市实行招商引资优惠政策，我于当年9月来到临夏，与敏俊成等4人合伙创办了大发毛绒有限责任公司。大发毛绒有限责任公司前后运营了3年时间，期间解决了100多人的就业，为国家上缴税收10余万元。但后期由于资金不足，技术设备跟不上，销售状况不好，2002年被迫停产。

2003年大发人造毛厂重组更名为大发公司，在临夏市政府优惠政策下整体收购了临夏市皮革厂的全部产业，我们想重搞企业，但临夏市城市规划局规划本区不允许办企业，于是大发公司转向房地产开发。近几年来，临夏房地产业行情看好，前景光明，我对大发公司的未来充满信心。

### 临夏洮商个案访谈之五：张治国（莲花山水电站总经理）

时间：2008年5月10日

地点：兰州市金澳宾馆

问：请你谈谈早年的主要经商经历。

答：1960年7月我出生于临潭县城关镇上郊口。正好赶上全国“大饥荒”年代，可以说生不逢时，也可以想象当时家庭的艰难。所以，我读书到小学三年级就被迫辍学，过早地用稚嫩的肩膀承担了家务。不满10岁的我经常跟随父亲到附近藏区串乡、串毡房，其间有一定语言天赋的我，很快就学会了一口流利的藏语，这为以后我到藏区经商提供了条件。

1977年，我17岁那年由生产队招工，出门去卓尼县完冒乡打墙挣工分，每天计10分（当时折合人民币8角）。其间我学会了打墙技术，也锻炼了吃苦能力。第二年我远赴玛曲县欧拉乡为当地藏民营造围栏（用从草原上切割下来的松包堆砌），接着又给当地藏民修建冬窝子（草原上过冬的住房）挣钱。其间虽然非常辛苦，每天只能挣两元钱，但在当时算高工资了，属于技术工人。同时我还担任工程队的藏文翻译和联络员，藏语水平有了进一步的提高，尤其是建筑行业专业名词翻译难度极大，一般人很难胜任，而我却能轻松应对。

在每年秋季，我们从玛曲县乡下将牛赶到玛曲县城供销社屠宰，往返路上要过黄河，渡黄河时右手腋下夹羊皮筏，左手拽住马尾巴从黄河河面上“漂泊”而过。冰冷刺骨的河水直渗入人的骨髓，但出于求生的本能，只能咬紧牙关坚持渡河，渡过河就是胜利。年轻时我们就凭着这样一股冲劲和不甘人后的信念挣家务钱。没想到给自己落下一身病，至今我浑身关节时常隐隐作痛。

在玛曲的第三个年头，临潭县陈旗乡派人前来玛曲购买了100头耕牛，回去的路上聘请我当翻译，费用按每头20元计。我们一路从玛曲经大水—郎木寺—热当巴—花儿干山—东坝沟，从河阴走陈旗，从买牛到交牛，历时三个月之久。其间时而烈日曝晒，时而冰雹交加，时而瓢泼大雨，时而藏獒追咬。白天风雨无阻地赶路，夜宿草原湿地，可谓吃尽了人间苦头。之后我又帮临潭卓洛乡、郊口村、上河滩村从青海久治县购牛，我仍任翻译，联络牛源。

1983年我在玛曲5年之后，积蓄了上千元资本，在当时算大商户了。后又去迭部（洛大）、舟曲（巴藏）和四川松潘、茂汶一带收沙金。先后用了两年时间，资本积累到5000元左右，沙金所得利润和赶牛差不多，但辛苦程度较赶牛小得多。

问：你是如何实现生意上跨越式发展的?

答：1984年我与人搭伙去青海玉树州结古镇摆地摊儿，主要是销售绿松石、马裤呢、针头线脑等藏区缺乏的日用品。第一年由于人生地不熟，获利甚微。之后我又背着松石到玉树县治多、曲麻莱（海拔4500米）一带串乡。记得有一天行进途中遭遇大雨，雨水很快浇透脊背后面的背囊，只听见背囊内不时有爆裂声响起，猛听起来有点怕。放下背囊一看，原来从临夏进的绿松石全是赝品，买来的绿松石都是用石膏做成，外面涂了一层绿漆，石膏“绿松石”受雨水作用，起了化学反应，于是出现膨胀爆裂现象。

我在串乡过程中还发现当地藏民需要乌龟，用以“避邪”。但青海省境内不出产乌龟。得知这个信息后，我悄然动身去湖南长沙收了200多只大小不一的乌龟，用麻袋、提包装上，一路屡经检查，费尽心力将200多只乌龟拿到玉树州结古镇出售，很快销售一空，利润近10倍（湖南一只3元，拿到玉树一只可卖30元）。由于路上不会伺候，死了不少乌龟，但是当地藏民不管死的活的都要，主要用以“避邪”。此后，我觉着贩卖乌龟虽然赚钱，利润可观，但乌龟毕竟不适应高原气候，死亡率很高，我觉得有点残忍，所以下决心中止了这一生意。之后，我又在玉树收购猞猁皮、干鹿角等带到临夏、河北保定一带交货，利润也相当可观。

1986年我搭上伙伴的一辆东风车前往西藏昌都开铺子，经营百货。记得我第一次上昌都，先从家里乘车到陇西上火车前往成都，然后再从成都乘坐昌运公司的班车前往昌都。当时去昌都都需要介绍函，否则过不了金沙江大桥。我先后在昌都呆了5年，同时也学会了与安多藏语有较大区别的藏语康巴方言，成为洮商中为数不多的能够同时说卫藏、康巴以及安多三种藏语方言的商人。

可以说从昌都开始我基本上告别了辛苦生意，实现了生意上的跨越式发展。到1986年年底，我手头有了1万多元积蓄，要知道在那个贫困的年代，有上万多元积蓄也是很不容易的，在当时就已经是大生意人了。开铺子期间，我积极组织货源，上货则以绸缎、布匹、日用百货为主，下货我组织干鹿角、羊毛、山羊皮等。我在开铺子的同时，还从旧城（城关镇）组织收购青稞，拉到昌都销售，所有从临潭运青稞的司机到昌都后都把青稞交到我手里，再由我负责转卖。当时每斤青稞2毛钱左右，拉到昌都能卖4毛到5毛钱，我个人每车赚取200-300元的差价。

1990年我告别昌都，到成都坐地经商，继续从事各类畜产品和中药材的收购。我们在成都武侯祠公路饭店包房3年之久，与洮商敏仲义结为商业合作伙伴。当时我们30出头，正是意气风发年龄，也是我个人生意上的黄金时期。

1994年我回到临夏从事房地产生意，1994年与同乡敏士秀、马青龙、丁尤思夫、敏东个5人合资修建了临夏南华贸易商行。1996年正式开业，主要经营宾馆业，兼营人造毛一直到2000年。

2000—2002年我前往拉萨筹建保洁公司，主要是各家餐饮店的餐具消毒，但由于众多原因，情况不佳。2005-2006年，我担任华新公司养殖基地的总指挥，全程修建了这一项目。2006-2007年，我全程参与了康乐县莲花山水电站的建设，任总指挥和负责人。2006年我被推选为临潭县政协委员。

问：请你谈谈经商过程中最难忘的记忆。

答：1987年冬天，正值隆冬季节，我从临夏、兰州办了一车货，亲自押送昌都，汽车从甘南出发，途经郎木寺、若尔盖、红原、马尔康、壤塘、炉霍、道孚、甘孜、玛尼干戈、雀尔山、德格，跨越金沙江，继而翻越岗托山、过江达，最后在昌都跟前的大玛拉山上遭遇大雪。当时我们乘坐的是解放一代卡车（木质车厢板）。在厚厚的积雪中，汽车的行进速度比牛车还慢，由于大雪高过膝盖，车轮无法向前，我作为跟车人，只好从车上下来，在风雪交加中挥舞铁锹边探路，边向两边铲雪，平常只需三天的大玛拉山用了整整10天才下来，屈指一算，整个行程用了25天。司机一路胆战心惊，惊险处泪流不止。

还有一点需要提及的是，我们几名成都洮商在20世纪90年代初首开临潭商人穿西装之风。那年月临潭商人在家乡都穿中山装，总认为穿西装是“城里人”的专利，是“吃皇粮人”的标志，总认为自己是“土八路”。穿西装出去怕别人笑话，所以没人敢穿。由于我们几个带头穿西装、打领带，很快西装在临潭年轻商人中时兴，取代了往日的中山装。我们若干在外洮商还引领了临潭摩托车消费潮流，导致街头铃木125、本田145 摩托车等大为流行，每当有人骑着摩托车“招摇过市”时，人们便会议论其人是昌都家（昌都洮商）还是甘孜家（甘孜洮商），我们的“风光”从某种角度说，进一步推动了洮商的向外发展。

临夏洮商个案访谈之六：敏俊成（临夏宾馆总经理）

时间：2008年5月10日

地点：临夏宾馆办公室

我祖籍临潭长川乡。新中国成立前，我父亲由于逃难，携家带口来到藏区，我于1952年4月出生于夏河县博拉乡。从小在半农半牧的环境中长大，我既善于放牧，又长于耕作。由于我从小生活在藏区，也学会了一口流利的藏语。

1978年政策开放后，我往返与临夏和甘南做小本生意。1981年我正式迁居临夏，并与王之仁合资修建友谊商场，可以说我的生意与临夏市的城市建设同步发展。

1994年，我作为融资股东之一修建了锦河宾馆。1998年我们合资创办了“临夏市大发毛绒有限责任公司”。共投资1500万元，经济效益良好。1996年建造“临夏宾馆”，宾馆占地3亩，总建筑面积2000平方米，房间100间，商铺16间，以食宿为主。现有职工25人，管理人员4人，属股份制企业。

我曾多次获州、市“模范经营户”、“优秀企业”、“捐资助教”等荣誉称号和奖励。

我认为我们洮商为人诚实，诚信方面非常好，眼光和胸襟都比较开阔，而且大部分人很重视文化教育。需要改进的是在经营生产方面，观念还比较保守，过于看重传统的东西，协作精神方面还不太够。今后我们洮商要继续转变观念，探索新的发展道路，转变家庭式、家族式、作坊式的经营模式，要整合资源，进行合作，争取做大做强。

2008年5月，我随省工商联组织的“临夏市民族产品展销”，赴马来西亚、越南、缅甸、泰国考察。我曾被推选为州区协委员、市区协委员、州工商执委和市工商联副主席。

临夏个案访谈之七：马明礼（临夏户外用品销售公司经理）

时间：2008年5月10日

地点：临夏宾馆办公室

1953年我出生在临潭县城关镇教场村，父亲从小给起名马明礼，为的是我将来要知书达理，可是时代的悲剧使我们这代人都成了牺牲品，小学未毕业我就被迫辍学寻觅生计。

1979年我开始做生意，主要是跑藏区。我先后到四川雅江一带拿藏族宗教领袖的照片换布票、粮票等拿回家乡销售，从中赚取一定的利润差价。20世纪80年代初，我手头有了2000元左右的积蓄，于是我回到临潭，在西大街开了一家铺子，主要经营废旧军用品，兼营旅馆好几年时间。这一阶段我的生意实现了跨越式发展，所经营的废旧军用品量大价格便宜，非常适合乡下人的需要，我向四乡八路批发和零售，受到群众们的欢迎和称赞，一时间我在临潭有“废旧军用品大王”之称。

1995年我又在甘肃会宁县城开废旧军用品商店，实行家族式经营。1996年我到临夏发展，个人投资110万元在临夏香匠庄购置铺面6间，同时又买了1个独院、2套楼房。2007年我注册的“临夏户外用品公司”正式成立，公司周转资金70万元左右。近几年取得了良好的经济效益，年利润平均在10万元以上，年上缴地方税收及工商5400元，有员工10人。主营废旧军用品、铁路废旧物资等。

临夏洮商个案访谈之八：敏士秀（临夏华丰人造毛商行总经理）

时间：2008年5月10日

地点：临夏锦河宾馆办公室

1964年2月我出生于临潭县城关镇西庄子村，初中毕业后在家务农、拾柴几年时间。1982年，18岁的我开始结伴出门经商。最初我们坐长途班车到达青海玉树州歇武寺，然后从歇武寺背着小百货徒步120公里走到海拔4000多米的四川省石渠县色须区一带串乡，这一路基本上是无人区，我们白天走路，夜宿草滩荒野。在高海拔地方，空着身子走路尚觉吃力，负重行进就更为吃力了。不过当时我们几个人年轻，吃苦倒不怕，主要是自己的付出与回报不成比例。打那以后，我们几个结束了串乡经历。1986年我到玉树州囊谦县开铺子做生意，主要销售民族用品和食品饮料，兼收中药材，前后四五年时间。

1992年我回到临潭，因为家中上有老下有小，都需要我照顾。我不便在外地做生意，于是在临潭县城关镇工商银行一楼租借了3间铺面开铺子，主要经营皮鞋、化妆品、布匹等一直到1994年。

1993年11月，临夏南华商行成立，我是融资股东之一。1994年南华商行大楼建成后，我将临潭的铺子交给外甥和侄子经营，自己转到临夏发展。南华商行一楼铺面经营鞋类、布匹、人造毛，二、三、四楼经营旅社。1994-2001年我主要负责南华商行的人造毛业务，但是效果不理想。2001年我和敏东个两人退出南华商行，另起炉灶专营人造毛。从此生意发展进入“快车道”，可以说一年一个新台阶，年销售收入40多万元。

2005年总投资800万元的华丰人造毛商行正式成立，我出任总经理。华丰人造毛商行有员工9人，是目前临夏最大的人造毛批发零售商行，主要面向广大藏区销售。可以说藏区凡有洮商存在的地方都有从华丰批发的人造毛。我商行与河北、浙江等地的厂家建立了长期稳定的合作关系，华丰商行从来不进赝品、次品，在藏区有着良好的声誉。华丰商行也从来不拖欠银行贷款，不推迟给厂方过账，在银行和厂家都有着良好的信誉度。

相对临潭而言，临夏的生活环境较好，气候温和，政策比较优惠，税收合理，经商环境比较理想，我比较满意。2008年藏区发生的“3·14事件”对我生意影响比较大，但我相信用不了多长时间，我的生意就会好起来的。

临夏洮商个案访谈之九：张国林（临夏雅克公司总经理）

时间：2008年5月10日

地点：临夏宾馆办公室

我祖籍临潭县城关镇上河滩村，民国十八年（1929年）临潭地方发生变乱，我们一家相继逃难到青海、四川藏区，最后定居于今四川若尔盖县郎木寺镇（当时称甲科）。1950年6月我出生于郎木寺。我的前半生命运非常坎坷，上小学时遭遇1958年“大炼钢铁”运动，紧接着三年（1959—1961年）天灾人祸接踵而至，我只好中途辍学3年。1965年已是15岁的我考入临潭县第二中学，不幸的是第二年，也就是1966年，轰轰烈烈的“文化大革命”爆发，万般无奈的我只能含泪告别学校，回家跟随大人务农放牧，直到1978年政策开放后迎来我生命中的春天。

1978年党的十一届三中全会后，随着各项政策的松动，春回大地，万物复苏，我和全国广大同胞一样，沉浸在巨大的喜悦当中。年届而立的我如鱼得水，在商海四处搏击，很快在同龄人中脱颖而出，崭露头角。1982年，我获得“若尔盖县劳动致富先进个人”荣誉称号，1984年我被评为“若尔盖县万元户”荣誉称号，是当时若尔盖县屈指可数的万元户之一，并被推选为若尔盖县人大代表、若尔盖县个体协会常委。1982年我当选四川省阿坝州第五届人大代表，1987年继续当选阿坝州第六届人大代表。除此之外，我还多次受到省、州、县有关单位表彰和奖励。

1985年我组建四川红星车队并任队长。成立之初只有5辆车，后发展扩大到拥有58辆车。车队90%人员都是临潭籍。我在车队安全管理、经济绩效方面均有独到之处，多次受到四川省交警总队、阿坝州交警支队的表彰奖励。1990

年，阿坝州交警支队举行阿坝州十三县交警大队长现场会议，特别决定将会议现场放在我家召开，以特殊的形式肯定了我做出的贡献。

1992年我从郎木寺镇迁居甘肃省临夏市，与人合资筹建成立海涛锅炉厂并任董事长。1998年我在四川若尔盖投资300多万元建立中国石油联合加油站。2000年投资兰州同建生物科技有限责任公司任董事。2005年5月受聘担任中国西部牦牛集团甘肃临夏雅克清真制品有限责任公司总经理。任职两年来，带领公司职工开拓奋进、团结协作、诚信待客，扭转公司历年亏损局面。同时我担任甘肃省康乐县莲花一级电站和康乐水泥厂总监事。

2003和2006年先后两次随甘肃兰州商务代表团、四川代表团到沙特阿拉伯考察和赴麦加朝觐。2007年10月我被推选为甘肃省民族联合企业商会副会长。

临夏个案访谈之十：敏永德（临夏承达家纺有限公司总经理）

时间：2008年5月10日

地点：临夏锦河宾馆办公室

1965年3月我出生于临潭城关镇西庄子下树滩，1982年初中毕业后跟随长兄敏目沙到青海省玉树藏族自治州囊谦县香达镇做生意。期间主要是开铺子，同时还从事季节性的中药材生意。当时我们兄弟三人合伙做生意。

1998年囊谦承达贸易商行成立，我大哥敏目沙出任总经理，商行铺面面积达 300平方米，年租金7.8万元，年上缴地方税收（含工商管理费）4.2万元，是囊谦县最大的纳税个体企业。承达贸易商行成为当时囊谦乃至玉树州货物品种最齐全、档次高、货物周转量最大、资金运作量最多的民营商行。虽然铺子在囊谦县，但它事实上已辐射到周围的玉树县结古镇、杂多县苏鲁乡以及西藏丁青县和类乌齐县。

正当我们的生意平稳发展的时候，2005年6月2日囊谦县和杂多县发生大规模的打、砸、抢、烧行为，酿成震惊青海的“6·2事件”。我兄弟三人在囊谦拼打了20多年积累的数百万元资产被暴徒洗劫一空。事件发生后，我们多次上访、打官司。但时至今日，结果令我们大失所望。

2004年7月，我在临夏成立了承达家纺有限公司并出任总经理和法人代表，公司占地面积200平方米，现有员工6人，流动资金200万元左右，年租金2.5万元，年上缴工商管理费2400元，员工工资每人每月400元，包吃住。公司主要加工销售床上用品、太空棉，产品主要销往广大藏区。公司有店铺70多平方米，年租金2.6万元，年上缴地税和工商管理费6000元，利润空间在10%—15%左右。

临夏是西部旱码头，货物流通快，我们主要面向藏区发货。洮商勤奋、耐劳、讲信用，商品价格合理、质量好。洮商能够及时偿还银行债务，所以能在临夏立足并得到长足发展。2008年拉萨“3·14”事件对我们的生意有一定影响，货物周转和销量明显不如2007年，我们相信经济会得到早日恢复。

## 六、陇上金城——兰州

兰州地处我国地理版图几何中心，是甘肃省政治、经济、科技、文化和教育的中心，是古“丝绸之路”的交通要冲和商埠重镇，黄河上游最大的工业城市。兰州市区南北群峰对峙，滔滔黄河穿城东流，是一座历史悠久、文化底蕴厚重、独具特色的西部名城。

兰州有洮商12家，主要从事房地产、古玩杂项、鞋类服装批发、布匹绸缎批发以及蕨麻、葡萄干等土特产品的批发与零售。在兰州的洮商中，天银进出口贸易有限责任公司总经理王海西、副总经理马兆海，已从西宁主要经营冬虫夏草等中药材转向兰州开发房地产。敏生光总经理经营的兰州力牛食品有限公司经过十几年的发展，已从一个经营蕨麻、果干为主的零售商店发展成为拥有200万资金的以各种土特产品为主的批发公司。他毕业于西北师大本科专业，后辞职下海经商，是临潭籍本科学生中第一个下

海经商的人。在兰州金城古玩城有不少的洮商经营具有一定文化含量的古玩杂项，其中洮商敏忠真经理现为甘肃省收藏家协会常务理事，在2005年举行的“CCTV民间收藏大赛甘肃赛区”民间收藏品评比中，他收藏的一件光绪官窑粉彩龙凤粥罐被评为瓷器类一等奖，受到甘肃收藏界的重视。洮商敏永德经理在收藏方面也取得了良好的经济效益，他收藏的一些铜器受到专家的好评。在瓷器类收藏中，洮商苏胜民经理的藏品品种多、档次比较高，其中明代洪武松竹梅黑釉缸、光绪官窑粉彩粥罐（系列）和西晋青釉瓷“天官赐福灯”都具有一定的历史价值和艺术价值。他们都是走向大都市寻求发展机遇的优秀年轻洮商。

表4 甘肃兰州市洮商情况调查

（调查时间：2008年5月10-14日）

| 业主姓名 | 性别 | 年龄 | 商铺名称 | 坐落位置 | 开业时间 | 从业人员 | 商铺面积 | 商铺租金(月) | 主营 |
|---|---|---|---|---|---|---|---|---|---|
| 王海西<br>马兆海 | 男<br>男 | 38<br>36 | 甘肃天银国际进出口贸易有限责任公司 | 兰州市通渭路 | 2008 | 股东3人 | 10000平方米 | 无 | 房地产 |
| 敏生光 | 男 | 38 | 兰州力牛食品公司 | 兰州金港城B1-528-519号 | 1996 | 3人 | 168平方米 | 4000元 | 蕨麻、葡萄干、枸杞、百合干、锁阳批发 |
| 敏忠真 | 男 | 35 | 古清轩 | 兰州市陇西路金城珠宝古玩城2楼8号 | 2003 | 1人 | 20平方米 | 700元 | 瓷器、玉器、铜器、珠宝、珊瑚 |
| 苏胜民 | 男 | 32 | 义新斋 | 兰州市陇西路金城珠宝古玩城2楼23号 | 2003 | 2人 | 33平方米 | 800元 | 瓷器、玉器、铜器、珠宝、钱币、绿松石、珊瑚 |
| 马明新<br>全耀虎 | 男<br>男 | 24<br>26 | 聚宝阁 | 兰州市陇西路金城珠宝古玩城1楼85号 | 2005 | 2人 | 33平方米 | 2000元 | 瓷器、玉器、铜器、珠宝、钱币、绿松石、珊瑚 |

续表

| 业主姓名 | 性别 | 年龄 | 商铺名称 | 坐落位置 | 开业时间 | 从业人员 | 商铺面积 | 商铺租金(月) | 主营 |
|---|---|---|---|---|---|---|---|---|---|
| 马文平 | 男 | 38 | 066号柜台 | 兰州市陇西路金城珠宝古玩城1楼 | 2007 | 1人 | 6平方米 | 300元 | 古玩杂项 |
| 敏永德 | 男 | 35 | 永德轩 | 兰州市陇西路金城珠宝古玩城2楼18号 | 2005 | 2人 | 36平方米 | 1600元 | 古玩杂项 |
| 马志清 | 男 | 50 | | 兰州市张掖路古玩城2楼18号 | 2005 | 2人 | 15平方米 | 1100元 | 古玩、旅游品 |
| 张振荣 | 男 | 33 | 金洮州蕨麻王 | 兰州金港城C1-527号 | 2004 | 3人 | 60平方米 | 1000元 | 蕨麻、葡萄干、枸杞、百合干、核桃批发 |
| 赛志泉 | 男 | 55 | 恒达干鲜批发部 | 兰州金港城C2-448号 | 2002 | 3人 | 40平方米 | 1000元 | 蕨麻、葡萄干、红枣、杏干、核桃仁批发 |
| 马忠 | 男 | 51 | 九州百盛新兴鞋业专卖店 | 兰州市东部市场鞋城113号 | 1997 | 3人 | 24平方米 | 12500元 | 批发各类皮鞋 |
| 孙学仁 | 男 | 38 | 兰州天兴和鞋店 | 兰州市东部市场鞋城151号 | 1998 | 8人 | 24平方米 | 15000元 | 批发各类皮鞋 |
| 丁国强 | 男 | 37 | 雅思得服装专卖店 | 兰州市东部新世纪购物广场1楼1022号、新时代2楼2217号 | 2008 | 3人 | 40平方米 | 5800元 | 服装、毛织品 |
| 马育春 | 男 | 54 | 天兴亨丝绸商行 | 兰州市庆阳路76号 | 2001 | 3人 | 70平方米 | 4200元 | 丝绸 |

兰州洮商个案之一：王海西（甘肃天银国际贸易进出口有限责任公司总经理）

时间：2008年6月29日

地点：甘肃天银国际贸易进出口有限责任公司办公室

问：请你简要介绍一下你的家庭出身和早期的奋斗经历。

答：1970年正值“文化大革命”，就在这一年我出生在临潭县城关镇马家沟。父亲是一位小学教师，母亲是家庭妇女。说来也怪，虽然我父亲是一名教师，可我从小却对赚钱有着浓厚的兴趣。在7岁的时候，我就利用上学之余，在学校门口摆连环画摊赚钱。对当时的人们而言，看连环画是既廉价又能消遣的唯一方式。看一本连环画挣一分钱，一个星期下来，也能挣上几毛钱。然后我利用这几毛钱继续购买新的连环画以满足读者的进一步需要。从经济学的角度来看，这恐怕就是最原始的资本积累。

我12岁那年父亲因病去世，家里的经济来源中断。母亲继续拉扯我们兄妹艰难成长。家庭的不幸更加催化了我的生意头脑，和同龄人相比，我较早的培养了自己的经商理念，也较早地展示了自己的经商天赋。1986年，初中毕业后，因为要过早地承担家庭的责任，我16岁那年含泪辍学，离开了喜欢的校园，毅然挑起家务重担，造就了我强烈的“顾家”意识。

初入商场的我先是奔波于四川成都与西藏拉萨之间，从酥油生意中挣足了人生的第一桶金。记得自己第一次跟随亲戚出门到藏区用青稞换酥油，不满18岁的我扛着200斤重的青稞麻袋从山脚下背到山上，到山顶时我禁不住双腿打颤，汗流浃背，额上青筋暴露。生活的艰难固然不幸，却也锻炼了吃苦能力，同时也使我熟悉了藏区环境并为建立良好的人际关系打下了基础。

问：听说你在生意场上有“三落三起”的经历，请你简单介绍一下。

答：1990年我刚满20岁时，通过“蓝领生意”已积累了上万元的资金，这在当时来说算是不小的一笔钱。我用这1万多元资金起步，加入到中药材生意行列中。不出几年，我就挣了20多万元。有了一些积蓄后，我并没有满足于现状，而是时刻在思索着新的发展出路。我先在临夏购置一院房屋，并与洮商马而利、王之仁合作开绸缎铺达3年之久。后来随着更多的丝绸店的出现，竞争越来越激烈，利润空间越来越小，绸缎生意不景气。我果断离开，并很快选择了冬虫夏草的生意。我也不曾料到，这次简单的选择便造就了我日后成为虫草大户。

1996年我发现很多人在白糖和姜片中收益丰厚。最初我并不看好，可又一直很关注。终于，市场的发展使一向冷静的我也加入到这一行列。可是后来突变的市场行情，使缺乏经营管理经验的我注定要失败。我购来的100吨白糖和80吨姜片不但没有给我带来预期的喜悦，反而亏得一塌糊涂，导致负债累累。26岁的我经历了生意场上的第一次血本无归。

现在回想起来，一切好像是噩梦。可是梦醒了，现实该如何面对？痛定思痛，应该总结教训。但这样的打击并没有改变我诚信做人的准则，我毅然变卖所有家产，包括妻子的首饰，清偿所有债务。这之后我决定远离临夏，前往成都，并在成都租了个铺面，靠卖一些旅游用品度日。仅能养家糊口的收入以及前后家庭住所的改变，使我陷入无限悔恨当中。为什么会犯如此致命的错误判断？太多的“为什么”一直困扰着我。此时，我想的更多的问题是，如果说坚定的信仰是我的精神支柱的话，那么家庭的温馨是我唯一的安慰。妻子对我的信任丝毫未减，毫无怨言地伴我左右，支持我，共度难关。同时，第一个孩子的出生给这个过于安静的家重新带来了希望和喜悦。

1998年我辗转来到兰州。在兰州东部市场租借店面开鞋类商店。主要批发皮鞋，两年之后由于经营不善，倒闭关门。这次生意可以说是让我“没有上路”。

2000年后的几年时间，我“没踏上步子”，又再次涉足虫草行业。由于我为人正直，言出必行，生意伙伴们不仅对我十分信任还处处帮助我。在四川甘孜的虫草市场中，我再次站了起来。当年我大胆赊了别人11箱约30公斤虫草前往广州碰运气。终于，我抓住最佳时机出手，赚了一大笔钱。由于我的这次举动异乎寻常，使得一向谨小慎微的虫草业内的人士大为吃惊，为此我在虫草圈子里有了“萨达姆”的称号。他们之所以称我为“萨达姆”，是因为他们说我胆大妄为，从不考虑后果。

常言道，福无双至，祸不单行。求胜心切的我还没站稳脚跟时，又经历了生意场上的一次打击。2003年我听信友人劝说，涉足股票市场，便倾其所有投入资金83万元，全仓持股。眼看用钱的日子越来越紧，可自己的股票几乎每天都在下跌。最终，风险自担的股票市场带给我的是无奈的“割肉”，我在股票市场亏损了43万，困境中我差点卖了成都的房子。这是我生意场上第三次栽跟斗。

我的心在流血，但我并没有埋怨任何人。如果说上次的失败给了我经验，那么这次失败也许会是一次蜕变。很长一段时间，我变得沉默起来，终日在反思失败原因中度过，并考虑新的出路。

问：你曾经创造了单日收购虫草数量的最高历史记录，请问你是怎么操作的?

答：可以说，我是第一个到西宁做虫草生意的洮商。2007年2月，我先后在西藏昌都收购450公斤（价值1800万元）的虫草，加上四川成都收购的200公斤、青海西宁的150公斤，总计800公斤虫草，是西宁市场上同期收购虫草数量最大的商人。我将这些虫草拿到广州后出售，其价格一度控制了广州虫草市场的90%，引发国内虫草价格单日上涨1万多元，我盈利530多万元。2007年5月我在广州创造了单日收购虫草530公斤（价值4000多万）的历史记录，在国内虫草界至今为止无人打破这一记录。

问：你从昔日的虫草大户到现在又从事房地产业，你为什么要改行?

答：人们常说，失败是成功之母。2004年接连的打击使我去除了往昔的浮躁，商海的跌宕起伏和风云变幻迫使我在生意场上变得日渐成熟，并养成了低调沉稳的作风。惨痛的经历使我明白要想把生意做大做强，就必须拥有自己的经济实体做支撑，否则做生意始终像无根之树，风险太大也很难控制，随时都有被大风大浪卷走的危险。正当我的这个想法日渐成熟时，多年的合作伙伴马明英也和我想到一起，提议办实体，这使我更加坚定了信心，也使我的想法落到实处。

虽然很多人已经对房地产不看好，但是出于对马明英的信任与自己成熟的想法，使我对这件事没有犹豫。事实证明，这个看似简单的合作无论在经济利益上还是事业发展中都是一个很明智的选择。后来找到现在的伙伴马兆海，他为人忠厚老实，合作至今我们很愉快。但是，做生意是要有本钱的，接连失败的投资让昔日胆识过人的我空有想法，却无法施展，而马兆海的出现，让我重新对自己的生意增强了信心。由于过去从事的行业不稳定，需要不断地总结经验教训，要向实业方向发展，比如房地产等。

问：请谈谈你的经商理念。

答：每个人对于自己的情况，会有不同的经商理念，当然，他的发展结果也自然不同。我认为做好生意：第一，诚实守信是一个成功生意人必备的第一要素。人们常说“无商不奸”，这主要是针对部分商人而言的。其实，“奸商”只能风光一时，往往挣不了大钱。真正有成就的大商人都是很讲商业信用和遵守商业道德的人。我对“奸商”之“奸”的理解是在生意场上思路要敏捷，眼光要犀利，判断要准确，而绝不是什么算计人的小聪明。第二，要及时偿还债务以及银行贷款。我们生意场上不像你们拿工资的，生意圈里相互有账目往来，或者举债欠账，或者从银行贷款是常有的事情。能否及时清偿欠款或者贷款成为商人质量的试金石。设想如果某商人一再拖欠银行贷款，多次借故不还账，那他事实上是在关自己做生意的大门。我曾经生意倒闭后变卖家产，甚至卖房子还账的事例使我在生意场上获得了良好的口碑，赢得了众多商人的交口称赞，大大拓宽了我往后发展的道路。第三，做生意要实在，绝对不能掺假或者以次充好。我做虫草生意时，哪怕亏秤也不会在虫草中喷水来保持或者增加重量。因为我深知经商的人一般智商都不低，你耍小聪明实际上是在暴露自己的大愚蠢。我还深信钱的来路不明，必然会去路不亮。第四，钱财要分明，不搞糊涂账。做生意过程中哪些归自己，哪些归别人，一定要弄清楚，绝不能含糊，尤其绝不能占便宜。我坚信占小便宜者往往吃大亏。我从经商以来前后有十几个生意合作伙伴，但我从未因为经济原因跟别人红过脸。第五，把别人的生意当做自己的生意，把别人的企业当做自己的企业。我很欣赏拿破仑的一句名言："不想当元帅的士兵不是好士兵"。这句话在生意场上同样适用，不论当初我受雇于人的时候，还是我与人合资的时候，我在心里都是把自己当作"老板"定位。因为我深信"只要大河里有水，小河就永远不会干涸"，同样，"木桶理论"也告诉我们，水总是从最低的那一节木板溢出。所以在生意场上，只要你时时存有"老板意识"，你迟早会成为一名老板的。好多将军和元帅都是从士兵中脱颖而出的，就是因为他们时时在考虑如何"打好仗"。同理，许多有成就的大老板也往往都是从小处起步，逐步发展为大老板的。

兰州洮商个案访谈之二：马忠（美国森林狼鞋业集团西北总代理、兰州九州百盛新兴鞋业经理）

时间：2008年6月29日

地点：兰州九州百盛新兴鞋业

我于1957年出生于临潭县城关镇杨家桥。由于时代的原因，我小学未毕业即告辍学，家里兄弟姊妹众多，身为长子的我自然要替父母分忧解难。这样，我从十几岁开始出门，力所能及地为家庭减轻负担。

我从十几岁出门，先是到甘南藏区碌曲、玛曲以及青海、四川等藏区跑仓儿科。第一次先到甘南州玛曲县河曲马场修水渠挣辛苦钱，当时只有十四五岁，再后来到玛曲县尼玛社办厂（马德明为厂长）做木工，后到青海果洛。当时1根虫草只有1毛或2毛，一斤200—300元左右，曲拉1斤只有2毛到3毛钱。同时，我用做木工挣来的钱做生意，生意不景气或者亏本时，又做木工，这样往返几次。后来我到天津收集粮票、布票拿到岷县贩卖，手头有了一定积蓄（1000多元）。之后跑广州，买电子表、石英表、梅花表、录音机，带回临潭、岷县等地销售，下货是土特产品等。我前些年全国都跑到了，后来我到兰州发展，这里生活环境和经商环境都很好，毕竟是大城市。现在我的生意进入一个平稳发展的阶段。

◎第二章

# 走向江河源头——青海篇

青海是青藏高原上辽阔的大地之一。大自然的鬼斧神工，打造出了青海的雄浑与大气。这里雪山林立，冰川广布，成为名扬天下的“江河之源”。闻名世界的黄河、长江、澜沧江都是从这里奔涌而出，养育滋润着源远流长的五千年华夏文明。而巍巍昆仑，雪峰如簇，横贯青海中部，它像群峰的伟大母亲，在岁月的沧桑中孕育出了念青唐古拉山、昆仑山、巴颜喀拉山、阿尼玛卿山、祁连山等一座座气势恢弘的高山峻岭，它们遥相呼应，交错绵延，横亘在天地之间，雄踞于青藏高原。

青海省因境内的青海湖而得名。从古至今，它是西藏、新疆连接内地的重要纽带之一。全省总面积72万平方公里，80%以上的地区在海拔3000米以上。作为“三江”的发源地，素有“中华水塔”之美称，当地的环境状况对中国乃至全球气候变化都有一定影响。冬寒夏凉是青海高原大陆性气候的典型特征，绿草如茵、油菜花开的夏季，是人们避暑疗养的理想之地，特别是海拔2500米以下的黄河、湟水谷地是青海的暖区。而在白雪皑皑的冬季，这里的大地银装素裹，分外妖娆，成为一片壮美神奇的冰雪世界。

在青海广袤的大地上，生活着530万各族儿女。日月山的东面是河湟农业区，藏、汉、回、蒙古、撒拉和土族等各族人们主要从事传统的农业生产。日月山的西面是草原牧区，主要居住着藏族和蒙古族，以牧业为主。自古以来，这里多民族毗邻而居，相互依存，共同发展，多民族、多宗教文化相融共生。

青海遍布各地的藏传佛教寺院和伊斯兰教清真寺就是各民族文化和智慧的结晶。壮美奇绝的自然景观，高原稀有的动植物资源，举世闻名的唐蕃古道、丝绸之路从境内穿过，东西方文明的碰撞交融形成了青海独特的高原文化。多姿多彩的民族文化，博大精深的宗教文化，特别是三江源辽阔而雄浑的自然风光，使青海成为令人神往而迷恋的地方。

在这壮阔美丽而神奇的地球高地，青海以她雄阔多姿的魅力，吸引着天南地北的人们走近她、欣赏她、依恋她，并在她的怀抱中成长、创业与发展。

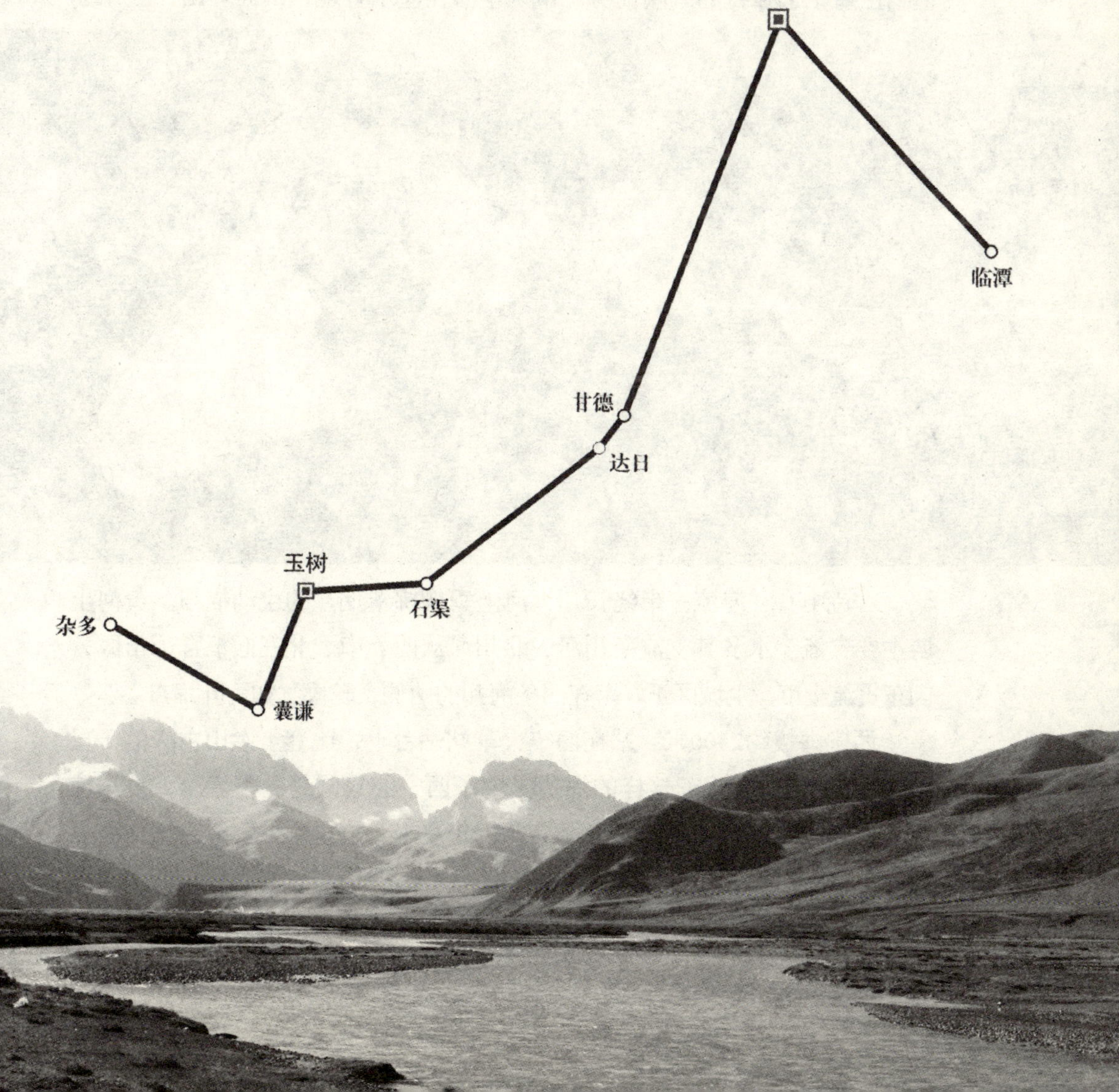

# 一、青藏门户——西宁

青海省省会西宁市，是青藏高原上最大的城市，也是蜿蜒连绵的青藏铁路的起点。在历史上，西宁就是丝绸古道南路的要冲和“唐蕃古道”上的重镇，也是内地与青藏高原腹地商贸文化往来的必经之地，历来为汉藏贸易和文化交流最为发达的地区之一，素有“青藏门户”之称。

西宁地处我国黄土高原和青藏高原的过渡带上，祁连山南部的一个坳陷盆地内。西宁日光充足，拥有的海拔高度与四周地势形成天然空调，造物主赋予了独特的气候优势。市区坐落在湟水谷地，四面环山，三川会

聚，古诗中有“湟流一带绕长川，河上垂柳拂翠烟”的生动描写。黄河上游主要支流湟水及其支流南川河、北川河从西、南、北三面汇合于市区，向东贯流全市，主城区正好跨在四条河川的两侧，轮廓犹如一叶扁舟。

西宁海拔约2300米，站在西宁火车站站台上，比登上泰山主峰的玉皇顶还要高上近800米。这样的海拔决定了西宁的气候是冬季寒冷，夏季凉爽，有“中国夏都”之美誉。所以，每年夏季，这里中外宾客云集，游人如织。每年5月举行的西宁“郁金香节”以及7月份举行的“环青海湖国际自行车拉力赛”，更是打响了西宁在国际上的品牌，提高了西宁在世界上

的知名度。

西宁市面积为350平方公里，市区人口约为100万人。居住在这里的少数民族主要有回、藏、撒拉、蒙古、满族、东乡族等。这里人文历史资源丰富，宗教文化异彩纷呈，民族风情独特浓郁。漫步在西宁市区，仿佛每一步都踏在文化古迹上，从昨日的历史走到了今天的都市繁华。建筑清新典雅的东关清真大寺、凝重华美的藏传佛教圣地塔尔寺、交相辉映的南北禅寺、沧桑巍峨的南凉王朝遗迹，特别是河湟之间汉族的社火和皮影戏、土族的安昭舞、撒拉族的婚礼舞、藏族的锅庄和戏曲、平弦和民间乐器“羌笛”以及六月“花儿会”等异彩纷呈，成为河湟大地的天然民俗文化博物馆。

西宁的地理位置、人文景观和商贸文化的发达，使她成为青藏高原上多民族商人云集和往来的贸易重镇。当地的汉、藏、回、土、撒拉等各个兄弟民族，和睦相处，共同开发和建设了这片热土。特别是改革开放以来的30多年中，尤其是近十年来，西宁发生了翻天覆地的变化，已成为中国西部最具活力的城市之一。发展速度可谓日新月异，每年都以崭新的容颜逐渐为世人所瞩目。

在历史上，由于洮商的故乡——甘肃省临潭县距离西宁较近，所以他们在青海的经营活动由来已久。历史上洮商盐帮驮队，曾闻名于大西北。他们常年奔波于甘南与青海藏区腹地，留下了许多难以磨灭的口碑资料和文化记忆，至今为人们传颂。

按照我们“洮商考察”的路线设计，第一阶段计划从兰州到西宁，再上青藏线，对青海省玉树和果洛州两个藏族自治州洮商的经营活动进行调研。

2007年7月18日下午，调研组由科研项目主持人丁汝俊教授负责带队，成员丁克家博士、敏文杰博士和摄影师敏生贵乘坐由张世文师傅驾驶的塞弗牌越野车，一行5人从兰州出发，开始了我们对青藏高原上洮商的第一阶段调研工作。

7月18日我们冒雨于傍晚到达西宁。西宁的洮商张贵良、张忠良兄弟在兴友假日宾馆热情接待了我们。

西宁市的洮商主要有两类：一类是经营冬虫夏草的洮商，他们是这里经济活动的主体；另一类是从事信息业和物流业的洮商，还有部分洮商从事民族用品的批发与零售。

在西宁市建国路勤奋巷，每天这里人头攒动，四方商贾云集。每日清晨，伴随着第一缕阳光，寂寞了一整夜的建国路市场便开始忙碌了起来。在熙熙攘攘的人流中，以冬虫夏草为主的中药材市场每天的交易活动拉开了序幕。这条寻常人不太注意的马路对业内人士来说却是如雷贯耳，因为这里是全国最大的虫草交易市场，更确切地说是世界上最大的虫草交易市场，全国每年约1/3的虫草交易在这里完成。

这个以冬虫夏草为主的中药材批发市场，是西宁回民聚集区之一。在这条不足千米长的街面上，聚集了500多户商家，其中拥有固定店铺的就有220多家。因为摆摊设点交易无需成本，两条街边密密麻麻的散户比固定店铺还多。在夏天交易旺季，据说每天从当地银行提取的现金就高达一亿多元。

每天上午九点到十一点是冬虫夏草交易的高峰，来自全国各地的商人们挤满了略显狭窄的街道，他们各自说着外来人听不懂的方言，在忙碌的交易中实现着他们的发财梦。在冬虫夏草一条街上，以冬虫夏草为主的高原特产的药材店就像成都鳞次栉比的火锅店，其中还有其他药材充斥其间，包括藏红花、雪莲、大黄等。在这里随处可见的“青藏特产”、“野生冬虫夏草”、“高原藏药”等大字招牌，已经成为西宁这座城市区别于其他城市身份认同所独有的经济文化特征。

在这熙熙攘攘的人群里，若干操着洮州口音的商人总是每天穿行在人群当中。这是一支历史悠久而不容忽视的群体，因为他们在很大程度上是这个市场的主力军，他们每年经手的虫草约占整个市场全年虫草交易额的1/3。在西宁从事虫草行业的洮商中，有一位刚过而立之年的洮商张忠良。当我们在建国路市场采访时，众多商家不约而同的说：你们应当采访张忠良经理，他会告诉你们很多情况。于是，我们便走进位于市场附近的龙源宾馆二楼张忠良经理的办公室，请他谈谈自己的经商经历。

现在张忠良经理及其兄长张贵良有自己的专业性虫草经营公司，他同其他洮商和不少合作商家主要经营冬虫夏草、狼肚菌、草原香菇、曲拉（奶渣）、鹿茸、贝母、红花、鹿角菜、柳花菜、蕨麻等中药材和青藏高原上的土特产。近年来，青藏高原上出产的冬虫夏草，因为其特有的药物疗效，而引起了国内外商家和社会各界的广泛关注，其市场价格也不断飙升，并在全国形成了西宁、成都、昌都、拉萨四大虫草交易中心。

冬虫夏草是我国最为名贵的中药材之一，没有一种东西能够像冬虫夏草这样如此的稀有和昂贵。但是只要合理采挖，就能循环再生。它既是药品又是保健品，既是高档奢侈品又像是价格低廉的土特产品，它是短线投资的绝佳投资工具，也是馈赠佳品。它可以让我们永葆青春活力，是财富、健康长寿的象征，也是天地日月精华和人间美味。最重要的是，在今天的市场上，它可以让成千上万的人们同时依附在它的产业链上，为之欢呼雀跃、为之扼腕叹息，也为之一夜暴富或为之一败涂地。世界上除雪莲之外，还没有一种植物像冬虫夏草那样生长在海拔3800米左右的高原。众所周知，海拔越高，意味着气候越冷，空气越稀薄，越不利于植物的生长和动物的繁衍。可是正如牦牛是“高原之舟”一样，虫草是“高原神草”，它是造物主给人类的恩赐。虫草价格的攀升使得虫草已成为藏区牧民脱贫致富的“致富草”，已经成为虫草产地的重要经济收入之一。

每年四五月间是青藏高原虫草季节的开始。先是海拔相对较低的川西北、滇北、甘南、藏东到青海海南州一带，再逐渐转入玉树、果洛等地。到七八月间，就是那曲地区的盛产期了。虫草市场需求扩大的结果就是供不应求、价格暴涨。随着价格的连年翻番，以虫草为主要原料的保健品、酒类等产品生产规模的扩大，导致对虫草的掠夺性挖掘，其结果就是市场供应紧缺，又导致了新一轮的价格上涨。2007年下半年以来，一市斤上等虫草的价格高达10万多元。这样，出于对价格的乐观预期又促使更多人投入这个特殊的行业，每个人都想从中倒一把手。在成都、西宁、玉树、林芝、当雄等地市场上，当牧民把新采出来的冬虫夏草交到当地“坐商”的手里时，虫草就开始了它奇妙的旅行，商人们袖筒连着袖筒（他们的议价方式叫“袖里乾坤”，即在袖筒里用手指头议价），一个挨着一个的把虫草倒卖出去，虫草价格也就一次次地攀升，以这样的交易方式实现着自身的价值，让许多人难以捉摸，就像人们无法预测股票的涨落一样。

当我们问起冬虫夏草的市场状况时，张忠良经理是行家里手，他向我们介绍了许多我们不知的情况。

从植物学、药物学上讲，冬虫夏草是一种复合体，属于菌藻类生物。生活在高寒地区的蝙蝠蛾在繁衍后代时，产卵于土壤中，卵慢慢转变成了幼虫，在转变成幼虫的前后，冬虫夏草菌侵入蛰居于土壤中的蝙蝠蛾幼虫体内，并且开始吸收幼虫体内的物质作为生存的营养条件，随着冬虫夏草菌在幼虫体内不断繁殖，致使幼虫体内充满菌丝而死。至此，形成了初期的冬虫夏草新物种。在来年的5–7月份，天气渐渐转暖，自幼虫头部生出草头，随着生长冒出了地面，人们发现采挖晾干之后，就变成我们平时见到的样子了。在自然界,蝙蝠蛾自产卵到幼虫期感染冬虫夏草菌至转变成真正的冬虫夏草，前后大概需要时间6年以上，这就是冬虫夏草漫长而神奇的生长过程。

我国医学崇尚人天合一，利用自然界的诸多资源来救治强壮我们的身体。冬虫夏草不是动物也不是植物，生长在3800米左右的高寒地带。又因功效奇特，越发显得珍贵。冬虫夏草是我国医学中一味神奇的中药材。其味甘酸、性平、气香，入肺、肾二经，有益肾阳、补肺、止血化痰、补虚损的功效。青藏高原是世界上最大的虫草产地，也是最主要的虫草生长区域。可以说虫草是高海拔、冷气候的产物。其中，我国境内的虫草占世界总产量的95%以上，印度、尼泊尔、不丹三国也产少量虫草，但其虫草产量仅占世界虫草市场份额不到5%。在青藏高原上的许多地区都分布有冬虫夏草,主要有：

青海省：海东地区化隆回族自治县。海南藏族自治州共和县、同德县、兴海县。黄南藏族自治州同仁县、泽库县、河南蒙古族自治县。果洛藏族自治州玛沁县、甘德县、达日县、久治县。玉树藏族自治州玉树县、杂多县、称多县、治多县、囊谦县、曲麻莱县。

西藏自治区：拉萨市的林周县、达孜县、尼木县、曲水县、墨竹工卡县、堆龙德庆县。那曲地区的那曲县、嘉黎县、巴青县、聂荣县、比如县、索县。昌都地区的昌都县、贡觉县、八宿县、边坝县、洛隆县、江达县、类乌齐县、丁青县、察雅县。山南地区的乃东县、琼结县、措美县、加查县、贡嘎县、桑日县、扎囊县、隆子县、浪卡子县。林芝地区的林芝县、朗县、米林县、波密县、工布江达县。日喀则地区的日喀则市、定日县、吉隆县、谢通门县、南木林县、白朗县、江孜县、亚东县。

青海省西宁市可以说是世界上最大的虫草集散地和虫草交易中心，平均每年虫草交易量在35-40吨左右。每年虫草季节（6-8月）来临时，四方商贾云集，五洲客户往来。挖草时节，数十万牧民和民工进山开挖，而收购者依据其资本大小，分别坐镇青海各县收购，最大的商贾坐镇西宁。届时，南方客户、港澳台客户以及东南亚客户也纷至沓来。

冬虫夏草的出产、收购、营销以至出口和加工，如今已经成为了一条产业链，将青藏高原上的藏族牧民、收购商、中间商和加工商、消费者联系起来，形成了一种独有的商贸交易、加工消费的经济网络，并带动了相关产业的发展。这些遍布青藏高原主要市镇的“草客”所从事的经营，成为青藏高原商贸经济中最为活跃的商贸风景线之一。

表5　**2005—2007年西宁市虫草交易量及洮商所占比重**　单位：吨

| 年　份 | 总交易量 | 洮商交易量所占比重 | 备　注 |
|---|---|---|---|
| 2005 | 35吨以上 | 11吨左右 | |
| 2006 | 40吨以上 | 13吨左右 | |
| 2007 | 33吨左右 | 12吨左右 | 产量下降 |

表6　**2005—2007年西宁市虫草交易价格变动情况**　单位：公斤

| 年　份 | 上等草价格 | 中等草价格 | 下等草价格 | 备注 |
|---|---|---|---|---|
| 2005 | 50000元左右/公斤 | 40000元左右/公斤 | 30000元左右/公斤 | 平均价格 |
| 2006 | 80000元左右/公斤 | 60000元左右/公斤 | 40000元左右/公斤 | 平均价格 |
| 2007 | 150000元左右/公斤 | 100000元左右/公斤 | 70000元左右/公斤 | 平均价格 |

表7　**2007年西宁市市场虫草等次划分及交易价格**　单位：公斤

| 等　次 | 重　量 | 条　数 | 交易价格 |
|---|---|---|---|
| 一级（顶级草） | 1公斤 | 2000条左右 | 16万元左右 |
| 二级（优等草） | 1公斤 | 3000条左右 | 11万元左右 |
| 三级（混装草） | 1公斤 | 4000条左右 | 8万元左右 |
| 四级（垃圾草） | 1公斤 | 5000条左右 | 5万元左右 |
| 五级（穿草、断草） | 1公斤 | 更多 | 4万元左右 |
| 六级（尾巴草） | 1公斤 | 更多 | 3万元左右 |

表8　　虫草销售环节及其价格　　单位：公斤

| 环节 | 特征 | 程序 | 加工地点 | 销售地点 | 销售价格 |
|---|---|---|---|---|---|
| 第一环节 | 粗加工阶段 | 分拣包装 | 西宁、昌都、成都、拉萨 | 广州、深圳 | 10万元左右 |
| 第二环节 | 深加工阶段 | 等级分类 | 北京、广州、上海 | 全国各大城市 | 12万元左右 |
| 第三环节 | 精加工阶段 | 豪华包装 | 北京、广州、上海 | 专卖店、国内各大药店、保健品商店 | 25万元左右（含税收、损耗以及30%上市费） |
| 第四环节 | 终端销售 | 超豪华包装 | 深圳、香港 | 澳门、东南亚、欧美等地区各大药店、保健品商店 | 40万元左右 |

根据洮商介绍的情况，虫草收购的环节和价格演变如下：第一环节（挖草人），价格8万元/公斤（混装草）→第二环节（牧区坐地收购者），价格8.5万元/公斤（混装草）→第三环节（中介商），价格8.7万元/公斤（混装草）→第四环节（城市坐地收购者），价格9万元/公斤（混装草）。

在西宁市众多的洮商中，王海西是到西宁最早经营虫草生意的洮商之一，也是目前洮商中最大的虫草商之一。2007年2月，他在西藏昌都一次性收购虫草450公斤，价值1800万元，同时在成都收购200公斤,在西宁收购150公斤，成为收购虫草数量最大的商人，此次盈利就达530多万。2007年5月，他根据对当年虫草市场的判断，又在广州创造了单日收购虫草530公斤，价值4000多万的历史记录，几乎垄断了广州虫草市场总量的90%，引发了国内虫草价格单日上涨1万多元，在国内虫草界迄今尚无人打破洮商这一收购记录。

经营冬虫夏草的洮商俗称“草客”，在西宁交易高峰季节洮商人数达200-300人。据我们调查，专门从事冬虫夏草的36名洮商2007年上半年经营虫草量就达10620公斤。如按混装草当年每公斤价格8万元计算，洮商交易额达8.496亿元。如果把全部在西宁市从事虫草生意的洮商包括在内，估计2007年经营虫草12000公斤左右，交易额约9.6亿元以上。西宁市经营虫草的著名洮商有：张忠良、王海西、张贵良、苏文科、马福龙、张海清、敏永华、丁志明、马怒海、敏目沙、敏忠诚、马乙地、冶振华、丁仲祥、马光俊、丁热个、苟吾旦、马维礼、苟政房、沙鹏程、宋孝忠、刘文忠、马海龙、张而提、冶亥亚、亥曼、丁勺布、何由个、冶哈干、黎勇、张文忠等。他们常年活跃在建国路勤奋巷虫草市场上，获得了可观的经济效益。特别是洮商张忠良、王海西等在国内虫草行业有很大影响。

对于洮商在青藏高原经营过程中经营理念和方式的转换，曾经在清真寺里念过经、当过阿訇的张贵良对此有很好的思考和总结。他认为，临潭回族洮商的经济活动和方式的转型，大部分是按以下过程演进的：从"跑仓儿科"（即串乡，到牧区贩卖一些小商品）—贩牛马—开铺子—跑车（从事长途货运）—多种经营（包括经营冬虫夏草、信息物流业）—创办企业的发展轨迹。"跑仓儿科"就是20世纪六十、七十年代的生活困难时期，临潭回族洮商背上一些小的日用品，到甘南州的卓尼县、碌曲县、玛曲县一带的藏民地区穿乡走村，进行一些生活用品的以物易物，以解燃眉之急。临潭回族洮商从背着背斗步行、赶马车、开手扶拖拉机到开汽车等经历了多种形式的发展。如今成功的洮商大多都有穿乡走村的经历，洮商可谓是"过洮河"、"跨黄河"的开拓性商人群体。同时，洮商长期与藏民打交道，大多会说藏语，习惯牧区生活，大家都是在生活中学习藏语，并学以致用，这是临潭洮商能够在青藏高原立足发展，并能够在不断与多民族的商贸文化交流中得以成功的优势之一。

表9　**西宁市专营虫草洮商情况调查**

（调查时间：2007年7月24-26日）

| 姓 名 | 性别 | 年龄 | 文化程度 | 临潭家庭地址 | 2006年虫草收购量 | 2007年上半年虫草收购量 |
|---|---|---|---|---|---|---|
| 张忠良 | 男 | 31 | 初中 | 城关镇郊口 | 4500公斤 | 2500公斤 |
| 敏 辉 | 男 | 32 | 初中 | 卓洛乡上园子 | 550公斤 | 300公斤 |
| 苏文科 | 男 | 33 | 初中 | 城关镇上河滩 | 500公斤 | 200公斤 |
| 马福龙 | 男 | 31 | 小学 | 城关镇马家沟 | 500公斤 | 200公斤 |
| 张海清 | 男 | 38 | 小学 | 城关镇大坡桥 | 1000公斤 | 1000公斤 |
| 敏永华 | 男 | 35 | 小学 | 城关镇上郊口 | 2000公斤 | 1000公斤 |
| 王海西 | 男 | 38 | 初中 | 城关镇对坡根 | 2000公斤 | 1000公斤 |
| 丁志明 | 男 | 50 | 高中 | 卓洛乡 | 150公斤 | 100公斤 |

续表

| 姓 名 | 性别 | 年龄 | 文化程度 | 临潭家庭地址 | 2006年虫草收购量 | 2007年上半年虫草收购量 |
|---|---|---|---|---|---|---|
| 马怒海 | 男 | 43 | 小学 | 城关镇达子沟 | 450公斤 | 100公斤 |
| 敏目沙 | 男 | 52 | 小学 | 城关镇下树滩 | 500公斤 | 350公斤 |
| 敏忠诚 | 男 | 33 | 小学 | 城关镇对坡根 | 250公斤 | 150公斤 |
| 马乙地 | 男 | 52 | 小学 | 城关镇全古儿沟 | 100公斤 | 120公斤 |
| 冶振华 | 男 | 32 | 小学 | 新城镇 | 500公斤 | 500公斤 |
| 丁仲祥 | 男 | 48 | 初中 | 城关镇西大街 | 100公斤 | 100公斤 |
| 马光俊 | 男 | 35 | 小学 | 卓洛乡 | 50公斤 | 50公斤 |
| 丁热个 | 男 | 40 | 小学 | 城关镇 | 300公斤 | 100公斤 |
| 苟吾旦 | 男 | 30 | 小学 | 卓洛乡 | 100公斤 | 100公斤 |
| 苟政房 | 男 | 38 | 初中 | 羊永乡太平村 | 1000公斤 | 1000公斤 |
| 沙鹏程 | 男 | 55 | 小学 | 城关镇教场村 | 500公斤 | 500公斤 |
| 宋孝忠 | 男 | 45 |  | 城关镇对坡根 | 300公斤 | 500公斤 |
| 刘文忠 | 男 | 55 |  | 城关镇教场村 | 200公斤 | 200公斤 |
| 马海龙 | 男 | 39 | 小学 | 城关镇马家沟 | 200公斤 | 100公斤 |
| 张而提 | 男 | 35 | 初中 | 城关镇郊口 | 200公斤 | 200公斤 |
| 冶亥亚 | 男 | 27 |  | 卓洛乡 | 200公斤 | 250公斤 |
| 亥 曼 | 男 |  |  | 城关镇 | 80公斤 | 100公斤 |
| 丁勺布 | 男 | 39 |  | 城关镇 | 100公斤 | 130公斤 |
| 何由个 | 男 | 35 |  |  | 200公斤 | 220公斤 |
| 冶哈干 | 男 | 27 |  |  | 11公斤 | 150公斤 |
| 黎 勇 | 男 | 27 |  |  | 100公斤 | 100公斤 |
| 敏生海 | 男 | 37 | 初中 | 城关镇对坡跟 | 200公斤 | 100公斤 |
| 马振明 | 男 | 23 | 初中 | 卓洛乡下园子 | 80公斤 | 90公斤 |
| 马有德 | 男 | 39 |  | 城关镇上古城 | 150公斤 | 200公斤 |
| 敏尔提 | 男 | 53 | 小学 | 城关镇城内北街 | 50公斤 | 50公斤 |
| 冶正南 | 男 | 51 | 小学 | 城关镇城内 | 500公斤 | 500公斤 |
| 马兆海 | 男 | 35 | 小学 | 城关镇上古城 | 550公斤 | 700公斤 |
| 寇生荣 | 男 | 37 | 初中 | 城关镇城内 | 50公斤 | 50公斤 |

在西宁市进行的两次调研工作中，不论是我们所接触的其他地方的商人，还是我们许多洮商，都对洮商张建军的事迹赞不绝口，建议我们对他进行专访。

## 人间自有真情在

——洮商张建军夫妇抚养弃儿记

张建军，临潭县城关镇古城村人，生于1962年。由于家庭贫困，他小学未毕业就被迫辍学了。1988年，生活举步维艰的张建军携家带口辗转来到西宁，靠蹬三轮车维持生计。

1994年张建军在西宁蹬三轮车期间听说有一名不满3岁的婴儿被人遗弃在青岛至西宁的列车上，当时该婴儿肚子上包着纱布，纱布底下是尚未愈合的伤口。先后有三对回族夫妇满怀欣喜地抱走了这个像猫一样大的孩子，但在不长的日子里，他们都发现这孩子患有一种站立不起来的脊椎病，需要大笔的医疗费用。那些家境不太宽裕的人家哪里负担得起昂贵的医药费，于是都后悔了。孩子已经转到第三家了，第三家一看孩子看病费用太大，他们打算再次将小孩送与其他人。

来自甘肃省临潭县的回族洮商张建军和他的妻子冶阿舍听说此事后，夫妇二人经过商议，下决心抱养这个苦命的孩子。他们便成了第四个接过这个孩子的人。用张建军自己的话说："我豁出去了，我也知道孩子的病情，但我没有考虑太多，我不忍心看着一朵生命之花凋谢，我要尽一切努力将孩子拉扯成人。"

之后，张建军给孩子起名张平安，经名胡赛。之所以起名叫平安，是因为《青海日报》社得知此事后，被张建军夫妇的义举所感动，专门为孩子从西宁平安保险公司买了两份保险，并成立了"小平安基金会"。

张建军一家收养小平安后，对这个孩子真是百般呵护、万般疼爱。张建军十几岁的大女儿每天给小平安洗衣服、喂饭、端屎、把尿，细心照料达6年。小平安有个头痛脑热，就抱小平安去看病打针，好心的戴智礼大夫从未收过一分钱。2000年小平安的大姐嫁到了甘肃老家，戴智礼的私人诊所也关了门，由于张建军经济状况不好，家里缺医少药，小平安不知不觉患上了褥疮，并且病情越来越严重。送到某医院治疗了数月，病情也不见好转。小平安的大姐听到消息，立即从老家赶到青海，看到小平安病成这个样子，她顿时泪流满面。她说，弟弟的病一天治不好，她就一天不回婆家。

没有固定收入的张建军为了给养子治病，家中已到了一贫如洗的地步。当时张建军及妻子冶阿舍均无正式工作，靠蹬三轮车和卖干板鱼维持生活。收入最好时，每月也只能挣400多元。两个女儿上初中，家中的生活一时无以为继。万般无奈之下，他找到了火车站站后居委会主任杨竹菊。为了帮助这一家人渡过难关，杨竹菊主任多次找有关部门，终于为张建军家争取到每月200元的最低生活保障金。

小平安转院来到青海医学院附属医院后，主治大夫李钊伟不怕脏不怕累，按时小心翼翼地将疮面冲洗干净，以免伤了小平安疮口的神经。由于褥疮面积大，流出的脓血量多，需要大剂量注射抗生素和白蛋白等药品。为了取得最佳医疗效果，李钊伟颇费了一番苦心。经过一段时间的治疗，小平安的病情暂时得到了有效控制。小平安两胯的褥疮已经基本愈合，腰部的褥疮也不再化脓了。

西宁市公安局户籍处的郭维民处长从《青海日报》上得知张建军、冶阿舍收养了弃儿小平安的事迹后，为了解决这一家人的户口问题，多次开会研究，协同西宁市城东公安分局户籍科、西宁市火车站派出所上门服务，使张建军全家顺利落户西宁市。

中国平安人寿保险股份有限公司西宁分公司前任经理张远旭、张战军和广大员工，献爱心捐款曾为小平安买了一份保险。现任经理原俊和财务部经理崔琴为做好小平安去世后的理赔工作，在发票丢失的情况下，多次与“小平安基金会”协商，圆满地解决了保险理赔事宜。保险赔偿金的30%转赠大通回族土族自治县斜沟乡希望小学，70%由“小平安基金会”转赠给小平安的养父母。

在小平安病重期间，正赶上西宁铁路第三中学校舍改建，新上任的校领导无法安排小平安继续住在学校，张建军不仅失去了住所，还失去了工作。“小平安基金会”的工作人员看在眼里，急在心头，他们与青海马显云集团有限公司联系后，富有爱心的马显云先生慷慨地为张建军一家解决了一套楼上住人、楼下经商的铺面，还减免了张建军铺面的租赁费和市场管理费，使张建军一家人有了安身之地。小平安离世后，马总经理又发动西宁市滨河路小商品批发市场的部分穆斯林商户捐钱捐物救助，并亲自前去慰问。几年来，马显云对张建军一家关怀备至，直到去年张建军开的商铺有了起色，才象征性地收了一点费用。

张建军夫妇收养弃婴后不久，就有记者在《青海日报·周末版》发表了长篇通讯《爱心的召唤》，对各界救助弃儿小平安的事迹进行连续报导，在社会各界产生了很大的影响。在众多爱心的呼唤下，这个孩子很快引起了社会各界的广泛关注，给了张建军全家无穷的温暖和强大的精神力量，使他们对生活、对小平安的未来，充满了信心。

紧接着，《青海日报》（1996年6月28日，星期五，总第192期）发表题为《生命的花朵在盛开》的报道：“张建军被招进铁三中当了临时工，受到学校领导无微不至的关怀和照顾。在住房条件十分紧张的情况下，他们给张建军解决了三间住房和一间夜晚值班室。他的两个女儿按铁路职工子女对待都上了学。心细的史逸梅校长生怕夜晚值班的张建军冷，特意给他买了条围巾，还送了块手表。今年春节的大年初二，是回族的大年初一，一大早，史校长和女儿特意从家里赶来，提着礼品给在学校值班的张建军拜年，感动得张建军一时竟不知说什么好。”

《西海都市报》（2000年11月29日，星期三，第11版）发表题为《人间真情到永远》的报道：“这一对好心的夫妇自从收养了弃儿小平安，曾经下决心，不管生活多么艰难，都要把他抚养成人。收养小平安的七年来，他们再苦再累再艰难，都没有流过眼泪。有着一颗金子般爱心的他们，对未来充满了美好希望和憧憬。”

《青海日报·周末版》发表了通讯《昔日小平安今日平安否》，文中写道：“张建军夫妇接过了这个孩子，也接过了沉重的十字架。而他们的三个稚气未脱的女儿，全然不去想无米之炊又添一张口的窘迫，她们只为天上掉下来一个小弟弟而惊喜莫名。忧虑复忧虑，希望复希望。命运对灵魂的锻打从此开始了。抚养的繁难使这个仰十指而食的家庭出现了劳力危机，求医问药更成了新的经济难题。”

之后，《西海都市报》也数次进行了报道。

张建军夫妇收养了这个可怜的弃儿后，在风雨中走过了8年。他们为了让下肢瘫痪的小平安能够站起来，四处求医问药，把全部心血都用在了小平安身上。为了给小平安治病，“小平安基金会”先后为小平安花去了数万元医疗费。非常遗憾的是，小平安终因救治无效，于2002年5月5日离开了这个充满爱心的世界。

2002年5月5日小平安经医治无效不幸去世后，《青海日报》（2002年10月14日，星期一，第8版）发表了题为《你在天堂平安否》的报道，文中写道：“张建军夫妇的不凡之处，在于他们在辗转多家医院，得知孩子的脊椎疾患几乎无术可医的时候，并没有垮下来，也没有期望有第五双手接过他们的不幸。他们平心静气。筚路蓝缕者久矣，似乎比那些貌似强大的人更能承受命运的打击。何况他们爱这个孩子已经爱得很深，即使未来的处境如涸辙之鱼，他们也决心和这孩子相濡以沫。

“张建军夫妇在望不到尽头的繁难日子里有没有后悔过当初的选择。即使有，那也无碍他们的人格。我看到的，是小平安继续着宠儿的角色。他早已不是可以把玩于股掌之上的小宝贝，他一年年长大，躯体日渐沉重，抱持挪动颇需费点力气，还要人随时为他把屎把尿。这样的繁难日子不可能用加减法算出结果。这不是行将就木的老人，也不是等候痊愈下床的伤兵，这是希腊神话中一块永远推不到奥里匹亚山顶的石头。而冶阿舍，这个没文化的妇女，这个与当代社会大规模多元化的思想道德教育活动无甚关联的劳动者，却不知不觉地扮演着西绪福斯的角色，日复一日，年复一年地把滚落的石头继续推向山顶。这样坚韧的耐心，这样平和的心态，既然不是来自传统的或现代的教育，那就一定来自人类的原始品格。”

张建军夫妇的义举，也感动了社会各界，《西部都市报》（2004年7月29日，星期四 A8版）发表《爱心的延续》，强调：“一个人有了爱心，才显得高尚；一个家庭有了爱心，便会和睦兴旺；一个民族有了爱心，就有了希望；一个政府有了爱心，便有了力量，世界充满了爱心，明天更灿烂辉煌……”

《人民政协报》（2008年3月28日B4版）发表了《幸有真情在人间——关于一位弃儿的追踪报道》（一）和（二），其中写道：“爱心永远不能以金钱的多少来衡量。在这样一个贫寒的家庭，我们看到了人与人之间纯朴难得的真情。这是人间的春风，这是生命的源泉……死神望而却步，幸福之花处处开遍。爱之歌谱写在许多平凡人的生命历程中。”

在中国进入改革开放的新的历史时期，我们需要的不仅仅是经济发展，而更需要的是我们社会的和谐发展。洮商张建军夫妇含辛茹苦抚养弃儿的无私奉献精神，值得令人尊敬，让人感动。他的事迹虽然是平凡的，但是作为一个普通的生意人，他能毅然放下家庭和经商的许多责任，用八年时间把主要的精力放在抚养一个多病弃儿的身上，不论从哪个角度讲，都应该是我们这个时代需要大力弘扬的一种可贵的人性美的精神。我们认为，张建军夫妇的行为能够感动青海，也可以说能够感动中国。

西宁洮商个案访谈之一：张忠良（西宁忠良商贸有限公司总经理）

时间：2007年7月25日

地点：西宁市建国路龙源宾馆2号楼

问：能否谈谈你的从商经历以及从商过程中难忘的记忆？

答：1990年初中辍学后，14岁的我先到西宁打工，后又转赴祁连县（属海北藏族自治州管辖）一家屠宰场打工4个月，仅挣了100元钱和一麻袋羊头，一看那里没奔头，于是回家另找出路。

我在老家从做小本生意着手，先是卖鸡和鸡蛋。半年以后，手头有了500元积蓄。1991年，我从堂兄张忠仁借了1000元开始贩皮子，其中也包括贩卖羊毛、羊肠衣等，主要往返于临潭—临夏之间，1992年初，我与他人从甘南玛曲县到陇南礼县一带赶牛，行进路线是玛曲—郎木寺—迭部—洛大—宕昌—礼县（盐关镇），整个行程大约500公里，去的时候是徒步，来时搭班车，当时我只有15岁。稍后，我们又从四川德格县岔岔乡附近买牛赶到家乡临潭交易，行进路线是德格（岔岔）—色达—班玛—久治—玛曲—碌曲—卓尼—临潭，整个行程大约1200公里，绝大部分路线以徒步行走为主，偶尔也乘马。

有一次，我们赶牛进入色达县境内，天色接近黄昏时，我们选择一山弯处草地上宿营休息。晚上其他人在帐篷内睡觉。我值夜班要巡逻在牛群周围。就在后半夜时分，有歹徒爬上山坡，并从山坡上滚巨石以惊动牛群，受惊的400多头牛开始四散奔逃，帐篷里的人一听有动静，飞速起身（由于路途充满凶险，赶牛人一般是和衣而卧），很快宿营地四周的帐篷被惊牛踏平，值得万幸的是没有人员受伤，当时我们手里有三支土炮（叉子枪）。歹徒们是有预谋、有组织的，而且是有着严格分工的，比如有放哨、盯梢者，有夜间从山上滚石者，有乘乱赶牛者，还有断后者。

我们一行当时有24人，3人迅速向山上的歹徒开枪还击，其余21人奋力追牛、追马，期望将损失减少到最低限度。3小时后，天色已明，经清点，我们追回了大部分牛，仅损失12头牛，又过了12天，我们陆续追回9头牛，实际只损失3头牛。虽然损失不大，但那次经历，至今想起来心有余悸，有点后怕。要知道在当时，牛要是被赶走大半，我们就会倾家荡产，如果损失10头牛，等于我们一趟白辛苦，这就是我们当时冒死奋力追牛的动力和原因。

问：听说你早年也有挖虫草的亲身经历，能否给我们谈谈挖虫草的情形?

答：是的，这主要是指我早年在甘德县的经历。我初到甘德的年龄是18岁，由于人生地不熟，又没有本钱做生意，只好跟着当地藏民上山挖虫草。由于虫草价格的高昂，人们一听到“虫草”二字，艳羡之情就会溢于言表，可是人们绝难想象挖虫草是多么的艰辛，其中的滋味，只有亲历者才有刻骨铭心的体会。

人们都知道虫草是生长在海拔3800米左右的一种名贵中药材。每年的5—7月是虫草采挖季节，届时数十万挖草大军在缴纳高昂的进山费（不同地段收费标准不一）之后进山采挖。那是一幕多么壮观的场景啊！数以千计甚至万计的挖草大军密密麻麻地匍匐在高山峻岭的草甸之上，活像羊吃草一样急切地在草丛当中寻找自己的目标。一双双渴望致富的眼睛几乎紧贴着地面在密如牛毛的草丛中分辨细如发丝的虫草顶叶，一对膝盖则完全跪在湿草地上起着脚的功能，随着目标的移动而移动。为防止潮湿，每个人的膝盖上都绑有用废旧的汽车内胎或者类似材料剪成的护膝，尽管如此，常年挖虫草的人还是几乎都患有严重的关节炎和风湿病。此外，由于长时间近距离直勾勾地盯着“绿色地毯”，使得眼睛疲惫不堪，严重者甚至成为色盲。然而于其时也，在“发财引擎”的驱动下，人人神经都绷得紧紧的，哪能顾得上这些。常言道，年轻时拿健康换取财富，年老时拿财富换取健康，可是挖虫草的人岂止是用健康换取财富，简直是用生命在做交换，完全是在人为地缩短自己的生命啊！市场就是“驱动器”，随着近年来虫草在国内市场价格的飙升，虫草几乎成了“软黄金”，在市场利益巨大杠杆的驱使下，越来越多的群众和内地的民工加入到挖草大军的行列。挖草人数的爆炸性增长势必引起人们利益上的冲突，甚至是暴力冲突。个别不法分子还会趁火打劫，更有甚者，还公开放抢。

问：作为西宁虫草界很有影响的商人，我们想请你谈谈有关虫草的情况，介绍一下虫草的产地？

答：青藏高原是世界上最大的虫草产地，也是唯一的虫草生长区域，可以说虫草是高海拔、冷气候的产物。其中中国境内的虫草占世界总产量的95%以上，印度、尼泊尔、不丹三国也产少量虫草，但其虫草产量仅占世界虫草市场份额的5%。

中国的西藏、青海、四川、甘肃、云南、新疆都有虫草生长，其中西藏、青海两省占总产量的80%以上。数量上西藏最多，青海次之，四川再次之；质量上西藏那曲草最优，其次是青海果洛草。就甘肃来说，甘南州的七县一市都有虫草生长，产量较多的是玛曲县，其他依次为夏河、碌曲、迭部、舟曲、临潭、合作。

青海省西宁市是世界上最大的虫草集散地和虫草交易中心，平均每年虫草交易量在35-40吨左右。每年虫草交易季节（6-8月）来临时，四方商贾云集，五洲客户往来。挖草时节，数十万民工进山开挖，收购者依据其资本大小，分别坐镇青海各县收购，最大的商贾坐镇西宁，届时，南方客户、港澳台客户以及东南亚客户纷至沓来。

在西宁、拉萨、成都、昌都的虫草交易市场上，洮商约占总交易量的30%，各地藏族商人占30%，剩余40%由其他地方商人控制。

随着全球气温变暖，虫草季节相应提前，每年5月20日-7月1日为采挖时间；6-7月为收购时间。挖草者要么徒步进山，要么骑摩托车、开拖拉机进山开挖。据说2003年果洛州涌入民工20万进山采草，以后人数逐年下降，主要原因是官方严加限制，玉树州由于路途遥远，去的人相对较少，其他地区以本地群众开挖为主，外来民工次之。外来民工主要是甘肃、青海两省的农民。

一般情况下，挖草多者一天能挖3—4两（200克左右），少者几克，当地牧民挖1斤的也有，价格由当年的市场行情决定。以2007年为例，挖草多者一天能挣2000多元，整个采挖季节能挣50000多元，也有个别人空手而归的。挖草者一律要交进山费，费用从4000—10000元不等。每个被雇用的民工一般能在整个采挖期挣2000多元，吃住和进山费则由业主负责。

我国国内各大药厂凡有虫草含量的制品均为四级草或者等外草，像尾巴、断草、肉截子等，其价值相当于原来的50%。

问：虫草市场上也有假虫草出现，请问你们是如何鉴别的?

答：由于近几年来虫草价格的攀升，使得有些不法商贩处心积虑造假，企图鱼目混珠，非业内人士很容易上当受骗。作为业内人士，是有一套简单的鉴别办法的。

一是看形状。第一眼从整体看，再拿起一根虫草仔细看。虫体是黄色或黄褐色，头部泥土清除干净的可以看到侧面一对眼睛，眼睛有黄色、红色、褐色等。看虫体的背纹、虫体的环足，有环纹20-30个，近头部的环纹较细，全身有足8对， 近头部3对，中部4对较明显，近尾部1对，但所有的足都很清晰，擦破处会露出体内的白色。如果用模具作的足就模糊，尾如蚕尾，质脆易折断，断面呈乳白色非纤维状，有细皱波纹，虫草顶端稍膨大，质地柔韧。但平时大家一般接触到的是干草，干好的草是没有柔韧性的，折断后断面成白色至黄白色；看草头与虫体结合的部位，应该是自然过渡，观察有无人工安接现象，草头是深褐的枯草色，如果草头在捏时有弹性，则说明草还没有完全干透，草头的断面也是白色的。

二是闻气味。包好的冬虫夏草一打开会有浓厚的如同草菇、香菇的腥香气味，单个的虫草放近了闻也可以闻到这种味，只是稍淡。造假的虫草一般没有气味，就算有，也不是这种香腥味，反而会是鱼腥味、劣质香水味、化工原料味。

三是摸手感。轻轻抓提起一把虫草，撒开手，感受一下重量，真的虫草在干好后有清脆的干草感，用手来回翻动虫草，手指离开虫草后互相搓，感觉有没有滞涩感，如果有就是虫草经过明矾加重处理了；也可以捏单个的虫体，多搓动几次，然后感觉手指是否有滞涩感。

通过以上三道程序，就能分辨出虫草的真假来。常见的赝品，是被称为“冬虫草”的草药，其实也是一种真菌寄生昆虫的产物，如凉山虫草、分枝虫草等，外观类似冬虫夏草。市场上还有人用地蚕、地笋等植物的根茎做冒充品，甚至有的用豆粉、淀粉等加工成伪造品。除了赝品之外，还有在虫草重量上造假的，将冬虫夏草浸泡在明矾溶液中，使冬虫夏草表面附着一层明矾结晶体而使冬虫夏草增重；或者在冬虫夏草体内插入细铁丝从而增加虫草的重量。

问：近几年来，国内虫草价格可以说飞涨，你认为主要原因是什么？

答：自2006年冬虫夏草价格创历史新高以来，很多冬虫夏草商人都认为今年冬虫夏草生意会很难做，因为价格太高，甚至10万块钱都只能买1斤优质虫草了。出乎意料的是，冬虫夏草价格自2005年以来，几乎没有跌过价，价格一路扶摇而上，中途虽然有断断续续的市场疲软，但冬虫夏草价格的上涨让人大跌眼镜，甚至出现优质虫草每公斤超过20万元的“天价”，让很多有存货的经销商大赚了一笔。那么，为什么这几年来冬虫夏草价格一路飞涨，我个人认为主要原因如下：

第一，市场需求大增，供求不对等。人们对保健食品的日趋重视，使冬虫夏草的需求量急剧上升。众所周知，虫草产量有限，国内消费群体越来越庞大，并且进入港澳台、东南亚乃至欧美市场，有限的产量无法满足越来越多的消费者，价格自然攀升。据说在哈尔滨市的一些大药店，被称为“天下第一草”的冬虫夏草价格经过三四年的飙升之后，目前价格比黄金还要贵许多，最贵的每公斤超过了28万元。所以，人们也称虫草为“软黄金”。

第二，产量有限，且每年减少。这是影响冬虫夏草价格最主要的因素之一。因虫草至今还不能人工栽培，说明了虫草的人工不可替代性，只能依靠天然虫草。随着“挖草大军”的增加，草原植被遭到破坏，冬虫夏草本身产量逐年减少，造成本来每年产量有限的虫草产量下降。为了防止采挖破坏植被，这几年政策明显收紧，使得虫草市场供应量明显下降，这使得虫草价格接连翻涨。尤其是2003年“非典”以后，导致价格一路上扬。

第三，市场炒作也在一定程度上起了“煽风点火”的效果。冬虫夏草滋补强身的功效被过分吹捧，几乎成了包治百病、强身健体的代名词，国内达官显贵和富商款爷趋之若鹜，导致价格随之上扬。据我们掌握的情况，一般购买的虫草大部分都是用作官场和商务交往的礼品，而自己吃的比较少。因为现在价格实在太高了，普通人买虫草消费的极少。

第四，目前虫草都是按传统的模式销售，不规范，再加上虫草不太容易过期，少数资本雄厚的大经销商就“囤货”，待高价而售，这也是虫草涨价的因素之一。

西宁洮商个案访谈之二：张贵良（西宁忠良商贸有限公司副总经理）

时间：2007年7月25日

地点：西宁市建国路龙源宾馆2号楼

问：能否介绍一下你的家庭情况？

答：我今年38岁，我的父母是善良朴实的农民，我们兄弟共有4个，我排行第二，张忠良排行第四。由于时代的原因和家乡自然条件的艰苦，我的父母一生并无多少积蓄，所以我们兄弟成长的历程也是很艰辛的。

问：你早年系念经出身，而且是一位有相当经学功底的阿訇，为何又转而从商？

答：我初中毕业后即步入清真寺念经，前后有十几年时间。成为一名学识渊博的阿訇是我个人的心愿，也是我父母的夙愿，甚至在更大程度上是我们张氏家族的期望。我在本地清真寺念过经，也在外地清真寺求过学；我在老教寺里念过，新教寺里也念过；既熟悉国内的经堂教育模式，也考察过国外的教育状况（朝觐期间）。我在清真寺里当过学生，也当过阿訇。所以坦率地说，我求学时间较长，接受的经学教育较为全面和系统。

我辞学从商，其原因比较复杂，其中一个主要的原因是我还很年轻，不想在清真寺"吃软饭"，另外四弟的生意也很忙，需要我过来帮忙，所以我想趁年轻在商海拼打几年时间，等以后上了岁数，而且有了一定的经济积累后，我想再回到清真寺执教，以实现自己的抱负。

问：从阿訇到商人，你是如何适应这个角色转换的？

答：我从商之前，已在清真寺郑重宣布：今后我是一名生意人，不再是阿訇，希望大家有红白事或有诵经活动时不要请我，请了我也不会去。我之所以这样宣布，一方面是为了避免别人对我有看法，另一方面也为了使自己静下心来，一心一意经商。

我认为无论是经商还是念经，除了必要的智商外，还需要吃苦，要有毅力，这几点我都具备。此次从商，实际上是我第二次出山。第一次我从清真寺辞学后到祁连县做过一段时间的生意，期间虽然吃了不少苦，但也积累了一定的经商经验。这次从商，由于四弟已经开创了一定的局面，所以入门较快。现在，我自己都觉得自己不再是阿訇了。说心里话，这还是有遗憾的。

随着我国市场经济的不断快速发展，以信息业、物流业为主的服务业不断发展并成熟起来。西宁作为青藏高原的门户，幅员辽阔，各地州市县之间距离遥远，当地各族人民的日用品、生活必需品都需要长期固定而连续的运输与流通才能得到满足。随着个体私营经济的不断发展，不少商人瞄准了以信息来谋利赚钱的行业，还有连带的货物运输等物流业的经营和开拓性实践。在西宁市，洮商中年轻的一代，已经积极投身到这一具有时代气息和需求的信息、物流服务业当中去。

2007年7月24日下午，在西宁我们第一次见到四通快运公司敏辉总经理，就被他的耿直、朴实及随和所吸引。当时他还和职工们一起在货运的大卡车边上忙里忙外地装卸长途运输的货物。我们说明来意，相互介绍后，大家一见如故。在他整洁的办公室里，我们对他进行了采访和交谈。在谈到自己创业、奋斗的足迹时，他沉稳而幽默的谈话中，不乏对人生及商业经营之道的独特体会与思考心得。

在西宁从事物流与货运业的还有一位年轻有为的洮商——安多快运公司经理张鹏，他也是近年来投资经营信息和物流业的洮商之一。现年25岁的他，精明能干，艰苦创业，目前事业有成。他创办的安多快运公司，近年来已经打开局面，经营良好，在西宁的物流业及货物快运领域占有一席之地。

2007年7月24日下午，西宁的洮商还在西宁市银峰餐厅为我们考察组一行举行了欢迎会。西宁洮商有100多人参加，在餐厅二楼大厅里，悬挂有大型横幅，上书“2007年青海西宁洮商座谈会”。会议由张忠良经理主持。会上调研组丁克家、敏文杰两位博士分别代表课题组全体人员，向各位洮商表达了感谢之情，并说明了此次调研的性质、目的和意义，得到了与会洮商的大力欢迎和支持。欢迎会上大家畅所欲言，喜气洋洋，气氛热烈，整个会场始终充满了欢乐和谐的气氛。

表10　　**西宁市洮商调查情况**

（调查时间：2007年7月25日）

| 业主姓名 | 性别 | 年龄 | 商铺名称 | 坐落位置 | 开业时间 | 从业人员 | 商铺面积 | 商铺租金(月) | 主营 |
|---|---|---|---|---|---|---|---|---|---|
| 张忠良 | 男 | 31 | 西宁忠良商贸有限公司 | 西宁建国路市场 | 2007 | 10人 | 60平方米 | 2500元 | 各类中药材 |
| 敏辉 | 男 | 31 | 西宁四通快运公司 | 西宁互助中路 | 2007 | 81人 | 625平方米 | 12600元 | 货运、信息 |
| 张鹏 | 男 | 25 | 西宁安多快运公司 | 西宁建国路 | 2006 | 14人 | 1210平方米 | 12000元 | 货运、信息 |
| 黎永德 | 男 | 42 | 西宁滨河商贸有限公司 | 西宁共和路1号 | 2003 | 20人 | 600平方米 | 自购 | 宾馆、餐饮 |

续表

| 业主姓名 | 性别 | 年龄 | 商铺名称 | 坐落位置 | 开业时间 | 从业人员 | 商铺面积 | 商铺租金(月) | 主营 |
|---|---|---|---|---|---|---|---|---|---|
| 丁世忠 | 男 | 56 | 草原帐篷西宁直销店 | 西宁建国路市场 | 2007 | 12人 | 50平方米 | 1160元 | 帐篷加工销售 |
| 姚和民 | 男 | 40 | 和民服装店 | 西宁市互助路小商品市场 | 2000 | 3人 | 25平方米 | 840元 | 服装销售 |
| 范玉平 | 男 | 40 | 玉平童装店 | 西宁市建国路青藏民族城 | 2006 | 1人 | 25平方米 | 1500元 | 童装销售 |

西宁洮商个案访谈之三：敏辉（四通快运公司总经理）

时间：2007年7月25日

地点：西宁市龙源宾馆

问：能否简单地谈谈你的从商经历？

答：1990年我初中毕业后到玛曲县开铺子，1992年转赴青海杂多县经营铺子，一开就是12年。同乡丁建华是在杂多开铺子的第一家临潭人，丁建华之子丁伊光是我的好朋友，是他于1992年邀请我到杂多开铺子，当时我四处筹措了2万元资金就上了杂多。经过十多年的拼打，到2005年6月发展到60余万元，于是来到西宁启动了四通快运公司。可以说从个体经营发展到规模经营，算是上了一个台阶，这十几年的努力得到了一定程度的回报。

问：能否谈谈你从商过程中难忘的记忆？

答：可以毫不夸张地说，我的经历你们足可以写一本书。可能您不会相信，刚过而立之年的我已经是第四次躲过了死神的邀请。为避免回忆陷于流水账，我按照时间顺序，将这四次刻骨铭心的经历吐露出来，也感谢您的采访，使得我们这些“边缘人”能有一次吐露心声的机会。

1992年夏天，刚到杂多不久，我就跟着4个藏族群众到苏鲁乡上山挖虫草，其间尝尽了苦头，也明白了虫草并不是好挖的。众所周知，夏季草原温差大，白天酷热难耐，夜晚凉风习习，那里是虫草的“安乐窝”，而在很大程度上却是人类的生命禁区。有一天中午，天气较热，太阳火辣辣的照在头顶上，让人身上感觉黏乎乎的，而四周又没有树木可乘凉。有人建议我们去附近的结曲河里洗澡，我和其他同伴齐声响应（已经有好长日子没洗澡了）。不一会儿，先到的两位同伴已经下了水，我走到岸边，正要脱衣下水，其时天边来了云彩，带来阵雨，于是我停止脱衣服，观察天气动向。就在这时，我的两位同伴不小心被卷入了漩涡，他俩在河里奋力扑打，但很快被吸入河心淤泥中，我站在岸边急得眼泪直冒，可又苦于无法营救，只好眼睁睁看着他俩被淹死。

正巧附近有一座佛教寺院，我赶紧跑过去呼喊救人，从寺院来了四个和尚，经我们共同努力，用绳子系着一个和尚的腰，其他人在岸上拽住绳子，从水中陆续打捞出遇难者的遗体，然后我们通知其家人，两天后两家家属将死者就地埋葬。

这件事至今回想起来心有余悸，一是让我领悟了生命的脆弱，两条活生生的生命瞬间就被死神夺走了；二是我极度内疚，因为我当时努力营救，想尽一切办法都没有成功。当时我要下水也是必死无疑，但毕竟这件事情是在我眼皮底下发生的，而且两名遇难者都是我的朋友；三来我也庆幸自己捡了一条命，否则我也不会有今天。

我在杂多的铺子从无到有，从小到大，从一到多，效益逐年稳步增长，其间我还学会了开车。可以一边开车一边开铺子，先是自己买了一辆三代东风供应铺子的货源，再到后来发展到一辆康明斯东风车。跑车的主要线路是临夏——杂多。

1996年冬日的一个深夜，我开车经过老虎嘴（距离杂多县城30多公里），由于坡陡路急，加上汽车超重和高寒缺氧（导致汽车发动机燃烧不充分），汽车突然失控并缓慢后退，我知道路边就是深谷，而谷底则是飞流湍急的扎曲河（澜沧江上游最大支流），为防汽车坠入路边深谷，我迅速跳下车，取出备用枕木放在汽车后轮下面，阻止了汽车后退。由于天黑伸手不见五指，我在放枕木的时候一脚踩空，情急之下，我抓住路边一把野草，然后挣扎着爬上路面，脚下是惊涛拍岸的扎曲河呼啸而下，若是掉下去，后果不堪设想，非但活不见人，很有可能是死不见尸，也许天亮后我早已成为异国的孤魂野鬼（按：澜沧江下游进入缅甸、泰国、老挝、柬埔寨，最后经越南注入大海，国外称湄公河）。

1998年冬季某一天，在杂多县城，我表哥因与别人打架而被当地派出所拘留。我哥敏胜和我表弟前往送饭，就在送完饭出来时，在该派出所院子里碰上一名喝醉酒的警察（平时认识），便上前打招呼。由于喝酒过量，他走路摇摇晃晃，我哥遂用临潭话善意提醒说：“小心跄倒！”谁知该警察误将“跄倒”一词听成“强盗”，当即怒从心起并拔枪威吓，两人见状拔腿就跑，该警察紧追不舍，他们跑到铺子里，随即从后门脱身。警察找不着人，于是和铺子里的人发生纠缠。我闻讯后赶到铺子进行劝解，其时铺子里的一名员工已经被警察用枪柄打得头破血流。这时我上前劝解，该警察不由分说转而用枪柄猛击我头部，与此同时枪走了火，我顿时头上血流如注。此时警察的酒也吓醒了一大半，于是停止了暴力，和外面人一起将我和那位受伤的店员送往医院包扎。由于枪膛未上好，子弹卡在壳里没有出膛，等第二次上膛时子弹自动跳了出来，掉到地上。实际上我头部流血是由枪柄击打所致，而非子弹所伤。警察无意射出子弹，是在枪柄砸我头部时由于用力过猛而走火的，幸亏子弹卡壳，我又躲过一劫，但那颗子弹我至今珍藏在手。每当我抚摸那颗子弹，我心里禁不住酸楚，眼泪直往肚子里流，有谁能够知道我们出门人的辛酸，又有谁能够理解在外挣钱的艰难，只有我们自己心里一本账啊！如果说与大自然的搏斗中人还掌握一定的主动权的话，那么与处于强势地位的人的较量，我们是何等的无助与无奈啊。我头上伤痕至今犹在，但留给我心里的伤痛更是永远无法弥合的。

2003年春节，一位撒拉族朋友动员我去西宁，说西宁有大生意可做，于是我便坐上他的双桥油罐车离开杂多赴西宁。当车快要到达玉树县歇武镇时，由于路面积雪，前面结伴同行的一辆车紧急刹车，紧跟在后面的我们的油罐车追尾，跟我同睡卧铺的车老板当即昏迷过去，不省人事；司机下半身遭重创，左腿四处骨折，右脚后跟粉碎性骨折，而我则毫发未损。惊恐万状的我赶紧下车和前面车上的同伴将伤员紧急送往玉树州医院，几天后，车老板经抢救无效而身亡，时年26岁。那一晚正好是大年三十，玉树州结古镇到处燃放鞭炮，而我却流泪满面，伤心不已。这件事我至今记忆犹新。

在医院抢救过程中还有动人的一幕，车老板的两位藏族女性朋友也闻讯赶来探望。车老板由于重伤，鼻腔内积血严重，医院的吸管无法吸出来，医生建议我们用嘴吸，于是我压住病人的双腿，那两名藏族朋友轮流对着病人的鼻孔一口一口地将鼻腔内的淤血吸出来，尽管此举仍未能挽救伤员的生命，但那一幕至今让我感动，永远无法忘记。当时我在现场流了泪，那可是发自内心的感动的泪水。

问：能不能请你谈谈杂多“6·2事件”的原因及过程？

答：2005年5月底、6月初囊谦县部分群众到杂多县境内挖草遭杂多县武警和部分群众拦截，于是双方发生冲突，囊谦人被赶出杂多县城。杂多县政府随即在杂多县外围桥头设卡，阻止囊谦群众进入，双方对峙一个礼拜之久。最后囊谦群众弃车绕山进入杂多地界，设卡人员见设卡无效，遂后退继续设卡，囊谦群众见状复又开车往前闯。在苏鲁乡双方群众终于发生械斗，囊谦方面当即死1人。6月2日，青海省武警总队已到达苏鲁乡，他们将囊谦群众强行驱散。晚1时左右，愤怒的囊谦群众途经杂多县城时发生哄抢，一时间枪声大作，街上乱作一团。失去理智的挖草群众在个别坏人的鼓动下，专拣大户抢劫。当时我见情势危机，连忙将铺子里雇佣的18名员工紧急疏散到安全地带，然后我拿着摄像机爬到不远处的楼顶上拍摄抢劫现场。

经过两个多小时的抢劫，杂多共有6家铺子遭到洗劫，其中临潭人4家（我个人2家），江苏人1家，当地藏族人 1家（摩托车铺）。后经询问，此次浩劫，商家共损失300多万元，其中我个人在这次抢劫中损失达90万元之多。暴徒们用汽车拉开了防盗门，商铺被洗劫一空，连地上铺的毯子都用车装走。暴徒们满街狂呼乱叫，最后扬长而去，满载而归，这就是震惊青海的“6·2事件”。

如果不是我亲身经历，我是无论如何也不会相信这样的浩劫竟然发生在光天化日之下，竟然会发生在21世纪的中国。而令人更不可思议的是肇事者事后未得到应有的法律制裁，自然我们遭受的损失也得不到公正的赔偿，真可谓是“打掉门牙往肚里咽”。而对抢劫者来说，实际上就应验了“不抢白不抢，抢了也白抢”的逻辑。受害人多次上告玉树州中院、青海省高院甚至上访北京均无达到满意的结果，就是证明。

我们文化程度低，不会拿法律武器捍卫和保护自己。但在那些特殊的环境下，你就是懂法律也是没有什么作用。法律归法律，归根结底还是要在地方上落实，“雷声再大，到地面上雨点就小了”。我们一则痛心，十几年积累的财富毁于一旦；二则伤心，我们虽然是经商大户，也是纳税大户，我们给地方经济发展是有很大贡献的。遭此劫难而得不到应有的补偿，肇事者却逍遥法外，我们的心情可想而知。原计划我们要在杂多扩大投资，大展宏图，经此一劫，再也没有在那里发展的信心，这也是我来西宁发展的主要原因。其他人的想法和我一样。只是苦于资金短缺，只好继续慢慢的挣“家务钱”。

问：近年来藏区经商环境如何？

答：总体而言，整个藏区社会环境还是比较好的。内地商人在藏区设立的商铺经营活动的正常进行可以说明这个问题。我在藏区经商多年，去的地方也很多，在我看来，经营环境各省有差别，西藏、四川以及云南藏区社会治安比较好，甘肃藏区次之，青海藏区最差。就青海而言，主要是玉树、果洛两州的从商环境不好。打、砸、抢事件时有发生，税收也比其他省份重。其他如青海的海南、黄南、海西、海北等州社会治安比较好。但是近十年来，部分藏区地方民族主义势力有所抬头，宗教干预政权现象时有发生，党的基层政权明显削弱。个别极端民族主义者动辄煽动街头无所事事者闹事，其目标往往首先对准外地商家。作为外地人受了欺负还得给人家陪笑脸，个别地方甚至要交纳所谓的“保护费”，个别地方官员和公安部门人员处事不公、偏袒本地人。

在2005年，有些藏区谣言四起，说什么“回民饭馆里的肉是萨达姆的肉”、“回民饭馆里用的是洗脚水”等等。极少数别有用心的人还企图通过谣言，赶走藏区经商的外地人。其结果一度造成回民饭馆生意的低迷。但时隔不久，应当地广大群众的强烈要求，各地回民饭馆陆续恢复正常营业。因为归根结底，砸了回民的饭馆也给自己带来极大的不方便，无论是机关干部上下班还是牧区群众进城购物，都没地方吃饭或者吃不上可口入胃的饭菜，这显然不是一件好事情，这应该是一个最简单的道理。

问：能不能简要介绍一下你的货运公司？

答：2005年11月，我来到西宁正式启动了四通货运公司并出任总经理兼法人代表，敏鸿为囊谦县业务主办，敏进才为杂多县业务主办。公司位于西宁市城东区互助中路1号，租用面积180平方米，年租金4.2万元，免国税，每月地税200元，工商管理费350元。公司启动资金3万元，注册资金10万元，现实际周转资金70万元，公司从业人员12人，属合资经营方式。我们四通货运公司主营线路有三条：一是西宁—玉树—囊谦—昌都—类乌齐—丁青；二是西宁—玉树—杂多—曲麻莱；三是临夏—西宁。四通货运公司的经营理念是以信誉为主、诚实经营。我们拒绝托运任何宗教上禁止的货物如烟、酒等，还有国家明令禁止的任何货物，所以公司从开张之日起发展势头良好。2007年初，四通货运公司更名为远通货运公司，发展进入了一个新的阶段。

问：你认为你从商过程中最值得自豪的方面有哪些？

答：我一直信奉“一人富不算富，大家富了才是真正富”的经商理念。我在杂多先后开了16个铺子，带出来的亲戚和庄村人不下20户，帮助他们先后走上了脱贫致富的道路，这是我最值得骄傲的一面。我现在经营的四通快运公司，合资伙伴以及雇员都是我的亲戚和乡亲，如果说以前我们都是“蓝领”的话，现在我正在带领他们向“白领”转变。当然，这需要更多的文化知识和更加现代化的经营理念，利润较以前看好，但更具有挑战性。

## 二、追赶太阳的地方——甘德

2007年7月19日清晨，在相互祝福中我们告别了前来送行的洮商们，

带着张贵良兄弟为我们准备的氧气袋及抗高原反应的红景天易拉罐饮料等旅途必备的用品从西宁出发。洮商们再三叮嘱我们要注意安全，并祝我们考察一路平安顺利。我们知道他们的心情，也知道这次远行考察任务的艰辛。要走向青海省最偏远、海拔最高的玉树和果洛两州，所面临的困难和风险可能是我们很难想到的。

按照我们考察路线的设计，我们驱车向西沿着青藏公路进发，过了日月山，又折向南行，随着海拔越来越高，我们感觉天空离我们越来越近，高原的紫外线越来越强，日光也变得越来越刺眼。在共和县境内一处地方，我们停车用餐，之后接着上路。过了一会儿，天下起了雨。汽车行进在青海草原上，一望无际的大草原，云雾弥漫，草原如一块崭新的大地毯。雨色滋润下的草原，草色更加青翠，空气分外清新。我们在雨色中行进，又到了一处显然是行客过往歇脚的地方，路边是饭馆和汽车修理铺，饭馆门前都有宽阔的水泥地面供车辆停放。我们的车又一次停稳后，大家进入一家青海循化人经营的饭馆就餐，这是告别西宁后的午饭，也是进入草地的第一顿饭，口感特棒，临走时店里的小姑娘还不停的向我们挥手致意。

在无垠的大草原上，这里的路笔直平坦，汽车以每小时120公里的速度行进着。到了中午雨算是停了下来，天空仍然笼罩着凝云。透过正前方的车窗，只见窗外柏油路又黑又直又长，仿佛通向天的尽头，我们总算感受到了什么叫做“天路”。路前方，白云在河卡山腰徘徊，工人们正在开凿着通向山那边的隧道，新开辟的便道崎岖难行，汽车在坑坑洼洼的泥泞路上摇来摆去地像筛糠一样。坐在车上的我们时而左倾，时而右斜，时而撞向车顶。

牛羊像天上的繁星布满草原，帐篷像棋子星罗棋布，牛羊在公路上自由穿梭，根本“不理会”过往疾驰的汽车，薄雾笼罩着山丘和草地，整个大草原就像一幅清新秀美的水彩画。从地平线上驶来的汽车，先前只是一个小黑点，渐渐地从天空降落下来，经过好长时间才看得清楚，等到它现出原形后，又呼啸而过，远远的消失在地平线上。

草原是雄鹰自由飞翔的地方，一只雄健的黄头金雕在草地里大摇大摆地觅食，远处的山巅上覆盖着千年不化的皑皑冰雪，冰川下牧民的帐篷上空炊烟袅袅，空气里散发着牛粪燃烧的气味。近处，几只藏獒在帐篷周围转悠，帐篷前的档绳上拴着几十头活泼可爱的小牛。从雪山上融化流下的小溪弯弯曲曲的流淌着。各种野花在草地上竞相开放，云雀、彩蝶在草丛里飞舞，牧羊藏女在齐膝的花草里吟唱着动人的情歌，藏族老人在马背上回味和欣赏着过去的沧桑和如今的美好生活，藏族老阿妈在帐篷里细数着每日的收获。

经过一天的奔波，下午五点多我们到达甘德县城。

甘德县位于青海省南部，属黄河源头区域，是果洛藏族自治州畜牧业生产的主要基地之一。东邻甘肃省玛曲县，南濒黄河与达日、久治两县相望，西部和北部与玛沁县接壤，县城所在地柯曲镇距省会西宁526公里。

甘德，藏语为“吉祥安乐”之意。在这片7046平方公里的土地上，居住着约2.6万藏、汉、蒙古、撒拉、满等民族的人民。这里沟壑纵横，河溪密布，牛羊肥壮，水草丰美。独特的高原地貌和气候，塑造和孕育了这里独有而稀奇的野生动植物资源，也孕育了这里独特的民族风情和纯朴的高原民俗。这里不仅有美丽的鲜花，而且盛产冬虫夏草、大黄、贝母、秦艽、羌活、党参、当归、龙胆等名贵药用植物，尤其是虫草、贝母和被誉为“人参果”的蕨麻分布广、产量高，是甘德县副业收入的主要来源，也是甘德县招商引资合作的主要内容。

美丽的草原小城甘德，一排排崭新的藏式建筑在寺院经幡的映衬下，鲜艳夺目。当我们到达这里后，闻讯赶来的亲友们前来迎接我们，他们脸上流露出的喜悦，让我们顿时忘却了一天的辛劳。

我们进入一家洮商店铺后，几名店员迅速将我们引到二楼，桌子上早已摆满各色水果与茶点。交谈中，始知他们都是初中毕业后来到这里打工的。小伙子们动作之迅速、麻利真是让人刮目相看。一楼到二楼的楼梯几成垂直角度，但他们端着盘子上下如履平地。我们调研组的到来，使他们表现出无比的激动和热情。

喝茶略事休息之后，我们便下楼了解情况。由于是夏天，虽然已过六点钟，但天色尚明，铺子里仍然顾客出出进进。但见小伙子们操着流利的藏语给顾客报价，介绍商品性能，与顾客讨价还价。要知道他们来到这里还不到两年，最短的只有半年，在如此短的时间内掌握一门语言，除了要有一定的天赋之外，还要特别勤奋，处处长心眼，留意每一个单词、每一种商品的准确表达。如果一年后还不达标，那么店主就要炒他们的鱿鱼了。虽然甘德海拔在4000米以上，我们略有高原反应，但我们还是紧张地进行调研工作。在张鹏所属的商店主管等人的引导下，无论我们走进哪家铺子，都有一种宾至如归的感觉。他们脸上洋溢的热情，把洮商的忠厚、大方都写在脸上。一口浓郁的家乡话，极大地拉近了彼此之间的距离。听说我们专程来采访他们，他们非常激动，也很感动，认真配合我们的每一项调查。他们说：“从历史上算起，洮商在这里有几百年了，从未有专家和媒体关注过我们。今天你们不远千里，来到这里采访和拍摄，这是我们这些做生意的人做梦也没有想到的。衷心地感谢你们！”

我们对洮商的采访一一做了笔录，这里洮商的经营状况良好。但不少人反映，这里极少数藏族群众和僧人对回族人抱有历史性的偏见，态度和举止不太友好，甚至容不下回族人戴白帽。

在这里长年经商的洮商有16家，拥有资金546万元，年上缴国家税收4.46万元，年支付当地租金23.64万元，从业人员62人，包括家属有近100多名临潭人生活在这里。主要经营着民族用品、绸缎布匹、人造毛、五金交电、服装、粮油、饮食、蔬菜瓜果、机械维修、牧民用具以及废旧军用品等。

但甘德洮商中开设的摩托车专卖店和水果蔬菜专卖店却具有重要意

义，它表明洮商已经开始跳出传统的经营方式，向专业化、集约化方向迈进。此时，虽然天色已晚，但我们决定乘着夜色进行采访。开水果蔬菜专卖店的是一家人，丈夫携妻带子来到这里，丈夫负责从临夏进货，妻子负责日常销售，两个孩子放暑假后也来到父母身边，虽然他们很辛苦，但每年的收益还是不错的。我们登记完毕后，与他们进行了交流，并郑重建议他们要重视孩子的读书。

摩托车专卖店和水果蔬菜专卖店的开设也从一个侧面折射了藏族牧区群众生活水平的提高和饮食理念的转变。以前由于交通的阻隔以及饮食理念的制约，牧区群众很少吃蔬菜和水果。而如今，随着交通条件的大为改善，敏锐的洮商及时把蔬菜和水果运到了这里，极大地方便了牧区群众，而且销路看好，收益可观。摩托车专卖店是由洮商黎明经营的专业性商店，它的出现也说明牧区群众消费水平的提高，同时，也说明洮商善于捕捉商业信息，善于因时而变，具有预测性、前瞻性的商业眼光。同时，从当地藏族同胞的发展来说，也是一个重大进步。如果说以前当地群众是骑马驰骋在草原上，而现在早已变成骑着摩托车驰骋在辽阔的草原上。

甘德县城经营的洮商中，时间最长的达20多年。特别是改革开放以来，随着市场经济的日趋活跃，洮商们背井离乡，不远几千里之遥，凭着顽强的意志和在语言、体能、经营智慧等方面的优势来到甘德，开展多种经营，并逐渐得以立足和发展。

我们从海拔只有1500米的兰州一下子来到海拔4000米的甘德县城，虽然还没有太明显的高山反应，但毕竟没有以前那样自在和轻松。从下午六点一直干到晚上十点，我们的工作才告一段落。登记完毕后，调研组一行明显感觉体力不支，回到住处，我们已是疲惫不堪。主人早已将原来的茶水倒掉重沏，里面放满很多“内容”。由于海拔的原因，我们不敢多吃肉。据说初来高原的人若吃肉太多，容易发生滞胀，严重者会送命。

当晚我们留宿甘德县招待所，该招待所由四川人经营，住宿的条件较差，晚上又下起了小雨，气候顿时变得寒冷起来。大家初次到达海拔如此高的青藏高原腹地，明显不适应气候和温差，同时也切身感受到了长途驱车后的困乏和疲倦。

为了节约时间，充分利用现有人力资源，司机张世文师傅在晚上加紧学习摄影技术，他的悟性很好，经过敏生贵老师点拨，很快就能胜任一般的摄影要求。

表11　　　　　　青海省甘德县洮商调查情况

（调查时间：2007年7月19—20日）

| 业主姓名 | 性别 | 年龄 | 商铺名称 | 坐落位置 | 开业时间 | 从业人员 | 商铺面积 | 商铺租金(月) | 主营 |
|---|---|---|---|---|---|---|---|---|---|
| 冶国龙 | 男 | 25 | 金潭小卖部 | 甘德县柯曲镇吾勤东路 | 1996 | 4人 | 50平方米 | 1300元 | 日用百货、民族用品、食品、饮料、化妆品、人造毛 |
| 冶勺布 | 男 | 30 | 拉卜楞福幸小卖部 | 甘德县柯曲镇吾勤西路49号 | 1998 | 4人 | 50平方米 | 1300元 | 同上 |
| 马海林 | 男 | 25 | 金磊小卖部 | 甘德县柯曲镇吾勤西路47号 | 1996 | 5人 | 50平方米 | 1300元 | 同上 |
| 马志强 | 男 | 30 | 拉卜楞兴隆公司 | 甘德县柯曲镇吾勤东路42号 | 1995 | 4人 | 50平方米 | 1700元 | 同上 |
| 张贵仁 | 男 | 32 | 拉卜楞新兴贸易商行 | 甘德县柯曲镇吾勤东路32号 | 1994 | 9人 | 50平方米 | 1300元 | 同上 |
| 丁中原 | 男 | 20 | 信立兴小卖部 | 甘德县柯曲镇吾勤东路24号 | 2007 | 3人 | 50平方米 | 1300元 | 同上 |
| 王奎 | 男 | 26 | 拉卜楞综合商店 | 甘德县柯曲镇吾勤东路50号 | 2005 | 4人 | 50平方米 | 1100元 | 同上 |
| 冶振海 | 男 | 27 | 江河源小卖部 | 甘德县柯曲镇吾勤东路52号 | 2006 | 2人 | 30平方米 | 700元 | 同上 |
| 丁志俊 | 男 | 22 | 顺发商店 | 甘德县柯曲镇吾勤东路56号 | 2007 | 2人 | 30平方米 | 600元 | 同上 |
| 敏克智 | 男 | 35 | 金福小卖部 | 甘德县柯曲镇吾勤东路80号 | 1999 | 3人 |  | 1600元 | 百货、五金、家电、儿童及学习用品 |
| 敏忠良 | 男 | 55 | 拉卜楞兴盛商行 | 甘德县柯曲镇吾勤东路82号 | 2005 | 4人 |  | 1600元 | 五金、电器、百货、音像制品、交通用具、灯具 |
| 李俊 | 男 | 45 | 清真馍馍铺 | 甘德县柯曲镇吾勤西路83号 | 2001 | 2人 |  | 700元 | 馍馍、压面 |
| 张新民 | 男 | 24 | 新民小卖部 | 甘德县柯曲镇吾勤东路92号 | 2001 | 2人 |  | 800元 | 百货、食品、五金、文化用品 |

续表

| 业主姓名 | 性别 | 年龄 | 商铺名称 | 坐落位置 | 开业时间 | 从业人员 | 商铺面积 | 商铺租金(月) | 主营 |
|---|---|---|---|---|---|---|---|---|---|
| 张维钢 | 男 | 39 | 如意粮油门市部 | 甘德县柯曲镇吾勤东路93号 | 1995 | 7人 | 133平方米 | 2000元 | 独家经营面粉、大米、清油、挂面、青稞、炒面、粉条 |
| 黎 明 | 男 | 32 | 恒通五羊本田摩托车专卖店 | 甘德县柯曲镇吾勤市场 | 2005 | 3人 |  | 1200元 | 独家五羊摩托车专卖、摩托车配件、维修、售后服务 |
| 敏仲文 | 男 | 33 | 清真玉龙蔬菜瓜果店 | 甘德县柯曲镇吾勤东路 | 2007 | 4人 |  | 1200元 | 独家经营瓜果、蔬菜、调料、粉条 |

甘德洮商个案访谈：

张维钢（甘德县如意粮油门市部经理）

时间：2007年7月20日

地点：甘德县招待所

我今年39岁，初中毕业后开始经商。1995年10月来到甘德经营这家如意粮油门市部，在甘德县独家经营面粉、大米、清油、挂面、青稞、炒面、粉条等日用消费品。此外，我还兼营虫草、曲拉、蕨麻、红花、贝母、鹿角、蘑菇、狼肚菌、羊毛、皮张等。如意粮油门市部现有员工7人，周转资金100万元左右，2006年总营业额为380万元，2007年突破400万元，是目前甘德县最大的粮油销售门市部，也是甘德县的纳税大户。

我经商的感受是，做生意要脚踏实地；要讲诚信，尤其说话要算数；为人处世要讲礼貌，言行一致；会说一口流利的藏语。我个人在多年的经营中，与当地藏民关系非常融洽，多年来藏民朋友馈赠给我的羊不下几十只，酥油也有好几百斤。

## 三、黄河源头——达日

2007年7月20日早晨，我们就开始了甘德的摄像工作，采访工作同步进行。十点钟摄像完毕，主人留我们用完早点后，我们便匆匆踏上了去达日的路途。达日距离甘德不远，一个小时的车程就到了。

达日县位于青海省东南部，地处果洛藏族自治州南部。东与久治县接

壤，东南与班玛县相连，南至四川省色达县、西南与四川省石渠县为邻，西北与玛多县为界，北隔黄河与玛沁、甘德县相望。地形由西北向东南倾斜，巴颜喀拉山脉从西北向东南延伸，将达日分为长江、黄河两大水系。黄河从西向东依北流经340公里。西北部山坡较缓，山顶浑圆，滩地较开阔；东南部山坡陡峭，群峰雄叠，全县平均海拔4000米。一年无明显四季之分，只有冷暖之别。到2006年年底，达日县总人口26095人，下辖9乡1镇。县府吉迈镇距省府西宁580公里，距州府140公里。人口约0.5万。

达日县地处交通要道，县城建设整齐，相对甘德县来说这里的生活、经商环境比较好，经营状况也比较理想。达日经商的洮商比甘德多。因为达日县的货物实质上还辐射周围的久治、班玛等县。我们到达日的时间大约是上午十一点左右，为节约时间，我们决定立即进行采访登记。

达日县城店铺林立，贸易发达，其中洮商开设的铺子就有15家之多，他们大多经营百货、民族用品、布匹等，兼营冬虫夏草。本地的冬虫夏草是果洛州质量最优、数量最多的地方。该县一年生产冬虫夏草达4吨以上。洮商们大多经营冬虫夏草，利润可观，当地藏族居民以挖冬虫夏草为主要经济来源，每个家庭一年收入少则三五万元，多则高达二三十万元不等。

在达日县城，我们遇到了洮商敏继成，他在这里开铺子已有多年，而且经营有方，已经发展到两个铺子，手下雇有几名店员。同时，还遇到了邻县玛沁县的洮商丁学海。他在玛沁县县城经营多年的民族用品和杂货商店，经营状况良好。随后，我们走访了在达日收草的几名洮商，他们打开保险柜，取出各色冬虫夏草让我们拍照。在这里，我们生平第一次见到了最好的虫草，无论色泽、个头、饱满度均让我们叹为观止。

达日县有洮商15家，拥有资金608万元，年上缴国家税收8.13万元，年支付当地租金28.44万元，从业人员67人。主要经营着民族用品、绸缎布匹、人造毛、五金交电、服装、粮油、饮食等。

表12　**青海省达日县洮商情况调查**

（调查时间：2007年7月20—21日）

| 业主姓名 | 性别 | 年龄 | 商铺名称 | 坐落位置 | 开业时间 | 从业人员 | 商铺面积 | 商铺租金(月) | 主营 |
|---|---|---|---|---|---|---|---|---|---|
| 张鑫 | 男 | 27 | 安多拉卜楞商行 | 达日县吉迈镇黄河东路80号 | 2001 | 12人 | 80平方米 | 2300元 | 日用百货、民族用品、牧区用品、食品饮料、五金电器 |
| 张俊秀 | 男 | 30 | 腾达拉卜楞商行 | 达日县吉迈镇黄河东路61号 | 1988<br>2005 | 9人 | 80平方米 | 1800元 | 同上 |
| 敏国瑞 | 男 | 40 | 新夏综合商店 | 达日县吉迈镇黄河东路68号 | 2001 | 4人 | 80平方米 | 1300元 | 同上 |
| 敏士才 | 男 | 32 | 拉卜楞商行 | 达日县吉迈镇黄河东路66号 | 2001 | 3人 | 50平方米 | 1300元 | 同上 |
| 马福财 | 男 | 50 | 福财米花铺 | 达日县吉迈镇黄河东路9号 | 2005 | 3人 | 20平方米 | 800元 | 米花、压面、大饼 |
| 敏继成 | 男 | 39 | 福祥小卖部 | 达日县吉迈镇黄河东路2号 | 2001 | 3人 | 80平方米 | 1500元 | 百货、民族用品、牧区用品、五金 |
| 马国才 | 男 | 38 | 益民小卖部 | 达日县吉迈镇黄河东路1号 | 2001 | 2人 | 80平方米 | 1500元 | 同上 |
| 张志强 | 男 | 22 | 民族用品部 | 达日县吉迈镇黄河东路78号 | 1992 | 8人 | 90平方米 | 2000元 | 同上 |
| 马明义 | 男 | 32 | 拉卜楞寺泰和安商行 | 达日县吉迈镇黄河东路86号 | 2002 | 10人 | 54平方米 | 1500元 | 副食、百货、民族用品 |
| 马俊明 | 男 | 30 | 清真馍馍铺 | 达日县吉迈镇黄河东路96号 | 2005 | 3人 | 18平方米 | 600元 | 烤馍馍 |
| 敏维昌 | 男 | 32 | 昌盛商行 | 达日县吉迈镇黄河东路62号 | 2001 |  | 51平方米 | 1700元 | 百货、日用品、民族用品、食品 |

续表

| 业主姓名 | 性别 | 年龄 | 商铺名称 | 坐落位置 | 开业时间 | 从业人员 | 商铺面积 | 商铺租金(月) | 主营 |
|---|---|---|---|---|---|---|---|---|---|
| 丁奴海 | 男 | 27 | 春晖小卖部 | 达日县吉迈镇黄河东路18号 | 1995 | | 56m平方米 | 2500元 | 同上 |
| 黎学军 | 男 | 40 | 清真馍馍饼子店 | 达日县吉迈镇黄河东路 | 2002 | | 20平方米 | 800元 | 烤馍、大饼 |
| 张忠祥 | 男 | 40 | 祥新综合商店 | 达日县吉迈镇市场路11号 | 1989 | 2人 | 30平方米 | 900元 | 海绵、青盐、食品、百货 |
| 张志清 | 男 | 23 | 永发粮油商行 | 达日县吉迈镇 | 1995 | 2人 | 120平方米 | 4200元 | 粮食、面粉、食用油 |

## 四、绿草飘香之地——囊谦

2007年7月22日，早上十点从石渠出发，行程340公里，经著名的三江源头，下午到达了青海省的囊谦县。除了四川境内的土路外，青海这边尽是平坦的柏油马路。中午时分我们路经玉树州结古镇，并在那儿停顿吃了午饭。结古镇是玉树州的州府所在地。这座小城别具风情，建筑风格独具藏文化魅力。结古镇近一段时间车水马龙，沿街店面修葺一新，汉藏两种文字翻译对照的，招牌统一制作后在各自店面门口高悬。每家店铺上面都悬挂有鲜艳的国旗，经打听，原来这里即将举行“文化搭台、经济唱戏”

为主题的赛马会，整个街道弥漫着节日的气息。

吃完饭后，我们到结古镇中心广场，只见广场中央塑有高大的草原之舟牦牛雕像，而在通往囊谦的另一条街的广场上则矗立着高大的格萨尔王横矛立马铜像，着装鲜艳的藏族男女群众沿街转悠，广场上等待收购虫草的商人则被出售虫草的藏族群众三个一群，五个一组围在一起讨价还价，使得本不宽敞的街道显得很是拥挤。

从红古镇西行，进入一处峡谷地带，这里奇峰林立，湍急的河水奔流而下，一泻千里，穿过险峻的峡谷，眼前又呈现出一望无际的大草原，各种野花和绿草铺就成一块彩色的地毯。7月21日七点半，我们驱车赶到囊谦县，受到刘永祥等数名洮商的热情接待与欢迎，当晚入住囊谦三江源宾馆，宾馆里面条件设施尚可，但没有电，柴油机发电到晚上十二点就停电了。

囊谦县地处青藏高原南部，澜沧江上游地区，位于青海省最南端，与西藏昌都地区接壤。境内地势高耸，山脉连绵，山高谷深，河多流长、盆地少。主要河流有澜沧的支流扎曲（河）、吉曲（河）、巴曲（河）等。年均温3.8℃，年降水量527.3毫米。总面积12741平方公里，森林覆盖率为7.8%。全县总人口60415人，其中98%以上为藏族。县政府所在地香达镇距州府驻地197公里。

囊谦县是以农为主，农牧并举的地区，农牧业发展较快。多种经营前途较为广阔，水利资源丰富，盐、煤的储量较大，囊谦旅游资源也非常丰富，境内有藏传佛庙寺院70余座，为全国之最。

县府香达镇是一个地势平缓的山地，四周群山环绕，草原翠绿，牛羊欢唱，是青藏高原深处典型的高山草甸地貌。香达镇因为邻接西藏，处于青藏两省区的交通要道，跨省区的商贸往来频繁。由于囊谦位于玉树州最南端，纬度较低，所以囊谦的气候是玉树州最好的，除了牧业外，这里还有一定规模的农业存在。这里的牧民以挖虫草为主要经济来源。囊谦是一处东西走向的县城，不时有流浪的野狗满街若无其事地转悠。2005年6月2日，这里发生过一次严重的抢劫洮商商铺的事件，当时整个囊谦县城一度失控，火势冲天，囊谦最大的洮商店铺——承达贸易商行被洗劫一空。该案件到现在还没有完全了结。

尽管这里海拔很高，但洮商们历经万险，无论是冰天雪地的数九寒天，还是莺飞草长的夏日，他们凭着坚强而执著的信念，翻山越岭来到这里，寻找立足、创业和发展的机遇。他们来自甘南草原，世居高海拔地区，同时又与当地藏族人民友好杂居，使洮商对藏语耳濡目染，日久语熟，大多都能够用流利的藏语交流，这些鲜明的地缘优势和语言优势，使洮商能够在囊谦县这样路远山高的青藏高原腹地，与当地藏族人民友好交流，彼此了解、相互沟通开展商贸往来。

夏日的囊谦县，气候温热，天朗气爽。当晚我们在三江源宾馆的大套间对当地洮商进行了问卷式登记和个案采访，平时口若悬河的他们，在摄像机面前却不知所措。经过一番调整，我们的采访顺利完成。

囊谦洮商有10多家，有经营民族用品、家用电器、日用百货的，也有经营粮油、开设清真饭馆的，还有买卖牛羊肉的。他们热情服务、吃苦耐劳的精神境界、诚实守信的经营理念，获得了当地藏族人民的广泛认可，生意做得越来越红火，收益也逐年提高。其中在这里多年经营，经济和社会效益良好的洮商主要有：囊谦县雪域综合商店总经理刘永祥、囊谦县朝阳商店经理麻志荣、安多五金商店经理敏鸿等。

表13　**青海省囊谦县洮商情况调查**

（调查时间：2007年7月21—22日）

| 业主姓名 | 性别 | 年龄 | 商铺名称 | 坐落位置 | 开业时间 | 从业人员 | 商铺面积 | 商铺租金(月) | 主营 |
|---|---|---|---|---|---|---|---|---|---|
| 刘永祥 | 男 | 36 | 雪域综合商店 | 囊谦县香达镇东街4号 | 1999 | 7人 | 600平方米 | 自购 | 百货、食品、皮鞋、摩托车专卖（力帆、陇鑫） |
| 麻志荣 | 男 | 38 | 朝阳商店 | 囊谦县香达镇东街102号 | 2000 | 4人 | 40平方米 | 1800元 | 日用百货、民族用品、牧区用品、家电、塑料制品、人造毛、化妆品 |
| 折树新 | 男 | 43 | 海云商店 | 囊谦县香达镇东街100号 | 1997 | 2人 | 60平方米 | 1800元 | 同上 |
| 敏　鸿 | 男 | 26 | 安多五金建材商店 | 囊谦县香达镇东街县医院门口 | 1999 | 6人 | 200平方米 | 3300元 | 五金、建材、玻璃、油漆、小五金 |

续表

| 业主姓名 | 性别 | 年龄 | 商铺名称 | 坐落位置 | 开业时间 | 从业人员 | 商铺面积 | 商铺租金(月) | 主营 |
|---|---|---|---|---|---|---|---|---|---|
| 王亥牙 | 男 | 34 | 雪域综合五金商店 | 囊谦县香达镇东街113号 | 2000 | 4人 | 150平方米 | 3300元 | 五金、建材、太阳能用品、照明电源、电动工具 |
| 马忠英 | 男 | 26 | 海云综合商店 | 囊谦县香达镇东街 | 1999 | 7人 | 70平方米 | 3600元 | 家电、百货、服装、鞋类、民族用品、布匹、化妆品 |
| 丁忠海 | 男 | 44 | 信达小卖部 | 囊谦县香达镇西街新华书店楼下 | 2005 | 4人 | 50平方米 | 3600元 | 同上 |
| 王乃雄 | 男 | 32 | 雪域综合商店第二分店 | 囊谦县香达镇东街 | 2003 | 7人 | 80平方米 | 5000元 | 百货、食品、饮料、瓷器、打奶机 |

囊谦县洮商个案访谈之一：刘永祥（囊谦雪域综合商店总经理）

时间：2007年7月21日

地点：囊谦县三江源宾馆

问：能否谈谈你的家庭情况和主要的经商经历？

答：我家原先在临潭县城关镇教场村，现搬至大坡桥152号。家里兄弟六人，我本人排行老五，兄弟合伙经营。我有两个孩子。

最初来囊谦，生意门路不难找，钱比较好挣。最早是我家老三于1988年来到囊谦，1990年开始在家做冰棍生意，1991年我来到囊谦，刚开始经营的是周转金只有8000元的小卖部，经营食品、小百货等，主要从临夏进货。开始时，由于不会藏语，与当地藏民打交道很困难，语言是大障碍。经营过程中，我刻苦学习藏语，一年后与当地藏民交流没有大问题。当地人以放牧为生，比较蛮横，我和其他洮商一样受了不少冤枉气，有些坏人还抢东西、打人。从2005年“6·2”事件后，情况有所好转。近几年，玉树州的藏民出外的多了，做生意的人也多起来了。

目前当地藏民中经济条件好的一家人有1–2辆小汽车，大多是靠挖虫草发财了。当地藏民一般不存钱，主要消费掉了。以前的货运成问题，交通不发达。有些司机不敢开车走道路陡峭的康达山。现在山路修得基本很好。以前，有些货车半路上坏了，几天吃不上饭，倒掉货，把车拉到临夏去修理。

我在这里经营顺利是从1999年开始。当时，县城拆建，把原来的土木铺子全改建成为宽马路、统一规划的街面店铺。我就改租县城的民贸公司。签订的租借合同是从1999年1月至2003年年底，每年租金是7万元。2004年1月，政府将民贸公司出售给我，总共600平方米，上下两层。总价300万元，使用期50年。2004年开始，我又转手出租300平方米，每户150平方米，年租金每户4万元。我个人独自经营300平方米。另外。在粮站还租借有32间库房，总共是18000元/年，晚上专门有人看守。一般来说，像我们私营店铺经营灵活，自己开了5-6年，就已经赚回了原来的投资。

在目前发展良好的情况下，我也打算转向经营企业的念头。当地洮商们之间互相照顾、帮忙，彼此之间也不进行恶性竞争。我们兄弟们都是家务在一起，一家的生活费由兄长分管筹划。一大家子共有35口人，一年的家务开销最少也要15万元。家乡的人到这里化钱粮，一般出500元，一年出“则卡提”达10万元。念圣纪时，给老家各寺出散“乜帖”共1万元。我的两个孩子都上学，大的12岁，六年级了，小的9岁，三年级。我一般一年回一趟家，在家停留3个月，一年360天，基本上是从早忙到晚，就是藏历新年、大小“尔德节”时，都照常营业。这里我们洮商作“尔德”时，有100人左右。有租借的固定的礼拜点，大家一起参加会礼，斋月里也是如此。洮商带家的不多。

通过多年的艰辛努力，自己觉得经营得成功的原因是：信用、人缘好，回头客多；不弄虚作假，诚信很重要；为人处世要灵活而且主动。

囊谦洮商个案访谈之二：敏生林（原囊谦承达贸易商行总经理）

时间：2007年7月24日

地点：西宁市龙源宾馆

问：能否谈谈你的家庭情况和最初经商情况？

答：我是临潭县城关镇西庄子村下树滩人，今年52岁。我父母均为地道、朴实的农民。全家有兄弟5人，我为长子。50年代出生的人有句顺口溜：“想吃的时候遇上了三年自然灾害，想学的时候遇上了黄帅”。我就是典型的50年代中期出生的人，所以对这句顺口溜有着极为深刻的体会。我出生的地方临潭县是国家级贫困县，那里自然条件艰苦，海拔高、气候恶劣、交通偏僻，发展工业没原料，发展农业气候冷，发展矿业没资源，发展牧业没草原，是中国为数不多的不养人的地方之一。

1979年，24岁的我开始出门挣钱。那时虽然中国改革的大幕已经拉开，但改革开放的春风还没有吹到青海边地。起初，我们从杭州拿绸缎准备到玉树去卖，结果走到兴海县河卡乡（2001年改为河卡镇，位于县境东北部，距县府驻地82公里）被当地派出所没收。第二年，也就是1980年，由于政策松动，头一年被没收的绸缎退回。当时的行情是，我们从杭州1尺缎子4元钱就能拿上，拿到青海串帐篷能卖12—13元，而在玉树州就能卖15元，并且很快就脱销。抛开个人的艰辛不算，利润比内地要好得多。

从1981年起我在玉树州结古镇开了4年的绸缎铺。当时我和表哥、朋友敏生秀三人合伙。我们成为改革开放以来第一批在玉树开铺子的洮商。

最初在玉树州结古镇上摆地摊，主要有针头线脑、绒裤、袜子衣服等。1985年，每斤虫草只有140元。同年，我转到囊谦县香达镇摆地摊，同时也兼收虫草、麝香、鹿茸、贝母等名贵中药材，成为囊谦最早的“淘金者”之一。其间经历了许许多多的辛酸，经受了远离家乡、远离父母亲人、语言不通、气候恶劣、交通不便等方面的挑战。

问：能否谈谈你的从商过程中难忘的记忆？

答：1994年冬天，我们一行有两辆车跑运输，在折多山（四川省康定县境内）行驶时，我驾驶的一辆东风车走在前面，而后面的一辆东风车很长时间不见跟上来。经过询问才知道出了车祸。于是我又调转车头顺原路寻找，大约走了十几公里，我在驾驶室里发现我的三弟永德正在奋力从路面下的山坡往上爬，再往他身后看，只见他们的车早已翻身坠下山崖，并砸断了跟前的一根电杆（后来才得知这是成都到尼泊尔的国际线路高压杆），车上的驾驶室里原来坐着3个人，两名司机一名当即遇难身亡，另一名受重伤，而我的三弟永德竟然毫发未损。我从车上下来，看到眼前的场景，由于受惊过度而视力顿时变得模糊起来。伤员被送到附近的康定县新都桥镇抢救，一车货物（价值20多万元）顺山坡撒落一地，汽车宣告报废，电杆线路中断2小时20分钟。有关部门扣留了遇难者遗体，后经反复交涉，给电信部门赔偿3.4万元才归还了遇难者遗体。

在新都桥医院住院的司机脱离了生命危险。于是，我和弟弟着手将遇难者遗体运往囊谦（系囊谦县藏族司机），给死者家里交代后事。时值1994年斋月，我们雇用了一辆卡车，6天后到达囊谦。在此之前，对死者面容做了处理，我让弟弟轻轻托起死者，我拿湿毛巾小心翼翼地擦掉死者脸上的血迹。到达囊谦后，我们买了100斤酥油、50条大茶作为礼物送给死者家属，并赔偿命价12000元。对此死者家属宽容接受，不再有异议。

1994年的那次车祸给我个人损失14.8万元，当时我有两辆东风车，正处于事业的鼎盛时期，而这次车祸让我的生意一下子跌入低谷。只得又白手起家，从头干起。此后，我继续在囊谦开铺子，从小本生意做起，渐渐又有了起色，于是又兼做虫草等生意，四五年以后，我又开了一家铺子。时隔不久，从临潭来了一位朋友敏生秀，想在囊谦做生意却找不到铺子，于是我将自己处于最繁华位置的那个铺子让给他，自己从另外一处开了一个铺子。

1998年，位于囊谦香达镇的德牙寺铺面落成，其整个一层300平方米的铺面被我租用，另外，还租了楼上的3间库房，租金7.8万元/年，税收（含工商管理费）4.2万元/年。我将铺面取名承达贸易商行。

承达贸易商行成立后，由我担任总经理。我的四弟敏生昌担任法人代表。商行从业人员10人，对员工实行工资制，工资最低300元起价，最高1200元不等。由于承达贸易商行在当地信誉良好，因此生意非常兴隆。高峰时1天能销货3万–4万元，利润达30%左右，平均年利润70万–80万元。承达贸易商行成为当时囊谦乃至玉树州货物品种最齐全、档次最高、货物周转量最大、资金运作量最多的私人铺面。有时连玉树州上的群众也到囊谦购物。虽然铺子在囊谦县，但它事实上已辐射周围的玉树县结古镇、杂多县苏鲁乡以及西藏的丁青县和类乌齐县。

我经营的承达贸易商行日用百货齐全，主要经营牧区群众需要的民族用品，如氆氇、地毯、藏毯、帐篷、绸缎、布匹、人造酥油、打奶机以及各种家用电器、品牌服装、手机、数码相机、彩电、冰箱、VCD和DVD影碟机等货物。可以说，我们洮商所经营的商品最大程度地满足了当地群众的消费需要。

我们商行的进货渠道多元，比如绸缎直接从丝绸的故乡杭州提货。毫无疑问这是中国最好的绸缎。每有新的品种问世，我们总是在最快的时间上货。人造酥油从成都进货，成都现为中国最大的人造酥油基地，技术先进、产品质量好。打奶机主要来自西宁，氆氇主要来自拉萨，品牌服装和电子产品主要来自广州。

多年来，承达贸易商行一直是囊谦县的纳税大户。粗略地算了一下，20多年来承达贸易商行（含前身）为地方纳税以及缴纳房租达370多万元。可以说，有力地提高了当地牧民群众的生活水平，促进了地方经济的发展。

问：能否介绍一下承达贸易商行的经营情况？

答：我从20多岁出门，如今年逾半百。从昔日的打工仔到今日的老板，从白手起家到拥有千万资产，到最后被付之一炬，确实是没有想到的。从最初的个人经营发展到家庭经营，再发展到后来的亲戚式经营。1990年我在囊谦县注册成立了股份制的“承达贸易商行”，我任董事长，我弟弟敏生昌为法人代表，另有7名股东参股，共同管理商行。经营之初，为了向商行注入资金，我们采取多种措施，吸引了更多的投资者参与集资，包括我们商行的营业员也是2000–5000元不等入股，共同分红。我们全体员工充满信心，起早贪黑，尽职尽责，克服了资金上、管理上以及商务往来上的困难，并扶持了很大一批贫困户，商行显露出勃勃生机。

我们在囊谦投资经商已有25年时间，把人生最宝贵的青春和热血奉献在囊谦。承达贸易商行组建经营的16年来，累计为地方缴纳房租、税收、工商管理费等达370多万元，多次被评为“纳税先进企业”、“先进个体工商户”等荣誉称号。我们在当地树立了很大威望，也和当地群众、各界人士建立了良好的关系，彼此和睦相处。我们与各地客户建立了互信互谅的友谊，与地方部门也互相支持，否则我们也不会在囊谦立住脚跟，更不可能将生意做大做强。

问：能不能请你谈谈囊谦“6·2事件”原因及过程？

答：2005年6月2日上午十一时三十分许，我商行全体员工正在吃午饭时，突然，商行一楼的卷闸门被撬开，闯进来一伙不明身份的人，手持钢刀，有的举着铁棒，没等我们问清原因，就莫名其妙地见人就打，见东西就砸。情急之下，我们越窗逃走并打电话报警。老远处，只见他们将商店的服装、绸缎、布匹等拉出店外，当街放火焚烧，与此同时，有些人对商品连抢带拿。此时，不明真相的群众越聚越多，不法分子极力煽动群众，开始抢劫，并高喊“打死老板”。事态持续8个多小时，整个承达贸易商行的7间商铺，二楼3间库房、住房和办公室全被洗劫一空，就连商铺已经装潢的板条都被拆下抢走。

事发过程中，我们曾连续拨打囊谦县政府和公安局的电话，可一直“无人接听”，暴徒打、砸、抢、烧过程持续整整8个多小时，火光映红了整个县城。但近在咫尺的囊谦县政府、公检法等单位均“没有看见”，也未派一人前来阻止。更令人不可思议的是，事发之后“无人”保护现场，第二天却“有人”把现场打扫干净并用水冲洗。

事后我们才了解到，原来囊谦县群众当年5月份到杂多县境内苏鲁乡挖虫草，遭到杂多群众拦截，双方发生严重冲突。冲突中，囊谦方面被当场打死1人，伤4人。冲突结束后，据说杂多几家外地个体户和当地群众自发上街放鞭炮庆祝，还给杂多人送饮料，此举激怒了挖虫草未遂的囊谦群众。部分人到州上抗议，部分人返回囊谦，部分人滞留杂多。6月2日，青海省武警总队已到达苏鲁乡，他们将囊谦群众强行驱散。晚八时左右，愤怒的囊谦群众在个别坏人的鼓动下途经杂多县城时发生哄抢，在对杂多几家大一点的商铺洗劫一空后，暴徒们呼啸而下，直奔囊谦。接着在囊谦连抢带烧，承达贸易商行在囊谦目标最大，自然就成为最大的洗劫目标。可怜我20多年来苦心经营的数百万资产被一抢而光，所有的一切发生在光天化日之下。

事后，囊谦县辩称“6·2事件”是“杂多县虫草事件引发的意外群体性突发事件”，同时也承认“囊谦县人民政府和县公安局在履行其法定行政职责过程中存有瑕疵”，承认“我们遭受财产损失”。

问：能不能谈谈“6·2事件”的处理结果和你今后的设想和打算？

答："6·2事件"使我们几个股东一夜之间成了"穷光蛋"，几十年的血汗瞬间化为乌有，非但如此，我们还成为负债户，悲痛之余的我从此走上了漫漫鸣冤告状之路。青海省玉树县人民法院（2005）玉刑初字第59号刑事判决认定，在"6·2事件"中给原告造成约131.68万元的经济损失。2007年3月青海省西宁市中级人民法院（2006）宁行初字第6号行政判决书判决囊谦县政府和囊谦县公安局赔偿原告（我方）人民币30万元。判决结果与我们实际遭受的损失相去甚远，对此承达贸易商行断然拒绝接受。时间已过去两年多了，我们到处奔走呼吁，包括去过北京鸣冤，但此案判决结果与我们的要求相差很远。钱财本为身外之物，损失了还可以挣，可我们心灵的伤害却永生难忘，我们承达公司要的就是一个"说法"，我们正在为这一天的到来而努力着。

囊谦县洮商个案访谈之三：麻志荣（囊谦县朝阳商店经理）

时间：2007年7月21日

地点：囊谦县三江源宾馆

问：请你谈谈你早期的经商经历。

答：我1969年出生于临潭县城关镇西庄子村，由于家庭极度贫困，我小学未毕业就辍学了，从13岁起我就开始帮大人干活，看到我儿时的伙伴一个个活蹦乱跳地去上学，而却我经常牵着一头毛驴跑南山林砍柴驮柴，家里的烧柴基本由我承包。

1986年，不满17岁的我经人介绍到临夏蹬三轮车，其间主要给各商店老板送货，历时3年之久。这3年时间虽然没有挣到多少钱，但临夏商业气息浓厚，较早地开阔了我的商业视野，也培养了我的商业意识。

1989年，我经亲戚介绍远赴那曲，在老乡敏云经营的朝阳商店打工挣钱，我的主要职责是站柜台和做饭，虽然那曲海拔高，气候冷，但比起临夏蹬三轮车而言，劳动强度大为减轻，而且收入也比临夏高。

1995年，我怀揣打工挣来的3万元本钱到成都，在成都西北桥木总厂附近租借铺面开饭馆，虽然刚起步时饭馆规模不大，但标志着我结束了打工生涯，成为一名老板，手底下有4名员工。我和员工们在成都起早贪黑，不仅招呼饭馆里就餐的顾客，而且我还按时按点给附近停车场的大小司机和车老板们送饭上门。由于我要价合理，诚信经营，赢得了广大顾客的信赖，饭馆生意火爆，生意一年迈上一个新的台阶，为以后的生意积累了必要的资金。1999年底，由于木总厂周围拆迁搞建设，我只好关闭在成都的餐饮业，另觅商机。

问：你是何时来囊谦经商的？在这里经商感受如何？你最大的希望是什么？

答：2000年1月，我出资30万元与人合伙来到囊谦寻找商机。第二年，我独资经营这家朝阳商店。朝阳商店主要经营家具、布匹、纺织品、服装鞋帽、食品、饮料、化妆品、家用电器、塑料制品等日用百货；有绸缎、酥油、藏毯、马鞍、马靴、礼帽、珊瑚、松石等民族用品；有地毯、帐篷、泡沫、人造毛、等牧区用品。除了铺子外，我还兼营虫草、曲拉、蕨麻、红花、贝母、鹿茸、蘑菇、狼肚菌、蕨菜、羊毛、皮张等。2007年5月，我和敏鸿等人合资搞了一家搞长途运输业务的货运物流公司。

我个人基本上见证了囊谦县城近几年的发展，明显地感受到城镇建设步伐加快、牧区群众的消费水平逐年提高。这个地方草原少，牛羊不多，当地群众主要的经济来源是虫草。只要每年挖上半斤虫草，就能维持全年生计，要是挖上一斤或者更多虫草，则当年生活质量大为改观。平时语言交流藏汉并用，以藏语为主，一般6个月到一年时间就能学会藏语。我平均半年到一年回一次家。重大节日如斋月、尔德节全体洮商都会聚在一起欢度。我们囊谦的洮商全都经营正当生意，不从事伊斯兰教禁止的烟酒生意，在群众中有良好的信誉。

我个人包括所有囊谦洮商最大的希望就是囊谦的社会治安进一步得到改善。

## 五、澜沧江源头——杂多

2007年7月22日上午十点半，我们考察组一行告别囊谦洮商后，驱车前往杂多。杂多是这次青海洮商考察行程的最后一站，我们沿原来的路线返回到花石峡后，向北行了几十公里，到了美丽的星星海，又行进了上百公里，沿峡谷直上，汽车翻越一座高耸险峻的大山之后，到达杂多县城郊。

沿途险峻的山峰、广袤的草场交替出现。在离杂多15公里处，只见路边扎曲河畔一处较为宽阔平坦的草地上搭着三顶崭新的帐篷，帐篷前人头攒动，离帐篷不远处整整齐齐地停放着5辆小车。我们的越野车停到路旁，坐在草地上的人们纷纷起身迎了上来。大家一一握手，相互介绍问候后，我们被簇拥到帐篷跟前。

但见在绿草如茵的草地上，帐篷内围绕着小桌子四周铺着纯毛地毯，桌子上摆满水果、食品和饮料。我们围绕桌子坐定，不一会儿，一碗碗撒着白糖的奶酪就送到我们每个人的手里。我们放眼周围，七月的草原正值黄金时节，在醉人的草香里，在花草的海洋里，我们喝着用纯牦牛奶酿制

的奶酪，每个人思绪顿时飞扬，恍入梦境，路上的疲惫一扫而光。接着，他们又端来就地煮好的手抓羊肉和土鸡肉，还有凉拌的蕨菜和正宗野味的蘑菇汤。更让人想不到的是，他们还端来热气腾腾的韭菜包子和家乡风味的花卷。原来在帐篷后面还有他们临时搭建的“厨房”，洮商们的家属都来了，她们在厨房里做后勤工作。洮商们说，今天我们杂多可是全员出动，这种场景在我们这里可是从未有过。杂多洮商的盛情款待和热情，让我们深受感动。因为我们彼此不曾谋面，可他们的真诚大方和一口浓浓的洮州乡音，使大家一见如故。

下午两点时分，穆斯林的晌礼时间到了，大家在河边沐浴，然后齐聚帐中礼拜。礼拜结束后，在帐篷中开始了我们的工作——对杂多洮商进行现场采访。经交谈得知，原来杂多洮商们早上八点钟就开始在这里搭帐篷等候我们的到来，所有杂多洮商当日全体关门歇业，专门出城迎接我们调研组一行。我们非常纳闷，问他们怎么知道我们要来。他们回答：“你们前脚从西宁出发后，我们后脚就得到消息，所以我们做了迎接准备。”今天负责召集杂多洮商出城迎接的是一位年仅26岁的小伙子，名叫敏进才，是他统一调度车辆，组织人员出城迎接我们一行。让众多商家放下手头生意，携带家属出城30里迎接我们，除了体现这位小伙子的精明能干之外，更彰显了杂多洮商心齐团结的优秀品质。

前来这里迎接的还有杂多穆斯林临时礼拜点的开学阿訇苟立宏（后有专访），还有一位汉族洮商杜德平。这天天气也格外“长脸”， 太阳暖暖地照在天空，头上蓝天白云，四周青山绿水，黑牛白羊宛如围棋盘里的棋子儿星星点点地点缀在草原上。我们在帐篷里登记，摄影师敏老师在外面的草地上取景拍摄，对重点人物进行专访。采访结束后已是下午四点时分，大家在草原上合影留念之后各自上车，6辆车浩浩荡荡驶向杂多县城。不到半小时，杂多县城赫然在望，车队缓缓开进杂多主街道，最后在澜沧江饭店门口停车，还未等我们下车，杂多洮商已将我们的行李、皮箱等提上楼，他们早已为我们开好了房间，而澜沧江饭店则是杂多最高级的住宿地点。

杂多，藏语“扎曲河源头”之意，是长江和澜沧江两大河流的摇篮，通天河一级支流当曲河、澜沧江主源扎曲河均发源于这里。东南与玉树、囊谦两县毗邻以唐古拉山山脊为界、与西藏自治区昌都、那曲两个专区的丁青、聂荣、安多等县接壤；北和治多县相连。行政上属玉树藏族自治州管辖。杂多县是纯牧业县，全县可利用草场面积3530万亩，占草场总面积的99%，且多为高寒草甸草场和高寒沼泽草场，草质富含粗脂肪、粗蛋白，是牲畜的优良饲料，加之雨热同期，产草量高，可载畜250万个羊单位。牲畜以牦牛、草地型藏羊为主，肉制品、绒毛制品以其特有的营养价值及使用性能，走俏于市场。

自改革开放以来，洮商又沿着先辈们深入藏区做生意的足迹，来到杂多县，带着内地的各种日用百货，还有当地藏族同胞需要的民族用品，在这里摆摊设点开店营业。他们以诚信为本，与藏族同胞友好相处，相互促进，共同推进了杂多县的经济社会和文化的发展。杂多县的洮商也是多种经营，大多生意红火，在当地，经过多年辛苦经营并立足发展的主要洮商有13家店铺，共有近百人洮商在当地进行商贸经营活动。

杂多的洮商在当地苦心经营，艰苦创业。现有洮商13家，拥有资金639万元，年上缴国家税收12.74万元，年支付当地租金28.54万元，从业人员65人。主要经营民族用品、绸缎布匹、人造毛、五金交电、服装、粮油、饮食等。

表14　　青海省杂多县洮商情况调查

（调查时间：2007年7月22—23日）

| 业主姓名 | 性别 | 年龄 | 商铺名称 | 坐落位置 | 开业时间 | 从业人员 | 商铺面积 | 商铺租金(月) | 主营 |
|---|---|---|---|---|---|---|---|---|---|
| 敏进才<br>马志刚 | 男<br>男 | 26<br>31 | 夏河拉卜楞综合批发部 | 杂多县萨呼腾镇 | 1997 | 7人 | 150平方米 | 2900元 | 日用百货、民族用品、牧区用品、食品、饮料、电动工具、家用电器 |
| 杜德平（汉） | 男 | 48 | 盛辉综合商店 | 杂多县萨呼腾镇 | 1999 | 5人 | 220平方米 | 3300元 | 同上 |
| 马福春 | 男 | 36 | 辉瑞服装店 | 杂多县萨呼腾镇 | 1998 | 5人 | 150平方米 | 1700元 | 同上 |
| 马光俊 | 男 | 26 | 盛荣综合商店 | 杂多县萨呼腾镇 | 1999 | 4人 | 108平方米 | 1700元 | 同上 |
| 丁世明 | 男 | 35 | 世明小卖部 | 杂多县萨呼腾镇 | 2004 | 3人 | 100平方米（含库房） | 1000元 | 同上 |
| 敏勺布 | 男 | 34 | 伊隆小炒美食馆 | 杂多县萨呼腾镇 | 2006 | 6人 | 50平方米 | 1000元 | 小吃、手抓、炒菜、面食 |
| 敏胜 | 男 | 37 | 肉食超市 | 杂多县萨呼腾镇 | 2006 | 2人 | 20平方米 | 700元 | 牛肉、羊肉、鸡肉、各色调料、色拉油、粉丝、洗涤剂等 |
| 敏辉 | 男 | 32 | 三联商店 | 杂多县萨呼腾镇 | 1997 | 4人 | 80平方米 | 3000元 | 批发食品、百货、化妆品 |
| 马立克 | 男 | 24 | 兴发百货副食品批发商行 | 杂多县萨呼腾镇 | 2006 | 3人 | 30平方米 | 700元 | 食品、服装、化妆品、小百货、毛皮、床上用品、布料 |
| 敏尔思玛 | 男 | 36 | 三联批发部 | 杂多县萨呼腾镇 | 2001 | 10人 | 150平方米 | 3000元 | 百货、食品、日用品、民族用品 |
| 马国平 | 男 | 23 | 日用百货商店 | 杂多县萨呼腾镇信用社对面 | 2003 | 4人 | 78平方米 | 2580元 | 同上 |
| 敏胜 | 男 | 37 | 三联批发部 | 杂多县萨呼腾镇 | 1993 | 10人 | 103平方米 | 2200元 | 同上 |
| 马世荣 | 男 | 46 | 清真肉铺 | 杂多县萨呼腾镇 | 2006 | 2人 | 150平方米 | | |

杂多洮商个案访谈之一：马志刚（夏河拉卜楞综合批发部经理）

时间：2007年7月22日

地点：杂多县澜沧江饭店

问：能否谈谈你的家庭情况？

答：我是临潭县卓洛乡人，今年32岁，我在1岁时父亲就去世了，二弟敏马乃和三弟敏叶赛为母亲再嫁后所生。我们能有今天，除了仁慈的真主的恩典外，首先应该感谢我们的母亲。是她含辛茹苦将我们兄弟拉扯成人，她所承受的痛苦以及经历的磨难是常人难以想象的，对此只有我们三兄弟心里清楚。

我的母亲命运多舛，1976年父亲留下3岁的姐姐和1岁的我就去世了。由于生活的艰难，母亲只好再嫁，又生下二弟马乃和三弟叶赛以及一对双胞胎兄妹。谁知天有不测风云，我的继父一次外出挖药，回来时在离家乡不远的大路什山上遭遇车祸丧生，时间是1993年。那次车祸共有43人遇难，是新中国成立以来临潭最大的一次车祸。继父没有留下任何钱财，留给母亲的是四个未成年的孩子，加上我们姐弟俩，共六个孩子。这样抚养六个孩子的家务重担就无情地落在母亲的肩膀上了。几年后，姐姐长大嫁人，为了缓解家庭经济压力，母亲经人撮合，又找了第三个丈夫，也就是姐姐的公公，将其入赘到家里，原因一则是家里实在太穷，需要男人支撑家务；再则是为了拉近两家距离，消除隔膜而采取的一种无奈之举。谁知仅一年多时间，她的第三个丈夫也得病身亡，未留下子嗣。

在我们农村，丈夫就是一家的顶梁柱。在20世纪70年代那样极端艰苦的条件下，丈夫撒手人寰，对一个农村妇女来说几乎是毁灭性的打击，而我的母亲却先后失去了三个丈夫，留下了六个孩子。

我的母亲是一位坚强的女性。母亲重新组合家庭，完全是为了我们几个未成年的孩子。她经历的打击和痛苦语言是没法描述的，意志薄弱者遭受如此打击，精神就会崩溃。可我的母亲总是将眼泪擦干，挺起伟大的胸膛直面生活的挑战。无论生活多么艰辛，她没嫌子女多，而且努力让二弟敏马乃和三弟叶赛分别念完了小学和初中学业。

问：能否谈谈你的经商经历？

答：俗话说："穷人的孩子早当家。"在当时那种情况下，为减轻母亲的压力，身为长子的我是不可能和其他孩子一样欢乐地去上学，而是过早地用稚嫩的肩膀挑起了家务重担。几乎是在入学的年龄，别的孩子们由家长领到学校报名，而我却赶着一群羊，整日颠簸在山沟里，成了一名孤独的放羊娃，每天将东头的太阳往西头送。

11岁那年，我走出家门，先到四川阿坝县给人打工，干的活是烤馍馍，每月只挣60元。1996年，在同乡敏辉的指引下，20岁的我来到青海杂多县给人家看铺子，其间做饭、装货、卸货样样干。头三年异常艰苦，打工、炕馍馍甚至到乡下挖虫草，什么活都干，备尝了人间的艰辛，而我的同龄人都还坐在宽敞明亮的教室里上学，过着衣来伸手、饭来张口的生活。

1999年前后，我还有过几次赶牛的经历，其中印象最深的是一次从杂多到拉萨的赶牛过程。那是一次历时40天的长途跋涉，其过程异常艰辛。如果从地图上看，我们的行进路线是杂多（青海）—巴青（西藏）—索县—那曲—当雄—拉萨；杂多（青海）—索县（西藏）—比如—嘉黎—墨竹工卡—拉萨，整个行程海拔几乎都是在4000米以上，个别路段海拔在5000米以上，艰辛异常。途中还要泗渡扎曲、当曲、那曲等数条冰冷湍急的河流。

当时我们共有4人（其中有1名藏族同胞），赶了80头牛、200只羊从杂多出发，一路上风餐露宿，天当房，地当床。白天烈日炎炎，晚上冷风刺骨，平均每天行进20公里，硬是用两只脚板走完了全程。记得我们当时脚穿草绿色解放鞋、身背饭囊，手提打狗棒，头顶烈日。一般情况下牛帮白天走，晚上休息，尽量沿着草原行走，以利放牧，晚上将雨衣铺在水草滩上，就地而眠。

途中遇到大河时，我们拽着马尾巴过河。其中扎曲河是途中最大的河流，我们四人还携带有两支土炮（叉子枪）用以防身。最难忘的是六月飞雪，大雪压塌帐篷使马受惊而四散，马丢掉了4匹。由于经常跋山涉水，体力消耗极大，再加上营养不良，导致腿软无力。牛赶到拉萨后集中处理，卖掉牛羊后，几无所得，没有什么利润，只得到一套价值80元的衣服。要是算上劳动成本，那用现在的话说，亏大了。

经过三年的打拼，我手头有了一定积蓄，于是在同乡敏辉的资助下，自己也开上了铺子，生意进入平稳发展阶段，本金平均每年翻一番。又经过四年的努力，二弟长大后也到杂多帮忙，于是我的铺子进入快速发展阶段，在继续开铺子的同时也兼收虫草、帐篷加工和货运业务。

问：虫草、货运、帐篷以及铺子你是如何兼顾的？它们各自的利润如何？

答：虫草虽然受季节限制，但随着市场价格的攀升，利润也是可观的。货运业务也相对来说挣钱容易，而且资金周转快。帐篷虽然走势缓慢，但由于市场竞争小，所以利润也较好，一顶帐篷的纯利润大概是100元。至于铺子实际上利润很薄，因为同行竞争太多，基本上是为当地人提供廉价的服务。但好处是不受季节影响，其利润能维持日常开支，属于细水长流的性质。另外开铺子也使自己有了一个容身之地，否则就会成为“游击队”。那样的话，做生意就会处处不便。

杂多洮商个案访谈之二：苟立宏（杂多县穆斯林临时礼拜点阿訇）

时间：2007年7月22日

地点：杂多县澜沧江饭店

问：能否谈谈你的个人情况？

答：我今年38岁，来自临潭县长川乡太平村。我早年求学于黎国梁大师（俗称“肥洮州”，洮州四大著名阿訇之一）之子黎文德阿訇，算是他老人家的关门弟子。2000-2002年我在本村——长川乡太平村清真寺开学两年，其间有学生25人。2003-2005年我应邀赴杂多县主持穆斯林教务，2005年底辞学回归故里。2006年又被返聘到杂多临时清真寺任开学阿訇。

问：你辞学后为什么又来杂多？

答：我辞学后，本没有打算再来杂多。怎奈杂多穆斯林多次派人邀请，去年派人专车来临潭接我。众人恳求，盛情难却，我无法推辞，便携妻带子一起来到杂多（这也是杂多本地穆斯林商人的意愿，为的是让我安下心来开学）。记得去年我坐的车快到杂多时，杂多穆斯林除留守看家者外，几乎都出城30公里迎接，场面让人非常感动，足见杂多穆斯林热情之高。

问：能否简要介绍一下杂多穆斯林的有关情况？

答：杂多现有穆斯林1000人以上，分别来自青海的循化、化隆、民和等地和甘肃的临潭、合作、临夏、广河等地，其中临潭籍回族穆斯林60多人。杂多穆斯林的民族成分有6个，分别是回族、撒拉族、东乡族、保安族、维吾尔族及哈萨克族。因此，杂多穆斯林来源复杂，民族成分多且原先分属不同的教派门宦，内部自然有不同的声音，这也是正常的。

我到这里后，最大的成绩是将原先分属于四个不同教派门宦的穆斯林统一在一个“哲马提”。在杂多穆斯林商业群体中，平时约有100人做礼拜，斋月期间有300多人，两个穆斯林大节日则超过500人。目前宗教活动正常进行，当地群众理解信任，政府也予以认可。每年阿訇的工资、临时礼拜点的开支以及房租均由杂多穆斯林共同承担。现在临时礼拜点只能容纳300人，院子里跪满时能容纳500人。

问：请你谈谈杂多穆斯林临时礼拜点的成立过程及其活动情况。

答：杂多县虽然长期经商的穆斯林众多，但是迄今为止没有政府正式批准的清真寺，这给在杂多经商的外地穆斯林和当地穆斯林群众的正常宗教活动带来不便。为满足杂多穆斯林的宗教需要，杂多穆斯林临时礼拜点便应运而生，其过程可谓一波三折。

杂多临时礼拜点于2002年由部分洮商出资征地，撒拉族商人也予以资助，按清真寺要求修建，在即将完工时被当地人强令拆除（当时清真寺还不为地方群众理解，加上个别坏人背后怂恿）。当时礼拜人数大约有200—300人。2003年杂多县洮商敏辉将自己的库房（约80平方米）腾出来，作为临时礼拜点，基本满足了信教群众的需要。库房租金每月800元，头一年的租金由敏辉承担，之后由临时礼拜点负责。库房临时礼拜点平时做礼拜的人少则十几人，多则二三百人不等。

问：能不能介绍一下杂多穆斯林临时礼拜点的管理及资金募集情况？

答：杂多穆斯林临时礼拜点管委会成员有10名，以地方为单位产生。其中循化2名、化隆2名、临潭2名、临夏2名、民和2名，管委会负责动员群众筹集资金，操办红白事以及清真寺的日常事务。临时礼拜点对阿訇实行工资制，我个人月薪1000元。除此之外，我自己给他们也带点小买卖，实际收入每月2000—3000元不等。

问：能不能谈谈你今后的设想和打算？

答：虽然这里是青海藏区腹地，条件艰苦、海拔高、气候多变。但常年在这里经商的各族穆斯林群众已逾千人，且有逐年上升趋势。我原来也想趁着年轻下海经商，到一定年龄再为主道服务。但现在看来，这里不缺生意人，缺的是精力充沛、年轻有为、德才兼备、学识渊博的阿訇。内地这样的阿訇一般情况下是不会到这种地方来的。一是没有固定的清真寺；二是气候条件恶劣；三是原来的清真寺也不会放人。我对自己的定位是，有学开，我就是一个阿訇；没学开，我就是一名生意人。前面我说过，我这是第二次到杂多主持日常教务，就是因为上次开学给他们留下了良好的印象，认为我是一位比较理想的阿訇，因此他们几乎是以一种不容商量的姿态将我请到这里来开学。也就是说，不光临潭回族洮商认同我，就是其他地方的穆斯林商人也认同我。作为阿訇能做到这一点，也是很不容易的，这与我平时固本包容的立场和善于团结的理念是分不开的。

就目前情况而言，杂多穆斯林热情很高，进取心强。可以毫不夸张地说在青海藏区是最好的。面对如此情况，作为阿訇打退堂鼓是不应该的，甚至说是一种犯罪行为。当地穆斯林商人教门意识的高涨也凝聚着我的心血，我不能在此情况下“撂挑子”，而应顺势引导，继续引导当地穆斯林向着良性轨道发展，这事实上就是当阿訇最大的责任。钱财固然重要，但对穆斯林来说，挣钱的手段更为重要。这些事要是经常不讲，就会有人从事不正当生意或者以不正当手段经营，那样做不仅会影响藏区穆斯林的形象，而且从根本上说是严重违反伊斯兰教教义的。

就未来而言，我们也希望在不远的将来，杂多县政府有关部门能够为穆斯林批准建立一座清真寺。这样不仅能体现党的宗教信仰自由政策，也能体现杂多县领导的政治气魄和长远发展经济的眼光。因为宽松的政治环境往往带来的是巨大的经济效益。比如深圳、东莞、珠海等地每年数以百万计的人涌入，未见其贫穷，相反带来的是廉价的劳动力和巨大的消费市场，带来的是滚滚财富。这一点，短视的领导者是看不到的。我们也向真主祈求杂多县的各项事业尽快发展起来，杂多穆斯林的宗教环境更加宽松。

问：请你介绍一下杂多县穆斯林的有关情况。

答：知感真主，相对而言，杂多县对穆斯林是宽容和尊重的，可以说在青海境内是比较好的。除2002年杂多穆斯林集资建寺未获批准外，一般情况下，杂多人不会干涉穆斯林商人的具体宗教生活，所以这里的穆斯林商人完全正常地履行自己的宗教功课，如念、礼、斋、课、朝等。当地藏族同胞和穆斯林之间的关系非常融洽，相互之间有很多要好的朋友。杂多县党政有关部门也关心穆斯林商人，允许穆斯林临时礼拜点的存在。在杂多县的大街上，穆斯林商人头戴白帽、妇女头戴纱巾往来是自由的，受尊重的。

问：请你对穆斯林商人作一下总体评价。

答：在我所知的所有商人中，我认为穆斯林商人是最优秀的群体之一。这主要归之于他们所信仰的宗教——伊斯兰教。众所周知，伊斯兰教鼓励人们经商，因此穆斯林民族在历史上就是一个善于经商的民族。先知穆罕默德本人早年也是经商出身，也正因为如此，在伊斯兰教教义中，有大量关于经商方面要遵守的规定。如严禁重利暴利、严禁坐吃利息，严禁欺行霸市、囤积居奇，严禁弄虚作假、短斤少两和严禁以假当真、以次充好等。这些经文的规定和穆罕默德圣人的身体力行，深深地影响着穆斯林民族，成为他们经商的天然标尺和楷模。所以，同穆斯林商人打交道，从理论上说是放心的，从实践上看是可靠的。

无庸讳言，无论是在藏区还是在其他地方，穆斯林商人中间也确实存在极少数违法分子。他们做一些既无视教规，又藐视法律的勾当，如贩毒、盗杀藏羚羊等，这都是严重违反伊斯兰教教义的，是今世不得安宁，后世不得饶恕的罪行。这些人大多是我们常说的“三盲”，即文盲、法盲和教盲，也就是说他们既没有多少文化，也根本不懂伊斯兰教教义，自然干些违法乱纪的事情就无所顾忌了。就宗教教义而言，他们事实上已经出了伊斯兰的圈子。但是这些人带来的负面影响极大，损害了穆斯林的形象和声誉，这也是广大穆斯林痛心疾首的。

还有极少数穆斯林商人虽然从事正当生意，但在交易过程中确实存在弄虚作假、短斤少两和以假当真、以次充好情况。这同样是伊斯兰教法坚决不允许的。《古兰经》、《圣训》当中多处明确禁止此类行为并严厉警告其后果。但教法归教法，由于文化程度的限制和职业分工的不同，一些穆斯林商人其实并不了解教法的具体规定。有的虽然知道一些，但也是一知半解。这就急需我们这些当阿訇的要在清真寺或者类似场合大力讲解此类问题，并且要以身作则，经常劝化，让他们明白公平买卖、诚实交易的重要性，明白违反教法的严重后果。如果他们只顾“埋头拉车”的话，我们要及时提醒他们“抬头看路”。我将“重利”比作“重车”。汽车超重会有安全隐患，商人谋取暴力也会带来意想不到的恶果。合理地挣钱如同汽车走阳关大道，安全系数自然就高；用不正当手段取利，如同夜间抄近路，难免“阴沟里翻车”。总之，我认为“用正当手段合理挣钱”的观念也是现在我们所要讲的科学发展观的要求之一。我们就像高校的“两课”教师一样，事实上担负着生意人的思想政治教育工作，客观上也为和谐社会的构建作出我们的贡献。

杂多洮商个案访谈之三：敏进才（杂多县临杂个体协会负责人）

时间：2007年7月22日

地点：杂多县澜沧江饭店

问：作为临杂个体协会负责人，能不能请你简单回顾一下洮商在杂多的来历与发展情况？

答：临潭县卓洛乡丁建华是第一家在杂多开铺子的临潭人。从一开始，他就将自己的商店命名为临杂商店（临潭、杂多各取一字，意为两地不分家）。丁建华是一位虔诚的穆斯林，其经商理念严格遵循伊斯兰教的要求，即按照《古兰经》、《圣训》和国家的政策规定来做生意。所以，临杂商店从开张之日起，就以童叟无欺、不卖假货、不短斤少两、不短尺少寸、不进假冒伪劣产品、诚信经营的高尚品质而誉满杂多，影响大，很快得到当地群众的认可。在杂多，临杂商店事实上已经成为诚信的品牌。

随着生意的扩大，丁建华的子侄们也来到杂多开铺子。再到后来，其侄子和外甥又远赴曲麻莱县开铺子，成为曲麻莱县洮商的先行者。令人遗憾的是，在2005年的“6·02抢劫事件”中，丁建华的临杂商店被囊谦县暴徒洗劫一空，多年经营的心血付之东流。丁建华遭此打击，非常寒心，信念顿失，连告状的心思都没有。他回到临夏（其家已从临潭迁至临夏）另起炉灶做生意，其本人现退居二线，生意主要由其子来经营，据说现在生意也有了一定起色。

丁建华虽已离开杂多，但其创立的临杂商店品牌及其诚信经营的理念至今保留了下来。留下的洮商继续秉承这一理念，又一次在杂多立稳了脚跟，这几年生意又上了一个新台阶。

问：听说你们制定了洮商必须遵守的《临杂商店全体人员十不准》，能不能简要介绍一下？

答：杂多洮商制定了《临杂个体户十不准》，并得到大家认真的遵守。《临杂个体户十不准》规定：生意方面：要求互相帮助，以装卸货为例，只要有货车到杂多，不管是谁家的车，每家铺子都要出人去帮助卸货；不作假、不短斤少两、不作假账；不经营假冒伪劣商品。鉴于此，当地群众对临杂商店非常信任，把东西秤好买好后，不讲价也不检查，绝对放心。宗教方面：要求人人礼拜、封斋，如果一次不做礼拜，老板罚款50元、员工罚款10元。另外，开学阿訇的工资、清真寺的日常开支等虽然由管委会成员负责募集，但临杂商店始终是捐款大户、清真寺的主要扶持者。阿訇是从临潭老家聘请的，月薪1000元；其他方面：以红白事为例，谁有这方面的事情，大家要同心同力，当作自己的事来办。同时规定，凡结婚者要给临杂团体上交500元，以后生了儿子要交500元，生了女儿要交300元，这些钱作为集体经费使用；还有，临杂商店积极响应公益事业，每遇党和政府号召，临杂团体总是积极捐款捐物。

问：在执行环节上，你们如何保证《临杂商店全体人员十不准》的执行？

答：临杂商店是全体洮商铺子的总称，事实上每家商铺都有自己的名字，但他们共用临杂商店的品牌并乐于加入到这个大家庭中来。临杂商店的团结是出了名的，全体洮商平均每月聚会两次，以集体会餐的方式进行（每次参加人数在 70—80人之间，费用不低于1000元）。临杂商店通过民主选举选出1人担任队长，2人担任副队长，1人为指导员。当选的条件是该人既有威望又有能力，一旦选出，大家无条件服从。比如队长禁止各家铺子买卖烟酒，大家绝对遵守，连非穆斯林铺子也不例外；如果队长要求大家留短发，大家都会理短发，不会有人出来反对；队长组织大家会餐或者捐款捐物，没人会吝啬自己的腰包等等。

附：《临杂商店全体人员十不准》

一、不准嫖娼赌博；二、不准吃烟喝酒；三、不准违法乱纪；四、不准做有违道德规范的事，做到尊老爱幼；五、不准做有违团结的事；六、不准拉帮结派；七、不准讲粗话，语言要文明；八、不准夜不归宿；九、不准另立山头，一切行动听指挥；十、不准包庇掩护，应相互监督。

附加：如有违反上述规定中的一、二、三、四条罚款200元；违反五到十条的罚款100元，如有不服上述规定者，开除临杂团体。

队长：敏辉　副队长：丁曼仁　杜德平（汉族）指导员：马乙四夫

一九九八年八月十日

问：你认为临杂商店能代表洮商的形象吗？

答：临杂商店是洮商的缩影，可以说临杂商店的形象就是洮商的形象。杂多洮商树立的形象非常好，在当地藏族群众中有着很好的口碑。当地税收负担虽然较重，但社会治安较周边县城要好；洮商相互之间亲如兄弟，集体利益高于个人，回族、汉族之间相互均无隔阂，与当地群众关系融洽，从未发生过一起恶性纠纷事件。

问：和外地商人相比，你认为洮商的优点有哪些？

答：首先，我认为洮商是集穆斯林优点和藏族同胞优点于一身的群体。他们在和藏民族长期打交道的过程中也吸收了藏族的优点；其次，洮商语言天赋明显，优势突出，他们在藏区一般只用半年时间就能学会藏语，呆上两年时间以上，口语非常流利、地道，几乎和当地人没啥两样，大大拉近了和藏族群众的距离；再次，洮商的吃苦耐劳精神和团结互助也是值得佩服的。他们起早贪黑、风餐露宿是常事。无论海拔有多高，气候有多冷，条件有多艰苦，环境有多险恶都不能阻挡洮商积极进取，挑战人生的脚步。以上三点是洮商与其他地方商人的区别。

在杂多县，我们特意采访了在这里经营多年的汉族洮商杜德平，他谈到自己的经商感受时说：

杂多县气候恶劣，交通不便，远离家乡。我多年在这里经商，总体上和当地民族关系和谐。作为汉族，我认为回、汉、藏生意上彼此经常合作，关系也融洽。我们经常一起聚会野游。我个人感受，回族青壮年商人为人质朴，待人热情慷慨，互相照顾，在同他们打交道的过程中，从未感觉到有任何不愉快；本地藏民朴实庄重，一般不歧视也不排挤外地商人。在近10多年的经商过程中，本人和藏、回族同胞结下了深厚的友谊。平时在生活习惯、宗教信仰等方面互相尊重，互不干涉。在杂多这样一个和谐、宽松的环境中，我们汉、回、藏同胞的关系正常。我们的回、汉、藏商人之间的合作和贸易也非常愉快、平顺！我们和当地回、汉商人和谐团结，不仅在日常生活中相互尊重、相互帮助，而且在共同经营的过程中，相互协作、平等竞争。同时，为了树立良好的经营风气，洮商们共同制订了“十不准”经商原则。这一准则在青藏高原的洮商商业活动中，也是前所未有的。

### 杂多塌方事件

洮商敏某，24岁，卓洛乡上园子4社人。2007年初来杂多，来时和其兄自驾一辆兰驼牌农用车从临潭出发一路前行，经合作—碌曲—玛曲—青海河南蒙古族自治县—贵德—达日—花石峡—玛多—玉树—杂多，行程1500公里，历时半个月将兰驼开到杂多，借宿杂多老乡处。此后，其兄在老乡的帮助下在杂多租借铺面一间，准备开电焊铺，来时将开电焊铺的相关设备装在兰驼上。弟弟在杂多开兰驼为某工地打零工，拉砂料长达半年之久。

2007年7月6日早上八点三十分左右，敏某起床后没有吃早点就匆忙去距杂多县城一公里处拉砂石。在装沙过程中，突然遭遇塌方，不幸罹难，年仅24岁。这一天刚好是其儿子在老家出生的第10天，远在杂多的父亲未见上自己的亲生儿子就这样魂断他乡。他一个重要的奋斗动力就在于为了儿子的成长。初为人父的他忘我地挣钱，是想回家乡给自己的孩子过满月，但没想到遭此大难。

当杂多洮商得知噩耗后，立即全城出动营救，所有商铺停止营业。他们动用了两辆推土机加紧挖掘，所有营救人员用双手刨土，多数人的指甲都抠破了，但没有一个人停下来。历经奋战20分钟后，他们终于挖出了遇难者，此时，敏某早已停止呼吸。所有杂多洮商悲痛欲绝，泪如雨下。

为了尽快妥善处理遇难者的后事，很快杂多洮商每个铺子捐助1000元，其他在杂多的非临潭籍商人也慷慨解囊，总共募集了8400多元，雇车将遇难者遗体历时两天一夜从杂多运送到临潭。杂多洮商的这种互助精神得到当地各族群众和其他外地商人的高度称赞。

我国是一个多民族的社会主义国家，在民族地区处理好民族和宗教问题非常重要。这不仅是一个地区性的问题，而且涉及到国家的长治久安和各民族人民的共同发展。我国改革开放30多年来，青藏高原地区的社会经济发展和文明进步的进程充分证明了发展社会主义市场经济的正确性和科学性。正如范文澜先生所言：“民族之间无论有多大的隔阂，永远隔不断的是相互之间的经济往来。”过去几千年的历史也充分证明了这一点。

在历史上，著名的五世达赖喇嘛为了促进藏地贸易，吸引四方商贾来西藏，曾专门为来藏的穆斯林商人划了地皮，并允许修建清真寺。现在拉萨大小清真寺、西郊清真寺以及河坝林墓地的存在即是明证。民国年间，夏河拉卜楞寺嘉木样活佛也是为了同样的目的，曾派人到河州（今临夏）专门邀请穆斯林商人到夏河坐地经商。穆斯林商人给藏地带来许多物美价廉的商品的同时，也将牧区的产品收购然后运到内地销售，这等于在生产者和消费者之间架起了一座桥梁。也就是说，众多商家的存在，使牧区群众无需出远门，就可以将手头的货物变成现钱，又可以就地购买廉价的内地商品，满足日常生活需要。穆斯林商人在往返中，赚取一定的利润差价，但众多商家的存在，又限制了暴利的产生，所以根本不存在牧区群众吃亏的问题，这就是市场经济的规律。

江泽民同志曾指出："各民族之间，和则两利，分则两害。"当人类进入21世纪后，经济全球化已成大势。时至今日，作为一个民族还是个人，不可能既是物质的生产者，又是该物质的消费者，商品交换是社会发展的必然要求。所以，社会的发展没有商人是不可能的，排斥或者消灭商人是错误的、短视的，不让商人挣钱是不对的，这既不现实也不可能。平时我们也不能光看商人"风光"的一面，也要看到他们亏损、赔本甚至倾家荡产的一面，要知道并不是所有商人在所有时间都赚钱。

◎第三章

# 重访茶马古道——四川篇

川西和川西北是青藏高原东部的重要组成部分，也是四川省境内的主要藏区之一。四川省有阿坝藏族羌族自治州和甘孜藏族自治州以及一个木里藏族自治县（属凉山州管辖）。北连甘肃省的甘南藏族自治州、西北与青海省的果洛藏族自治州、玉树藏族自治州为邻，西接西藏自治区的昌都地区，南与云南省迪庆藏族自治州毗邻。四川藏区虽然人口不多，但面积几乎占四川省面积的一半以上。上述两州一县都有洮商的足迹，是整个青藏高原地区洮商分布县域最广、人数也最多的区域之一。

2007年8月2日下午三点钟，洮商考察组一行从兰州到达临夏

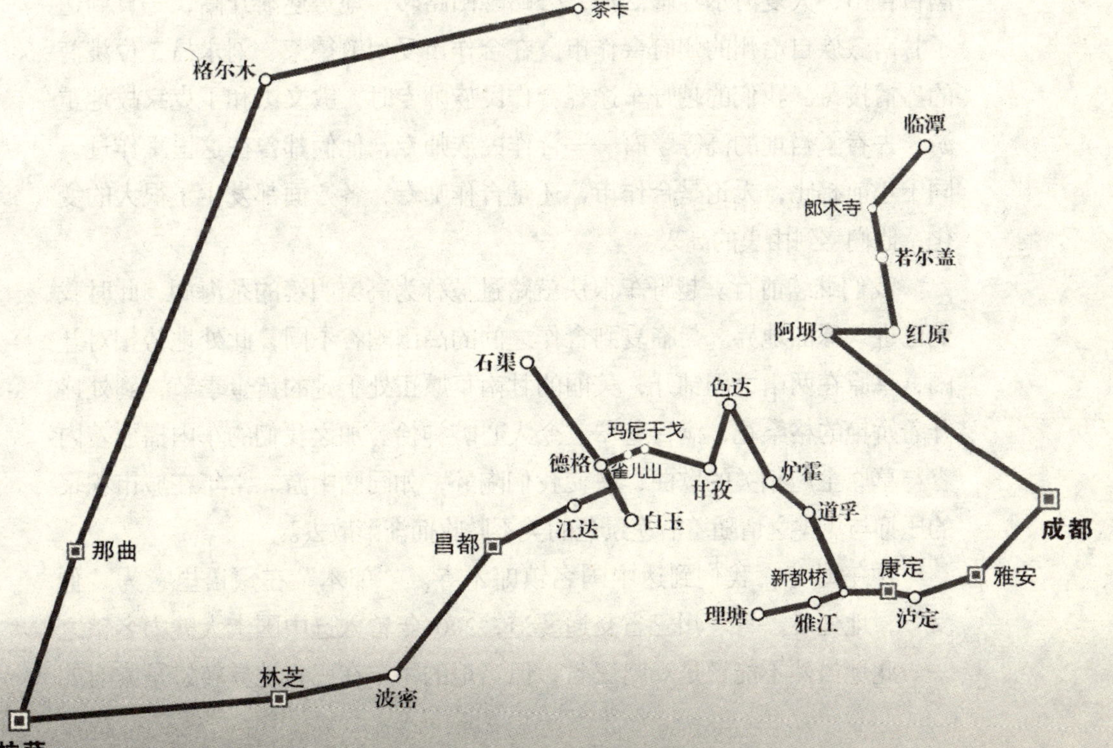

市。此前临夏的洮商吴映俊、敏俊成、马而利、敏士秀、丁麻乃、敏仲义等人就已组织当地的部分洮商为我们的川藏线调研考察送行。当我们到达临夏后，他们在临夏宾馆为我们举行了“甘肃临夏洮商座谈会暨欢送专家考察组赴川藏线调研”欢迎会。会上气氛热烈，大家踊跃发言，对此次青藏线、川藏线调研工作给予了高度评价与大力支持。临夏洮商们的热情和寄予我们的希望，使我们考察组全体人员倍感温暖、深受鼓舞。按考察路线设计，我们第二阶段的考察将计划从临夏出发，经甘南藏族自治州合作市、碌曲县，沿川藏线向西南穿越阿坝、甘孜两个自治州，而后进入西藏自治区，考察洮商在这些区域内的主要经济活动及其发展现状，然后沿青藏线经青海格尔木市、西宁市返回兰州。2007年8月3日至9月4日，调研组一行5人开始了对以上区域洮商全面的考察。

2007年8月3日早上八点，吴映俊、马而利等洮商前往锦河饭店给我们送行。调研组仍由丁汝俊教授带队，成员有丁克家博士、敏文杰博士、摄影师敏生贵和司机张世文。

我们一行5人乘车从临夏出发，汽车沿着兰郎公路疾行。只见公路两边满目青山，大夏河水奔腾汹涌，公路峰回路转，地势逐渐升高，一直到达了甘南藏族自治州的州府合作市。在合作市受到敏德荣、刘永昌二位洮商的盛情接待。我们的越野车途经合作民族师专时，敏文杰和丁克家故地重游，去看了当地的高等学府——合作民族师专，他俩都曾在这里工作过。同十年前相比，无论是合作市，还是合作师专，各方面都发生了很大的变化，他们感到由衷的高兴。

我们继续前行。越野车很快就路过被称为高原明镜的尕海湖，此时我们已进入碌曲地界。与临夏到合作之间的高山幽谷不同，此处地势相对开阔，草原在两山之间铺开，美丽的甘南草原正处于她的黄金季节，到处盛开着娇艳的格桑花，满目苍翠，令人心旷神怡。加之我们的车内播放着内容与草原主题相关的歌曲，更使我们陶醉，如同画中游。常年在城市积聚的压抑与焦虑之情随着沿途景色的美不胜收而渐渐散去。

中午时分，我们到达中国名镇郎木寺。“郎木”在藏语里意为“仙女”，地处甘、青、川三省交通要道，2006年曾入选中国十大魅力名镇之一。此地虽然不能说是鸡鸣三省，但当地的牛羊在三省地界转悠是常有的事。该镇以郎木寺河为界一分为二，分属四川、甘肃两省管辖，南边属四川若尔盖县地域，北边属甘肃碌曲县地界。

在这藏传佛教气息浓郁的小镇上居住着很早就移民到此的临潭回族群众。追根溯源，他们在这里已居住三代人以上了，除与藏族信仰和生活习俗不同外，在生产和生活中已广泛使用藏语，可以用藏汉两种语言进行交流。该镇南北分别建有两座清真寺，各有阿訇主持日常教务。吃过中午饭后，我们去了位于甘肃境内的清真寺参加了聚礼。该寺主殿尚未完工，人们在北边侧殿礼拜，小孩们则利用暑假在院内学习伊斯兰教的知识和阿语。

从郎木寺出发后，我们的车开进四川境内。越野车飞驰在著名的若尔盖大草原上。70年前中国工农红军长征来到了这里。红军的到来带来了雪域的春雷。然而，许多英勇的红军战士由于沼泽、饥饿、高山反应和极度疲惫等原因而长眠在这里。但谁能想到，这支衣衫褴褛的红军十几年后又把红旗插到这里，多年前为劳苦大众打天下的豪言壮语变为了现实。

郎木寺镇距若尔盖县城70公里，这里是甘肃入川第一县。600年来，洮州的回民就多次往返这里，将藏区物资运向内地，又从内地带来廉价的日用品到藏区销售，为汉藏两地经济交流发挥了重要作用。

由于考察时间紧，我们决定将若尔盖县和郎木寺镇洮商的情况放在以后调研，所以没有在若尔盖停留，而是直接驶向红原。在进入红原途中，我们要跨越高耸险峻的日二郎山，但由于日二郎山隧道正在施工，越野车只得从附近爬坡过山。由于坡度太陡，为减轻汽车重量，我们4人下车徒步爬山，减负的越野车在司机小张的强力驱使下，冒着浓烟，吼着上坡，车轮后面卷起滚滚黄尘，翻越日二郎山后，眼前豁然一亮，山脚下无边无际的若尔盖大草原出现在我们面前。

若尔盖大草原俗称南首滩。南首滩方圆两万平方公里，是中国西部最大的高原湿地。据老人们讲：这里是临潭洮商先辈们非常熟悉的地方。他们说南首滩大得没边，很是辽阔和美丽。今天我们登临此地，心情非常激动。举目望去，但见南首滩云幕低垂，牛羊悠闲地啃着草，草原深处不时有牛毛毡房闪过，草原的美景让我们这些来自大城市的书生们留连忘返。

下午六点半左右我们到达四川省红原县城，入住红原通源宾馆。

## 一、红军走过的草地——红原

越野车进入红原地界时，我们看到一块巨幅广告牌，上书“红原——九大元帅走过的地方”。红原县是当年中国工农红军长征经过的地方。红原于1961年建县，由周恩来总理亲自命名为“红原”，意为红军走过的草原。

红原地处“世界屋脊”青藏高原东部边缘，位于四川省西北部、阿坝藏族羌族自治州中部，南距成都450公里，北距兰州640公里。境域分属长江、黄河两大水系。平均海拔在3600米以上，年平均气温1.1℃。全县总面积8400多平方公里，人口约3.8万，其中藏族占总人口的74%，是阿坝州唯一的以藏族聚居为主的纯牧业县。

红原地域辽阔，自然景观独特，资源丰富，素有高原“金银滩”之称。一是区位优势。红原地处川、青、甘结合部，是川西北草原距内地中心城市最近的一个纯牧业县，具有发展民族经济的良好的区位优势。二是天然草场、畜牧资源极为丰富。有天然草场1200万亩，其中可利用优质草场面积达1120万亩，养育着青藏高原独有的麦洼牦牛、藏系绵羊40余万头（只），每年提供鲜奶2万多吨，牛、羊肉6000余吨，皮革8万多张；三是大草原旅游独具特色。红原与九寨沟、黄龙寺、米亚罗红叶风景区相毗邻，是阿坝州大九寨国际旅游区核心区域之一。这里奇特的自然风光，独特的藏民族民风民俗，神秘的藏传佛教文化，悲壮的红军长征史诗，构成了大草原所特有的魅力。四是具有独特的野生动植物资源。红原盛产松贝、虫草、鹿茸、麝香、甘松、红景天、秦艽等各类中药材500余种，蕴藏量达200余万公斤。境内还栖息着黑颈鹤、雪豹、梅花鹿等珍稀动物近百种；五是泥炭资源极为丰富。全县泥炭储量达17亿立方米，面积达492平方公里，在能源、生物、医药等领域具有广阔的发展前景；六是黄金储量大。经多年勘探，红原康猫地区蕴藏有不低于100吨的黄金储量，开采前景广阔。

红原县城和该县瓦切乡共有洮商20多家。我们在红原一家洮商开的饭馆里用过晚饭后，沿红原县城主街漫步。在我们眼前，昔日风吹草低见牛羊的河谷两岸如今成为草原上的夜明珠。但见街道笔直，街灯高悬，一条小河呈南北走向流过，依河道修建有千米长堤，两岸垂柳依依，用地砖铺就的人行道上虽然空旷无人，但颇具都市风采。

当天晚上八点半，我们在红原通源宾馆组织召开了洮商座谈会。座谈会上，红原洮商踊跃发言，心情激动，对我们的到来表达了乡亲们的深情厚谊。

8月4日早上我们的摄像工作完成后，红原洮商再三挽留我们在红原再住一天。但因考察时间很紧张，我们还是婉言谢绝。得知我们的决定后，洮商马福个等商量在红原县著名的月亮湾景区为我们送行。中午十一点，我们在洮商陪同下，驱车前往月亮湾。只见月亮湾景区地势开阔处已搭好三顶帐篷，许多洮商和包括妇女儿童在内的家属早已在帐外迎候。原来时值孩子们暑假期间，所以不少洮商的妻子也携带子女前来丈夫经商的地方相聚。盛夏本来是草原的黄金季节，而月亮湾更是红原县的第一大旅游景区。白河在此处草原间仿佛刻意绕了一圈，形成了一弯新月状，故称月亮湾，这是造物主在红原草原上的杰作。

我们进入帐篷内，大家相互介绍问候。只见在里面的地毯上早已摆放好各种水果、饮料、瓜子以及锅盔等。洮商马福个主持了欢送会。首先，他代表红原县全体洮商对我们专家组一行的到来表示热烈的欢迎和诚挚的感谢。同时，对我们组织的这次调研工作给予了高度评价，也对我们不能在红原多呆一两天表示遗憾。为表达红原洮商的一片心意，大家在此月亮湾景区仓促举行欢送会，准备不是太充分，希望我们谅解，并邀请我们来年再到美丽的红原来。他说："红原洮商们将敞开胸怀，随时热烈地期待你们的光临。"马福个讲完后，丁克家、敏文杰分别从不同角度发了言，最后由调研组组长丁汝俊代表调研组一行致词。他对红原洮商的热情欢迎和大力支持表示衷心的感谢。并说明由于时间关系，我们不能在红原过多停留，但红原洮商的热情、大方将会永远留在我们的记忆中。

现在红原有洮商12家，拥有资金281万元，年上缴税收4.2万元，年支付当地租金22.34万元，从业人员34人。主要从事民族用品、家用电器、废旧军用品、餐饮、百货及各种中药材。另外该县瓦切乡等地也有洮商开铺子，在邻近的若尔盖县还有洮商已超过10户。

下午两点，调研组和红原洮商及其家属在美丽的月亮湾深情告别。我们的越野车继续飞驰在茫茫大草原上，向着阿坝方向进发。

表15　**四川省红原县洮商情况调查**

（调查时间：2007年8月3—4日）

| 业主姓名 | 性别 | 年龄 | 商铺名称 | 坐落位置 | 开业时间 | 从业人员 | 商铺面积 | 商铺租金(月) | 主营 |
|---|---|---|---|---|---|---|---|---|---|
| 马福个 | 男 | 47 | 夏河民族商店 | 红原县瑞庆东路 | 1989 | 2人 | 56平方米 | 7200元 | 百货、布匹、鞋帽、床垫、录音机、新式防水帐篷 |
| 敏渊义 | 男 | 38 | 友谊民族商店 | 红原县车站楼下 | 2004 | 3人 | 40平方米 | 1300元 | 民族用品、布匹、录音机、化妆品 |
| 马春魁 | 男 | 34 | 民族百货商店 | 红原县史嘎中路 | 1992 | 2人 | 150平方米 | 1200元 | 民族用品、小百货、绸缎 |
| 敏目亥曼 | 男 | 40 | 兴新民族商店 | 红原县地税局楼下 | 2004 | 2人 | 120平方米 | 900元 | 绸缎、布匹、人造毛、民族用品 |
| 肖志强 | 男 | 45 | 鑫源民族商店 | 红原县菜市场门口 | 2002 | 2人 | 160平方米 | 1250元 | 百货、军用品、民族用品 |
| 苏尔利 | 男 | 32 | 兴盛民族商店 | 红原县史嘎中路十字路口 | 1997 | 4人 | 600平方米 | 1700元 | 民族用品、百货、瓷器、绸缎 |
| 丁义思哈 | 男 | 48 | 兴荣民族商店 | 红原县奶粉厂对面 | 1999 | 2人 | 36平方米 | 500元 | 小百货、民族用品、布匹、家电、化妆品 |
| 敏福昌 | 男 | 59 | 洮州清真饭馆 | 红原县邓溪镇瑞庆西路 | 2002 | 5人 | 250平方米 | 750元 | 饮食服务、各种面食、手抓、饮料等 |

续表

| 业主姓名 | 性别 | 年龄 | 商铺名称 | 坐落位置 | 开业时间 | 从业人员 | 商铺面积 | 商铺租金(月) | 主营 |
|---|---|---|---|---|---|---|---|---|---|
| 丁学忠 | 男 | 51 | 惠民民族商店 | 红原县邓溪镇瑞庆西路 | 1999 | 6人 | 70平方米 | 1700元 | 民族用品、人造毛、马鞍、瓷器、家电、畜产品、中药材收购 |
| 张延龙 | 男 | 36 | 友谊民族商店 | 红原县邓溪镇瑞庆东路 | 1998 | 3人 | 300平方米 | 1100元 | 民族用品、日用百货、绸缎、布匹、马鞍、化妆品 |
| 丁克忠 | 男 | 41 | 鑫海商店 | 红原县邓溪镇瑞庆东路 | 2001 | 1人 | 24平方米 | 600元 | 百货、民族用品 |
| 王学明 | 男 | 34 | 兴隆民族商店 | 红原县邓溪镇瑞庆东路 | 2001 | 2人 | 30平方米 | 500元 | 百货、民族用品 |

红原洮商个案访谈：马福个（红原县夏河民族商店经理）

时间：2007年8月4日

地点：红原县月亮湾景区

问：请介绍一下你的家庭出身和早期经历。

答：1960年是中国大饥饿的年份，上了岁数的人们至今还心有余悸。偏偏在这个年头，我降生到人世间，真可谓“生不逢时”啊。我出生于临潭县城关镇马家沟，家里兄弟姊妹有7人，我为长子。1966年正当上学年龄，赶上轰轰烈烈的“文革”爆发。1968年在临潭无法度日，我们一家被迫迁移到夏河县麦西公社参加劳动。我直到8岁才迈进学校的大门，但那时候学校里只背“毛主席语录”，基本不上课，学生都“停课闹革命”，因此我在学校里混了三年，由于成分原因被勒令退学，基本上没学到什么东西。后来随着弟弟妹妹的相继出生，家中的粮食入不敷出，根本不够吃，每天维持生命的食物面临严重短缺，真是“日无鸡啄米，夜无鼠窃餐”。在这种情况下，身为长子的我自然要为父母分忧，不光是我们家这样，在当时许多家庭都面临着同样的情况。

我不到14岁时就被生产队作主要劳动力使用，天天去劳动。还是孩子的我和大人一样为生产队拉架子车，给家里挣工分。因为通过挣来的工分才能领到相应的口粮。“农业学大寨”期间，我跟其他社员一样，挖水平梯田，参加队里的所有劳动。生活的艰难使我们这代人从小就吃尽了苦头。

问：能否简要谈谈你的从商历程？

答：1979年政策开放后，我们一家又迁回临潭老家。回到临潭后，我又给队里拉架子车，拉沙石，给工地上打工。当小工两年之久，我还兼做木工活，但繁重的体力劳动换来的只是维持全家的温饱而已。所以，我在劳动之余，常常思考新的出路。

20世纪80年代初，二十出头的我开始搭连手（朋友）进藏串乡。我先后去过青海果洛州的同德、甘德、玛沁等县。我们身背绿松石、针头线脑以及一些牧区用品串乡销售，时间长达3年之久。1987年我在青海久治县苏呼玛乡开铺子，主要经营民族用品。2年之后又转赴班玛县继续开铺子。但上述两地属青海省管辖，人口较少，交通不便，社会治安也不好。

1990年我将铺子开到四川红原县，继续经营民族用品、牧区用品以及日用品等藏区所需商品一直到现在，已有18年的时间了。我之所以选择红原作为经商地点，是因为红原离临潭、临夏一带较近，办货方便，回家容易。除此之外，红原地方社会治安较好，交通方便，人情淳朴。

1990–1992年也是我创业最艰难的时期。当时我刚当家，一家6口人的负担全部落到我一个人身上，但我还是负重爬坡，咬紧牙关挺过来了。如今铺子在红原开得越来越红火，经济收入每年都稳步增长。

问：能否给我们介绍一下你现在的家庭情况和将来的打算？

答：我的长女现考入大学就读，其余两个子女也正在上学。前面我给你们说了，我个人由于时代的原因而耽误了学业，成了那个时代的牺牲品。但我懂得“再苦也不能苦孩子，再穷也不能穷教育”的道理。感谢真主，我的孩子们还算争气，学习都不错。我的长女是我们马家门上第一个大学生，我对孩子考上大学是有信心的。前几年，我还在临夏购置商品房一套，作为进货的临时居住点。至于我将来的发展打算，我想在红原继续拼打几年时间，我下定决心等孩子们完成大学学业后再考虑“退休”，然后到临夏去进一步发展。同时，希望能到麦加朝觐，以实现我一生最大的夙愿。

## 二、高原商城——阿坝

2007年8月4日下午两点半，我们告别了红原，驱车直驶阿坝县。从红原到阿坝，绝大部分路段依然行进在一望无际的草原上。不时有羊群像一抹白云涂在草原上，不时也有不少牛群穿过路面，使得高速行驶的越野

车不得不放慢速度，给这些“不讲理”的家伙让道。不是说它们“不懂事”，而是因为它们见的汽车多了，故而显得漫不经心。以前有“狗咬汽车，多管闲事”之说，现在草原汽车每天往来数百辆，就是藏獒也懒得理你了。据说十年以前，有汽车路过时藏獒要追好长时间才肯罢休。我们绕行在白山黑水之间，广袤而辽阔。下午五点半左右我们抵达阿坝草原深处的阿坝县县城。

阿坝县县城如今可以说是旧貌变新颜，以全新的姿态矗立于阿坝大草原的深处。县城主街道红白相间的藏式建筑群中间，耸立起一座座具有现代气息的楼房，传统与现代，历史与现实，民族性与地域性都在这里交相辉映，显示出一派充满活力和生机的藏式风情。

阿坝县位于甘、川、青三省交汇处。东邻若尔盖县、红原县；南与马尔康县毗连；北面和西面分别与甘肃省玛曲县、青海省久治县、班玛县和四川省壤塘县为界。地势由西北向东南倾斜。境内最高峰5154米，终年积雪。

自古以来，阿坝县就是川、甘、青三省交界处的商贸物资集散地。繁华的崇拉市场素有安多地区“高原商城”的美誉。境内广阔无垠的天然草场，水草丰美，畜牧业发达；峰峦叠翠，林海莽莽，林业和多种植物资源丰富，半农半牧区土地肥沃，盛产青稞和豌豆、胡豆。19世纪末20世纪初，随阿坝藏族传统扎崇节的形成，各路商贾纷纷前往阿坝经商。麦桑土官华尔功臣烈亦鼓励经商，阿坝地区商业贸易迅速发展，甘肃、青海及省内松潘、马尔康等地商人也云集阿坝，形成了繁华的崇拉（商贸）市场。1978年中共十一届三中全会后，改革开放政策增添了商贸活力，阿坝县个体商业异军突起迅猛发展，来自四川、甘肃等外地客商也云集于此，进行商品贸易，多种经营，极大地促进了当地的经济贸易发展和社会进步。涌现出许多善于经商、勤劳致富的藏、回、汉各民族商人。

洮商在阿坝一带经商历史悠久。1958-1978年由于政策原因被迫中断，1978年政策开放后又迅速恢复，在阿坝州13个县中，洮商主要集中于阿坝、红原、若尔盖、松潘等县，无论坐商行商，以阿坝县最多，其他各县以坐商为主，行商为辅。在阿坝的洮商主要经营民族用品和日用百货，少数人经营餐馆和摩托车修理等，坐商大都以收购虫草为主，兼收其他中药材。还有少数人从事皮张和羊毛生意，另有少数人从事帐篷加工等业务。

洮商是最早来此地经商的主要商人群体。洮商们紧跟时代步伐，立足当地，善于抢抓商机，因地制宜地展开多种经营。有的洮商既是坐商又是行商，常年奔波于阿坝草原与周边相邻的大中城市，进行多行业、多种类的商业经营，获得了良好的经济效益，有力地拉动了当地经济发展和家乡洮州——甘肃临潭县的经济社会发展。洮商们历经艰辛，诚实经营，从小到大，逐渐发展成为当地经济领域充满生机和活力的民营经济的主力军。

阿坝县是阿坝州最大的县城之一，很早以来阿坝就是川西北藏区的重镇。我们到达时，大规模的城市改造和扩建正在进行。令人高兴的是，这里还有一座清真寺，据说斋月期间做礼拜的人很多，几乎容纳不下。阿坝县的回族人人都能说一口流利的藏语，如果不详细询问，还以为是当地的藏族呢。经阿坝洮商的竭力挽留，我们决定在阿坝停留一天。这样，我们也可以对这里的洮商和经济社会发展做进一步的调研。

2007年8月5日上午九点吃完早餐后，我们一行5人应邀前往阿坝县城近郊的河支乡草原上去做客。当日天公作美，天空万里无云，草原的天空湛蓝湛蓝。河支草原如同巨大的绿色地毯铺在大地上，远处牛羊点缀其间。我们来到这里，才能感觉到草原之大和草原风情的魅力。

阿坝的洮商提前为我们搭了3顶帐篷，其中两顶为客房，一座为厨房，里面摆满了厨房用具和煤气罐。他们随即用摩托和桑塔纳捎来活羊2只，当场屠宰，其动作之快，收拾之麻利令人惊叹。帐篷内早已摆满各种食品、水果、饮料等，说明洮商在这里的生活之便利以及草原牧民消费品之丰富。他们的生活已发生了巨大的变化。如今城里人消费的商品草原上也一样在消费着。改革开放既给人们带来了发展的机遇，也说明了勤劳致富的重要性。

昨天我们还在红原月亮湾景区，今天却围坐在阿坝县河支乡草原，置换了的是空间，不变的是洮商的忠厚、真诚、大方和善良。用完午餐后，大家围坐在一起，进行更深入的交谈。8月的阿坝草原，天高云淡，草色翠绿，远处青山含翠，山脚下格尔迪寺院的金顶在阳光下闪闪发光。近处牛羊撒欢，牧羊少年骑着摩托车在附近兜风。在访谈中，阿坝洮商毫无保留地讲述他们的奋斗历程、创业的艰难和今天改革开放政策带来的发展。我们深切地感到，草原的芬芳有他们的一份汗水，藏区经济的发展和繁荣也有他们的重要贡献。可以说，他们是高原商路的真正先行者、开拓者和奉献者，这是以往所有新闻媒体和文字记载所忽略的，是人类学、社会学和经济学研究的一个“盲区”，理应引起各方面的高度关注。访谈中，我们还结识了一道而来的阿坝县已是第三代的临潭移民丁某，通过他我们了解了阿坝县临潭移民的过程及现状。

我们与阿坝县的洮商在河支草原上进行了合影。摄影师敏生贵支起三角架，用镜头留下了我们珍贵的纪念，也永远留下了阿坝县洮商们的真诚、质朴。

阿坝县现有洮商20家，拥有资金1152.6万元，年上缴国家税收11.34万元，年支付当地租金49.74万元，从业人员63人。主要经营民族用品、日用百货、餐饮、中药材等生意。在阿坝，我们专访了在创业与发展中具有代表性的两位洮商。

表16 四川省阿坝州阿坝县洮商情况调查

（调查时间：2007年8月5日）

| 业主姓名 | 性别 | 年龄 | 商铺名称 | 坐落位置 | 开业时间 | 从业人员 | 商铺面积 | 商铺租金(月) | 主营 |
|---|---|---|---|---|---|---|---|---|---|
| 敏亥牙 | 男 | 42 | 经典时装店 | 阿坝县洽塘街42号 | 2006 | 2人 | 80平方米 | 3500元 | 时装、鞋帽 |
| 苏建国 | 男 | 37 | 建国民族用品门市部 | 阿坝县洽塘街42号 | 2005 | 2人 | 40平方米 | 2080元 | 民族用品、马鞍、瓷器、铝制品 |
| 敏富云 | 男 | 25 | 综合农贸市场6—7号 | 阿坝县洽塘镇西街 | 2007 | 3人 | 80平方米 | 1200元 | 化纤、人造毛、针织品、藏服、绸缎、氆氇 |
| 丁尔提 | 男 | 26 | 盛兴民族商店 | 阿坝县洽塘镇中街 | 2003 | 4人 | 100平方米 | 4000元 | 民族用品、马鞍、鞋帽、床上用品、家用刀具 |
| 苏生龙 | 男 | 30 | 综合农贸市场新16号 | 阿坝县洽塘镇西街 | 2003 | 2人 | 25平方米 | 650元 | 人造毛、布匹、绸缎、氆氇、藏服 |
| 吴玉海 | 男 | 32 | 得兴民族商店 | 阿坝县洽塘镇中街 | 2002 | 2人 | 50平方米 | 2000元 | 帐篷、军用品、马鞍具、鞋帽 |
| 蒋吾旦 | 男 | 22 | 综合农贸市场西1号 | 阿坝县洽塘镇西街 | 2000 | 3人 | 40平方米 | 1000元 | 布匹、人造毛、绸缎、藏服 |
| 丁忠明 | 男 | 22 | 综合农贸市场西11号 | 阿坝县洽塘镇西街 | 2006 | 3人 | 23平方米 | 150元 | 人造毛、针织品、绸缎、氆氇、布匹 |
| 马英群 | 男 | 33 | 综合农贸市场西16号 | 阿坝县洽塘镇西街 | 1998 | 4人 | 50平方米 | 1650元 | 布匹、化纤、人造毛、绸缎、氆氇、马鞍、藏服 |
| 马仲仁 | 男 | 36 | 潭贸商店 | 阿坝县洽塘镇中街 | 2006 | 1人 | 24平方米 | 800元 | 古玩 |
| 敏刷个 | 男 | 25 | 生才民族商店 | 阿坝县洽塘镇中街 | 1997 | 7人 | 100平方米 | 80000元/年 | 陶瓷、不锈钢用品、铝制品、铜器、铜锅、塑料制品 |
| 苏文海 | 男 | 50 | 妙莲帐篷铺 | 阿坝县洽塘镇中街 | 1981 | 2人 | 100平方米 | 4000元 | 帐篷、鞍具、鞋帽、毛毯、地毯 |

续表

| 业主姓名 | 性别 | 年龄 | 商铺名称 | 坐落位置 | 开业时间 | 从业人员 | 商铺面积 | 商铺租金(月) | 主营 |
|---|---|---|---|---|---|---|---|---|---|
| 敏智天<br>马友成<br>敏文才 | 男<br>男<br>男 | | 综合农贸市场6—7号 | 阿坝县洽塘镇西街 | 1982 | 7人 | 120平方米 | 1750元 | 人造毛、绸缎、马鞍、民族服装 |
| 马良辅 | 男 | 28 | 综合农贸市场 | 阿坝县洽塘镇西街 | 2004 | 2人 | 130平方米 | 750元 | 布匹、人造毛、绸缎、马鞍 |
| 苏生强 | 男 | 26 | 综合农贸市场西15号 | 阿坝县洽塘镇西街 | 1998 | 3人 | 120平方米 | 1000元 | 布匹、绸缎、人造毛、马鞍、藏服 |
| 丁文 | 男 | 45 | 祥和民族商店 | 阿坝县洽塘镇中街 | 1996 | 4人 | 50平方米 | 2000元 | 帐篷、靴子、皮鞋、打奶机、鞍具、旅游品、地毯 |
| 马炳信 | 男 | 38 | 综合农贸市场13—14号 | 阿坝县洽塘镇西街 | 1990 | 3人 | 54平方米 | 1380元 | 布匹、绸缎、人造毛、藏服、马鞍 |
| 苏玉龙 | 男 | 34 | 藏式百货商店 | 阿坝县洽塘镇中街 | 2006 | 3人 | 100平方米 | 4050元 | 废旧军用品、帐篷、针织品 |
| 敏则个 | 女 | 40 | 洮州清真小吃店 | 阿坝县洽塘镇 | | 2人 | 30平方米 | 820元 | 小吃、大饼、锅盔 |
| 敏生光 | 男 | 32 | 生光民族用品商店 | 阿坝县洽塘镇中街 | 2003 | 4人 | 70平方米 | 2000元 | 民族用品、藏毯、马鞍具、旅游品、不锈钢系列、铝制品 |

阿坝洮商个案访谈之一：苏生才（阿坝县洮商）

时间：2007年8月5日

地点：阿坝县河支乡草原

洮商苏生才，男，40岁，临潭县城关镇苏家庄人。2007年2月到阿坝从事三轮车驾驶业务，现已超过6个月。当问及他的创业时，他说：

“我踏的三轮车是从私人车行租用的，月租金300元。只要有人担保，无需押金。车子的维修费用由自己承担，税收工商由车行负担。上车费用1元。扣除各项开支，月收入1000元左右，房租每月50元，自己做饭，月开支300元。每天平均伙食费10元，能吃饱，但不是吃得太好。

我每天早上8点（夏天）或9点（冬天）左右上班，晚上7点或8点（夏天）左右收工。在阿坝共有200辆像我这样的三轮车，其中70-80辆车夫为临潭籍民工，其中又有一半为回民。他们大多来自乡下，一半以上的民工带家属。拉客人时，有时一车能拉2–3人。买一辆新车500–600元，加上各种手续共缴纳4000元。

我来阿坝之前先后在合作、玛曲打零工，包括收皮张、蹬三轮车和在工地上干活，每年春季上山挖药，虫草、贝母、羌活、秦艽等。至于说为什么要干这种活，道理很简单，就是由于务农亏本，生意无本，没办法被迫来到这里。”

阿坝洮商个案访谈之二：敏则个（阿坝县洮商）

时间：2007年8月4日

地点：阿坝县洽塘镇

“我今年40岁，临潭县上河滩人。我跟随丈夫（临夏籍）来阿坝已有12年。5年前被丈夫遗弃，抛下两个子女一去不复返。女儿今年18岁，儿子才5岁。身处异地他乡的孤儿寡母，还得直面生活的重担，顾不上以泪洗面。为拉扯两个孩子，我在这里租借铺面，以炕馍馍为生，同时兼顾清真小吃，日子过得艰难。

我现在租用的铺面大概30平方米左右，月租金820元，税收工商管理费等每月500元，扣除各项开支，实际收入每月在1000元左右，基本上能够维持家里的日常开支和孩子们的上学费。尽管生活举步维艰，但我没有放弃子女的上学，女儿正在上高中，儿子到入学年龄时，我也会送他到学校的。当地的洮商对我们也比较照顾，经常到我这里买馍馍或者吃饭，成为我经济收入的重要组成部分。”

## 三、兴旺之地——马尔康

2007年8月5日我们告别阿坝后，原计划去马尔康。但在行进途中接到成都洮商马永德的邀请电话，说他们那里的洮商都做好准备等候我们的到来。我们给他们回话，讲明此次我们赴藏区考察，成都洮商的调研放在后面进行。但他再三解释说，目前成都是洮商最集中的时候，九月份是斋月，许多洮商要回家乡，到时人数会大大减少，大家都盼望着你们这次就到成都来。根据这种情况，我们大家商量调整考察路线，做出决定开车直奔成都。这样我们就错过了去马尔康考察的机会。但我们委托洮商敏文魁对马尔康洮商的发展情况进行了搜集，获得了所需要的调研资料。

马尔康，藏语意为“火苗旺盛的地方”。现在的马尔康已是一座新兴的高原城市，是阿坝藏族羌族自治州的首府，全州政治、经济、文化和交通中心。距省会成都市400公里。

马尔康县位于青藏高原南缘、四川盆地西北部，北靠阿坝、红原大草原，南与卧龙大熊猫自然保护区、小金四姑娘山紧邻。县域呈长方形，东西长134公里，南北宽90公里，幅员面积6632平方公里，境内居住着藏、羌、回、汉等15个民族，总人口5.47万。全县属高原峡谷区，地势由东北向西南逐渐降低，地面海拔在2180—5301米之间，属高原季风气候，年均气温8—9℃，年降水量753毫米，年均日照2000小时以上，绝对无霜期120天。

马尔康现有洮商10家，拥有资金400万元，年上缴国家税收3.16万元，年支付当地租金23.1万元，从业人员41人。主要经营餐饮业，另有两家各经营民族用品和畜产品。

表17　**四川省阿坝州马尔康县洮商情况调查**

（调查时间：2008年8月1-3日）

| 业主姓名 | 性别 | 年龄 | 商铺名称 | 坐落位置 | 开业时间 | 从业人员 | 商铺面积 | 商铺租金(月) | 主营 |
|---|---|---|---|---|---|---|---|---|---|
| 张国良 | 男 | 39 | 清真小吃店 | 马尔康县马江街155号 | 2006 | 5人 | 30平方米 | 200元 | 各种面食 |
| 张国华 | 男 | 35 | 清真小吃店 | 马尔康县马江街马中门口126号 | 2007 | 2人 | 35平方米 | 1000元 | 各种面食 |
| 张尔沙 | 男 | 36 | 甘肃一绝面馆 | 马尔康县美谷街114号 | 2008 | 14人 | 36平方米 | 1100元 | 油炸鸡、手抓、面食 |

续表

| 业主姓名 | 性别 | 年龄 | 商铺名称 | 坐落位置 | 开业时间 | 从业人员 | 商铺面积 | 商铺租金(月) | 主营 |
|---|---|---|---|---|---|---|---|---|---|
| 丁学云 | 男 | 40 | 甘肃面馆 | 马尔康县美谷街74号 | 2008 | 3人 | 50平方米 | 1700元 | 面食、手抓 |
| 高起龙 | 男 | 38 | 甘肃清真面馆 | 马尔康县美谷街47号 | 2002 | 4人 | 60平方米 | 1800元 | 面食、炒菜 |
| 李德云 | 男 | 40 | 甘肃饭馆 | 马尔康县美谷街46号 | 2001 | 2人 | 25平方米 | 1200元 | 面食、炒菜 |
| 折玉龙 | 男 | 26 | 甘肃牛肉面馆 | 马尔康县达萨街民特厂旁 | 2005 | 2人 | 55平方米 | 570元 | 面食、炒菜 |
| 敏孝成 | 男 | 43 | 行商 | 马尔康县达萨街民特厂旁 | 2000 | 2人 | 无 | 220元 | 虫草 |
| 敏生辉 | 男 | 26 | 安多民族用品 | 马尔康县滨河路43号 | 2005 | 3人 | 40平方米 | 1700元 | 地毯、布匹、铜器、民族用品 |
| 敏士元 | 男 | 51 | 行商 | 马尔康县达尔玛街 | 1984 | 4人 | 无 | 无 | 虫草、奶渣、牛皮 |

## 汶川灾区送真情

### ——洮商敏生才兄弟运送救灾帐篷记

2008年5月12日汶川大地震发生后，灾区群众急需大量帐篷。但由于平时没有库存，灾情发生后阿坝州各级领导十分焦急。而救灾物资能否及时送到，直接关系到灾区群众的生命安危。阿坝州委州政府向各单位下达了无论如何要给灾区人民运送救灾物资的死命令，其中帐篷之需十万火急。但马尔康周边地区没有库存，无法短时间内组织灾区急需的物资，阿坝州各级领导和群众心急如焚。

后经多方打听他们得知，洮商敏生才、敏生辉兄弟在马尔康经营的甘肃安多民族商行，经营灵活，组织货源快。于是阿坝州红十字会秘书长王小丽等有关领导找上门来，请求敏生才等帮忙。他们二人一听情况，二话没说，当即答应组织货源。他们坚定地表示：能为灾区人民做点事，尽一点心，是我们最大的心愿。他们组织人力迅速四处奔走打听，寻找货源信息。他们顾不上休息，很快就从甘肃临夏组织好了3车900多顶救灾帐篷，加昼连夜，以最快的速度出发运往汶川、茂县等地。

2008年5月14日敏生才兄弟和阿坝州红十字会的有关人员随车前往汶川。由于余震接连不断，途中险情迭出，一百多公里的山路，他们整整走了两天一夜。途中所受到的惊险、劳累、饥饿是常人难以想象的。5月15日后，6级余震还在继续，汽车左右摇晃，前方不是巨石飞滚，便是车后突然地裂、路陷。有时眼睁睁地看着一起同行的车，在相距不远处就被垮塌的山体吞没，转瞬间就消失得踪影全无，使得每一个人的心都提到嗓子眼上，他们第一次体会到死神原来距离自己如此接近，生命竟是如此的不可测。

装满救灾帐篷的汽车在飞石落尘中艰难穿行，司机小心翼翼地驾驶。路上余震不断，车上的人浑身发抖，面色灰黄。大家都知道，稍有闪失就是车毁人亡。货车司机在行进途中也很害怕，敏氏兄弟给他们鼓劲，大家相互安慰，汽车缓慢向灾区驶去。其实，敏生才兄弟何尝不害怕呢？但一想到灾区的人们还在废墟瓦砾中受困，他们把一切置之度外。由于通信中断，他们想给家里报平安也无法联系上，家里的老父、妻子、儿女也由于几天得不到消息而度日如年。敏生才的父亲非常焦急，四处打探音信，妻儿也整日心绪不宁，甚至以泪洗面。直到5月18日敏生才在汶川用部队的电话给家里报了一声平安，告诉家里人自己还好好活着时，妻儿老小才喜极而泣。

洮商敏生才等把帐篷送到了目的地，但到汶川后无处卸货，也无人过问，因为所有参与救灾的人们都非常忙碌。他们又找当地的民政部门，最后才在部队的帮助下把货卸掉，到晚上他们又无处住宿，没地方吃饭。原来准备了两天的方便面，在路途中早已吃完。幸好在茂县碰到当地的一户回民，把他们安置在一辆大巴车上过夜，解决了他们暂时的食宿问题。

洮商敏生才兄弟出生入死，把救灾帐篷送到了灾区，又连续奋战四、五天才把汶川、茂县等地的物资相继送到位，保证了灾民的按期使用。

我们通过不同渠道对他们的事迹进行采访，只能记录到其中的部分插曲。敏生才兄弟冒着余震为灾区运送帐篷的行动，证明了洮商在危难时刻，不顾个人安危，顾全大局，超越自我的一种可贵的奉献精神。这种精神也是洮商精神的一种具体体现。

## 四、天府之国——成都

2007年8月6日早上六点半起床，匆匆洗漱完毕后，我们于七点就出发了，离开阿坝县驶向成都。汽车在崇山峻岭中逶迤南下，经汶川县城、都江堰，经历整整12个小时的长途颠簸之后，我们终于抵达成都，在成都洮商的安排下，入住锦都宾馆。

当晚九点半成都洮商座谈会在锦都宾馆会议室召开，座谈会由马永德

主持，在成都做虫草生意的50多名洮商参加。马永德10年前毕业于西北民族大学物理系大专班，是成都虫草商中文化程度最高的，是典型的知识型商人。在组织这次会议及讲话中，充分显示了他的知识优势。在座谈会上，丁汝俊教授介绍了我们的基本情况以及本次调研的目的、性质以及将要产生的成果，丁克家博士讲了调研洮商的重要性和在调研青藏线上洮商过程中的体会，敏文杰博士讲了洮商的主要分布以及研究洮商的民族学、人类学方面的意义，并向大家介绍了资金的筹集和使用管理等。

成都是中国虫草市场的第二大集散地，而从事虫草生意的洮商数量也仅次于青海西宁市。每天在荷花池中药材市场熙熙攘攘的人群中，总有洮商的身影。他们在寻找最佳商机和生意对象，掌握着市场行情，紧密跟踪市场动态，瞄准市场前沿信息，决定什么时候出手、什么时候收货。可以说他们是荷花池市场上的一支主力军。

8月7日早上八点，早餐后我们前往成都荷花池中药材批发市场进行调研、采访和摄像。该中药材市场位于成都五块石，属成都市金牛区管辖，是我国西部最大的中药材批发市场。

根据四川人的生活和经商习惯，商铺一般早上开张，下午休息。来自各地的商人云集此地，在拍摄中，不时有洮商虫草商客走入我们的视线，热情地和我们打招呼。

中午时分，我们的摄像和个案采访基本完成，大家驱车前往四川伊斯兰饭店用餐。该饭店位于三环路西南交通大学斜对面，是成都市仅有的几家上档次的清真餐厅之一。

由于下午药材市场不开张，我们决定利用下午时间好好休息一下。谁知刚睡下，又应洮商马永德、丁世明等人的强烈邀请，我们一行去吉日酒店的8楼喝茶。在茶楼上，我们一边品茶，一边交流，大家兴致勃勃，情趣盎然，似乎有聊不完的话题。

晚饭我们步行到附近一家洮商开的饭馆去吃饭。这次总算品尝了一次地道的家乡风味，并与洮商们作了进一步的交流。

8月7日晚我们继续入住锦都宾馆，并于当晚召集部分从事物流行业的洮商交流。谈话一直到晚上十二点才结束。应他们的邀请，我们答应次日移住由他们安排的四川伊斯兰饭店，以便进一步调研采访。

作为外来的商业群体，成都市巨大的市场使洮商和其他外地商人们耳目一新，经营理念与经营方式发生了很大的转型和变化。洮商们如今不少人由于经营有方，积累了相当的资金，不少人还居家迁居到成都市，成为新来乍到的成都市民，并以洮商固有的经商传统与大都市的宽容、创业、现代理念结合起来，经过多年的拼打，终于成为立足成都、谋求发展、不断创业的洮商群体。他们在成都市五块石荷花池市场中，利用多年奔走于青藏高原各地的便捷信息和市场行情，进行着以冬虫夏草为主的中草药收购和出售，甚至将自己手中的商品，几经包装和转手，出售到日本、韩国和东南亚等国的客商当中，获得比国内市场更为可观的利润。

由于四川境内有阿坝藏族羌族自治州、甘孜藏族自治州广袤的大草原和高山草甸出产冬虫夏草等各种名贵中药材，成都自然成为西部最大的药材交易市场。成都也逐渐成为仅次于西宁的全国第二大冬虫夏草交易中心。

洮商在成都市的拼打中，克服了许多常人难以想象的困难。如方言交流上的障碍，还有饮食生活习惯上的不便等。但他们能够知难而进，尽量地适应当地生活和经商环境，融入到都市社会中。他们经商的过程同时也是更新自己、提升自己、超越自己的过程，他们长期租住在设施简朴而价格低廉的住所，在忙碌的生意中，仍然恪守着回族洮商的生活禁忌和清真原则。

在成都的虫草商中，取得良好经济效益的有：敏刚（男，36岁，初中，卓洛乡下园子）、黎永明（男，49岁，初小，城关镇南寺巷）、喜学忠（男，45岁，初中，城关镇上古城）、马金龙（男，38岁，高小，城关镇西大街）、敏士文（男，37岁，初小，卓洛乡）、丁世明（男，31岁，初小，卓洛乡上园子）、敏富海（男，41岁，城关镇上河滩）、马小龙（男，23岁，城关镇马家沟）、敏生秀（男，35岁，小学，城关上河滩）、敏忠海（男，28岁，初中，卓洛乡）、苏勺布（男，45岁，小学，城关镇大坡桥）、马永德（男，30岁，大学，城关镇古城）、肖学文（男，23岁，城关镇大坡桥）、苏素麻（男，42岁，小学，城关镇苏家庄子）、马永福（男，43岁，卓洛乡）等。成都虫草商2007年上半年经营虫草875公斤，交易额达6125万元。

成都洮商忙碌着，为生存、为发展呕心沥血，不辞辛苦。但是他们也懂得生活，理解生活，热爱生活，珍惜生活。忙碌之余，他们也偶尔去茶楼里喝茶，与同道朋友海阔天空地轻松聊天。在生意场上，他们进退自如，在与对手的竞争中游刃有余，对于生意场上的失误，甚至失败，他们能够坦然面对，能够摔倒了重新爬起来，继续拼打前行。先辈的精神和心灵坚守，民族传统的锤炼，使他们能够无论身处顺境或者逆境都能够坦然面对，成功与收获，失败与坎坷，欢乐与伤痛，他们都经历过与承受过，完成了在人生磨炼中心灵与精神的超越。他们就是这样一群独特而富有魅力的群体，他们身处都市，但保持着浓郁的乡土情结，他们穿着西装革履，但始终没有忘掉自己的心灵根本和父老乡亲的嘱托。

成都洮商身居大都市熙熙攘攘的环境，搏击于激流奔涌、充满凶险的商海。他们以自己的聪明才智获得了成功，获得了立足发展的空间。大都市也为善于搏击和寻求机会的洮商们提供了广阔的大舞台。在这一大舞台上，商业领域的各个商人群体都获得了尽兴表演的机会和空间，而洮商作为这支大军中异常活跃的一支，他们以自己的勤劳和智慧奏响了大都市的商贸经济乐章。

成都洮商个案之一：喜学忠（虫草商）

采访时间：2007年8月6日

采访地点：成都市锦都宾馆

问：请谈谈你的早期经历和从商过程。

答：我1976年高中毕业后，在生产队参加劳动5年之久，期间主要是拉架子车。20世纪80年代初，随着政策的松动我也加入到贩牛贩马者的行列，最远从四川石渠县邓科一带赶牛到临潭旧城。我当时年龄最小，一路上担水、拴牛、警戒、卸驮子、搭毡房、值夜班，忙前忙后，在整个途中人的耐力压倒牛的耐力，打狗棒、手电筒不离身，随时防止各种人为和自然灾害的发生。

1988年我第一次进藏，在昌都、拉萨一带贩绿松石，与沙鹏举共同经营。从那时起，我和沙鹏举成为生意上的铁杆搭档，利润共享，风险共担，从未有过因钱的事情而红过脸。1992年我俩在昌都摆摊卖绿松石。可以说，我把最宝贵的青春留在了昌都，同时我也在昌都打下了发展的基础。

2004年我从昌都移至成都专门经营虫草生意至今。现在，我的连手沙鹏举坐镇昌都收草，我从成都负责向广州、深圳一带发售虫草。

问：请谈谈你经商过程中难忘的记忆。

答：1985年我从玛曲河曲马场订购燕麦种子，我用汽车（第一代东风车）送货上门。为了不让车空返，回来时包车拉马，车行至碌曲县花干儿沟境内，由于司机疲劳过度，开车时打瞌睡，注意力不集中，汽车撞到山崖上后停止，继而翻车掉入路边深沟，司机从车内被“发”了出去，伤势较重，坐在驾驶室内的我受了点轻伤，算是捡了一条命。车上8匹马被倒进沟里，全部被车压死。由于第一代东风车的保险杠非常结实，我和司机才幸免于难。时至今日，每当想起这件事，我真有点后怕。那次事故我个人损失4000多元，多年的血汗钱化为乌有。

成都洮商个案之二：黎永明（虫草商）

采访时间：2007年8月6日

采访地点：成都市锦都宾馆

问：能否谈谈你的家庭情况和主要的经商经历吗？

答：1958年全国“大炼钢铁”的那一年，我出生于临潭县城关镇，1岁时父亲去世。由于生活艰辛，我的母亲又转嫁给我的叔父，之后又生了三个弟兄姊妹。我兄弟姐妹四人由叔父和母亲含辛茹苦拉扯长大。由于我们家庭成分高，我们一家人在那个是非不分、人妖颠倒的年代里备受折磨与迫害，我书念到小学三年级就被迫辍学。

我在12岁那年，慈祥的母亲由于劳累过度，含恨告别了人世，留下我和三个嗷嗷待哺的弟妹。残酷的打击和生活的重担一齐向我袭来，12岁的我只好离家讨要。那时候整个县城挨饿，只有藏区由于地广人稀，还能维持温饱。我手握一根打狗棍，跨越洮河进入藏区讨要。要知道在那个许多人挨饿的年代，能吃饱肚子，不被饿死就是压倒一切的头等大事。

我在藏区几年，主要是给主人家打工、放牧、拾牛粪等，这样不仅解决了自己的吃饭问题，还锻炼了人的吃苦耐力。年终回家时还能给家里背回一点急缺的粮食，使得一家人欢欣异常。

记得我最早到达的藏区是玛曲县，我给主人家放牧。两年后我用放牧挣来的工钱从四川阿坝县买了一头驴。然后牵着驴子从阿坝出发经齐哈马—玛曲—花儿干—车巴沟—旧城，历经6天徒步（路平处偶而也骑驴）走到临潭。这事虽然不算什么壮举，可我那时只有14岁啊。

1983年，25岁的我第一次开始了真正意义上的经商，第一站出门到达四川省海拔最高的县——石渠县。当时我们身上背着藏民喜爱的绿松石以及藏区匮乏的马裤呢料子，在海拔4200米以上的石渠扎溪卡草原上四处串帐篷。我们从家里出发，坐卡车到达玛曲，随即徒步进入野牛沟，继而翻阅海拔4800多米的巴颜喀拉山，挽起裤腿趟过冰冷刺骨的清水河，在川西北高原和青海可可西里无人区闯荡，寻找寥若晨星的帐篷人家，最远时到过海拔4500米以上的曲麻莱县。

我们途中翻阅的许多山脉海拔超过5000米，空气稀薄，人迹罕至，是终年积雪的山脉。每次我们身负重物，喘着粗气爬到山顶时，我们就像打了一场胜仗，其欢快之情是难以用语言形容的。很快我们将随身背的捆装马裤呢从雪山顶上往下滚，继而人长啸一声跟着马裤呢往下滚。滚上几圈后，谁也分不清哪个是人，哪个是马裤呢，反正都顺着雪线以极快的速度往下滚。听着过瘾和刺激吧？这可不是什么好莱坞大片，也不是迪士尼乐园，而是我们这些“毡房客”活生生的生活经历啊！

在串帐篷的三年当中，我多少有了一点积蓄，期间的辛苦我三天三夜也说不完。比起新生的这一代人来说，确实我用不着谦虚。可以说，我们这一代人真正是用特殊材料铸就的，是经历了特殊考验的。洮商是国内独一无二的特殊商人群体，为青藏高原地区的发展做出了重大贡献的商人群体。

1986年，我怀揣10多年用血汗拼打的几千元积蓄上了昌都，这个过程我和其他年纪和我一般大小的洮商相同。即一般白手出门打拼，手头有了一定积蓄后都纷纷转入辛苦程度较低、生意风险较低的行业和地方发展。我到昌都后，经营了一家绸缎铺，生意步入正常发展的阶段，经济收入也有了长足的增长，这期间我还抽空回老家翻修了多年的旧房。

1992年我从坐商转变为行商，将绸缎铺交与我弟经营，开始涉足以虫草为主的中药材行业，为今后的生意打下了基础。1998年我来到成都坐收虫草，迄今已达10年之久。可以说，这10年是我生意上的大发展时期，虽然虫草生意风险较大，但由于我遇事冷静，头脑清醒，不求重利，不走险道，所以我的虫草生意做得相对比较成功。

我从当初拿着一根棍子出门讨要的儿童直至今日成为上百万家业的中年人，其中辛酸只有个人知道，我也是第一次对你们专家的采访吐露心声。由于你们考察行程紧张，时间有限，我不想占用你们宝贵的时间，但我的最后一句话是：我的经历绝非这么简单，如果有时间，至少我们可以谈上三天三夜，足以写一本书——一本让人掉泪的书。

问：你经商过程中最难忘的记忆是什么?

答：在1999年12月2日晚上八点左右，我弟黎永明在昌都齐齿街127号住处遭人抢劫。我弟与歹徒搏斗中遇刺身亡，这是我一生中难以忘记的惨痛事件。

前面我说过，在昌都扎稳脚跟后，就带我弟前往昌都经商，当然首先是帮我照看铺子，锻炼做生意的能力。2000年后，我到成都进一步发展，而我弟则留在昌都继续做生意。

事情发生的经过是这样的：我弟有一对景泰蓝花瓶，价值只有300元，却被一些搞这方面生意的人当做值钱的大件。其中有两名歹徒一直伺机下手盗窃，包括用铁丝撬锁，结果未获成功。于是两盗贼决定铤而走险，入室抢劫。那天晚上八点左右，我弟被盗贼骗开房门，毫无准备的弟弟被迎面而入的歹徒狠狠捅了一刀，由于歹徒用力很猛，罪恶的刀刃穿透我弟心肺，我弟当即身亡，年仅28岁。

我得知噩耗后，悲痛欲绝，四处奔走，敦促公安机关尽快破案，给我弟报仇。令人欣慰的是，3个月后，在另一起案件的审讯中，有一名罪犯供出了此案歹徒藏身所在。昌都公安局据此线索，一举抓获了尚在昌都逍遥法外的2名凶手。凶手的抓获，使得大家都感到意外，又松了一口气。原来凶手是两名四川籍在昌都的闲散人员，都是不务正业，幻想一夜暴富的混混。

这个案件的成功告破，昌都地方政府也松了一口气。因为此案社会反响强烈，引起全社会的关注。还有作为地方的一大案件，昌都公安局担心是本地人作案。如果是这样，将直接影响昌都人的形象和藏民族的形象，我们也希望凶手不是昌都人。因为我们常年在昌都经商，已经和当地人建立了非常友好的、彼此信任的关系，如果凶手是昌都人，则势必为今后两个民族的交往蒙上阴影。

2001年1月18日，两名凶手被昌都地区中级人民法院判处死刑，同年6月26日被执行枪决。正义的子弹结束了他们罪恶的生命。作为答谢，我送给昌都县公安局匾额一块，上书“除暴安良顺民意”；送给昌都地区刑警队匾额一块，上书“破案神速，为民除害”。以表达一个外地少数民族商人对政府和警方的感激之情。

问：能否谈一下你做生意的体会和你最大的愿望？

答：我个人做生意的体会就是：能吃苦、讲诚信，我个人最大的愿望只有一句话：炕上没病人，门前没账主。

成都洮商个案访谈之三：马永德（虫草商）

采访时间：2007年8月6日

地点：成都市锦都宾馆

问：你是成都洮商中唯一的接受过正规高等教育的洮商。请问你为什么弃工作而下海经商呢？

答：和您前面采访过的洮商相比，我的人生经历没有太多的坎坷，因为我是70年代出生的，是沐浴着改革开放的春风长大的，我从小上学念书一直到大学毕业，非常顺利。所以和前辈洮商相比，我们是幸运的。我们既没有赶上挨饿，也没有遭遇“文革”，甚至和许多同龄人相比，我也是幸运的，因为我是完成了大学学业，并以大学生的身份下海经商的。

我是1998年西北民族大学物理系毕业的。毕业后在兰州找了一份工作，干了两年之后，发现自己学无所用，白浪费时间。想到自己还很年轻，不能这样虚度光阴，不然老了会后悔的。向来做事果断的我随即辞去了工作，进入社会重新寻找人生的定位。

问：你是如何从下海开网吧，以后又成为虫草商人的？

答：2000年，我看到网吧在兰州等各大城市的渐渐兴起，于是我筹集了10万元资金，在母校西北民族大学院内租借房子，买了20台电脑开起网吧，这是在西北民族大学校园内开设的第一个网吧。网吧开业后生意特别红火，每天前来上网的学生和老师络绎不绝，晚上更是需要排队上网。很快我就收回了投入网吧的全部资金。正当我扩大规模寻求进一步发展时，原租借房屋由于拆迁而使网吧另觅地方。2001年，我又在民大后门租借房子开网吧，生意照样红火。网吧每日带来的经济收入并没有使我满足，于是我将网吧的经营权转让给我的二姐管理，我自己则远赴西藏拉萨寻找更大的发展空间。

可以说开网吧使我完成了做生意的原始积累。我就是利用开网吧挣来的钱投入到虫草生意中，实现了我生意上的跨越式发展。2003年，国内虫草行情持续看涨，我及时转型加入了虫草商的行列，来到成都坐地收虫草。成为虫草商后，我的生意每年都上新的台阶。除成都之外，我也经常往返西宁、拉萨、昌都等虫草交易中心。

问：这几年由于大学生就业很困难，社会上又一度流行“读书无用论”。你是如何看待这个问题的?

答：“读书无用论”是荒唐的，短视的，理论上站不住脚，实践上也是非常有害的。当今社会如果没有文化、知识，想生活得有价值和幸福是不可想象的。我个人认为，只有知识才能改变人类，只有知识才能改变命运，小到个人，大到国家都不例外。美国之所以有今天的高速发展，就是拥有全球最多最好的教育资源、人才资源和知识优势。知识在商场上同样优势明显，有了一定的知识，就能在生意场上增强主动性和预见性，避免盲目性。比如，有一定的外语知识，你就可以和外商直接打交道，生意可以延伸到国外；有了一定的电脑知识，你就可以在网上做生意，产品可以在世界推销；有了一定的金融知识，你就能最大限度地理解和掌握国家政策的动向，分析全球金融走势，从而最大限度地避免投资风险。总之，知识的作用是不言而喻的。

成都市由于其优越的地理位置和交通枢纽地位，成为青海、西藏、四川、云南等省区与祖国内地进行商业贸易、经济文化交流的重要通道和西部中心城市之一。如今成都市是西达西藏、青海的商品、物流与信息的集散地。成都市的物流业、信息业、运输业辐射到了整个大西南的各个角落，甚至与全国的许多首府城市和中心城市联网，成为日用百货、家用电器、五金交电、毛纺制品等多种商品的交易中心、周转中心和运输中心。

在成都发达而快捷的物流业当中，同样活跃着一批洮商的身影。他们积极投身到物流业、信息业，向来自全国各地的同行相互学习，友好相处，共同推动了成都市物流业的发展繁荣。同时，洮商在投资从事物流业、信息业的同时，还开展多种经营，以便相互补充，不断壮大和发展自己的事业，取得了骄人的成绩。一些洮商还携带全家老少，在成都购房安居，培养儿女在成都市内的中小学接受比家乡更好的教育。他们在成都生活和经商活动，让自己的生存方式、经营领域和创业观念，随着社会的发展而发生着重大的变化。

在成都，西东货运中心简称西东停车场，是成都大型的货物集散中心之一。这里主要运输进藏物资，每天都有以百计的大型货运车往来于此。王贾停车场现有洮商37家，还有洮商经营的2家汽配公司和清真餐厅，他们主要是为了提供往返车辆的配件和方便过往装卸货汽车司机吃饭问题。成都从事物流业的洮商拥有资金1458.5万元，从业人员111人，年支付当地租金41.34万元，年上缴国家税收5.96万元。

我们在调研中发现，几乎所有的从事货运业的洮商原先都是卡车司机出身。后来他们完成原始积累后才当上老板的。其过程一般是先贷款买车（解放2代）→还贷再买新车（东风1代）→再贷更新车辆（东风2代）→再发展新车（东风3代）→再到更新换代（东风4代，俗称“康明斯”）→再到更新（东风5代，双桥）→（东风6代，俗称“前四后八”）。从1辆到2辆再到多辆，一般发展到3辆大型车就可开展货运业务。如果自己的车辆加租赁外地车辆开展业务人手不足时，就要从自己家里、家族、亲戚或庄村中找人搭伙，其他一起跑车的人拥有一定资金或通过贷款也做货运业务。对跑车人来说，来钱相对比较容易，且劳动强度大为减轻，因此人人都想当车老板。

在早晨八点时，一位名叫黎永明的乡亲专程送来新疆人烤制的馕，让我们用早点。吃过早点后，物流行业两名洮商就专程接我们去四川伊斯兰饭店入住。他们早已为我们订好了房间。稍作休息后就开始对王贾停车场进行采访摄像。

在采访中，有一名洮商叫马忠，胜腾货运公司老板，平时人们都叫他马然素，临潭县流顺乡汪家嘴村人。1997年来成都打工度日，先是卖凉面，给车户们送饭，后来逐渐有了一定积累，便发展了一辆汽车，再到后来发展成货运公司。其公司业务量很大，也给他带来了丰厚的利润回报。马忠敢想敢为，说到做到，认准了的事咬住不放松，条件成熟后，迅速转向物流业，终于成为一名老板。在采访过程中，他向我们讲述了他经商期间所经历的许多艰辛，如翻车、同行竞争、黑道要挟等，但他都一一挺过来了，终于牢牢地在市场站稳了脚跟，取得了可观的经济效益。马忠率先致富不忘家乡人，后来他又集资在临潭新城办了一家砖瓦厂，带领家乡人致富奔小康，解决了30多人的就业问题。说来也巧，我们的到来也好像给他带来了财运。他说，这一段时间生意不太景气，而今天却来了5车货，是我们的到来给他带来了福气。我们说："那是巧遇，关键是你个人经营有方，有良好的声誉。我们祝愿你生意越做越大，为家乡更多的人走上致富路作出贡献。"

8月8日早上六点半，我们匆忙起床抓紧时间对其他洮商进行了采访。在宾馆一楼餐厅用早点后，我们分头行动，为下一步调研工作做准备。敏文杰、丁克家、敏生贵前往成都数码广场购置充电电池、摄像磁带、生活用品等，丁汝俊和张世文师傅留下检查车辆和洗车。

由于成都很大，我们又不太熟悉，所以原计划一个小时的购物时间却足足花了三个小时，使得我们早上出发的时间被迫推后。就在这时，王贾货运中心正通快运公司洮商刘忠来到我们住地，竭力留请我们用完午饭后再走。盛情难却，我们决定应邀吃完中午饭后再从成都出发。午饭是在四川伊斯兰饭店一楼的火锅店里进行，吃的是正宗的川味。但由于天气炎热，大家吃得浑身冒汗，肠子发烫。

刘忠原为临潭县行政机关职员，后辞职下海。他先是跑货运，后当大车司机，再到后来拥有自己的货运公司。其瘦弱的身体和略显沧桑的脸上架着一副近视眼镜。他曲折奋斗的经历，让人感动。如果不做介绍，谁也不会相信他曾经是一名开过大车，在高山峡谷、人迹罕至的青藏高原纵横驰骋的好车手。他对我们说："如果当初不下海，充其量还是一个混工资的职工，不会有太大的出息。唯有出来拼搏才能彰显自己的能力，最大限度发挥自己的才能和人生价值。我的奋斗经历就像兵法上所说'置之死地而后生'嘛！"刘忠现在在成都繁华地段已购置房产一套，他的妻子也成为他生意上的得力帮手，儿子也在成都最好的中学上学，接受着最好的教育。刘忠对我们说，现在看来，挣钱是次要的，关键是要让孩子接受好的教育，这样才可能成为飞翔在草原上的雄鹰。

表18　**四川省成都市经营货运、信息、汽配、物流、餐饮洮商情况调查**

（调查时间：2007年8月6-8日）

| 业主姓名 | 性别 | 年龄 | 商铺名称 | 坐落位置 | 开业时间 | 从业人员 | 商铺面积 | 商铺租金(月) | 主营 |
|---|---|---|---|---|---|---|---|---|---|
| 马忠 | 男 | 38 | 胜腾货运有限责任公司 | 成都市五块石华恒货运市场5区9-10号 | 2003 | 6人 | 600平方米 | 11000元 | 货运、物流 |
| 丁正杰 | 男 | 32 | 丁发货运有限公司 | 成都市三环路王贾大道西东停车厂E幢2号 | 2006 | 20人 | 300平方米 | 4000元 | 货运、物流 |
| 刘忠 | 男 | 42 | 西域托运公司 | 成都市五块石新金牛货运市场2区1幢15-16号 | 2000 | 20人 | 124平方米 | 5200元 | 货运、物流 |
| 丁达吾 | 男 | 38 | 世恒货运有限责任公司 | 成都市金牛区西东停车厂E区9号 | 2005 | 5人 | 100平方米 | 1500元 | 货运、物流 |
| 丁目沙 | 男 | 57 | 安得顺汽配公司 | 成都市金牛区西东停车厂E幢18号 | 2005 | 4人 | 150平方米 | 1500元 | 汽修、汽配 |
| 敏宏义 | 男 | 36 | 宏义汽车修理装配公司 | 成都西东停车货运站 | 1998 | 6人 | 80平方米 | 300元 | 汽修、汽配 |
| 丁和平 | 男 | 40 | 成都丁氏货运有限公司 | 成都市洞子口王贾6组西东停车厂E区32号 | 2000 | 1人 | 50平方米 | 600元 | 货运、物流 |
| 马麻南 | 男 |  | 临夏康明斯修理部 | 成都市洞子口王贾桥西东货运停车场E区54号 | 2001 | 8人 | 40平方米 | 800元 | 汽配、汽修、货运 |
| 马正祥 | 男 | 56 | 动力快运公司 |  | 2007 | 3人 | 74平方米 | 1300元 | 货运、物流 |
| 冶福林 | 男 | 40 | 托达物流有限公司 | 成都市金牛区王贾货运停车场6幢19—20号 | 2002 | 17人 | 60平方米 | 2800元 | 物流 |

续表

| 业主姓名 | 性别 | 年龄 | 商铺名称 | 坐落位置 | 开业时间 | 从业人员 | 商铺面积 | 商铺租金(月) | 主营 |
|---|---|---|---|---|---|---|---|---|---|
| 敏文玉 | 男 | 46 | 陇鑫物流有限公司 | | 2003 | 1人 | 35平方米 | 650元 | 物流 |
| 丁耀国 | 男 | 38 | 顺意物流有限公司 | 成都市三环路王贾大道西东停车厂E幢35号 | 2005 | 4人 | 160平方米 | 2800元 | 货运、物流 |
| 王海云 | 男 | 34 | 宏发货运信息服务部 | 成都市三环路王贾大道西东停车厂E幢59号 | 2005 | 6人 | 40平方米 | 900元 | 货运、物流 |
| 马尕南 | 男 | 29 | 忠信货运有限公司 | 成都市三环路王贾大道西东停车厂E幢54号 | 2007 | 2人 | 20平方米 | 400元 | 货运、物流 |
| 敏生华 | 男 | 45 | 顺意货运有限分公司 | 成都市五块石交通银行对面城北货运站院内5-9号 | | | 20平方米 | | 货运、物流 |
| 丁玉梅 | 女 | 32 | 清真小吃部 | 成都市西东停车货运站 | 2003 | 4人 | 30平方米 | 300元 | 饮食 |

## 五、情歌的故乡——康定

2007年8月9日中午，洮商刘忠、马忠等人在成都市伊斯兰饭店为我们送行。大家在吃饭过程中又进行了交流，气氛热烈。到下午一点半，洮商们驾车送我们到成都市西南口，大家合影留念和话别。然后我们按计划继续前往甘孜州考察。我们正要出发时，丁发货运公司的丁正杰经理也匆忙赶来相送，并给我们每人送了一个杯子留作纪念，上面印着“丁发货运”字样。

结束了在成都的考察后，我们驱车上了成雅高速公路，三个小时后抵达雅安。雅安为川西名城，因经常下雨，又称“天漏”，俗话说“蜀犬吠日，越犬吠灵”中的蜀犬特指雅安之犬，因天阴经常见不到太阳，一旦天

晴日出，雅安之犬感到陌生，故汪汪乱叫。雅安又分为老城和新城两个部分，老城保留原貌，有许多历史遗迹，新城为开发区。

我们的汽车进入高速公路后，在雅安郊区路边一家清真饭馆吃饭。一听口音，原来也是洮商开的饭馆，他系临潭长川乡人。经询问，得知这一段时间生意不太景气。原因是过往货车明显减少，尤其是洮商的运输车辆锐减，许多从事运输业的洮商改行去做虫草生意，还有一些洮商则在成都开起了货运公司。他说，他的饭馆生意还能够维持生活，但赚不了大钱。他的父亲也来这里帮忙，还有妻子和子女也在这里，子女已送雅安上学。

离开雅安，我们的车直奔泸定，期间翻越了二郎山隧道。二郎山是成都平原与川西高原的天然分界线，也是传统上汉区与藏区的天然屏障。二郎山海拔3437米，属邛崃山脉。二郎山虽海拔不是很高，但山体陡峭，多悬崖绝壁。山的东面因靠近四川盆地，经常阴雨绵绵，云雾缭绕，俗称“阴山”。阴山一面因山体常被雨水浸泡，经常出现塌方和滑坡，而在冬季路面又常有冰雪，故二郎山历来为川藏线上第一道险关。一首《二郎山高万丈》的歌，从20世纪50年代传唱至今。从1999年年底，全长4176米的二郎山隧道通车，从此天堑变通途，将过去需一天的行程变为二十分钟。在二郎山东侧的一段公路旁边还遗留有当年老川藏公路较典型的“滴水岩”旧路迹，由此可见过去二郎山路途之险峻。

翻越二郎山时明显感觉汽车在爬坡，海拔在不断升高，我们时时感到这座大山的高耸险峻。据司机小张给我们讲，在二郎山隧道没打通前，这座大山是所有车辆司机们畏惧的大山，不仅山高、坡陡，而且路险。如果冬季遇上大雪，那后果不堪设想。我们到了这里，深深感到发展现代交通是多么的重要。

穿越二郎山隧道后，明媚的阳光直射眼帘，川西高原天高云淡的气候与四川盆地的阴沉天气形成了鲜明的对比。在距隧道口约7公里的地方，有“远眺大渡河”观景台。二郎山山脚下就是大渡河谷，从观景台上可以看到汹涌波涛的大渡河，这条河因为中国工农红军当年强渡而闻名于世。我们对这条河也是情有独钟，因为在这条河上曾经演绎过许多动人心魄的故事和重大的历史事件。大渡河如今依旧是那样的汹涌湍急，依旧是那样恶浪翻滚，昔日“红军不怕远征难，万水千山只等闲”的“大渡桥横铁索寒”之铁索，饱经风霜，今日依旧横亘在湍急的河流上，任凭游人游览与凭吊英勇红军的峥嵘岁月。在眺望大渡河时，我们都下车摄像留念。然后我们沿着陡坡缓缓向泸定县行进。泸定是四川平原最西部的以汉族为主要居民的县城。这时，时间大约晚上八点左右，天色已经暗下来，泸定县已是灯火通明，大渡河水依然汹涌奔流，河声涛涛。在泸定桥我们看到许多的游人还在这里观赏，有些人则在泸定桥上走动，拍照留念。我们也抓紧时间在闻名的泸定桥拍照、游览。如今的泸定桥依然是十三根铁索悬空，脚下飞流湍急的大渡河呼啸而下，引起人们许多的遐想。

过了大渡河再径直向西，晚上十点多我们到达四川省甘孜藏族自治州州府康定城。入住康定县城的卡拉卡尔酒店。说起康定城，一曲《康定情歌》唱响全国，享誉世界，让康定古城扬名。

康定县位于甘孜州东部，东与宝兴、天全、泸定、石棉县交界，南接九龙、木里县，西邻雅江县，北靠小金、丹巴、道孚县。东西最宽140公里，南北最长180公里，面积1.14万平方公里。距省府成都366公里。康定县境地处四川盆地西缘山地和青藏高原的过渡地带，地势由西向东倾斜。大雪山中段的海子山、折多山、贡嘎山由北向南纵贯县境，将其分为东西两板块。东部为高山峡谷，多数山峰在5000米以上，“天府第一峰”贡嘎山在县境东南沿，海拔7556米，峡谷高差3500米以上；西部和西北部为丘状高原及高山深谷区。大渡河自北入，流经东北部，纳康定河出境，境内长81.5公里。气候属青藏高原亚湿润气候区。

康定是历史上重要的川藏茶马古道的集散地。历史上的茶马古道主要有两条，即川藏茶马古道，起点为四川雅安，由茶商雇人将茶叶背至康定，再由藏族锅庄主（茶叶贸易商）收购后用马帮经现在的川藏公路北线运至昌都，然后再经边坝、洛隆运至拉萨，该商道远延至印度的加尔各答。另一条为滇藏茶马古道，即从云南丽江起，经澜沧江峡谷或怒江峡谷到昌都与川藏茶马古道会于一起到拉萨。川藏茶马古道在历史上还是中央政府和西藏之间的政治通道，西藏地方政权到内地朝觐和中央政府派驻藏大臣以及中央政府对西藏的用兵大都经过此道。由于康定在历史上处于汉藏文化的交会点，因此多元文化的汇集就成了康定的一大特色。

康定城山美、水美、城市建设更美。傍晚灯火阑珊，水流湍急的康定河穿城而过，奔腾不息。流水声、车鸣声交织在一起，使康定古城显得更加祥和安谧。

康定城有其独特而优美的自然、人文环境，旅游业十分发达，因而旅游品、纪念品的生意十分红火。洮商就是瞄准了康定城的这一商机，而不远千里来到这里，寻找机遇，发展以旅游品、民族用品为主的商品贸易。

康定县共有洮商14家（其中新都桥镇有9家），拥有资金241万元，年上缴国家税收3.56万元，年支付当地租金26.28万元，从业人员39人。主要经营民族用品、日用百货、中药材、摩托车销售与维修等生意。

表19　　**四川省康定县县城洮商情况调查**

（调查时间：2007年8月10日）

| 业主姓名 | 性别 | 年龄 | 商铺名称 | 坐落位置 | 开业时间 | 从业人员 | 商铺面积 | 商铺租金(月) | 主营 |
|---|---|---|---|---|---|---|---|---|---|
| 马志武 | 男 | 19 | 情歌民族工艺品商店 | 康定县新市前街长城宾馆3号门市 | 2006 | 2人 | 20平方米 | 1600元 | 民族用品、旅游品、工艺品、藏毯、皮张 |

续表

| 业主姓名 | 性别 | 年龄 | 商铺名称 | 坐落位置 | 开业时间 | 从业人员 | 商铺面积 | 商铺租金(月) | 主营 |
|---|---|---|---|---|---|---|---|---|---|
| 丁志俊 | 男 | 42 | 海龙商店 | 康定县新市前街59号 | 2002 | 3人 | 20平方米 | 1600元 | 民族用品、旅游品、工艺品、藏毯、光碟 |
| 丁学礼 | 男 | 28 | 康巴风情民族商店 | 康定县新市前街14号 | 2000 | 3人 | 70平方米 | 3000元 | 民族用品、旅游品、工艺品、藏毯、光碟 |
| 丁志才 | 男 | 50 | 民族旅游纪念用品行 | 康定县新市前街长城宾馆1号门市 | 2001 | 2人 | 20平方米 | 1800元 | 民族用品、旅游用品 |
| 马目沙 | 男 | 55 | 甘康民族商店 | 康定县新市前街20号 | 2000 | 2人 | 40平方米 | 1600元 | 民族用品、旅游用品、藏装 |

## 六、川西北交通枢纽——新都桥

2007年8月11日早晨，我们吃过早点后从康定城出发，向西北方向驱车行驶，翻过海拔4900米的折多山后，视野豁然开朗。只见连绵起伏的高原徐徐展现出来，是那样雄浑绵亘，那样壮阔静穆。山上没有了嶙峋的棱角和峭壁，形体曲线逶迤而柔和，大地和山坡覆盖着绿茵茵的青草，山麓与缓坡接壤处有一片片黛绿色树林。中午时分，在这绿色海洋般的连绵山岗与广阔草原上行进，风景如画，空气清新湿润，让人倍感高原的雄阔辽远。

翻过山梁进入一条长长的谷地，沿河畔而行，风光变得分外妖娆。在如此多娇的美丽原野中疾行，到下午夕阳西下的时候，我们就赶到了甘孜州交通要道上的新都桥镇。

新都桥镇海拔约3300米，高原气候温差较大，气候多变。新都桥镇又叫东俄罗，是川藏南、北线的分路口。汽车沿着川藏公路南线前行，只见一个个典型的藏族村落依山傍水地散布在公路两旁，一条浅浅的小河与公路相依相偎地蜿蜒流淌。房前路旁矗立着一棵棵挺拔的白杨，一群群的牦牛和山羊，点缀在新都桥田园牧歌式的图画中，平添出许多生动。远处的山脊，舒缓地在天幕上划出一道道优美的弧线，使我们恍如置身画中。

新都桥北通甘孜、南接理塘，是西藏通往康定的必经之路，距成都437公里，距康定城80公里。

新都桥的藏式民居极有特点，有很宽敞的白墙院子和朱漆大门，房屋大都采用石料建造，朝阳而居，采光极好。每座楼房的每面墙上开着三四扇窗户，窗檐上用红、黑、白等色彩描绘着，象征人丁兴旺、五谷丰登之意的日月或者三角形图案。偶尔也可见到喜鹊在房前、溪边、草地上跳跃和飞翔。

作为交通要道，新都桥的商业、饮食服务业都得到了很大的发展。西行到西藏，东到康定城、成都的游客、商人、运输业者，都要路经此地歇息休整。国道线横穿新都桥镇，给该镇带来了繁荣的“马路经济”。

洮商们跋山涉水，离家弃舍，来到新都桥镇，开商店，开饭馆，经营藏区需要的各种日用品、民族用品与布匹绸缎，而且一些洮商亦坐亦行，走南闯北，常年穿行于甘孜、阿坝和西藏等地，在更大范围内寻找更大的商机。近30年来，洮商成为这里的主力军，为当地的经济社会发展做出了贡献。

当天晚上，我们在新都桥镇影都宾馆召开了洮商座谈会，与部分洮商进行了交流，很晚才休息。第二天一大早，洮商马由由赶来叫我们到他们家吃早饭，我们没有推辞。这位洮商的店铺和家合为一处，由于地方小，只好坐在铺子柜台两侧就餐，主人是临潭县马家沟人，来新都桥已有数年，妻子儿女也随后到此。我们到的这几天，正巧碰上他的老父亲也来到这儿看望。常言道：“亲不亲，故乡人”，他们对我们非常热情。用完早点后，我们开始登记、采访和拍摄。

表20 **四川省康定县新都桥镇洮商情况调查**

（调查时间：2007年8月13日）

| 业主姓名 | 性别 | 年龄 | 商铺名称 | 坐落位置 | 开业时间 | 从业人员 | 商铺面积 | 商铺租金(月) | 主营 |
|---|---|---|---|---|---|---|---|---|---|
| 敏秀荣 | 男 | 34 | 自行车销售修理部 | 康定县新都桥镇主街 | 2007 | 2人 | 20平方米 | 250元 | 各种品牌自行车修理 |
| 苏玉德 | 男 | 23 | 金龙摩托车专卖店 | 康定县新都桥镇主街 | 2005 | 3人 | 200平方米 | 1900元 | 摩托车经销、修理 |
| 丁发云 | 男 | 39 | 民族用品商店 | 康定县新都桥镇主街 | 1999 | 4人 | 50平方米 | 750元 | 民族用品 |
| 敏秀文 | 男 | 35 | 农机配件商店 | 康定县新都桥镇主街 | 1999 | 2人 | 100平方米 | 1600元 | 农机配件 |
| 张继华 | 男 | 49 | 宗申摩托车专卖店 | 康定县新都桥镇滨河路 | 2005 | 5人 | 100平方米 | 400元 | 摩托车经销、修理 |
| 丁发龙 | 男 | 62 | 民族用品门市部 | 康定县新都桥镇上街 | 1990 | 5人 | 60平方米 | 3600元 | 民族用品 |
| 马尤四夫 | 男 | 38 | 民族用品服务部 | 康定县新都桥镇上街 | 2004 | 2人 | 60平方米 | 1200元 | 民族用品 |
| 马明义 | 男 | 35 | 甘肃民族商店 | 康定县新都桥镇上街 | 1990 | 2人 | 40平方米 | 1200元 | 民族用品 |
| 马正忠 | 男 | 34 | 民族用品商店 | 康定县新都桥镇上街 | 1989 | 3人 | 80平方米 | 1400元 | 民族用品 |

## 七、世界高城——理塘

2007年8月12日中午，我们从新都桥直驶理塘。新都桥至理塘的路况较差，山高路陡，路面坎坷不平。山路盘桓而上，地势随之陡峭，海拔也不断增高。峰回路转，我们这一天一直在雨雾濛濛中行进。经过一天的长途跋涉，大家都非常疲倦，仿佛走到了天尽头。我们没有想到到理塘的路这么遥远，一座山连着一座山，我们想象不出洮商的先辈们当年是如何用双脚走到这里的。今天我们驾驶越野车在这里行进，竟然感觉到如此的漫长和艰难。到了下午六点时分，我们终于到达了理塘县。

理塘的地形与玛曲有点相似，翻越高山峻岭，眼前一望无际的大草滩豁然呈现在眼前。理塘海拔4100多米，仅次于石渠县的4200米，是南线进藏必经之地和重要驿站。理塘也是川西南的重镇，有人口约4.75万。

理塘，藏语意为“平坦如铜镜似的草坝”，以境内有广袤无垠的毛垭坝草原而得名。理塘属纯牧区县，是世界上海拔最高的县城之一。县城驻地高城镇，距州府康定286公里，离省会成都648公里。理塘属青藏高原亚湿润气候区，日照丰富、气候垂直变化显著，年平均气温3.0℃，全年无霜期49天。

理塘建于1287年。在历史上也属内地与西藏联系交流的通道，但它与经甘孜、德格一线的茶马古道商道不同的是，理塘、巴塘一线历来是西藏与中央政府之间的政治通道，西藏各阶层人士到内地东觐见皇帝，中央政府派出驻藏要员，以及中央政府向西藏用兵均通过此线。明清以来，巴塘、理塘均设粮台驻守。在这里曾转世过七世、十世达赖，第七世至第十世帕巴拉呼图克图。也是第五世嘉木样、外蒙古国师三世哲布尊丹巴、第一世至第三世香根活佛等高僧的故乡，故被世人称为“雪域圣地”。

当晚我们住在理塘的无量河酒店，该酒店条件虽差，但价格昂贵。卸完行李后，我们与当地的洮商取得了联系，很快我们的住处就来了几位洮商。见到我们，他们非常高兴和热情，并带着我们去当地仅有的一家清真餐馆用晚餐。吃完饭后，我们先回到住处，由他们负责召集当地所有的洮商于当晚八点半在无量河酒店召开洮商座谈会。此前理塘洮商不知道我们要来，更不知道我们的来意。座谈会开完后，他们非常激动，对我们的到来表示非常的支持和欢迎。当天晚上我们就分头进行采访和登记。第二天早晨按计划进行摄像。在拍摄洮商的过程中，不时有当地藏族群众驻足观望，而与我们洮商商铺相邻的其他地方的商人也用极其羡慕的目光看着拍摄现场。他们说：你们洮商太幸运了，你们家乡的专家们到这么远的地方来看望你们，还给你们采访和摄影，我们可没有这个福分。

理塘洮商心齐、团结，生意规模也没有太大的差距，大多数经营良好。同红原、阿坝一样，理塘的洮商们也竭力挽留我们，要我们在理塘草原上休息一天再走。怎奈我们行程时间紧迫，只好婉言谢绝。但他们执著的目光和热情的挽留，给我们留下了深刻的印象。

理塘县有洮商12家，拥有资金1010万元，年上缴国家税收13.61万元，年支付当地租金51.24万元，从业人员45人。主要经营民族用品、日用百货、中药材等生意。

表21　**四川省甘孜州理塘县洮商情况调查**

（调查时间：2007年8月12日）

| 业主姓名 | 性别 | 年龄 | 商铺名称 | 坐落位置 | 开业时间 | 从业人员 | 商铺面积 | 商铺租金(月) | 主营 |
|---|---|---|---|---|---|---|---|---|---|
| 马光荣 | 男 | 32 | 藏家民族用品商店 | 理塘县幸福东路33号 | 2006 | 3人 | 32平方米 | 2200元 | 民族用品 |
| 丁成贤 | 男 | 33 | 腾达百货部 | 理塘县幸福东路31号 | 1994 | 2人 | 32平方米 | 2300元 | 民族用品、日用百货 |
| 丁耀 | 男 | 25 | 四通百货店 | 理塘县幸福东路127号 | 1986 | 2人 | 25平方米 | 1200元 | 民族用品、日用百货 |
| 丁存喜 | 男 | 36 | 天兴亨商行 | 理塘县幸福东路117号 | 1991 | 4人 | 170平方米 | 3750元 | 民族用品 |
| 丁俊 | 男 | 37 | 瑞福祥百货铺 | 理塘县幸福东路47号 | 1998 | 4人 | 167平方米 | 3750元 | 百货、藏毯、人造毛、布匹、酥油、绸缎 |
| 敏永祥 | 男 | 40 | 永祥百货商店 | 理塘县幸福东路97号 | 2001 | 8人 | 230平方米 | 5800元 | 百货、酥油、副食、炉子、小五金、粮油 |

续表

| 业主姓名 | 性别 | 年龄 | 商铺名称 | 坐落位置 | 开业时间 | 从业人员 | 商铺面积 | 商铺租金(月) | 主营 |
|---|---|---|---|---|---|---|---|---|---|
| 马志才 | 男 | 32 | 友谊民族百货商店 | 理塘县幸福东路115号 | 1997 | 4人 | 278平方米 | 5000元 | 民族用品、日用品、家电、太阳能设备、布匹、绸缎 |
| 马伟君 | 男 | 40 | 诚立信百货一部 | 理塘县幸福东路105号 | 1994 | 7人 | 250平方米 | 5000元 | 百货、民族用品、藏装、藏毯、布匹、人造毛、铜锅、酥油、家具 |
| 马毛南 | 男 | 32 | 诚立信第二门市部 | 理塘县幸福东路13号 | 2001 | 2人 | 160平方米 | 3300元 | 百货、民族用品、藏装、藏毯、布匹、人造毛 |
| 马志忠 | 男 | 32 | 胖子民族用品公司 | 理塘县幸福东路111号 | 1997 | 4人 | 300平方米 | 5000元 | 百货、布匹、人造毛、毛毯、床上用品 |
| 敏士林 | 男 | 36 | 顺兴民族用品商店 | 理塘县幸福东路37号 | 1992 | 3人 | 132平方米 | 3000元 | 民族用品 |
| 马兴宏 | 男 | 36 | 藏家民族用品店 | 理塘县幸福东路17号 | 2002 | 2人 | 120平方米 | 2400元 | 民族用品、日用品 |

## 亲如一家同悲痛

### ——洮商马伟君都江堰灾区救援记

2008年汶川“5·12”大地震后，马伟君商铺的一员工全家在都江堰遇难。当天下午四点多当他们得知消息后，当即驱车连夜赶到都江堰。次日下午到达灾区现场，来不及吃饭就迅速投入到救人的行动中。当时，都江堰一片废墟，大雨如注。大家在雨中连哭带喊，寻找遇难者遗体，可到处是倒塌的混凝土和断头的钢筋，到处是哭泣声，他们根本无处下手。两天过去了，他们几乎没有吃饭。实在撑不住了，就嚼方便面、喝矿泉水来充饥。

后来马伟君一行五人找到都江堰抗震救灾指挥部说明情况。指挥部派人用生命探测仪探测，看废墟下面有无生命存在。在仔细探测之后，他们说下面还有活人。于是指挥部迅即派人开着吊车和挖掘机前来救援。解放军在救援过程中，听到有人呼救，大家欢呼可能有一名幸存者。经过挖掘抢救，最后救出一名汉族老奶奶，她竟然完好无损地活着。但他们想要抢救的人尚无下落，于是部队继续使用探测仪，结果显示下面无生命存在的迹象，于是挖掘停止。

此时已经快天亮了，他们又去了救灾指挥部。指挥部人员讲，救人的先决条件是先救活人，然后才考虑遇难者。他们向指挥部人员哭诉，说明寻找的遇难者是回族，按照民族习惯，必须活要见人，死要见尸。于是指挥部又继续派车，武警部队继续挖掘。此时已进入第三天，整个大楼被挖得底朝天，只剩下一个角落，通过警犬搜寻未果。但他们还是向武警部队领导哭诉自己的请求。该领导又再次下令，要尊重少数民族意愿，继续挖掘，活要见人，死要见尸。

第4天下午，经过武警官兵的不懈努力，终于从那片废墟中挖出4具遇难者遗体。1名是马伟君公司员工的母亲、另两名是他的弟弟和弟媳，还有1名是他的姑姑。在地震当天出去上学的8岁的侄女幸免于难，在突如其来的灾难中成了孤儿。

救援行动和善后事宜结束后，马伟君通过自己的关系和在灾区的体会，号召在外的洮商募集资金献爱心，共收了两万多元，资助该员工处理后事。同时，他承诺地震中幸存的那名孤儿由自己照料。现在该员工已在成都附近郫县买了一套按揭房居住，马伟君在经济上给予了帮助，使他过上安定的生活。

这次都江堰救援行动中，他们亲眼目睹了解放军和武警官兵在废墟中救人的动人场面。虽然他们营救的人没有存活下来，但解放军和武警官兵的光辉形象和为人民不辞辛劳的精神以及所具有的民族宗教政策水平，却永远定格在他们的脑海中。他们也近距离地感受了党中央、国务院一声令下，广大官兵奋不顾身、英勇救人的壮举和中华民族军民团结、众志成城的伟大精神。他们从内心感悟出了一个结论，那就是：中华民族是伟大的，是任何艰难困苦不可战胜的。

理塘洮商个案之一：马志智（理塘县友谊民族百货商店经理）

采访地点：理塘县无量河酒店

采访时间：2007年8月12日

问：能否谈谈你的早期经商经历和难忘的记忆？

答：我于1977年出生于城关镇下古城，小学毕业后到广河、临夏一带的清真寺念经达7年之久。1998年从商，先跟车两年，主要跑川藏线。2000年开始到理塘正式接管父亲经营的铺子（1992年父亲所开），兼收曲拉、虫草。我和哥哥马志才一同经营，生意平稳发展，每年平均利润增加20%—30%。我在这个地方给你们讲说一个最难忘的真实故事——二郎山遇险。

2003年7月某天，我们驾驶装有物资的东风车翻越二郎山时（当时隧道正在修建中），遭遇塌方和泥石流。看到前方山上泥石流缓缓而下，司机想赶在泥石流冲下来之前开车冲过去。但当汽车前轮刚跨过去的一刹那间，突遇泥石流大面积塌方，整个汽车底轮被泥石流塞满，车后轮无法驱动，只好停车。

时值二郎山下起瓢泼大雨，我们的车货有4米多高。当时情势万分危急，如果汽车被逼下万丈悬崖，则后果不堪设想。我们汽车驾驶室内共有4人，于是全部跳下车用铁锹、撬棍和双手挖泥清障。正在这时，1名助手不慎掉下路边悬崖，瞬间就不见了踪影。其余3人一看他已掉下万丈悬崖，还以为他已经遇难了，绝望之中半跪在崖边又哭又喊。我们3人的泪水合着雨水一齐在脸上滚落。正在悲痛欲绝之时，忽然听见悬崖下面依稀传来呼救声，仔细一听，下面继续传来声音："我还活着，请你们赶快下来救我吧！"我们3个听见声音，欣喜若狂，马上停止了哭泣和呼喊，分别从悬崖两侧崖缝间爬下去，想方设法用绳索将他从树上慢慢救了下来。然后3人奋力用手连推带搡将他拖上路面。事后得知，原来他掉下悬崖后，情急之下本能地抓住了悬崖边的一根树枝，使自己的身体挂在树缝间，从而捡了一条命。我们4人在路边喜极相拥而泣，但没有过多的时间庆祝同伴死里逃生的激动。因为泥石流还在缓缓下滑，随即我们继续用手和铁锹全力抛泥，经过40分钟后，我们的汽车在二郎山脱险。

问：听说你是阿坝州"5·7案件"的当事人之一，能否介绍一下具体情况?

答：2007年5月7日，我进货途经阿坝州金川县境内，我包了一辆依维柯车（装有4吨货），车上有我和妻子以及年仅5个月的女儿，还有两名雇佣的小伙子。当晚八点，我们在出金川30 公里处吃完饭后，由于天色还早，我们打算赶到前面的丹巴县住宿。然而，就在离丹巴县60公里处，突遇一辆面包车堵住去路，车上迅速下来3名壮汉，其中2人各持1米长的大砍刀，另一人拿1尺长的藏刀。毋庸讳言，我们是遇上劫匪了。我们小时候经常在电影上看到的那一幕今天是真实"上演"了。只见歹徒先在车前的引擎盖上砍了几下，以示威吓唬我们，然后喝令我们下车并将身上的钱交出来。惊恐万状的我们只得依次下车站在路边。而路下面则是咆哮而下、浊浪排空的大渡河。

接着，劫匪们喝令所有人把鞋子脱掉，赤脚站在路面上，然后开始一一搜身。当时驾驶员身上有一千多元，我身上只有几百元伙食费，其他人都没带钱。劫匪们一看所获不多，叫嚷着要卸车上拉的货，然后厉声问货主是谁？我当即回答，我们是搭车去藏区打工挖虫草的，不知货主是谁。恼羞成怒的劫匪们就将我们逐一暴打，先是将司机背上砍了4刀，向我身上也砍了4刀，其中1刀砍向我的头部，我本能地用手护住，差点被砍掉两根手指头。我妻子抱着小孩在路边吓得蜷缩成一团。其中1名劫匪要求在场的人说出孩子的父亲，并扬言要把小孩丢进大渡河。

劫匪们殴打了我们30多分钟，大家始终咬紧牙关，没有说出老板是我，我妻子也没说我是她丈夫，坚持称大家都是陌路人。劫匪之所以打人抢劫，是因为他们认定甘肃人都做生意，都是有钱的老板。说没钱，他们压根就不相信。但就当时情况而言，如果有谁说出我是老板，我就有生命的危险。

气急败坏的劫匪知道路上不宜拖延时间，最后要求卸货。他们爬进驾驶室在路上调头，由于技术不佳，结果把车倒进路边的沟里不得动弹。于是劫匪下车让司机往出开，这时劫匪只让我妻抱孩子上车，让其余3名男性（我和两名小伙子）帮助推车。就在司机上车的一刹那，我给他暗示了一下，意即伺机夺路而逃。在这一过程中一名劫匪将刀架在司机脖子上，说："我喊三声，开不出来就砍掉你的脑袋。"不知司机当时作何考虑，只见他迅速开车并有意将车闪了两下，开出路面猛踩油门，把劫匪甩下了车，奋不顾身地开车夺路而逃，车内我妻和孩子也跟着脱险。望着飞驰而去的汽车，劫匪们怒不可遏，将我们剩余3人又暴打几分钟发泄，之后劫匪一看卸货无望，又怕司机前去报案，便慌忙逃窜。

司机逃出7—8公里后，发现路边有公用电话，于是赶紧下车打110报警。半小时后金川县110执勤民警赶到。民警匆匆勘察现场后将受伤的我们接到金川县医院紧急治疗。在医院中，我的手上缝了7针，背上缝了十几针，司机缝了二十几针，我和司机的衬衣均被鲜血渗透，但幸运的是都没有生命危险，其他两名小伙子也被打得浑身青肿。医院紧急抢救完后，已是深夜十二点多。当晚身无分文的我们被安置在公安招待所住宿并继续观察治疗。

由于金川县属旅游区，旅游业是阿坝州的品牌，所以阿坝州非常重视此案，被列为阿坝州"5·7"大案。一周后该案子告破，3名劫匪均被抓获，被劫财物如数退还。3个月后金川县公安局找我谈话，落实案情。我给他们送了一块匾，上书："平安金川、人民卫士"，以表达一个外地普通商人的感激之情。法院后来转告我们，他们会公开、公正、公平地审理此案。如你要来旁听，我们给你通知时间。我给他们回答，我不想去，因为我怕伤心，我希望尽快忘掉那可怕的一幕，一幕挥之不去的噩梦。

理塘洮商个案之二：马伟君（理塘县诚立信百货商店总经理）

采访地点：理塘县无量河酒店

采访时间：2007年8月12日

问：能否谈谈你的个人情况和早期经商经历？

答：1967年8月4日，我出生于四川阿坝县城，11岁全家迁往甘肃省夏河县合作镇（今合作市）西山坡，父母均为临潭卓洛乡人。1986年我高中毕业后参加工作，在临夏大夏河贸易公司当库房保管5年之久。

1991年我在临夏办了停薪留职手续，1992年到炉霍开铺子，以销售人造毛为主，铺子开了一年，发觉生意不景气，于是回家呆了一段时间。

1994年随父到理塘，先摆地摊，一年后发展成铺子至今，主要经营当地人需要的人造毛、布匹、绸缎、民族用品等。这些商品主要从上海、杭州、河北、成都、临夏等地进货。

2000年原先的商铺规模扩大，故正式定名为“诚立信第一百货门市部”。2002年又发展了一家铺面，定名为“诚立信第二门市部”，现在共有员工4人。

2004年临夏市前沿河开铺子（民族服装加工）共有资产600多万，我为总经理，到处跑。除此之外，还从事曲拉、虫草等方面的生意，铺子收入稳定，外出游商有风险。

理塘自然条件较为恶劣，县城海拔在4000米以上，有“世界高城”之说，但理塘社会治安和经商环境较好，是康巴祥瑞宝地。本人对经商环境比较满意，平时没有人来店铺欺负，主要是担心有时路上抢劫。

问：在经商过程中你最难忘的记忆有哪些？

答：我经商难忘的经历也比较多。记得最早我们上理塘，由于交通不便，路上要走5天时间，从成都—雅安（第一天）—康定（第二天）—新都桥（第三天）—雅江（第四天）—理塘（第五天）。为了搭车，我们时常坐在大车上面去理塘。有时坐在拉木材车的木材上面颠簸，有时挤在拉牛皮车的牛皮缝里，路上险情不断，非常艰辛。那时候驾驶室还轮不上我们坐。如果当时能坐上驾驶室，那不知比现在坐飞机要激动多少倍。

2001年11月，我从道孚拉了一车羊肉前往临潭，由于驾驶室满员，我们3人坐在货物上面。汽车途经卓尼县阿子滩村时不慎翻车，2人当即遇难，其中1人是我要好的朋友。而我被甩出车体之外，竟然毫发未损。那次车祸我损失了8000元，我把两个遇难者的后事妥善处理后，将所有利润都分给遇难者的家属，另外给我朋友家人送了2万多元，帮助他们的生活，因为他的妻子当时已怀有身孕。

## 八、雪山下的骏马——道孚

2007年8月12日，我们从理塘县出发，重新沿着回来的路，过雅江、新都桥镇，然后沿着国道线向西北方向行去。地势变得平缓，公路两边的山峦，郁郁葱葱，树木葱茏，成片的墨绿色针叶林布满公路两边的山峰，植被随之一变，与理塘县天地相接、一望无际的大草原判若两样。高山、草甸、红松针叶林，植被由山脚到峰顶垂直分布，在蓝天白云的映衬下，显得格外和谐、肃穆而诱人。雅砻江的支流——清澈碧绿、飞珠溅玉的鲜水河沿河谷奔腾而下，汽车逆鲜水河流而上，疾行在空谷松林间，满目苍翠，令人产生无穷遐想。

穿过新都桥后，我们的越野车经3个小时的颠簸，到达道孚县城，途中经过了康定县的塔公和道孚县的八美两个小镇。在这两个小镇均有洮商经营贸易。但由于时间紧迫，我们的车没有停留，只是在沿途美景处拍摄了许多风景照。

道孚，藏语意为“马驹”。因县城的地形如同马驹而得名，位于四川省甘孜藏族自治州的东部，地处青藏高原东南缘川西北高山高原区鲜水河断裂带。东西长约116公里，南北宽约132公里。全境属大雪山北段，属青藏高原亚湿润气候区，鲜水河由西北入。道孚东临康定县，东北与丹巴县相接，北与阿坝州金川县连界，西与炉霍县接壤，南与雅江县为邻，西南与新龙县毗连。县城鲜水镇距州府康定219公里，距省会成都585公里。

道孚县海拔3000多米，但由于纬度较低，气候条件较好。县城北边紧挨大山脚下，相对较为平坦，南边是一条河，过了河是一座大山，山上森林密布，呈两山夹一河一城之势。县城主干道修得豪华气派，很有都市气息。从海拔4000多米的理塘到这里，我们感觉格外舒畅。当地洮商说，道孚山上有虫草，河里有金子，林中有蘑菇，是一个富聚之地，养人之地。当地干部工资普遍较高，不需要做生意。道孚县洮商大部分是临潭县卓洛乡人，在该县八美镇也有几家。八美有座寺院，每年大法会时有上万人前往，因而旅游业比较发达。

道孚县县城不大，但坐落于鲜水河河畔，地势平坦，国道线贯穿县城，来往车辆繁忙，随之也带动了当地商贸经济的大发展，加上当地农林牧业都比较发达，出产多种名贵中药材，还有珍贵的红松圆木，使该县的经济发展拥有很大的潜力。该县县城建设很整齐，新式建筑既有现代气派的、也有浓郁民族风格的。县城环境干净整洁，充满生机和活力。

我们到达道孚县城后，即与当地洮商取得了联系，他们便带领我们入住新月宾馆（由洮商集资300万元兴建）。宾馆的主人非常热情，将宾馆中最好的房间让给我们入住。

洮商们很早就来到这里开发经营。洮商的先辈们曾于清末民初来到此地贩卖牛马，穿行于雪山、草地与原始森林中，促进了汉藏两地的商贸发

展。洮商的后代们紧紧抓住改革开放的大好机遇，沿着前辈的足迹，继续保持和发展了与当地藏族同胞世代结下的友好情谊，并在当地居住下来，立足发展，开展多种经营。他们开铺设店，经营民族用品、日用百货，同时，还经营宾馆、餐厅等服务业，近年来获得了很大发展。同时，洮商的发展也使当地的藏族同胞认可了洮商的经营理念、奋斗精神。当地的政府也从政策等方面给予洮商很大的支持和帮助。

道孚县现有洮商10家，拥有796万元，年上缴国家税收2.06万元，年支付当地租金11.4万元，从业人员35人。主要经营宾馆、民族用品、日用百货、餐饮、中药材等。

表22 **四川省道孚县洮商情况调查**

（调查时间：2007年8月13—14日）

| 业主姓名 | 性别 | 年龄 | 商铺名称 | 坐落位置 | 开业时间 | 从业人员 | 商铺面积 | 商铺租金(月) | 主营 |
|---|---|---|---|---|---|---|---|---|---|
| 马光 | 男 | 45 | 民族百货商店 | 道孚县鲜水西路11号 | 1997 | 2人 | 523平方米 | 1600元 | 民族用品 |
| 敏生华 | 男 | 43 | 民族商店 | 道孚县鲜水东路46号 | 2006 | 2人 | 60平方米 | 1200元 | 布匹 |
| 敏祥 | 男 | 40 | 新月宾馆 | 道孚县鲜水西路364号 | 2003 | 14人 | 173床 |  | 宾馆、餐饮、停车场、澡堂、汽修、货运信息 |
| 敏俊 | 男 | 53 | 甘肃清真面馆 | 道孚县鲜水东路15号 | 2007 | 4人 | 40平方米 | 900元 | 面食、炒菜、手抓系列、大盘鸡 |
| 马旭龙 | 男 | 26 | 民族商店 | 道孚县鲜水西路55号 | 2000 | 3人 | 60平方米 | 900元 | 民族用品、绸缎、布匹、人造毛、 |
| 马进 | 男 | 34 | 林富商店 | 道孚县鲜水西路44号 | 2004 | 2人 | 60平方米 | 700元 | 民族用品、绸缎、布匹、人造毛、藏装、藏毯 |
| 丁学云 | 男 | 38 | 丁梅百货店 | 道孚县鲜水东路76号 | 2001 | 2人 | 90平方米 | 1800元 | 民族用品、绸缎、藏装、藏毯 |
| 敏学云 | 男 | 27 | 甘肃伊斯兰清真面馆 | 道孚县鲜水西路356号 | 2003 | 2人 | 50平方米 | 600元 | 面食、炒菜、手抓系列、大盘鸡 |
| 丁逢春 | 男 | 38 | 腾达民族商行 | 道孚县鲜水西路112号 | 1997 | 2人 | 40平方米 | 1100元 | 布匹、民族服装 |
| 丁逢林 | 男 | 30 | 兰州拉面馆 | 道孚县鲜水东路102号 | 2004 | 2人 | 50平方米 | 700元 | 面食 |

## 八美血案

2008年10月25日，洮商丁主麻在道孚县八美镇惨遭歹徒杀害，这是继7月份新都桥血案后又一起针对洮商的大案，但凶手迄今逍遥法外。

丁主麻，临潭县卓洛乡下园子村人，全家5口人，家庭经济困难。2007年他多方筹措资金与同乡人合伙在康定县八美镇转购一铺面，经营百货、民族用品等。但从2008年以来，他的生意十分萧条，每日的交易额扣除各项费用后，几乎入不敷出。于是丁主麻回老家呆了几个月，后又从临潭老家返回八美镇经营铺子。

2008年10月25日，丁主麻一人驻守店铺，一切情况照常，附近的人们没有注意到他的铺子有异常情况。一直到次日下午1时许，洮商们发现他的铺子门还没开，有一位乡亲就往他的铺子里打电话，但却无人接听，于是有几位洮商来到他的店铺看个究竟，走到铺子跟前却发现卷闸门虚掩着，大家拉开卷闸门一看，发现丁主麻早已躺在血泊中，已死亡多时。洮商们立即报案，当地派出所人员也随即赶到。经公安法医鉴定，被害人心脏处连中4刀，且刀刀致命，作案手段极其残忍。据当时的目击者称，凶手作案手段与新都桥血案手段基本相同，且距离新都桥血案仅三个多月。此案警方目前正在立案调查中。

道孚洮商个案访谈之一：敏祥（道孚县新月宾馆总经理）

时间：2007年8月12日

地点：道孚县新月宾馆

问：请你谈谈你个人的家庭出身和从商经历。

答：我是农民出身，一家共有4口人。我有子女3人，长女已出嫁，儿子在老家读高二，幼女读小学。1982年我初中毕业后，由于家庭困难而辍学，年仅15岁就出门打工。先是到临潭县羊沙乡长岭坡修路，后来买了一辆四轮车跑运输，一干就是两年。再后来从玛曲、青海果洛一带赶牛，兼做小本生意。1988年来到道孚县开铺子达10年之久。

1991-1992年期间我买了一辆东风车跑运输，但由于多种原因，运营不良，反落下3万元债务。当时深感举步维艰，遂与父亲分家，由自己负责还债，以减轻父亲的负担。2003年我们几个洮商集资300万元修建了新月宾馆，我出任总经理。

问：能否谈谈你的从商之道和成功的心得体会？

答：最初从别人那里借了100元来道孚做生意，完全可以说是白手起家。当时虽然负债出门，但我下定决心一定要还债，无论遇到多大困难也不欠别人的账债。做生意应以诚信为本，失去了别人对你的信任，事实上就关闭了自己做生意的大门。基于上述理念，我在这里以超常的毅力和决心努力经营，终于在这里立住了脚跟，还清了所有债务，生意日益兴隆，有了今天好的局面。

问：你对这里的生活环境满意吗？

答：道孚县自然条件优越，区位优势明显，315国道穿境而过。这里有句顺口溜："山上有虫草，林中有名贵中药材，河里有金子。"当地畜产品资源丰富，旅游业前景看好，社会治安相对较好，地方政府对非公有制经济支持力度大，凡新开铺子3年免税免工商管理费，新月宾馆也享受了3年的优惠政策。从

2007年开始，每年只交7000元工商管理费。我的藏语水平比较好，语音属道孚当地口音，同当地藏族群众交流交往很多。

问：你认为在藏区经商，洮商面临的挑战和机遇有哪些？

答：道孚本地对教育抓得很紧，洮商文化素质还是普遍比较低，综合素质有待提高。现如今，商业竞争日趋激烈，对文化知识的要求越来越高。以我们宾馆业为例，原先这里只有1家，现在有4家。由于我们文化层次低，造成管理水平上不去，原先在八美乡（道孚县著名旅游区）的宾馆宣告倒闭，亏损300多万元。至于商机，就道孚而言，这里畜牧业、林业、旅游业发达，盛产各种畜产品、虫草等名贵中药材、沙金等，这里群众较其他地方富裕。所以，这里充满商机。洮商面临的一大挑战是，社会急需的知识型、管理型、集约型的商业人才少。过去那种“粗放漫灌”的赚取差价的生意已经跟不上趟了。比如说旅游业，你懂外语和不懂外语纯粹是两码事。再说宾馆业，管理可以说是第一位的，不懂现代化的酒店管理你就赚不到钱，所以服务业洮商并不占优势。在藏区开宾馆的洮商中，我们是第一家。当然由于文化水平的制约，我们付出了惨重的代价，算是交学费吧。从藏区洮商发展情况看，大多数洮商只能从事牛马贩运、长途运输等劳动强度极高的生意以及民族用品经营等方面的生意，归根结底还是文化程度的制约起了很大的因素，所以，洮商的发展和转型甚为紧迫。

问：你对洮商如何评价？你对自己未来的生活有什么期待？

答：总体上说，洮商吃苦耐劳精神强，讲诚信，善团结，有魄力，这是优点。但由于市场经济的作用，洮商之间也存在一定程度的相互杀价，恶性竞争情况。近几年来也在极个别年轻洮商中出现了一些不良现象。我个人想在藏区完成原始积累后，准备回家乡投资，在故乡的土地上有一番作为。也希望在不远的将来能够赴麦加朝觐，完成我一生最大的夙愿。

道孚个案之二：敏生华（道孚县民族商店经理）

时间：2007年8月12日

地点：道孚县新月宾馆

问：能否谈谈你的经商经历？

答：由于家庭贫困和赶上“文化大革命”等原因，身为长子的我只读了小学三年级就被迫辍学。最初在老家放牛，21岁那年出门经商，先是从四川新都桥、塔公一带赶牛到临潭出售以赚取差价，其过程历时2年。1985年在塔公乡政府所在地开铺子，经营百货，同时也贩卖沙金。1991年，我携带4公斤沙金（当时总价值40多万元）回临潭，途经兰州七道梁隧道时被公安部门查获（当时国家尚未开放黄金市场，倒卖黄金属违法行为），我被送到兰州七里河派出所关禁闭一个月，所带沙金全部被没收，导致血本无归。当时兰州电视台和甘肃日报等新闻媒体都刊登了这一倒卖黄金“大案”。我本人也首次亮相荧屏，一时间名扬甘肃。在关禁闭期间，我还被任命为班长，协管其他犯人。人生真是说不清楚，我上学三年没有当过班长，没想到在关禁闭的地方当了一回班长。

俗话说：“吃一堑，长一智”。我栽了一回跟斗，成熟了许多。禁闭结束后我回家稍事休整，便又回塔公继续经营铺子，同时继续往下带金子。但从那以后，我将收来的沙金予以过滤，打造成首饰，然后再往下带（首饰不违法），到2000年前后，基本上恢复了“元气”。

后来，由于淘金人数太多，导致道孚鲜水河沙金日渐减少，我于是在开铺子的同时转向经营畜产品，如皮张、牛毛、奶渣以及中药材方面的生意。后来买了一辆康明斯东风车给铺子供货。目前，我总共有5个铺子，2个在道孚县城，1个在八美镇；还有1个在塔公镇，周转资金25万左右；1个在丹巴县（属甘孜州管辖），共有周转资金10多万元。5个铺子分别雇人经营，从业人员工资按照营利大小分红。我本人主要负责组织货源，协调各铺子货物供应，不定期到各铺子查看，每个铺子年底结算一次。各铺子从2001年才开始发展起来，近3年来，5个铺子都同时兼营畜产品和中药材，扣除所有费用，年纯利润15万元左右。

我以前做过虫草生意，但后来一度中断。随着近几年虫草价格的攀升，我又开始兼顾虫草。道孚县的虫草属于二等草，收到手后拿到成都出售，今年的虫草情况均好于往年。

道孚的社会治安较青海等地要好得多，发生抢劫、欺负的事很少。在日常交往中，我的藏语不成问题，毕竟我在这里呆了20多个年头，我的青春年华实际上是在这里度过。

问：你经商过程中最难忘的记忆是什么？

答：在这里，我向你们只说两件最难忘的事情。

1986年，我的叔叔在藏区跑运输时，在康定县塔公乡境内翻车而遇难，时年40岁，当时人亡车毁，财产损失巨大，给家里人带来巨大的伤痛，他是我们家族第一个在藏区遇难的亲人。第二件事情就是我的堂哥敏生智，他常年在塔公、新都桥一带从事百货、土特产经营，黄金收购等生意。2001年12月5日，新都桥镇派出所的一名民警和一位藏民找到他买金子，但因为价格问题生意没做成。第二天早晨六点多，他上完厕所后在路边跑操，该民警在旅店中开枪射击，子弹击中他的头部，当时血流如注。目击者发现时人尚未断气，后经康定医院全力抢救无效而亡，年仅40岁。这个案子四川省高级人民法院于2002年4月份作出判决，以持枪故意杀人罪将凶手判处死缓。

我堂哥向来为人谦虚，待人诚恳，在康定、道孚、甘孜一带口碑极佳，按理说他没有仇人，后来凶犯也承认他是无缘无故杀人。凶手杀人的动机很简单，就是出于狭隘的嫉妒心理和仇富心态，看到勤劳致富的人，他就滋生出一种本能的嫉妒，这就导致了他的犯罪。

问：能否谈谈你个人从商的心得体会和洮商面临的挑战？

答：我多年来一直在甘孜州境内经商，藏区其他地方没去过，情况也不太了解。就道孚而言，当地无所事事者也有时来店铺滋事，我们本身很小心，尽量避免惹祸上身。因为我们毕竟是外地人，忍为上策，当地的老百姓一般还是忠厚老实的。

现在，在藏区我们生意人最害怕引起民族矛盾。我们曾在八美开宾馆，当地极少数心怀叵测的喇嘛胡乱造谣，挑拨民族关系，导致生意惨淡，最后亏本变卖。

我今后的打算，主要是让孩子们读书，尽量向其他地方发展。这里的发展前景不好预测，这与国家大的政策有关。在当地经商发展有许多不可测的因素。如甘孜州藏民中就有两种不同的声音，一种是极少数藏民主张赶走汉民、回民，提出“赶汉打回”口号；另一种是绝大多数藏民则认为甘肃回汉商人人品好、重义气、讲信用。两种声音的消长与国家的控制力度息息相关。所以，就我个人而言，我最大的愿望是在家乡或者在内地发展。

道孚个案之三：马光（道孚县宏达公司副总经理，民族百货商店经理）

时间：2007年8月12日

地点：道孚县新月宾馆

1984年我跟车（解放牌卡车）第一次来道孚，从事石灰、木头等长途运输业务。三年后到九龙县（甘孜州管辖）沙德乡经商一年之久，后又返回道孚收曲拉（奶渣）、牛皮、药材等，一直到1997年在这里开上铺子至今。

1986年我雇用马匹驮运货物到九龙县下卡乡串乡，该乡极为偏僻。我们从九龙县城骑马走了整整三天，所经路线大多是海拔超过5000米的山路，期间要穿越人迹罕至的莽莽原始森林，其过程异常艰辛，一路惊心动魄。既要防范狼虫虎豹的袭击，还要留神劫匪的抢劫。那过程可以说是一次感悟生死的历程，让人永生难忘。感谢真主，那一次我们总算平安归来，没有遇到意外。事过二十多年，至今回想起来还很后怕。

## 九、康北重镇——炉霍

2007年8月14日中午，我们完成了对道孚的调研后，吃完午饭后匆匆驱车前往炉霍。从道孚县县城出发，继续向西北行驶两个多小时，就到了康北重镇——炉霍县。

炉霍藏语意为“山岩村”，位于四川省西部，甘孜州中北部，历为康巴重镇，是出川入藏、去青抵陇的必经要道。全县总面积5797平方公里,辖16个乡镇，总人口4万，被誉为康北中心，县人民政府驻地新都镇。县城四周青山环抱，境内森林茂密，草地广袤，雪峰婀娜多姿，河谷迂阔多变，名贵中草药长满林间草地。民族工艺品琳琅满目，食宿交通便利。

炉霍县的自然地貌与道孚县差不多，也是地势平缓。县城坐落于两面山峰相对的峡谷中，雪山、松林、草地呈垂直分布，雅砻江的上游支流尼柯河流经县城，河水清澈见底，湍流而下，流入鲜水河，并汇流到雅砻江。山水相依，河绕青山。尽管有着1973年的一次灾难性大地震的破坏，但如今的炉霍县县城却是旧貌换新颜。县城里紧凑而有民族特色的建筑群，

显得错落有致，并被优美的大自然赋予了一种灵秀之气。

洮商们很早就来到这里立足创业，他们大多从小本生意做起，有经营日用品、民族用品、绸缎布匹的店铺，也有经营餐饮业的，还有经营中药材的等。近30年来洮商在此地有了很大的发展，他们与当地的藏族同胞能够和睦相处，共同创业和发展，以自己的诚信经营赢得了良好的经济效益。

炉霍县城高低不平，街道弯弯曲曲，我们到达县城后入住卡萨大酒店。由于天色尚早，洗漱完毕后，我们就进行采访、摄影和登记，到晚饭时分大部分工作已基本完成。

炉霍洮商座谈会于当晚八点半在卡萨大酒店附属茶楼的房间里进行。会议由来炉霍时间较早，且经营发展良好的马龙经理（现任炉霍县政协委员）主持。在座谈会上，丁汝俊教授向炉霍的洮商们表达了我们的问候，简要说明了我们这次川藏线调研工作的性质、目的和意义。敏文杰博士向洮商们介绍了在川藏线调研的主要情况。最后丁克家博士谈了研究洮商的价值和我们最终所要形成的研究成果。洮商们给我们的调研工作给予了高度的评价，特别是对我们能来炉霍调研表示了热烈的欢迎和支持。

在我们调查时，遇到了一名来自临潭新城的洮商。她在炉霍开了一段时间的清真饭馆，但生意很不好。三女儿2007年参加高考，以文科498分的成绩被西南民大预科录取，但她们为高额的学费发愁。在我们进去采访摄像时，正遇到母女三人抱头痛哭。三女儿含着泪说，我们家庭实在太困难了，我决定放弃上大学。而母亲伤心地说，那怎么行？无论想什么办法，也一定得让你去上大学。当得知我们的来意后，这位母亲执意留下我们，向我们诉说自己的难处。原来这位回族妇女今年48岁，临潭新城人，生有五个女儿。长女因病去世，次女离婚后孀居在家，来到炉霍帮助母亲开饭馆。四女儿今年升上高三，五女儿也上初中。她的丈夫今年57岁，患有严重的慢性肾炎和胃溃疡，已经两次逃过了死神的邀请，现长年卧病在床，连给妻子帮灶的力气都没有。她的婆婆今年已95岁高龄，也和她们住在一起。一个老人、一个病人、四个女儿，艰辛的生活使得这位母亲疲惫不堪。但她没有让女儿们辍学，而是异常艰难地供她们上学。由于老家没有经济来源，她被迫来到炉霍开饭馆，以维持生计和给丈夫挣得医疗费。另外她还想利用暑假时间靠自己的辛勤劳动挣钱给三女儿上大学用。虽然时值盛夏，但因社会上别有用心的人造谣，到当地清真饭馆用餐的人极少。这种情形使她们母女三人愁云密布，整日以泪洗面，而我们的到来无疑使这位母亲至少找到了倾诉的对象。

我们听完叙述后，心情特别沉重。当晚我们对此事进行了商量，大家决定我们每人给这位即将上大学的姑娘资助1000元学费，共计5000元，作为我们的一片心意。同时，丁汝俊教授让她母女晚上一同去参加洮商座谈会。在会上他希望马龙经理能动员炉霍的洮商对这位姑娘进行募捐，给予上学资助。

当晚座谈会结束后，我们考察组成员将5000元资助费交给她们母女二人时，她们简直不相信自己的耳朵，几乎同时站起身来，含着眼泪向我们表达她们的感激之情。欣喜之余的母女二人再三邀请我们第二天一定要在她们的饭馆吃早点，我们也愉快地答应了。第二天早晨，我们到她们餐馆时，一家三人早已等候，为我们准备了极为丰盛的早餐。可以看得出她们是精心做了准备的，把馆子里最好的资源都利用上了，把她们最好的烹调技术都发挥出来了，还特意为我们炸了油香，要知道，在我们老家一般只有请阿訇时才有可能炸油香。用完早点后，她们执意挽留我们吃了中午饭再走，但我们行程很紧，便婉言谢绝了她们的深情。大家合影留念后，我们又匆匆出发，向色达方向驶去。

炉霍县的洮商们在辛苦创业和经营中，许多人获得了成功，取得良好的经济效益、社会效益。炉霍县现有洮商10家，拥有资金611万元，年上缴国家税收3.87万元，年支付当地租金10.4万元，从业人员25人。主要经营民族用品、日用百货、餐饮、中药材等生意。

表23　**四川省甘孜州炉霍县洮商情况调查**

（调查时间：2007年8月14日）

| 业主姓名 | 性别 | 年龄 | 商铺名称 | 坐落位置 | 开业时间 | 从业人员 | 商铺面积 | 商铺租金(月) | 主营 |
| --- | --- | --- | --- | --- | --- | --- | --- | --- | --- |
| 马龙 | 男 | 38 | 临潭百货商店 | 炉霍县沿河东街146号 | 1993 | 3人 | 300平方米 | 2000元 | 绸缎、布匹、民族用品、人造毛、泡沫垫子 |

续表

| 业主姓名 | 性别 | 年龄 | 商铺名称 | 坐落位置 | 开业时间 | 从业人员 | 商铺面积 | 商铺租金(月) | 主营 |
|---|---|---|---|---|---|---|---|---|---|
| 马毛南 | 男 | 36 | 民族商店 | 炉霍县沿河东街9号 | 2007 | 2人 | 60平方米 | 800元 | 工艺品、百货、地毯、藏服、马鞍、帐篷、小家电 |
| 马志德 | 男 | 51 | 穆斯林清真餐厅 | 炉霍县建设路24号 | 2006 | 2人 | 40平方米 | 750元 | 面食、馍馍、炒菜、手抓、大盘鸡 |
| 丁瑞 | 男 | 36 | 丁记百货店 | 炉霍县交警队门口 | 2005 | 4人 | 40平方米 | 700元 | 百货、电器、民族用品 |
| 丁刷个 | 男 | 35 | 丁记民族商店 | 炉霍县沿河西街113号 | 1999 | 3人 | 100平方米 | 916元 | 布匹、绸缎、民族用品 |
| 敏世才 | 男 | 40 | 敏氏民族商店 | 炉霍县沿河西街 | 1987 | 2人 | 80平方米 | 1000元 | 民族用品、百货、电器 |
| 张尔萨 | 男 | 52 | 清真面馆 | 炉霍县汽车站对面 | 2002 | 2人 | 20平方米 | 300元 | 面食 |
| 张仲谋 | 男 | 39 | 甘肃穆斯林饭馆 | 炉霍县兵站 | 2005 | 3人 | 100平方米 | 自购 | 面食、手抓、大盘鸡 |
| 张进 | 男 | 35 | 临潭顺达电器商店 | 炉霍县沿河东街84号 | 1997 | 2人 | 180平方米 | 1300元 | 家用电器、百货、五金、光碟、塑料制品 |
| 马志和 | 男 | 35 | 志和民族商店 | 炉霍县沿河东街88号 | 1995 | 2人 | 320平方米 | 900元 | 布匹、百货、旅游品、人造毛、绸缎、家电 |

炉霍洮商个案之一：马龙（炉霍县临潭百货商店总经理）

采访时间：2007年8月14日

采访地点：炉霍县卡萨大酒店

问：能否谈谈你经商的主要经历和最难忘的事情？

答：我1987年初中毕业后即到炉霍县打工（给人看铺子），1989年我在炉霍收购中药材和畜产品，虽然有一定收入，但中药材季节性强，当时我无固定“根据地”。1991年我与人合伙在炉霍开铺子，1993年独立经营，到今年已整整20年了，可以说炉霍是我的第二故乡，我把青春和热血都奉献给这片土地上。我从商的这20年又可划分为两个阶段，前10年我在炉霍开铺子，做稳当的生意，每年都有稳定的收入，到1997年时，我手头已有了20多万元的积蓄。但在1997年9月，我在炉霍县境内从事黄金收购，不小心上当受骗，损失30多万元，导致10年血本无归。之后我又从零起步，逐渐回复元气并还清了外债。到目前为止，我除了开铺子之外，还兼收各类中药材和畜产品。

问：你认为在藏区经商，洮商面临的挑战和机遇有哪些？

答：藏区商业竞争日趋激烈，当地商人也异军突起。首先，我认为洮商必须不断调整改进经商理念、思路和方法，不断开拓新的商业渠道，主要是在科技含量较高的生产领域和主导性商业领域上下功夫；其次，洮商还必须加强团结，建立群众性商业组织，行动步调一致，克服小打小闹、各自为政的现象；最后，各地洮商还必须和当地政府加强联系，要取得当地政府的信任与支持，抛弃以往跟官方不来往的落后观念。

洮商面临的机遇我认为主要有六点：第一，藏区自然资源丰富，挖掘潜力大，洮商擅长的中草药和畜产品大有市场；第二，藏区商业空白点不断出现，比如随着藏区旅游业的发展，带动了服务业的发展，诸如宾馆业以及餐饮业的发展；第三，藏区投资环境不断改善，各地政府都在制定一系列优惠政策和措施，积极吸引外来资金；第四，从总体上看，藏区社会治安会越来越好，越来越多的藏区群众认识到“各民族之间互相离不开”的道理。藏区众多商家的存在，一方面抬高了当地土特产品的价格，另一方面也压低了外来货物的利润空间，最大的受益者还是当地的藏族群众；第五，藏区各地方政府的商业意识有了很大提高，经常举办各类“文化搭台，经济唱戏”的风情节或者旅游节，以扩大本地知名度，吸引外来游客；第六，藏区群众的消费观念有了重大改变，随着经济收入的增长，藏区群众的消费从以前的一般日用百货型向中高档消费系列转变。

问：你对炉霍的经商环境满意吗？

答：我对炉霍的经商环境还是比较满意的。从气候上说，炉霍气候温和，冬暖夏凉；从交通上说，炉霍是康北重镇，川藏线北线的必经之地，区位优势明显；从人文社会环境上说，炉霍民风淳朴，社会治安好，当地政府重视外来投资者，对有一定经济实力的外地商人还安排一定的政治地位，让他们安心在炉霍发展。

我个人担任炉霍县政协委员，是四川藏区唯一一位担任政协委员的洮商。这充分说明当地政府对我们洮商的信任。除此之外，我还担任炉霍县工商联执委、炉霍县商会会员、炉霍县牦牛协会副会长等职务。

炉霍洮商个案之二：丁茹个（炉霍县穆斯林清真餐厅经理）

采访时间：2007年8月14日

采访地点：炉霍县卡萨大酒店

我今年48岁，丈夫马志德，是临潭新城镇南门河人。按理说，作为一个回族农村妇女是不宜出门经商的，可是生活的重担把我逼到这里。但饭馆的收入只能维持家里的生计，丈夫的医疗费和孩子们的学费成问题。今年以来，藏区餐饮业不景气，主要是有个别坏人诽谤回民饭馆饭菜质量，使得生意顿时清淡，门庭冷落。除过往司机外，当地人几乎不来饭馆，使得饭馆收入锐减。更要命的是，三女今年考上大学，急需一大笔学费，她来这里给自己攒点学费，现在看来希望渺茫，我们母女整日以泪洗面。

我知道无论人生活有多难，但总要活下去的。本来我是眼泪往肚子里流，今天你们来采访，我就把心里话掏给你们，也希望你们专家学者能够关注我们这些弱势群体，特别是我们这些不远千里万里来藏区经商的回族妇女，生活和经营是非常艰辛的。

## 十、金马落脚的地方——色达

2007年8月15日早晨，我们从炉霍县出发，继续向西北行驶。汽车沿着峡谷中蜿蜒曲折的公路疾行，湍急的河流、茂密的树木、还有挺拔的山峰，让人美不胜收。一路上峰回路转，经过4个多小时的行驶，眼前突然山势豁然开朗，显得平坦开阔，色达草原刹那间展现在我们眼前。

中午十二点左右，天空明朗，骄阳似火。在距离色达县城还有30公里路程时，我们看到早已出城在路边迎候我们的色达洮商。他们开来的15辆小车整齐地排在右边的路面上。我们到达后，他们走上前来与我们热烈握手，相互介绍问候。然后大家簇拥我们坐到路边草地铺好的藏式地毯上，给我们端来清醇可口、味道纯正的奶酪。在地毯中央，他们早已摆好各种饮料和新鲜水果，气氛非常热烈。

我们坐在绿草如茵的草原怀抱，面对热情好客的乡亲，喝着香醇的奶酪，心情感到非常愉快。前来迎接我们的还有洮商的几名藏族朋友。色达洮商们闻知我们要来采访，当日竟然全部关门停业，组织车队出城30公里迎接，其盛情令人感动。短暂的迎接结束后，我们上车直奔色达县城，15辆车浩浩荡荡前行。进入色达县主街时，只见主街繁华处高悬着“热烈欢迎甘肃专家来色达调研”的横幅，十分醒目。色达洮商安排我们入住高原魂宾馆，这个宾馆也是洮商丁树忠投资兴建并独家经营的。

当地洮商负责人丁汝贤、丁树忠二人将我们迎进宾馆接待室，然后将早已准备好的饭菜逐一端出来。桌子上无论是鸡肉、羊肉还是炒菜，都堪称是最上乘的。交流中，始知该宾馆为洮商所投资数百万元兴建并经营，总经理兼法人代表是组织郊外迎接我们的丁树忠总经理。他30岁出头，但是在商海中已搏击十多年，拥有一定的经商阅历，也积累了相当的资金。他的文化程度也较高。曾利用业余时间读完了大学函授本科，算是色达洮商中文化程度最高者。年纪50岁出头的丁汝贤经理，他是我们一行考察组长丁汝俊教授的堂兄，已在色达奋斗了近25年，说着一口极为流利的藏语。由于他在色达时间最长，为人正派，经营有方，事实上已成为色达洮商的领导人，遇事大家充分协商，但最后还是由他来拍板决定，大家都非常拥护。

吃过丰盛的午饭后，我们抓紧时间进行采访、登记和摄像，到下午六点工作基本结束。我们和当地洮商约定晚上八点举行座谈会。其实他们早已将座谈会的地点安排在色达县县委会议室。

色达县位于青藏高原东南缘，甘孜藏族自治州西北部，地处两省（四川、青海）三州（四川省的阿坝州、甘孜州、青海省的果洛州）六县（阿坝州的壤塘、甘孜、炉霍、石渠，青海省果洛州的达日、班玛）结合部，东邻阿坝藏族羌族自治州壤塘县，北与青海省班玛、达日两县接壤，全县平均海拔3893米，距康定444公里，经马尔康到省会成都666公里。色达县是甘孜州海拔最高、气候最寒冷、自然条件最差的以藏民族为主的纯牧业县之一，也

是川西北牧区的重要组成部分，国家确定的120个重点牧业县之一。

色达，藏语为“金马”之意。在这片神奇的土地上，富有传奇色彩的珠日神山，海拔高4961米，巍巍矗立在色达草原上。五彩缤纷的五色海，似耀眼的明珠，色曲、尼曲、杜曲、达曲四条河穿境而过，蜿蜒的溪流纵横交错，宛如明镜的湖泊星罗棋布。这里是众多野生动物的乐园，也是各种珍禽异鸟的天堂，蕴藏着金、银、铜等各种矿产资源和各种名贵中药材的宝地。

色达是甘孜藏区洮商分布较多的县份之一。该县虽然海拔较高，但地势平坦，视野开阔，几条笔直的大街呈“井”字状展开。县城中央有著名的金马广场。据当地洮商讲，近几年来色达经济发展很快，城市建设日新月异。县城附近有一座尼姑寺闻名整个藏区。

从距离上讲，色达离洮商的故乡——甘肃省甘南州临潭县较近。虽然这里归四川省管辖，实际上离康定还有相当距离。由于时间急迫，我们第二天早上告别色达。尽管他们一再挽留，但我们考察计划不能变更。洮商们便组织了车队相送，更多的人则是在金马广场和我们一一道别。送出色达县城15公里之后，在分路口依依惜别。我们的越野车又直奔甘孜县。

洮商在色达有着很好的发展基础和良好的社会环境，各方面都有了长足的发展，特别洮商与当地的藏族同胞建立了友好的关系，彼此尊重，相互帮助，共同进步与发展。而且色达县的洮商人心齐、凝聚力强，洮商经营的各类布匹绸缎、民族用品、日用百货等店铺，大部分生意兴隆，经济效益良好。有的还经营宾馆和餐饮业，大多获得了很好的经济效益。还有一部分洮商还兼营多种生意，齐头并进，相互补充，收益比单打一的传统经营模式更为显著而灵活，使很多洮商能够在坐商、行商的多种角色转换中，完成商业运营的基本资金积累，为以后下一步的发展奠定了良好的经济基础。

色达洮商的成功，来自于他们的辛苦经营、诚实守信和永不言败的奋斗精神，还有他们与藏族同胞建立了长期的合作关系和朋友关系，这仅仅用经济的手段是无法实现的。

色达县有洮商11家，拥有资金555万元，年上缴国家税收4.61万元，年支付地租金28.02万元，从业人员48人。主要经营宾馆、民族用品、日用百货、中药材等。

表24　　**四川省甘孜州色达县洮商情况调查**

（调查时间：2007年8月15-16日）

| 业主姓名 | 性别 | 年龄 | 商铺名称 | 坐落位置 | 开业时间 | 从业人员 | 商铺面积 | 商铺租金(月) | 主营 |
|---|---|---|---|---|---|---|---|---|---|
| 丁汝贤 | 男 | 54 | 忠兴民族用品经销部 | 色达县金马大道3幢5—6号 | 1984 | 3人 | 114平方米 | 1900元 | 民族用品、人造毛、绸缎、地毯、藏服、日用品 |
| 丁树忠 | 男 | 37 | 高原魂宾馆 | 色达县金马大道 | 2005 | 14人 | 自购 | 无 | 宾馆业、电器、粮油、运输 |
| 肖学魁 | 男 | 37 | 岭王实业有限责任公司 | 色达县金马大道 | 1997 | 7人 | 80平方米 | 3600元 | 百货、电器、鞋帽、化妆品 |
| 敏盛天 | 男 | 50 | 瓦宅民族用品商店 | 色达县金马大道3幢 | 2002 | 2人 | 70平方米 | 1300元 | 民族用品、人造毛、绸缎、地毯、藏服、日用品 |
| 杨永德 | 男 | 55 | 信达民族用品商店 | 色达县金马大道3幢3—4号 | 1992 | 3人 | 100平方米 | 1400元 | 民族用品、人造毛、绸缎、地毯、藏服、日用品 |
| 丁世明 | 男 | 34 | 诚信民族用品商店 | 色达县金马大道3幢1—2号 | 2004 | 3人 | 180平方米 | 1800元 | 民族用品、人造毛、绸缎、地毯、藏服、日用品 |
| 丁正杰 | 男 | 33 | 拉卜楞民族用品商店 | 色达县团结北街2号 | 2005 | 3人 | 126平方米 | 4250元 | 民族用品、人造毛、绸缎、地毯、藏服、日用品 |
| 敏目亥曼 | 男 | 48 | 拉卜楞民族商店一分部 | 色达县团结南街 | 2000 | 3人 | 120平方米 | 2000元 | 民族用品、人造毛、绸缎、地毯、藏服、日用品 |
| 张继富 | 男 | 45 | 天兴隆民族用品商店 | 色达县金马大道 | 1984 | 3人 | 55平方米 | 1600元 | 民族用品、百货 |

续表

| 业主姓名 | 性别 | 年龄 | 商铺名称 | 坐落位置 | 开业时间 | 从业人员 | 商铺面积 | 商铺租金(月) | 主营 |
|---|---|---|---|---|---|---|---|---|---|
| 马文远 | 男 | 56 | 甘南民族用品总汇 | 色达县金马大道车站 | 1985 | 4人 | 70平方米 | 2000元 | 民族用品、布匹、绸缎、毛毯、针织品、鞋帽、 |
| 敏六什 | 男 | 35 | 六什百货商店 | 色达县公安局楼下 | 2003 | 3人 | 50平方米 | 3500元 | 民族用品、人造毛、绸缎、布匹 |

色达洮商个案访谈之一：丁汝贤（色达县忠兴民族用品经销部总经理）

采访地点：色达县高原魂宾馆

采访时间：2007年8月15日

问：请介绍一下你的家庭情况和早年的生活经历。

答：1952年我出生在临潭县城关镇教场村，由于家庭成分是小商，所以书念到小学四年级就被迫辍学。不久又赶上“文革”爆发。用不着多说，童年的我自然是家庭困难，一家人的口粮经常难以为继。辍学后我常常跟大人们一样参加生产队的劳动，给家里挣工分。劳动之余，不满16岁的我经常跟连手们出门进藏串乡（俗称“跑仓科”）。当时身背背篼，拿着一根打狗棍，背上一些藏民需要的小百货到藏区换粮食，然后再背回家里填补肚子，这种状况一直持续到1978年改革开放。

问：请谈谈你的主要经商经历。

答：当初我借了900元来到色达开铺子，从乡下发展到县城。从以小百货为主发展到经营日用百货、民族用品、布匹、绸缎、人造毛以及各色货物。从一个铺子发展到两个铺子，一直打拼到现在，可以说是白手起家。1984年忠兴民族用品经销部正式运营，2007年开了一家忠兴藏服地毯专卖店，两个铺子现有员工5人。我的2个儿子初中毕业后也来色达帮忙。两个铺面现拥有固定资产数百万元。24年来，我累计为地方上缴税收20多万元。我从当年进藏串乡寻求温饱的穷少年到今天的百万富翁，虽然经济上宽裕了，可是其中的辛苦只有自己清楚。1983年，我第一次来到色达，先在乡下开铺子，成为改革开放后最早到色达的洮商之一。1984年我将铺子搬至色达县城，主要经营民族用品、布匹、绸缎等，兼收蕨麻、曲拉、牛皮、虫草等。记得当时虫草150多元1斤，金子28元1克。1994年我去拉萨贩运过一回酥油，回来时拉了一车水獭皮。我能说一口流利的藏语，这为我在藏区做生意提供了条件。20世纪80年代，我们坐解放车连夜走，用了5-6天时间才到色达。现如今，我们坐大车两天即可到色达，如果是小车，则只需要一天。行走路线是从临潭出发，经合作、若尔盖、红原、马尔康，最后到色达。可以说现在交通条件发生了巨变，来往色达已经十分方便了。

问：听说色达县出黄金，能否给我们简单介绍一下。

答：色达县虽然海拔3840米，属高海拔县域，但色达是藏区有名的出金子的地方之一。色达本身在藏语中就是“金马”之意。色达的金子还以成色好而闻名全国，未加工的金子成色就达97%，仅次于章纳金子。以前人们顺河沟采挖金子，不少人都来这里发财。在采挖中也时常发生械斗事件，现在色达县禁止私人开挖金子，由县企业局统一开挖。

问：你在经商的过程中最难忘的事是什么？

答：说起这个，真是一言难尽啊！我从30岁开始就与色达县结下了不解之缘，与其他洮商不同的是，我在色达经商25年，中间除去过一趟拉萨外，其余时间都在色达经商，可以说色达是我的第二故乡，我生命中最宝贵的岁月都在色达度过。你们可以想象，从临潭到色达，过去路途遥远，高寒缺氧，路上还随时有劫匪出没，完全可以说是提着命经商。特别是1988—2000年，去色达的路上一度劫匪猖獗，夜间根本不敢走路，只有在大白天结伴而行。当然，这几年的情况大为好转了。

2003年5月22日是我永远难忘的日子。当日色达县城发生一起骇人听闻的抢劫杀人案，两名马姓洮商（1名54岁，1名才16岁）在半夜一点多，在自己的店铺里被破门而入的劫匪用枪打死，其状惨不忍睹。第二天早晨周围铺子中的洮商见该铺子一直不开门，觉得有点反常，敲门无人应声。后撬门进去，发现他们早已死亡多时，其铺子里的484克黄金不翼而飞。此案发生后，色达县委、县政府非常重视，多次下大力气侦察此案，但非常遗憾的是，此案一直到现在还没有侦破，凶手至今逍遥法外。

我是当时现场的目击者，其情其景至今历历在目。虽然遇害人不是我的亲属，但作为我们的洮商遭此大难，无论是谁也不可能无动于衷。我们在呼吁公安部门尽快侦破此案的同时，由我出面负责一切善后事宜，包括通知亡人家属，料理亡人遗体，动员大家捐款，护送遇难者遗体到临潭安葬等等。

问：你认为洮商在藏区的机遇与挑战是什么？你对这里的经商环境满意吗？

答：从我们家乡经商发展的角度讲，这里的经商机会还是比较多的，利润空间相对也比较大。洮商面临的挑战是商业竞争日趋激烈，利润空间越来越小，在这里经商要比家乡付出更多代价，包括有时还有生命的代价。

对色达的经商环境我还是比较满意的，否则我不会在这里呆上20多年。当地洮商人很团结，有事大家齐心协力，当地政府也很重视洮商的存在和发展。他们认为我们甘肃洮商人心齐，经营诚实。我们每年斋月期间大家轮流开斋，尔德节一起聚礼，不分什么教派和门宦。在这里，平时做主麻的也有60多人。我在乡亲中威信比较高，当地县上领导也熟悉我，每年洮商大小活动，如郊游、红白事等都由我统一组织，大家都很信任和支持我。

问：请问你是怎么能学到如此流利的藏语的?

答：我在早年串乡期间，学过几句简单的藏语，但真正把藏语学到家是在色达完成的。我的藏语虽然不能说是炉火纯青，但要把我放在藏族群众中间而不报家门的话，那么谁也不知道我是一个回族商人。我之所以能说一口流利的藏语，除了必要的语言天赋之外，是长时间和藏民交往的结果。要知道在藏区经商，一口流利的藏语是必不可少的，这一点我们洮商具有明显的优势，也是洮商能够长期立足于藏区的重要原因之一。

色达洮商个案之二：丁树忠（色达县高原魂宾馆总经理）

采访时间：2007年8月15日

采访地点：色达县金马宾馆

问：请简要介绍一下个人的情况和经商的经历。

答：20世纪60年代，我父亲由于政策原因被强迫迁至藏民地方。1970年我出生于甘南州夏河县博拉乡，我从小在博拉长大并在博拉念完初中，高中学业在合作完成。1999—2003年，我在色达边经商边上学，获得了西南民族大学经济管理专业函授本科毕业文凭。

1989年，19岁的我第一次跟随父亲来到色达打工，主要给亲戚看铺子锻炼自己，历时3年之久。1992年，在甘孜、色达，远至西藏、青海一带开始跑车，前后历时3年。1995年开始收购畜产品、虫草、贝母及中药材；1996年与别人合伙开铺子，个人独资经营一家粮油铺和一处澡堂，一直到现在。1996年7月份，我身无分文，在色达从别人欠了价值4万多元的金子拿到临夏出售，才赚了260元。以后到色达，从赊帐开始起步，经过11年的艰苦创业，目前经商总金额达到50多万元。1997年我个人另开了一家铺面，开始走向独立经营，主要销售民族用品。同时，我通过银行贷款还从湖北十堰买了一辆三代东风车，自己跟车跑车，主要给铺子供货，一直到2008年。1999年，独资在色达县开张合作清真饭馆，年盈利3万-4万元。2000年，在色达开第一家澡堂，年盈利6万-7万元。

2002年，独家经营太阳能家用电器取暖设备（批零）。2002年11月，与人合资另开东乡清真手抓餐厅。2002年12月，新开高原魂小百货铺。2004年5月8日，色达发生火灾，4—5家铺面以及90多间民房被烧，我的1间铺面连同库房被烧，损失13万多，同年7月份，由于虫草下跌，损失了20多万元。

2005年10月1日，总投资260多万的高原魂宾馆正式开张，在色达县算第二家高档宾馆，带餐饮（由别人经营），拥有床位55张，其中2楼3楼带有餐厅，1楼设为铺面。高原魂宾馆属外地人投资，享受优惠政策，地税全免。高原魂宾馆自开张以来，年平均盈利60多万，年接待宾客上万人次，每年4—12月间客人爆满，安置就业人员5人（含服务员4人，保安1人，均为外地人），高原魂宾馆成为色达县的会议接待指定宾馆。2008年11月1日，色达县家用电器铺开张，主要经营各类家用电器，附带金银首饰和尼泊尔银饰，由我宏观调度，聘人经营管理。

由于我从小就在藏区（甘南夏河县博拉乡）长大，上小学期间还学过藏文，所以藏语交流没有问题，再加上常年在色达经商，我的藏语交流非常流利。我与当地藏民的关系非常融洽，无论是官方还是民间，我都有许多朋友。我的铺子每次开张，都有当地藏民朋友前来祝贺。

相对而言，色达县治安较好，社会环境比较理想，无随便干扰滋事现象，我对这里的经商环境还是比较满意的。色达县洮商的特点是能吃苦，能节约，团结协作精神强。另外，我打算再过上三、四年就向内地发展，也希望将来自己的事业有进一步发展。

在藏区经商，主要是要讲信誉，要诚实经营，为人处世实实在在。

### 色达洮商个案访谈之三：敏目亥曼（色达县拉卜楞民族商店一分部经理）

时间：2007年8月15日

地点：色达县金马宾馆

我出身于一个普通的农民家庭，家有6口人，分别为母亲、我、妻子和子女3人，现3个子女正在老家上学。

20世纪60年代末，我和3位邻居的孩子结伴行乞至阿木去乎（今合作市境内），时值寒冬腊月，大雪飞舞，到了晚上，3人在一藏民门洞内蜷缩为一团，由于天气极度寒冷，我们偷了藏民家的牛粪取暖，半夜里睡着的我突然一阵剧痛，醒来后发现半个袖子已被牛粪烧掉。第二天早晨，主人家发现我们烧了他们家的牛粪，本欲训斥，却发现我们三个孩子着实可怜，就给我们提来一壶开水，让我们喝下去驱寒。那一幕情景，至今铭记在心。

1966年，年仅7岁的我和3岁的弟弟丁尔思玛由于生活所迫到临潭周边农村乞讨度日。稍长后便开始帮家里人干农活或者上山砍柴以维持家里生计。

1979年出城十里到南山林中砍柴回来时，不慎掉入独山子电站洞口，幸亏被一巨石挡住，没有被急流冲走。20世纪70年代初，身无分文的我出门行乞，走到姜木关（夏河县境内），给当地一户藏民帮忙，作为酬谢，对方送给我一袋牛料（40斤左右）。我当即将牛料背回家里，一家人喜出望外，我80多岁的爷爷喜极而泣。因为家中已断粮数日，可以说那一袋牛料救了一家人的性命。其情其景至今历历在目，永生难忘。

1982年我到四川若尔盖县一带串乡，1984年转辗到青海河南县宁布塔乡做小本生意，1986年转赴四川马尔康做生意，之后又到西藏拉萨做生意，1990年又回到青海果洛州达日县开铺子。经过几年的打拼，生活大为好转。1994年10月下旬，我弟丁而思玛在临夏浙临商场进货时与一河北籍老板发生口角，在争吵中对方掏出随身携带的土制钢沙枪对着我弟太阳穴扣动扳机，我弟应声而倒，凶犯乘乱而逃。在旁边的人迅速将我弟送到临夏八坊医院，很快又转送到临夏州解放军第七医院抢救。由于致命处遭到枪击，我弟在医院抢救无效，当夜十二点含恨离开人间，年仅28岁。令人快慰的是，凶手在两年后在青海西宁小百货市场被警方抓获，1997年6月在临夏被执行死刑。

1989年10月，甘肃刘家峡境内发生车祸，当场死亡42人。我二弟、三弟同在车上，二弟侥幸活命，三弟当场归真，年仅15岁。当时二人正要去青海省祁连县开铺子，谁知半路上遇了车祸。1990年10月，二弟坐车前往青海同德县，在宁秀乡境内遭遇翻车，我二弟腿部受伤，另一人则当场死亡。

2000年5月，我转辗来到色达开铺子。色达县社会治安好，环境优美，税收较低，于是我就定下心来开铺子，生意也比较理想。后来我又将自己的妹夫也带到色达合伙经营。除了铺子外，我还兼营各类中药材。

## 十一、川北小太阳城——甘孜

2007年8月16日，在色达用完早点后，我们驱车向甘孜进发。色达县的洮商们组织了5辆车相送，在10公里外的三岔路口，大家依依惜别。他们对我们说的最多的一句话是：祝你们一路平安，顺利完成川藏线的考察任务。

从色达去甘孜的路有两条，一条是跨越炉霍梁子到达甘孜，是一条比较近的路，但路况不好，地形复杂，而且时有劫匪出没；另一条是返回炉霍再沿川藏公路北上甘孜。最后为了节约时间，我们决定还是冒险，走近的这条路。在途中，我们看到这一路地势果然险要，峰峦叠嶂，云雾缭绕，由于海拔太高，山上没有高大的植物，只有青青芳草。而再往高处，则是怪石山林立，直插云霄，旁边碎石成坡（多年风化结果）。回首山下，但见山路弯弯曲曲，直通谷底公路。此间氧气较少，但空气之清新，天空之湛蓝，草原之翠绿却是少有的。

一个半小时后，我们来到远近闻名的炉霍梁子。此地是甘孜、炉霍、色达三县交界地带，海拔高，而且地势复杂，便于劫匪隐蔽，自古以来就是劫匪经常出没的地方。远的不说，据洮商们讲，近几年来在这个地方就多次发生过抢劫过往车户的事件。劫匪一般是手拿兵器，拦路抢劫，更有甚者，将人杀死，连车带货开走。所以，过往司机提起炉霍梁子，无不提心吊胆，尤其是夜间和黎明更不敢单独行走。而我们这一次虽然是四个书生，但身强力壮，胆正气壮，况且是白天行驶，也想闯闯这个危险的地

方，所以才选择这条道路。这一段路虽然人文环境差，但风景十分优美，路两旁盛开着各式各样鲜花，让人陶醉。只见远处天地相连，云幕低垂，盛开的格桑花，宛如粉红色的地毯，又如花布般铺在绿色的草原上。虽然我们心情比较紧张，但这样的美景不想轻意放过。于是大家停下车抓紧时

间拍照，轮流侧卧在草原上感受人与草原一体的美景。正在这时，甘孜方面给我们打来电话，洮商丁绍光问我们的方位，并说到了拖坝乡给他打电话，届时甘孜洮商派人迎接我们。

我们考虑到甘孜洮商急切等待的心情，便匆匆开车上路。到了拖坝乡，只见5辆小车已停在路旁等候，简短的互相介绍和热情问候之后，由他们的1辆车在前带路，4辆车殿后，连同我们的车一起驶向甘孜城。

甘孜县又称川北“小太阳城”，藏语为“洁白美丽”之意。甘孜县地处甘孜州“南北两条线”的北线腹心地带，县城驻地甘孜镇，距州府康定384公里，离省会成都742公里。甘孜县是甘孜州西北部的一个主要县份，县城海拔3410米，人口约6万。甘孜地势不太平整，有点像炉霍县城，但比炉霍大许多。毕竟此地是进藏要地，附近有座著名的白利寺。当年红军长征经过这里时，红军总司令朱德和这里的格达活佛结下了深厚的友谊，从此白利寺名扬天下。

甘孜县城位于雅砻江畔，江水缓缓向东南流下，在河岸两边，分布着县城的各类建筑，县城的建设具有浓郁的高原气息和民族特色。由于甘孜县位于川藏国道线的交通要道，历来是川西北高原上商贸经济中心，众多外地客商和洮商云集这里。

洮商在甘孜经商已有上百年的历史。1978年改革开放后又迅速恢复，并从新中国成立以前的色达、康定、甘孜等地扩展到现在的18个县，甘孜洮商主要集中于甘孜、色达、理塘、道孚、炉霍、德格、白玉、石渠、康定等县，其中无论坐商、行商，以甘孜县最多，高峰时（虫草季节），甘孜县有上千洮商，其他各县以坐商为主，行商为辅。和阿坝州一样，甘孜洮商主要经营民族用品和日用百货，少数人经营餐馆和摩托车修理等，坐商大都以收购虫草为主，兼收其他中药材。

到了甘孜县城，我们望见刻有甘孜字样的牌坊，过了牌坊车队缓缓驶入主街，很快车队停在一家招待所门前，只见甘孜洮商早已列队等候，大家在“色兰”的问候中一一握手入内。我们在众人的簇拥下到了三楼接待室。后来得知，在甘孜洮商丁绍光等人的安排下，他们特意让年青人开车出城迎接，年纪稍长者在此迎候我们。该招待所是洮商马士荣承包经营的，名为“甘孜商贸宾馆”，院内有停车厂和仓库，面积比较大，大多数经营虫草的洮商和部分外地商人都食宿在这里。

简短的会面结束后，洮商们安排我们吃饭。用完饭后，为了让我们早点休息，丁绍光经理带着我们入住金牦牛宾馆。其实我们觉得前面接待的甘孜商贸宾馆条件也很不错，就想住在那儿，但他们说房间已经订好了，我们从那么远的地方来看望他们，起码要休息得好，所以必须住在他们订的宾馆，这是他们的一点心意。甘孜洮商盛情难却，我们只好听从他们的安排。

甘孜商人座谈会安排在当晚进行。座谈会的地方是一处名叫“曲娥贡嘎”的茶楼。座谈会由丁绍光经理主持，我们依次讲话。参加的洮商有50多人。为了节约时间，座谈会结束后，我们就抓紧时间对洮商中的代表性人物进行了专访。敏文杰和丁克家按分工进行情况登记。第二天早晨，我们便组织采访和摄像。

甘孜洮商开展多种经营，不拘一格，随着市场的发展涨落而随时地调整自己的投资方向。他们紧跟时代步伐，勇于开拓，敢于冒险，善于寻求最好的商机。甘孜县洮商中的一部分人已经走出了养家糊口的起步阶段，迈入了脱贫致富奔小康的发展之路，而且生意越做越大。许多中青年洮商都在这里找到了自己发展的空间，在各自的经营行业内取得了令人称道的业绩。

甘孜县有洮商20家，拥有资金460.8万元，年上缴国家税收12.55万元，年支付当地租金48.47万元，从业人员54人。主要经营宾馆、民族用品、日用百货、餐饮、中药材等生意。

表25　**四川省甘孜县洮商情况调查**

（调查时间：2007年8月16日）

| 业主姓名 | 性别 | 年龄 | 商铺名称 | 坐落位置 | 开业时间 | 从业人员 | 商铺面积 | 商铺租金(月) | 主营 |
|---|---|---|---|---|---|---|---|---|---|
| 丁绍光 | 男 | 58 | 甘孜天兴隆经营分部 | 甘孜县解放路14号 | 1986 | 1人 | 70平方米 | 2500元 | 百货用品 |
| | | | 甘孜天兴隆绸缎庄 | 甘孜县解放路24号 | 2003 | 1人 | 20平方米 | 2000元 | 绸缎、民族用品 |
| 敏生林 | 男 | 36 | 兴泰丝绸营业部 | 甘孜县解放路91号 | 2001 | 2人 | 18平方米 | 2500元 | 布料、绸缎、人造毛 |

续表

| 业主姓名 | 性别 | 年龄 | 商铺名称 | 坐落位置 | 开业时间 | 从业人员 | 商铺面积 | 商铺租金(月) | 主营 |
|---|---|---|---|---|---|---|---|---|---|
| 敏学忠 | 男 | 43 | 兴仁民族商店 | 甘孜县解放路72号 | 2007 | 3人 | 44平方米 | 1250元 | 人造毛、民族用品、布匹 |
| 丁拜克 | 男 | 30 | 拜克百货店 | 甘孜县解放路50号 | 2001 | 3人 | 20平方米 | 1500元 | 人造毛 |
| 马士荣 | 男 | 53 | 商贸宾馆 | 甘孜县川藏路61号 | 2002 | 8人 | 8亩 | 8400元 | 住宿、停车 |
| 敏生龙 | 男 | 45 | 兴泰布料经营部 | 甘孜县解放路78号 | 2001 | 1人 | 24平方米 | 940元 | 布匹、人造毛、马鞍 |
| 丁建宏 | 男 | 35 | 宏发行 | 甘孜县川藏路76号 | 1990 | 2人 | 20平方米 | 1450元 | 百货、民族用品 |
| 张毛南 | 男 | 44 | 福如海民族经销部 | 甘孜县解放路35号 | 1999 | 5人 | 48平方米 | 2000元 | 民族用品、布匹、人造毛 |
| 敏玉成 | 男 | 33 | 民族用品店 | 甘孜县川藏路66号 | 1989 | 2人 | 25平方米 | 920元 | 布匹、人造毛、马鞍、礼帽 |
| 敏塔黑 | 男 | 23 | 祥和源民族用品经销部 | 甘孜县解放路60号 | 1986 | 3人 | 48平方米 | 2416元 | 布匹、人造毛 |
| 马光海 | 男 | 29 | 盛世亨百货店 | 甘孜县川藏路82号 | 1998 | 3人 | 40平方米 | 2900元 | 民族用品、人造毛、电器、针织品、铝制品 |
| 敏叶古 | 男 | 43 | 民族用品商店 | 甘孜县川藏路69号 | 1995 | 3人 | 36平方米 | 1700元 | 民族用品、百货、曲拉 |
| 高国民 | 男 | 40 | 兴隆百货店 | 甘孜县菜市街71号 | 1995 | 2人 | 15平方米 | 1200元 | 百货用品 |
| 傅文华 | 男 | 28 | 洮州丝绸百货店 | 甘孜县解放路34号 | 1982 | 7人 | 300平方米 | 1380元 | 丝绸、布匹、民族用品 |
| 敏国才 | 男 | 32 | 甘肃民族用品经销店 | 甘孜县川藏路80号 | 2002 | 2人 | 18平方米 | 1450元 | 民族用品、军用品、布匹、绸缎、鞍具 |
| 敏尤努斯 | 男 | 40 | 兴隆综合门市部 | 甘孜县菜市街口 | 2002 | 2人 | 40平方米 | 2400元 | 瓷器、食品 |
| 丁克俭 | 男 | 42 | 兰州家电维修中心 | 甘孜县川藏路221号 | 2002 | 1人 | 20平方米 | 600元 | 家电维修、雅虹、厦华、乐华售后服务中心 |
| 张瑞奇 | 男 | 60 | 甘肃隆达经营部 | 甘孜县川藏路78号 | 2005 | 2人 | 22平方米 | 1450元 | 丝绸、布匹、民族用品、地毯、氆氇 |

续表

| 业主姓名 | 性别 | 年龄 | 商铺名称 | 坐落位置 | 开业时间 | 从业人员 | 商铺面积 | 商铺租金(月) | 主营 |
|---|---|---|---|---|---|---|---|---|---|
| 丁辉 | 男 | 40 | 启发毛线铺 | 甘孜县解放路70号 | 1999 | 2人 | 22平方米 | 1300元 | 启发、红豆牌毛线专卖 |
| 马玉虎 | 男 | 25 | 顺风百货店 | 甘孜县解放路80号 | 2007 | 2人 | 22平方米 | 1010元 | 绸缎、布匹、人造毛 |

在甘孜县有部分洮商主要从事以冬虫夏草为主的中药材生意。在虫草收购高峰季节，约有洮商150多人，2007年上半年经营虫草90公斤，拥有资金670万元。主要的洮商（行商）有：冶学仲（男，43岁，城关镇上古城）、敏先俊（男，43岁，小学，卓洛乡下园子）、丁俊杰（男，21岁，初中，卓洛乡下园子）、马瑞铭（男，55岁，初中，古战乡拉直村）、敏永峰（男，24岁，初中，卓洛乡上园子）、丁四三（男，43岁，小学，城关镇范家咀村）、马世海（男，42岁，初中，卓洛乡上园子）、马维信（男，37岁，高中，长川乡敏家咀）、马富文（男，32岁，初中，卓洛乡上园子）、黎福春（男，30岁，小学，城关镇下古城）、马广才（男，21岁，小学，卓洛乡上园子1社）、马秉龙（男，41岁，小学，城关镇上古城）等。

甘孜洮商个案访谈：丁绍光（甘孜县天兴隆附属综合门市部总经理）

采访时间：2007年8月16日

采访地点：甘孜县金牦牛宾馆

问：你能否给我们介绍一下你的家庭情况？

答：我作为共和国的同龄人，1949年11月出生于临潭城关镇教场村。1952年不满3岁时，我父亲去世，1956年未满7岁的我又遭遇母亲去世。年幼的我在长兄的照顾下，几乎在流浪中长大。由于父母过早的去世以及世事的艰难，尽管三年上学期间一直是班上的尖子生并一直担任年级大队长（臂章上有三道红杠），我还是怀着对学校的无限眷恋，含泪离开了钟爱的母校和一块儿嬉笑玩耍的同学们，过早地进入社会，和大人们一样加入到谋生的行列。早年辍学的经历给我留下了难以磨灭的印象和伤心的回忆，所以在对子女的教育上，我非常重视，所幸我的子女也很争气，五个子女中有四个先后考上了大学。其中幼子丁旭辉考上国家重点大学兰州大学的硕士研究生，2007年毕业后以优异的成绩被留校任教。

1968年，年仅18岁的我入赘人家，家务重担随即落在身上，由于当时政策尚未开放，在家务农。为了多挣几个工分，经常忘我地劳动。尽管如此，在举国皆穷的年代，仅靠挣工分维持家务显然是不够的。1978年改革开放的大幕在中国拉开，我成为第一批生意人，在每年的农闲季节，到附近的藏区做小本生意，来来回回在小件物品中赚取些微的差价以补贴家用。就这也比被单纯捆绑在土地上耕作的家庭要好得多，每次回家，不仅给自己家里带来急缺的粮食甚至带来在那段时间极为奢侈的牛羊肉。更为重要的是，长期跑藏区，使自己学会了一口流利的藏语，也认识了很多要好的“主人家”（藏族朋友），锻炼了自己的吃苦能力和适应外界环境的能力，这为今后在四川藏区的发展打下了良好的基础。

问：请你给我们介绍一下主要的经商经历？

答：1986年我怀揣几千元本钱上了甘孜，成为改革开放以来远赴甘孜“淘金”的洮商中的先行者。甘孜州有18个县，是四川第一大藏区，全国第二大藏区，其中甘孜县地处川藏公路要冲，是北线进藏必经之地。另外，甘孜县气候条件优越，有“小太阳城”之誉，人口相对较多，平时人来车往，高峰时车水马龙，是附近各县畜产品和各类中药材的交易中心，从商环境优越。

我经过深思熟虑之后，毅然决定将甘孜作为自己今后发展的“根据地”，没想到这一扎根一晃就是22年，这可是人生最宝贵的黄金岁月啊！要知道在当时下这样的决心是很不容易的，因为甘孜远离家乡，往返路途遥远，家中上有一对老人（岳父母），下有5个正在上学成长的孩子。但是生活的需要，养家糊口的重任使得我没有过多思考的余地，一直留在甘孜坐地行商，每年只回一两次家，源源不断地接济家里人的生活费用和孩子们的上学费用。

我每次回家总是不忘强调儿女们的学习，最大的希望是孩子们能够考上大学，希望孩子们圆上自己儿时的梦想。每次离家前，我都不忘叮咛岳父母，让他们抓紧孩子们的学业。时至今日，我最大的安慰是虽然父亲不在身边，孩子们却未曾耽误学业，都能认真学习，最后有四个孩子考上了大学，其中一个还考上了研究生。

1999年夏天，我的结发妻子因患乳腺癌撒手人寰，幼年痛失父母的我又遭遇中年丧妻之痛，人生的三大不幸（幼年丧父、中年丧妻、晚年丧子）我赶上了两茬，家庭的不幸并没有压垮我，我默默忍受心中的悲痛，继续在外拼打，为的是不给儿女增加负担。尽管我无论在体力上还是在心力上，确实需要休息，但生活的担子让我无法享受常人所拥有的天伦之乐。

经过20多年的拼打，我现在甘孜拥有三个铺子，分别是甘孜天兴隆绸缎庄，甘孜天兴隆附属绸缎经营部，甘孜兴隆综合门市部。前两个铺子以经营绸缎、布匹、人造毛为主，后一个铺子以副食、干鲜、民族用品为主。目前三个铺子共有员工5人，其中一人为合作伙伴。

问：请你谈一下经商过程中最难忘的事情？

答：2007年7月下旬某一天，我离开甘孜准备回家一趟，为了及早赶路，我和司机李某驾着一辆5吨康明斯车（车上装有蕨麻）早晨五点多从甘孜出发上路向马尔康进发。大约十几分钟后，汽车开到炉霍梁子脚下，就在此时，只见两名蒙面劫匪持枪拦住去路。为了有效阻止我们，两名劫匪朝着车前方的地面打了两枪，枪声打破了黎明的宁静。在车灯的映照下，我们能够清楚地看到他们手里拿的是54式手枪。车停下后，两名劫匪一左一右分别从两边包抄过来，分别将枪顶在司机的脑门（司机那边开着车窗）和我右侧的车窗上（我这边未打开车窗），厉声叫嚷我俩赶快把钱拿出来。

我面对着黑黝黝的枪口，就把身上仅有的3400元钱拿出来交给歹徒，旁边司机慢腾腾地取钱包，被急不可耐的歹徒一把从手里揪去。司机李某见状哀求："大哥，钱你们拿走，请把钱包里面的手续还给我，里面有行车证等有关证件，否则我们无法继续行车。"那名歹徒倒也"通情达理"，将钱包里面的钱洗劫一空后，将钱包扔回司机，然后喝令我们继续向前开车走人。

我们在劫匪的呵斥下向前方开车，歹徒迅即消失。由于不知歹徒身在何处，我们不敢返回甘孜报案。汽车翻越炉霍梁子后进入炉霍境内，我们就在炉霍县侏委乡派出所报案，该派出所做了记录。后来甘孜县公安局派人来调查此事，我们将劫匪的详细体貌特征以及案情经过做了陈述。但是结果不了了之，因为此类案件经常发生，并不是什么新鲜事，所以许多报案都是"不见下文"。

炉霍梁子地处色达、炉霍、甘孜三县交界处，地势高耸，荒无人烟，是事故多发地段，每年都有若干抢劫案件发生。

我在藏区很长时间，听说了许多类似的案件。借此机会我把有些情况给你们做一些介绍。如果仔细展开分析，现在这些劫匪和过去杀人越货的歹徒相比，如今的劫匪也"与时俱进"，即只越货，不杀人。更聪明的歹徒只拿钱，不拿笨重的货物，也不伤人，轻装上阵，轻装离开。因为这样就算不上是什么大案了，受害者大多由于庆幸保住性命也不会上告，至少不会反复告状，所以警方也不会过于认真追查。这样，劫匪的日子就相对好过。反过来说，如果劫匪频频杀人越货，势必引起警方重视并加大打击力度，这样劫匪无法再出头露面。另外，过往司机听了，也会绕道另走，劫匪们的生意也会断路。只有"轻装上阵"且"短线隐蔽"，向过往外地车辆"收点辛苦费"并保持相当的间隔时间的话，劫匪还是有生意可做。

我们做一个总结来说，第一，劫匪们选择晚上或者清晨行动。因为此时路上车辆极少，便于放胆行凶；第二，劫匪们一般选择山梁拐弯处或者爬坡地段或者路面狭窄险要地段下手。因为此时车辆行进速度缓慢，有助于行动成功；第三，劫匪们一般选择外地车辆下手，既然是出门人，身上肯定多少有些钱，外地人由于出门在外，保住性命为第一要事，而且事后无论是受害人还是警方都不会过多追究；第四，劫匪们一般不会太狠，其目的不是为了杀人，而是“找点钱花花”，所以除对钱以外的东西不太感兴趣。他们非常明白，如果拿了货物或者银行卡之类的东西，无异给自己找麻烦，只有钱既不暴露，又无记号，安全系数较高；第五，连续几次作案后，劫匪们就会收敛一段时间，直到风平浪静后，再择机行动；第六，劫匪们一般不会总在一个地方踩点，而是流动作案；第七，劫匪们一般速战速决、见好就收，绝不会拖延时间，也一般不会把你逼上绝路。

问：能否谈谈你经商多年的体会？

答：我从30年前的几百元起家，直到今天拥有上百万资产，其间生活的艰辛只有自己知道。和其他洮商相比，我一般都做稳当的生意，而不是跟随潮流而动。我之所以能长期在甘孜立足，从一开始就以诚信交人并诚信经营，在生意上使用足够的标准和充量的秤，从不缺斤短两，童叟无欺。可以说诚信是洮商在藏区立脚的第一大前提。

临潭人因为贫穷，所以年轻人出外谋生的多。许多人远离家乡来到这里，一路爬冰卧雪，风餐露宿，每年都有不少年青人死于非命，但他们大多坚守在高寒缺氧、空气稀薄的地方，艰难经营铺子，在给自己挣家务钱的同时，客观上也促进了当地经济的发展与繁荣，推动了内地与藏区的经济和文化交流。我认为这是一个事实，是非常重要的，一般人看不到这一点。同样，洮商在外面挣来的血汗钱也推动了家乡各方面的发展，为临潭县的非公有制经济注入了必要的资金和活力。

## 十二、西部牛仔城——玛尼干戈

2007年8月17日早晨，我们从甘孜镇出发，沿着雅砻江边西行，向着中国西部牛仔城——德格县玛尼干戈镇驶去。从德格县城到玛尼干戈镇约110公里，中途要翻越5000多米的雀儿山。

中午时分，我们终于到达德格县玛尼干戈镇。该镇位于317国道，在四川省西北角最后的一个岔道上，海拔高达3880米。以玛尼干戈镇为中心，继续西行是德格县县城更庆镇，跨过金沙江就进入西藏江达县境内；北去是四川石渠县，再上就是青海省的玉树县了；南下是甘孜县，再往南走就是康定县，它是川藏线北线重要驿站。

玛尼干戈是藏语“转经之地”之意，这里到处可见手持转经筒的藏族群众。玛尼干戈镇很早就是四川、青海和西藏的一个边贸重镇，昔日茶马古道的必经之路。由于方圆近百里没有像样的乡镇，南来北往的车辆和客人无一不在玛尼干戈镇补给和休整。所以，这里穿镇而过的来往车辆日夜不息，玛尼干戈镇晴天尘土飞扬，雨天风驰电掣的车辆溅起的泥水，让人躲避不及。虽然来来往往的过客每天都有，但小镇本色依然，没有过多夸张的色彩，有的只是几排房子和店铺。因特殊的交通地位，这里差不多变成了专为过往司机吃住和补充燃料的地方。对于玛尼干戈镇而言，商家看到的是交通要道，是翻越雀儿山的必经之地和歇脚之所。所以作为雀儿山下的小镇，玛尼干戈历来一直是行人和商家云集之处。

玛尼干戈镇上有洮商9家，拥有资金240万元，年上缴国家税收6.5万元，年支付当地租金17.27万元，从业人员33人。主要经营民族用品、日用百货、餐饮、中药材、家用电器等。

表26　**四川省甘孜州德格县玛尼干戈镇洮商情况调查**

（调查时间：2007年8月17日）

| 业主姓名 | 性别 | 年龄 | 商铺名称 | 坐落位置 | 开业时间 | 从业人员 | 商铺面积 | 商铺租金(月) | 主营 |
|---|---|---|---|---|---|---|---|---|---|
| 丁全福 | 男 | 38 | | 德格县马尼干戈镇主街 | 2006 | 2人 | 20平方米 | 500元 | 日用百货、副食品 |
| 敏永 | 男 | 24 | 敏永百货部 | 德格县马尼干戈镇主街 | 2004 | 3人 | 40平方米 | 660元 | 食品、日用品、小电器 |
| 敏生龙 | 男 | 40 | 甘肃民族商店 | 德格县马尼干戈镇主街 | 2007 | 5人 | 68平方米 | 800元 | 百货、民族用品、旅游品 |
| 敏俊成 | 男 | 38 | 百货商店 | 德格县茶马上街2号 | 2005 | 2人 | 15平方米 | 1200元 | 小百货、民族用品、化妆品 |
| 苏成俊 | 男 | 34 | 甘肃旅馆 | 德格县茶马上街47号 | 2004 | 4人 | 600平方米 | 4833元 | 停车场、饭馆、旅社 |
| 敏亥必 | 男 | 58 | 敏勇小卖部 | 德格县马尼干戈镇上街 | 2006 | 2人 | 30平方米 | 300元 | 布匹、百货、电器、服装、人造毛 |
| 丁永福 | 男 | 22 | 马尼万顺电器乐华专卖店 | 德格县马尼干戈镇上街 | 2006 | 2人 | 140平方米 | 1600元 | 家电、光盘、磁带 |
| 敏虎林 | 男 | 40 | 兴旺百货店 | 德格县马尼干戈镇三岔路口 | 1994 | 4人 | 320平方米 | 1200元 | 日用百货、民族用品、家电、化妆品 |
| 敏毛南 | 男 | 45 | 甘肃临潭清真饭店 | 德格县马尼干戈镇三岔路口 | 1998 | 9人 | 420平方米 | 3300元 | 各种面食、炒菜、住宿、停车 |

我们用午餐的地方是一家洮州餐厅，经理是我们摄影师敏生贵的堂弟，我们进行登记、采访和摄影后直奔雀儿山，敏生贵之堂弟提前赶赴德格，去安排迎接我们的到来。

## 十三、川藏线第一险——雀儿山

吃过中午饭后，我们继续向西赶路，从马尼干戈前往雀儿山的路是一条艰辛的长途险路。但沿途也有许多的美景，静谧的森林，巍峨的群山，秀美的草地，蜿蜒的河流，真是幻若仙境。公路两边耸立着威严挺拔的雪山，尽管时值盛夏，但山顶上的积雪却终年不化。

当汽车驶近雀儿山雪峰时，前方豁然亮出一道奇景。只见雪山耸立，巨大的冰川顺着山坡迤逦而下，如同一道巨大的银帐铺向大地，又如一挂凝固的瀑布赫然屹立于世人的面前。更让人心醉的是山下一泓碧透平静的水域宛如镶嵌在峥嵘雪峰间的一块巨大宝石，熠熠生辉，静谧高洁。原来这就是被誉为“西天瑶池”的新路海，藏语叫“玉龙拉错”。

新路海湖面海拔4040米，位于雀儿山脚下一处峡谷地带，距马尼干戈镇约16公里。尽管我们急着赶路，要在天黑之前必须翻越雀儿山，可是眼前如此美景，坐在车上的我们岂能不为所动，大家兴奋之情溢于言表，于是司机小张就在路边停车。

我们下车爬上路边山岩，居高临下观看新路海，但见这片狭长的水域，平静如镜，湖水清澈碧透，蓝天、白云、雪峰、冰川和湖畔挺立的青松，构成一幅动人的海市蜃楼。湖畔鲜花盛开，五彩缤纷，碧草绿地上撑起顶顶牧人的帐篷。要不是亲临此地，真不敢相信人间还有如此摄人心魄的美景胜地。看来倾城倾国的“美女”原来都“养在深闺人未识”。可我

们坚信，如此“美女”要是 “一朝选在君王侧”，必使“六宫粉黛无颜色”。可以说新路海是我们见过的川藏线上最美的地方之一，美得让人呼吸急促，让人慨叹文字的贫乏。新路海也是我们所见过的最完整的风景，蓝天、白云、绿地、雪山、冰川、溪流、湖水、小舟、鲜花、青松、倒

影、水鸟、怪石、帐篷、牛羊、牧人都在其中。敢问世界上还有哪个地方有这样完整的风景呢?

越野车疾驶在碎石路面上，美景不断映入眼帘，远处是雪山、群峰，近处是草地、溪流，渐渐地，海拔越来越高。下午四点多钟，我们到了雀儿山脚下，从老远就看见一座光秃秃寸草不生、碎石满坡的巨大山脉横亘于天地之间。很快汽车驶上盘山公路，山上寸草不生，据说这条公路是上个世纪50年代初由解放军进藏部队修建的，以后修修补补沿用到今日。

雀儿山可谓山路十八盘，车子随着行驶变得越来越高。再从车窗往下望去，但见我们直通雀儿山脚的公路如一条青黑色的布带，延伸到远方，大凡司机到了这里，无不认真驾驶，车速自然也是很慢。路的两旁都是碎石流沙，路的一弯跟上一弯之间几乎是半垂直角度，司机小张小心翼翼地驾驶着，我们坐在车上敛气息声，心里默默地念着护佑词。

雀儿山位于德格县境内，是川藏北线最为凶险的地段，海拔6168米，过山公路垭口5050米，垭口两头10公里路段为雀儿山五道班管理范围。这10公里路段为雀儿山事故多发地，都有俗名，比如：老一挡、老二挡。这是因为过去要通过这里，司机必须用一、二挡行驶，“燕子窝”、“老虎嘴”、“死门槛”、“鬼招手”，这几处地点均是最可怕的事故点。

雀儿山最难走的是每年2-3月的春季，因为气温慢慢升高，雪开始融化，冻土层开始虚浮，土质松软，时常坍塌，造成满地泥泞，加上路窄，车辆行驶艰难。5-8月是雀儿山最好走的季节，但9-10月雨季也会比较难走，有时会有大雾，能见度不超过一米。冬季雀儿山上积雪，路面常常形成冰槽，必须加防滑链。

半个小时后，我们到达雀儿山山顶垭口处，垭口旁边立着的海拔碑亭写着雀儿山垭口5050米，而峰顶海拔高达6500米，碑亭周围经幡飞舞。站在雀儿山顶上，看四周的群山次第并立，山口云蒸雾蔚，气象万千，大有“一览众山小”的感觉。

我们在海拔碑亭前拍照留念，又对雀儿山四周的山势作了拍照。但见群峰突兀，怪石林立，让人肃然生畏，偶尔有老鹰盘旋在上空。此时我们想起了毛泽东的诗句“离天三尺三”。但见天幕低垂，群嶂插入云霄，让人慨叹造化之伟大。此时我们对当地藏族群众在山上扯挂经幡确实有了更为直观的感受，山的雄伟让人感悟到了人的渺小。难怪这些大山让远古时期的人们望而生畏，不由自主地相信神灵的存在。由于山顶海拔太高，不宜久留，拍照完毕后，我们缓慢下山。

雀儿山每年10月30日–下年5月1日为单行道，原因是大雪封山，路面结冰，因汽车行走路面上结成冰槽，此时只能单向行驶。一般情况下，单号从这边到那边行驶，双号反之。据司机们讲，冬季开重车，轮胎要上防滑链，下山时虽有防滑链，但由于车重坡陡、弯急，加上山上冰雪作用，汽车一般刹不住，于是司机们索性顺着冰槽往下开，事实上是顺着天然结成的冰槽往下滑，一直滑到山下。要是车轮滑出冰槽，后果不堪设想。每一弯的一边紧靠山体，另一边是万丈深渊，幸好冬季雀儿山结冰严实，基本上能驱使车轮顺“轨道”而下。夏季虽然是双行道，但路面的标准是按单车修的，最危险的时候就是转弯处和次转弯时，或者是两车相遇错车时，此时稍有不慎，右边的车就会由于流沙下陷而翻下山崖。雀儿山几乎每年都有事故。雀儿山有一转弯处名曰“老一挡”，顾名思义，无论多高的车速，到此地方就得挂一挡（最慢的速度）。

2007年6月下旬，临潭的两位年轻洮商自驾一辆越野车翻越雀儿山后不慎坠入山崖，当即车毁人亡。我们行至出事地点后，停车拍照，然后四人一齐举手为亡者祈祷，之后我们继续下山。一直到德格县城，在整个下山的过程中我们五人默默无语，心情极为沉重。司机张世文和摄像师敏生贵在山上流下了悲痛的泪水。因为他俩和两位洮商生前较为熟悉，而我们三人虽然未曾和他们生前谋面，心情也依然十分沉重。

翻越雀儿山的心情是沉重的，因为我们一路就听着各地洮商对雀儿山行车难的描述与喟叹；翻越雀儿山的感觉是紧张而肃穆的，因为其山的凶险、陡峭，因为常年的冻土和泥石流、塌方，每年都夺去了无数行人的性命。回想着两位年青生命的惨然离去，让我们心痛和哀伤。如此凶险的山路，洮商在超常毅力的支撑下，勇往直前，前赴后继。一辈辈流传下来的创业和冒险精神，使洮商们在青藏高原恶劣的自然环境和气候条件下，敢于拼搏奋斗、敢于挑战困难，不断超越自我。

**一人有难、八方支援的雀儿山精神**

2007年6月29日，两位年轻洮商马某（临潭城关镇人，时年27岁）和冶某

（临潭卓洛乡人，时年29岁）自驾一辆越野车前往昌都，途经雀儿山“老一挡”前方不远处时，因驾驶不慎，加上天色已晚，路面不清，连车带人从几百米高的悬崖坠下，当即车毁人亡。车上装有120斤冬虫夏草（价值600万元）也随着滚落的汽车撒落在山间崖缝碎石中，酿成了震惊川藏线的雀儿山“6·29”特大交通事故。

在事故发生之前，他们二人曾在甘孜县城把收集而来的虫草装上车，准备拉到昌都去销售。6月29日途经马尼干戈时，还在洮商所开的清真饭馆吃了晚饭，然后七点多起身到德格县去，准备在德格县城更庆镇过夜。两人动身时天气还好，估计走到半路时分，天空就飘起了雪花，山下雪不大，但雀儿山顶上的雪却比较大。他们翻过雀儿山垭口，下山过程中要走完最后一道弯，行到向左转的一处特别陡峭的地方时不幸坠入数百米深的山谷。

当德格方面的洮商们听到这个不幸的消息时，已是第二天下午六点多了。德格县公安交警大队的副队长谢期茂最早通知了他们，说在雀儿山的西北面的山谷里发生了一起交通事故，从车号和散落的遗物上看，是你们甘肃人，从马尼干戈驶往德格县翻越雀儿山时出了事，出事时间大约在昨天晚上，请你们到现场进一步确认并协助处理善后事宜。谢期茂和交警李德元在6月30日下午冒着危险在山谷用石块覆盖了两位遇难者遗体。

消息很快传遍德格并迅速传向昌都、甘孜等地。德格县洮商们经过分析，很快就确定遇难者是经常过往雀儿山的洮商马某和冶某。于是大家马上通知附近的洮商，决定当夜前往出事地点营救，处理善后。德格洮商迅速自发地调集车辆前往出事地点，他们到达雀儿山脚下后发现，马尼干戈的洮商已到了出事地点，于是大家一起商量处理善后事宜。

同时甘孜、白玉、江达、昌都、贡觉等地的洮商和乡亲们也闻讯后迅速从四面八方集中到雀儿山。大约来了30多辆车，100多人。他们自发地为亡人祈祷，紧急处理后事。

当时处理善后事宜有两个方案。第一个方案是当晚就把两名遇难者遗体从山底深谷里运出来；第二个方案是由于夜黑，坡陡路滑，为防再出意外，天亮后再运。经过商量，大家一致认为不能将遇难者遗体久久搁置，应当连夜行动。既然决定了，就很快付诸行动。上百名洮商冒着危险，在漆黑一片的深山野谷里实施了搬运行动。

洮商们开始从山底的路面爬向出事地点，但随着海拔越来越高，空气越来越稀薄，再加上山势陡峭、雨雪交加，一时很难靠近出事现场。大家心情极为沉重，每往前迈一步，呼吸都变得非常的困难，人腿上像灌了铅一样沉重。到达现场后，在手电的映照下，寻找到遇难者后，他们揭开覆盖的石块，一起祈祷，并准备搬运。由于当时没有担架，只好把遇难者遗体固定在已损坏的汽车架上，然后在乱石缝中往出连传带抬，向下面远处的路面上缓缓移动。

当时的场面可以说让人悲痛欲绝，其现场惨不忍睹。汽车被摔得七零八落，连能使用的螺丝都没留下。在当晚的雀儿山山谷，只听到人们的抽咽声、呻吟声、身体与山石的碰撞声，还有体质弱的和上了年纪的人在石缝里摔倒的声音。有的人被山石划破衣服，有的被荆棘刺伤身体，但大家尽最大力量，小心翼翼地把两个亡人抬出山谷。短短一公里多的山谷，由于乱石遍地、荆棘密布，洮商们抬着亡人在山石间刺缝里慢慢移动，泪水、泥水、汗水浸透着他们的全身。整整用了一个晚上的时间，终于把两名遇难者遗体艰难地搬运到山底的路面上。

第二天天亮后，来不及休息的洮商们又转向出事地点，捡拾撒落在陡坡山谷间碎石缝里的虫草。为的是想多为遇难者家属挽回一点经济损失。因为他们知道，他们拿这么多的虫草肯定有欠账，可能还有银行贷款。尽管人的生命不能挽回，但是经济损失能挽回多少算多少，以最大限度地抚慰遇难者的家属。于是大家自发地组织起来，在德格县交警支队的大力帮助下，冒着被飞沙走石随时击中的危险，将事故车上飞洒在雀儿山悬崖绝壁上的冬虫夏草开始进行捡拾。

从山脚下抬头望去，只见崖顶的巨石像一只只秃鹫或者猛兽欲冲而下，上百名洮商毫无倦意，怀着悲痛的心情，拖着沉重的脚步，在事故现场60—90度的山坡上，连山羊也难以立脚的地方，手足并用，爬在棱角分明的碎石堆中，一步一步地寻找，一根一根地从乱石缝中、积雪残片里寻觅拾捡如寸钉大小的虫草。如果说他们是用肉眼和双手在寻找散落的虫草，倒不如说他们是用真诚和信念在捡拾虫草。整个山谷死一般的沉寂，只听到碎石不时的滚落声，窸窣的流沙声和轻轻的咳嗽声。越往上爬，石头越来越小，最上头是碎石流沙。踩着流沙往上爬，往上踩一脚，往下滑两步，不时传来有人滑下谷底的声音。

在天黑前，考虑到随时有乱石滚落，为了安全，现场指挥人员宣布停止拾捡虫草，所有人员往山下集合。在谷底集中的地方，人们把自己拾来的虫草从衣服口袋里一一翻出，全部交给现场负责人，那怕捡来的是一点断草也不曾落下，没有一个人把拾来的虫草据为己有。当天大家共拾到虫草48斤多，以1斤5万元计，此举为遇难者家属挽回240多万元的损失。另外德格交警在事发现场车体内拾得3斤多虫草和两万多元人民币，也一同集中起来交给了遇难者家属。

在雀儿山一天一夜的救援过程中，上百名洮商没有一丝怨言。德格洮商中凡是开食品铺和开饭馆的人都自发地给现场人员送来食品和饮料。同时，甘孜县上了年纪的洮商让年轻人到现场营救，他们着手筹办接送遇难者遗体的有关事宜，准备好去临潭的车辆，提前在甘孜做好两个木匣子并在车厢里铺好半车细沙，以防止亡人路上的颠簸。

在这里，值得称颂的是，在事发后不久德格的两位交警谢期茂、李德元第一时间赶赴事故地点，保护了现场，尽了人民警察应尽的义务。他们冒着危险保护了遇难者遗体，保存了车内残留的虫草和钱财，一直忙到天黑。谱写了新时期人民警察光明磊落、正气凛然，不为财利所动的感人事迹，树立了公安交警严守纪律、执警为民的新形象。2007年8月16日，为了表达公安交警为人民的优秀品德，我们调研组全体成员和德格县洮商一起为他们赠送了“警中精英拾金不昧，忠诚卫士名留青史”的金匾。

各地洮商齐聚雀儿山脚下，用汗水和真诚谱写了一曲大爱无声的动人旋律，铸造了令人肃然起敬、永远铭记和值得弘扬的“雀儿山精神”。他们在救援行动中展现出来的扶危济困、团结互助、齐心协力、一方有难、八方支援的精神一时在川藏线、青藏线上引起极大反响，受到了外地商人和各民族群众的称赞。这种无私奉献、全力相助的行为是洮商在当今市场经济时代所形成和延续的一种可贵的民族精神和人道主义情怀。雀儿山精神是当代洮商精神的重要组成部分和具体体现。

## 十四、川西进藏通道——德格

2007年8月17日，经过一整天的行驶，傍晚时分我们到达德格县城所在地——更庆镇。

德格县县城呈两山夹一河形状，山与山之间的距离不到300米，几乎是沿金沙江修建的一座县城，极为狭窄。除了我们前面经过的康定县、雅江县，该县城就是我们所走过的最为狭窄的县城。

德格，藏语意为“善地”，位于四川省西北部，东与甘孜县毗邻，西与西藏自治区的江达县隔金沙江相望，南与白玉县相接，北与石渠县接壤。全县总面积11025平方公里，总人口约6.49万，其中以藏族为主，占总人口的97.9%。县城所在地为更庆镇，距州府康定587公里，离成都953公里。县境属青藏高原东南缘，横断山系沙鲁里山脉北部金沙江峡谷地带，地形复杂。最高点为绒麦俄扎峰，海拔6168米，最低点是与白玉县交界的麦曲河进入金沙江处的丁都桥，海拔2980米。伟耸奇峻的雀儿山就横亘于县域中部，以东有原始、半原始的畜牧业，以西是耕耘有一定基础的农业。河流以雀儿山为分水岭，形成东部的雅砻江水系和西部的金沙江水系。全县

经济以牧业为主，山多地少，是甘孜州5个纯牧业县之一。

德格县在藏区享有“雪山下的文化古城”的称誉。创建于1729年的德格印经院，是迄今全国藏区最大的藏文印经院，素有“藏民族文化宝库”之称，为四川省重点文物保护单位。德格藏区在挖掘、整理、利用古代藏医药文献，研制名贵藏药，医治慢性病及消化系统疾病等方面有较大突破，为甘孜州藏医药医疗、教学、科研的基地。

每到夏天，前来此地旅游观光的中外游人络绎不绝，有力地带动了当地民族用品、旅游品等商品销售行业。近30年来，洮商们抓住当地的这一商机，积极经营，多行业投资，从而赢得了市场，获得了良好的经济效益，同时获得了与当地藏族群众在文化与心理交流、沟通的能力，以及顽强灵活的适应环境的能力。洮商们的热情、慷慨大方和真诚守信，获得了当地群众的赞誉。

我们到达德格县城后，德格的洮商们早已在等候我们，让我们非常

感动。吃过晚饭后，我们大家商定洮商座谈会当晚九点在绒麦昂扎茶楼进行。九点整，格德县洮商座谈会准时进行，座谈会由马怀礼经理主持，洮商马瑞祥、敏生贵等50多人参加了座谈会。在座谈会上，洮商们对我们能来德格县调研表示衷心的感谢和热烈的欢迎。他们说："洮商在这里经商已经有很长的历史，特别是1978年改革开放以来，这里的洮商每年高峰季节多达上百人，但从来没有学者关注过我们，更谈不上研究我们。你们的到来让我们体会到了自己的价值，体验到了社会对我们的关心。"

座谈会结束之后，我们照例连夜进行登记和采访。在座谈会上我们还得知，今年"6·29"雀儿山交通事故中，最先到达现场的是德格县交警大队的副队长谢期茂和警员李德元。他们得到消息后迅即赶往雀儿山出事地点。当时天色已黑，他们忍着饥饿和寒冷，将山上残留的40多斤虫草和3万元现金予以保护，同时用石头掩盖了遇难者的遗体。马尼干弋镇的洮商是第二天才得到这个消息的，然后迅速告知附近各地的洮商。当洮商们得知这一惊人的噩耗后，迅急从德格和甘孜方向向雀儿山出事现场赶去。经过一晚上艰苦的努力，终于将遇难者遗体从谷底搬运出来。洮商们为了表达对人民警察的谢意和满足我们进一步了解情况的需要，经商量决定第二天去交警大队表示谢意并进行采访。经洮商联系，我们于次日中午到达该县交警大队。洮商们燃放鞭炮，手抬匾牌，进入交警大队。其时，交警大队副队长和警员们已在等候我们。于是，我们便进行采访，更加详细地了解了"6·29"雀儿山交通事故。交警们对我们的来访表示热烈欢迎，也感到与我们专家相识并进行交流也是一件很难得的事情。德格县的洮商们也感到很高兴，他们再三表示，是我们给他们这里的洮商长了精神。

在德格县县城更庆镇的调查采访过程中，我们时时受到雀儿山精神的强烈震撼，也时时感受到洮商们身上那份执著，那份热爱生活的勇气，那份永不言败的自信与刚强，还有那份热情待人、善抓商机的坦诚与机智。正是这种精神，使洮商能够百折不挠，在任何艰难环境中都能开创新的业绩。

德格县现有洮商24家，拥有资金833.3万元，年上缴国家税收8.11万元，年支付当地租金35.94万元，从业人员64人。主要经营民族用品、日用百货、餐饮、中药材等。

表27　　**四川省甘孜州德格县洮商情况调查**

（调查时间：2007年8月17日）

| 业主姓名 | 性别 | 年龄 | 商铺名称 | 坐落位置 | 开业时间 | 从业人员 | 商铺面积 | 商铺租金(月) | 主营 |
|---|---|---|---|---|---|---|---|---|---|
| 马怀礼 | 男 | 45 | 吉祥中药材收购公司 | 德格县绒麦昂扎镇茶马上街4号 | 1999 | 2人 | 330平方米 | 3000元 | 中药材 |
| 丁仲才 | 男 | 43 | 建国铁件加工 | 德格县茶马上街179号 | 2008 | 2人 | 70平方米 | 1350元 | 电焊、铁艺加工 |
| 马瑞祥 | 男 | 55 | 绒麦昂扎清真饭馆 | 德格县绒麦昂扎镇茶马上街8号 | 2002 | 4人 | 45平方米 | 4000元 | 面食、炒菜 |
| 李永德 | 男 | 31 | 永德百货副食商店 | 德格县茶马上街5号 | 2003 | 3人 | 60平方米 | 2100元 | 日用百货、副食、家电、化妆品 |
| 敏瑞 | 男 | 29 | 五金铁艺铺 | 德格县绒麦昂扎镇茶马上街6号 | 2005 | 7人 | 180平方米 | 2800元 | 五金、炉子、门窗、防护栏、铁艺 |
| 王志刚 | 男 | 35 | 五金杂货铺 | 德格县茶马上街6号 | 2005 | 7人 | 240平方米 | 3600元 | 五金、塑钢、铁艺、铝塑、门窗 |
| 张开里目 | 男 | 48 | 旺盛绸缎铺 | 德格县茶马大街6号 | 1989 | 3人 | 75平方米 | 1500元 | 布匹、绸缎、铝制品 |
| 张尤四夫 | 男 | 53 | 丽华百货铺 | 德格县商业街国税大厦楼下 | 1982 | 3人 | 80平方米 | 2100元 | 布匹、绸缎、铝制品 |
| 丁一波 | 男 | 37 | 隆达百货商店 | 德格县绒麦昂扎镇茶马中街11号 | 1997 | 2人 | 110平方米 | 1500元 | 日用百货、鞋帽、箱包 |
| 马金龙 | 男 | 34 | 隆兴绸缎铺 | 德格县绒麦昂扎镇香巴拉步行街 | 1994 | 5人 | 220平方米 | 800元 | 布匹、绸缎、民族用品 |
| 丁正西 | 男 | 32 | 精美百货商店 | 德格县香巴拉步行街1号 | 2006 | 3人 | 118平方米 | 1700元 | 日用百货、化妆品、小电器 |
| 敏玉才 | 男 | 37 | 伊真百货店 | 德格县香巴拉步行街 | 2007 | 2人 | 80平方米 | 1600元 | 小百货、化妆品 |
| 黎黑孜然 | 男 | 41 | 临潭清真饭馆 | 德格县茶马下街 | 2007 | 5人 | 20平方米 | 600元 | 锅盔、小吃 |
| 敏志强 | 男 | 30 | 真美百货部 | 德格县茶马下街 | 2005 | 5人 | 20平方米 | 1200元 | 百货、民族用品 |

续表

| 业主姓名 | 性别 | 年龄 | 商铺名称 | 坐落位置 | 开业时间 | 从业人员 | 商铺面积 | 商铺租金(月) | 主营 |
|---|---|---|---|---|---|---|---|---|---|
| 敏英 | 男 | 37 | 迅达托运部 | 德格县绒麦昂扎镇 | 2006 | 2人 | 60平方米 | 300元 | 货运 |
| 杨志明 | 男 | 35 | 靓丽化妆百货商店 | 德格县绒麦昂扎镇茶马中街2号 | 1997 | 2人 | 40平方米 | 1800元 | 日用百货、化妆品、光碟、箱包 |

我们在德格县考察中，了解到这一带土特产品和中药材资源丰富，每年有许多的外地商人来从事这方面的生意。特别是在冬虫夏草收购高峰季节，商人们都云集于此。洮商也是其中的一支重要力量。2007年专门从事虫草生意的洮商拥有资金326万元，主要的洮商有：丁正南（男，33岁，文盲，城关镇范家咀）、马玉龙（男, 28岁, 小学, 城关镇教场）、马长春（男，25岁，初中）、孙永吉（男，20岁，城关达子沟）、敏生贵（男，40岁，初中，城关古城）、敏勺布（男，43岁，小学，城关城内）、刘少义（男，30岁，小学，城关大坡桥）、敏尔布都（男，58岁，城关镇）等。

德格洮商个案访谈：马怀礼（德格县吉祥中药材收购公司总经理）

采访时间：2007年8月17日

采访地点：德格县雀儿山饭店

问：听说你早年也有串乡的经历，能给我们回忆一下当时的情况吗?

答：我于1962年出生于临潭县城关镇教场村，1978年初中毕业后，由于家庭贫困被迫辍学。后来拾柴、驮炭，饱受人间艰辛。1980年我背着绿松石、羊羔皮等到甘、青、川三省藏区串乡。最早我是从玛曲县进入青海的果洛州一带串乡。我几乎用一双脚走遍了果洛州各县的每一个角落，每一个乡上都留下了我走过的足迹。后来到四川甘孜州一带串乡，大部分时间还是用双脚走路，偶尔遇到汽车搭载一程路。当时我“跑仓儿科”（串乡），出门带上80元钱的东西，一个月就能挣回80元。虽然万分辛苦，可也高兴万分啊！

当年，打狗棒和手电筒是我的随身之物，夜间石头缝中栖身，可防狼虫虎豹袭击，在漆黑的夜空中拾柴点燃熊熊篝火，用以御寒驱狼。有时候一两天吃不上饭，挨饿受冻是常事。冬季遇到江河支流，就挽起裤腿在冰冷的河水中泅渡。至今我还患有严重的风湿性关节炎，就是小时候出门在湿草地或过寒冷刺骨的冰河时留下的。

问：你从昔日做小本生意的商人到后来成为车老板，是如何实现这个转变的?

答：1984年我结束了4年的串乡经历，手头有了6000多元的积蓄回到家乡。虽然今天看来这些钱并不多，可那是真正的血汗钱啊！我回到家乡之后并没有闲着，更没有去潇洒，而是花了6200元从四川省汶川县岷山机械厂买回一辆四轮拖拉机开回家乡跑运输，主要在临潭地界跑，有时也跑合作、卓尼一带。3年之后，我手头已有了3万多元的积蓄。

1987年我将四轮车作价卖掉，怀揣这3万多元本钱前往四川阿坝县开铺子，主要经营民族用品、马鞍具、布匹等。一直开到1991年，我连本带利积攒了5万多元，加上银行贷款1万元到湖北省十堰买了三代东风卡车（6.2万元）跑长途运输。我作为车老板跟车3年，有时自己也和司机轮流开车。1994年，我又用跑车挣来的7万元买了另一辆三代东风车，开始两辆车上路跑运输，两名司机是雇用的。1997年，我将两辆三代东风车卖掉，又购进了8吨康明斯（17万元，办完手续22万元）和5吨康明斯（12万元，办完手续14.5万元）各一辆继续奔驰在川藏线上，标志着我跑车与时俱进，不断迈上了新的台阶。

问：给我们介绍一下你熟悉的川藏线的大体情况，在你跑车期间有哪些难忘的经历?

答：我跑车的路线基本上以川藏线为主。跑车期间很少回家，长年奔波在以山高路险、坡陡弯急、路基松软而闻名的川藏线上。毫不夸张地说，我们是手里提着自己的命在跑车。也许你要问我，中国有许多道路非常好的地方不去走，那你为什么选择随时都会送命的地方寻找生计呢？从安全角度考虑，川藏线确实危险，但危险系数大的地方利润也相对可观。当时在国内，川藏线由于路途凶险而运费比较高，这也是我们洮商车队冒着生命危险长年跑川藏线的主要原因。

所谓川藏线，主要是指从成都到昌都的运输路线。期间要经过二郎山（泸定）—雀儿山（德格）—岗托山（江达）—大玛拉山（昌都）等数座横亘于天地之间，令无数司机毛骨悚然的高山峻岭。另外还要跨越大渡河（泸定）—雅砻江—金沙江—澜沧江等数条大江大河。这些大江大河分别处于上述数座大山脉之间，每个地段都成两山夹一河态势，如折多山—雅砻江—雀儿山，雀儿山—金沙江—岗托山。由于这些大江大河都是从高海拔流向低海拔，所以大都水流湍急，恶浪滔天。无论人还是车，只要掉下去，瞬间就会消失得无影无踪。

就当年而言，由于二郎山还没有隧道，所以川藏线上最为凶险的路段应该是二郎山。有首经典老歌中唱到："二呀嘛二郎山，高呀嘛高万丈"。我们经常翻越二郎山的人，对这歌的歌词有刻骨铭心的体会。二郎山不光以凶险闻名，对跑车的人而言，由于经常出车祸，司机们无不闻之色变。一旦有车在二郎山遇险，其后果不堪设想，甚至可以说不用设想就可以知道严重的后果。由于二郎山路况危险，公路管理部门规定逢单双日分别从两面上山，即单号这边车辆上山，那边关闭；双号那边车辆上山，这边关闭。尽管如此，二郎山每年还是有若干车祸发生，我们的车辆有时遇到堵车，3天还翻不过去。

雀儿山是第二座危险系数高的大山脉，位于德格县境内，是金沙江和雅砻江的天然分水岭。冬季是雀儿山行车最危险的时候，一是海拔高。雀儿山垭口处海拔5050米，空气稀薄，汽车在关键时刻会使不上劲，而且冬季积雪形成的冰槽汽车防滑链同样出不上力。有时我们眼睁睁地看着可能要出事故，但也没有很有效的办法来阻止。在这种时候，我们只有口诵"清真言"（穆斯林的认主词，一般穆斯林归真前夕要反复念诵清真言，以表明自己信主独一），在一切托靠真主的前提下，极其谨慎地开车，缓缓顺着冰槽下滑。如果平安抵达山下，则车上的人才能松一口气，悬在嗓子眼上的心才会掉下去。

大玛拉山位于昌都附近，是川藏线到达昌都的最后一座大山（现在已改道），也是第四座凶险的山。由于大玛拉山叫起来有点拗口，所以老百姓一般称其为大拉玛山，地图上标为大玛拉山。大玛拉山以山大、弯多而闻名，山体绵延100多公里，共有108道弯，几乎每公里就有一道弯。

那个时候因为路况差，汽车的轮胎、内燃机等磨损很大，所以动辄会发生爆胎现象，机械故障更是家常便饭。偏偏有时就在山上发生机械故障，这样自然就受困于山顶。有时候冬天受困大玛拉山长达两三天，我们只能吃干粮或者用自带锅灶煮方便面充饥。而晚上大家挤在驾驶室中坐着过夜，相互之间用体温取暖。双脚冻得麻木了，醒来之后拧开汽车发动机暖脚。白天上山，偶尔有苍鹰盘旋在头顶，更增加了山顶的孤寂与荒凉。在海拔5000多米的茫茫雪山顶上，环顾周围，大有一种脚踏于地球之巅，一扫寰宇的味道。继而感慨"前不见古人，后不见来者，念天地之悠悠，独怆然而涕下"的情怀。就连撒尿时也不禁自嘲，此刻我们发问，有谁还能比我们尿得更高。

著名的炉霍梁子（现在已改道）位于色达、甘孜、炉霍三县交界处。炉霍梁子异常陡峭，当时负重的大车得两天时间才能跨越。在陡峭处，汽车马力不够，除司机在车上驾驶外，其余人员必须下车，肩扛手推，推着汽车艰难行进，汽车像挤牙膏般地吼着油门往前挪动，每次司机加大油门，猛踩离合，车轮每前进一步（5寸距离），趴在车后轮两面的人则在车轮下使劲塞石头或者用专用木枕以阻止汽车后退。等翻过炉霍梁子后，人已累得筋疲力尽，汗流浃背，浑身沾满泥土，但内心却充满喜悦之情，如同红军当年走出了草地一样。当然，前几年炉霍梁子上还经常有劫匪出没，伤害和抢劫过往的车户。

此外还有四姑娘山、折多山、岗托山、业拉山、甘巴拉山等都是事故多发地段。时至今日，我对汽车、方向盘之类东西异常敏感和排斥。甚至前几年我老是在睡梦里动辄奋力蹬被子，脸上表情十分痛苦。家里人惊问其原因，我惊醒后说我在踩刹车，因为我梦见车要翻下去。

问：当年洮商车队驰骋在川藏线上，除了洮商特别能吃苦外，还有其他的原因吗？

答：洮商车辆让桀骜不驯的雀儿山低头，使惊涛拍岸的金沙江顺服，特别能吃苦、能忍耐的洮商“车户精神”是最根本原因。除此之外，洮商开车技术娴熟、胆大过人，也是主要的原因。此外，能按时到点，及时交货。路上不耽误，货物无损耗，完璧归赵也是重要原因。按照跑车合同，超时会罚款。但洮商车户总能及时把货送到，完整无损地送到货运目的地，在货运业中赢得了众多客户。

问：当时的运价如何？运输车辆上下都能装卸货物吗？

答：上货一般是昌都老板从成都采购的副食、百货、建材等。下货基本上从位于金沙江中游的四川白玉县装载木材，拉到邛崃卸车。一般情况下，包车从成都到昌都运费是7000-8000元（4吨半）。往下拉1方木材为400元，一车能装17到18方木头。货主多为当地藏民，也有一些外地人。白玉有广袤的原始森林，是甘孜州最大的林业基地。

问：你是如何从车老板成为今日洮商中的中药材经营大户的？

答：2000年国家下令禁止天然林采伐，下货断路。这样我们只能跑单程，显然不划算。于是我告别了跑车生涯，将两辆康明斯忍痛卖掉。这个时候我有了50多万元的血汗积蓄。眼看自己即将步入不惑之年，我于是产生了想到城市发展的念头。同年，我就到成都荷花池中药材市场考察，经认真考察和反复斟酌，我认为中药材行业发展前景良好，且生意风险、辛苦程度比起跑车来说低得多，从此我一门心思投身于中药材生意。我果断地下决心在荷花池租了一个摊位（5厅2台63号）。2005年我又租了另一个摊位（11幢7排38号）。在每年9—12月中药材收购季节，我亲自坐镇德格县更庆镇并长期以这个地方为根据地，大量收购各类中药材，如羌活、秦艽、手掌参、赤芍、独活、生麻、贝母、黄精、大黄、黄芪、野生杏仁和野生核桃仁等。这几年虫草生意看好，我也适当做些虫草生意。但我深知，虫草生意风险很大，忽高忽低，稍有不慎就会亏本甚至倾家荡产。所以我投资重点没有放在虫草上，而是以中药材为主。

我在主打中药材生意的同时，还多少从事曲拉（奶渣）的收购，每年上交甘南华羚集团公司40多吨曲拉。除了收购季节，一年中大部分时间我在成都，有时候也到甘肃陇西、玛曲、合作一带收购中药材，如羌活、秦艽等。中药材一项我每年尽收入20万–30万元，曲拉一项我每年尽收入5万–10万元。我向云南白药厂、沈阳神龙药业有限公司和南京建民制药厂交货，相比之下，同这些大制药厂合作比较稳妥，无大起大落之忧。

问：你对未来有何打算？你认为洮商今后应向哪些方面发展？

答：我从中药材起家，生意有了长足的发展，在告别辛苦生意生涯的同时，自己头脑逐渐清晰起来，商业思维也不断拓展。以后我希望我们洮商多向城市发展，不能老盯着藏区。我认为藏区前景越来越不利于洮商的发展：一是藏区治安时好时坏，地方民族主义势力时有抬头，外地人经常受欺负，而当地的许多干部都袒护本地人。2008年7月德格县新都桥镇和10月20日道孚县八美镇两起针对洮商的凶杀案，就很能说明问题。两名多年在该地做生意的洮商惨死凶手刀下，案子至今没有告破，凶手仍然逍遥法外；二是藏区原先匮乏的商品和物资随着交通条件的改善和商品的大范围流通，已经有了很大的改变。也就是说藏区做生意的利润空间越来越小，与我们洮商付出的代价相比，在藏区做生意已无大的意义；三是部分藏区藏民手头“银根”紧张，除日常的一般消费外，大部分人无力购买较高质量的大宗物件。如虫草大幅度降价，靠挖虫草作为主要经济来源的藏族群众经济收入就会锐减，不得不大幅度削减经常性开支，无力购买许多商品了。所以，从区域上说，我们应该向大中城市发展；从经商领域说，我们应该向以办生产型企业为主的方向发展。

问：你常年奔波在外，对子女的学业有多大影响？

答：提起这个我内疚之意油然而生，应该说影响是很大的。作为父亲，我常年在外做生意，有时候终年不回家，对子女的关心肯定不够，这是我最大的遗憾。我的长子初中毕业后也只能步我后尘，现在临夏市搞铁艺加工，主要为军用品帐篷焊接支撑杆；次子初中毕业后也辍学来到我身边协助我做生意；只有三子今年考上合作民族师专。我现在将所有希望寄托在他的身上，只要他有出息，我会不惜一切代价供他上学。

我们计划德格考察结束后沿金沙江赴白玉县考察。谁知还未出发，就接到了白玉县洮商的电话，说他们已做好准备等待我们的到来。由于去白玉要沿金沙江而下，且路很不好走，出于安全考虑，德格县的马怀礼、马瑞祥等人决定开车专门护送我们去白玉。吃完饭后，我们两辆车便向白玉驶去。

## 十五、金沙江边的明珠——白玉

2007年7月18日下午六点多，我们平安到达白玉，入住白玉县粮食招待所。

白玉，藏语意为“吉祥盛德的地方”。位于金沙江中游，地处青藏高原向云贵高原的过渡地带，属横断山脉北段，金沙江上游东岸，沙鲁里山西面。东与新龙县接壤，南与巴塘、理塘两县毗邻，西隔金沙江与西藏贡觉、江达县相望，北与甘孜、德格县交界。县城麻通集镇距州府康定622公里，距省会成都998公里。全县总面积1.06万平方公里，人口约4.2万，县城海拔2970米。

白玉县经济以农业为主，牧业、林业占很大比重，种植业次之。白玉县物产丰富，土特产品种类多、产量大，属纯天然的绿色食品。野生食用菌有青杠菌、羊肚菌、白菌、猴头菌、灵芝菌、獐子菌等十余种，其中松茸产量最高。各类野生动植物药材有640余种，包括虫草、贝母、麝香、鹿茸、黄芪、知母、大黄、雪莲花、红景天等名贵中药材等，质佳量多。

白玉县属甘孜州管辖区，是金沙江中游东岸的一座县城。如果是在内地，从德格到白玉县的距离最多可用两个小时的车程。但由于沿途路况太差，我们竟用了六个小时才到达白玉县。我们的汽车从德格向西走了一段，到达金沙江畔后再折向南，沿着金沙江左岸南行。一路上地形呈两峡夹一河态势，中间是滔滔金沙江，对岸是西藏。金沙江成为川、藏两省的天然分界线。

时值盛夏，金沙江已是洪水滔天，浊浪排空。但见时而飞流湍急，时而舒缓平坦。偏西的太阳照在江面上熠熠生辉，泛着一波一波的亮光。当年中国人民解放军十八军进入西藏就是在此处用牛皮筏子渡江到达昌都的。由于路颠弯急，司机小心翼翼地驾驶，我们在车上也不时颠得头碰车顶。一路上发现好几处山岭流出几股清澈的河流注入金沙江，入口处泾渭分明，清者如翡翠，浊者如褐铜，二者并流，直到清流彻底混入浊流。有时在湾急处，江水浪头碰壁，又急速掉头，形成急流与缓流并行的壮观现象。我们行驶在修成的极其简易而狭窄的公路上，汽车不时扬起飞尘。我们汽车的右侧悬崖下面是飞流湍急的金沙江，向下稍看上一眼江水就会让人心里发麻。

说来奇怪，一江之隔，对面西藏的山岭却是郁郁葱葱，不时有森林覆盖，而此岸山上却是低矮的草甸，植被很差，两山之间的直线距离不过500米，最短处不过300米。在不停的摇晃中，一直到下午六点多我们才到达白玉县城。到达后即与当地洮商进行了联系，我们先住宿吃饭。虽知夏季是旅游旺季，去了好几处宾馆招待所，却都是客满。没有办法我们只好住进了当地的一家粮食招待所，条件是差了一点，但总算有了住处。当地没有清真饭馆，晚饭洮商安排在一家洮商的铺子里。

从地图上看，白玉处在十字地带。北面是德格县，南面是巴塘县，西边是西藏的左贡县，东边是四川的甘孜县，白玉刚好在四县十字处，按理说应该是发展的好地方，但由于交通不便，又处在金沙江腹地，无大桥与对面西藏直接相通，所以白玉实际上成了交通的死角。我们可以想象得出，第一批到白玉的洮商到达这里时是何等的艰辛。

虽然这里交通不便，地处偏僻，但白玉县城倒是依山傍水，十分精致。由于纬度靠南，气候温暖湿润，冬暖夏凉，街上树木整齐，浓荫蔽日，一座金碧辉煌的寺庙依山而建。一条非常大的清澈的河流将县城一分为二，该河在北边不远处注入金沙江。由于地势狭窄，沿河两岸的狭小地域早已盖满各色建筑，后来者只能到山上发展了，寺院也就主动修在山坡上，既显得错落有致，落落大方，又显得高大雄伟，同时还不占用民居空间，能隔绝僧人与尘世的沾染。看来当初寺院的设计者是很有远见的。我们仔细品味，这里面就有很深的藏文化理念。

白玉座谈会当晚在该县城的紫香园茶楼举行，气氛热烈，洮商们发言踊跃。随后我们进行现场采访和登记。第二天早晨起来后，我们进行摄像。

8月18日中午采访工作结束，我们吃完午饭后出发。在此之前，我们还去了白玉穆斯林临时礼拜点，主持人是年轻的马德福阿訇，他的身份既是阿訇又是商人。

从白玉县返回的路上，相对来说我们心理上轻松多了，一则司机熟悉了路况，二则我们心理上也作了调整。同行的德格洮商车始终走在前面开路。我们返回时，又沿金沙江北上，到达德格与进藏分路时的金沙江大桥附近，我们下车拍照留念，然后与为我们送行的洮商们握手而别。

白玉县有洮商18家，拥有资金1234万元，年上缴国家税收7.8万元，年支付当地租金40.42万元，共有从业人员48人。主要经营民族用品、日用百货、中药材等。

表28　　**四川省白玉县洮商情况调查**

（调查时间：2007年8月18日）

| 业主姓名 | 性别 | 年龄 | 商铺名称 | 坐落位置 | 开业时间 | 从业人员 | 商铺面积 | 商铺租金(月) | 主营 |
|---|---|---|---|---|---|---|---|---|---|
| 马然素 | 男 | 28 | 兴隆地毯铺 | 白玉县河东街 | 2006 | 3人 | 30平方米 | 2500元 | 地毯、藏毯 |
| 马德福 | 男 | 40 | 兴和民族商店 | 白玉县河东街34号 | 2002 | 2人 | 39平方米 | 1400元 | 民族用品、日用百货 |
| 马热木扎 | 男 | 50 | 洮州百货铺 | 白玉县河东街38号 | 2000 | 4人 | 15平方米 | 800元 | 民族用品、日用百货 |
| 杨南南 | 男 | 37 |  | 白玉县河东街邮电局 |  |  |  |  | 行商 |
| 丁瑞奇 | 男 | 38 | 新福百货店 | 白玉县城区48号 | 2004 | 2人 | 30平方米 | 2100元 | 小百货 |
| 马全昌 | 男 | 51 | 兴盛百货铺 | 白玉县城区32号 | 1999 | 4人 | 30平方米 | 1830元 | 小百货 |

续表

| 业主姓名 | 性别 | 年龄 | 商铺名称 | 坐落位置 | 开业时间 | 从业人员 | 商铺面积 | 商铺租金(月) | 主营 |
|---|---|---|---|---|---|---|---|---|---|
| 马俊 | 男 | 23 | 兰州三羊太阳能商店 | 白玉县城区98号 | 2004 | 2人 | 18平方米 | 700元 | 小百货 |
| 吴海云 | 男 | 21 | 海云商行 | 白玉县吉祥桥78号 | 2003 | 3人 | 75平方米 | 2950元 | 粮油、副食 |
| 敏志成 | 男 | 40 | 安多商店 | 白玉县河东街74号 | 2002 | 3人 | 60平方米 | 1900元 | 副食、电器 |
| 马德祥 | 男 | 52 | 欣欣民族铺 | 白玉县河东街40号 | 1996 | 2人 | 40平方米 | 1100元 | 百货、副食、电器 |
| 敏小强 | 男 | 38 | 西北民族商店 | 白玉县河东街183号 | 1999 | 4人 | 40平方米 | 1200元 | 副食、布匹 |
| 敏小刚 | 男 | 28 | 西北民族商店 | 白玉县河东街187号 | 2006 | 4人 | 40平方米 | 3300元 | 副食、布匹 |
| 苏继业 | 男 | 42 | 文兴商店 | 白玉县河东街182号 | 2002 | 3人 | 40平方米 | 1300元 | 副食、粮油 |
| 苟世雄 | 男 | 38 | 茂源商行 | 白玉县河东街178号 | 2006 | 3人 | 40平方米 | 3000元 | 副食、粮油 |
| 苏新生 | 男 | 27 | 兴旺食杂店 |  | 2006 | 2人 | 40平方米 | 4000元 | 副食、粮油 |
| 苏英 | 男 | 43 | 玉兰百货商店 | 白玉县河东中街76号 | 2005 | 3人 | 20平方米 | 1250元 | 副食、粮油 |
| 王海云 | 男 | 18 | 成都宏发货运信息服务部 | 白玉县河东后街龙多活佛租房 |  |  | 20平方米 |  | 货运信息 |
| 孙志文 | 男 | 28 | 天兴和商行 | 白玉县盛德路10号 | 1994 | 2人 | 55平方米 | 3300元 | 货运信息 |

我们在白玉县、德格县考察期间，往返金沙江，与洮商们谈起20世纪80年代初两位年轻的洮商在经商期间掉进金沙江的悲剧。

1981年农历五月初五——端午节这一天，一条惊人的消息迅速在临潭县传开：临潭有两名洮商（王某和马某）在四川、西藏交界处横断山脉的深山密林中做生意串乡，当日从西藏贡觉县境内往四川白玉县三岩乡乘坐牛皮筏子横渡金沙江时，不幸因牛皮筏子进水而沉入江心，旋即被滔滔的激流冲走，活不见人死未见尸。这是改革开放以来第一例洮商在外地遇难的事件。这一事件在临潭及附近各地成为一条爆炸性的新闻。人们无不为这两位敢闯敢拼而葬身金沙江的年轻洮商而扼腕叹息。为了真实地记录这一事件，我们调研组对当年的现场目击者和他们的亲友进行了实地采访。

**金沙江悲歌**

1978年中国改革开放的大幕开始拉开，改革开放的春风很快也吹到西北边陲古镇临潭。蛰居20年之久的临潭洮商们开始四处走动，寻找发展的出路。因为被捆绑在那片贫瘠土地上已经有太长的时间了，不甘心屈服于贫困的他们开始一批一批地出走，寻找发家致富的路子。从历史上看，根据洮商们所拥有的语言优势和地域优势，在一般情况下他们先在附近藏区谋求发展，进而把眼光扩展到青藏高原腹地。青藏高原对临潭洮商而言是非常熟悉的。因为洮商的先辈们曾长年累月奔走于这些地方。另外藏区地域辽阔，生产力发展水平低，物资和商品非常匮乏，经商利润空间大，商业空白点多，所以临潭洮商们在开放的初期，大多数人就走上了先辈们所走过的道路。

由于当时政策刚刚松动不久，一部分人还担心政策有变而在家乡观望，而一部分敢闯硬拼的洮商却自然地成了那个时代的带头人，王尔萨就是其中之一。生活艰辛而敢于冒险的王尔萨在1980年就远赴四川甘孜、西藏昌都一带经商做小生意。他去时带针头线脑和藏区日用小百货，来时带回一些名贵中药材，但在当时的情况下却获利不菲。在那个年代，像王尔萨这样敢出远门且能满载而归的年轻人，自然成为邻居们羡慕的对象和亲友们效法的榜样。他成为改革开放后第一批到达上述地方经商的洮商。

1981年王尔萨（时年39岁）又带了4人（其中1人为他的外甥刘永辉，时年17岁）离开家乡，继续深入到他前一年到过的西藏、四川一带藏区串乡。他们5人背着干粮和藏区紧俏的日用小百货，一路爬冰卧雪，历经艰辛。有时候，他们在公路主干道上遇到拉货的大车求情下话搭便车，而更多的时候，他们是用两条腿走路，用脚步丈量藏区的每一条山沟、每一条河流和每一座高山。他们行走的道路从今日的地图上看，仍是极度偏僻和封闭的高山深谷，在三三两两的村落人家中他们换取一些畜产品或者名贵中药材，然后设法带回家乡或其他地方出售，从中赚取一定利润。

1981年6月，王尔萨一行到达四川甘孜县，继而翻越雀儿山到达德格县，后到达金沙江对面的西藏自治区江达县一带四处串乡。然后他们又从江达县南下，在贡觉、芒康一带串乡。他们一路行进在横断山脉腹地的莽莽林区，进入眼帘的是无尽的高山峡谷，巍峨的雪山，汹涌澎湃的江河。他们耳听林涛鸣声，鼻闻野果芳香，眼见繁花似锦，路遇珍禽异兽。这里丰富的自然资源和优美的自然环境的确是地质学家和摄影家的天堂，可对于他们这些串乡寻觅生计的人来说，却无心欣赏周围这些自然的美景。因为他们白天匆忙地在赶路串乡，晚上还要寻找地方就宿。

王尔萨一行到昌都地区芒康县境内串乡访村，一直走到措瓦乡，又从一条深谷里走进去，结果发现前面是断头路，根本走不出去。于是他们决定从措瓦乡掉头向东北方向的金沙江前进。他们历经艰辛，穿越深山密林、深谷大峡后到达金沙江畔，却发现江边渺无人烟，原来这里是无人区。于是他们又沿金沙江北上，最后到达金沙江边的贡觉县境内三岩区。江对面是四川省白玉县的三岩乡，从三岩乡往北走70公里就能到达白玉县城。然而，这些地方根本没有桥，当地人世代靠牛皮筏子横渡金沙江。筏子手一般为当地剽悍的三岩藏民。据说，当年中国人民解放军十八军进藏部队也是坐牛皮筏子从这里渡江而过。

当日中午他们到达了三岩。经过向筏子手询问情况后得知，他们从江边渡口乘坐牛皮筏子可以渡过金沙江。原计划渡江后往白玉进发，但由于牛皮筏子比较小，每次最多只能承载4人，所以他们一行5人只能分两次渡过。刘永辉等3人第一批先上了牛皮筏子，然后筏子手缓慢小心地向对岸划去，一切都很顺利。接着王尔萨二人上了驶过来的第二趟牛皮筏子，筏子手继续划着牛皮筏子向对岸漂去。

牛皮筏子是用牛皮缝制而成，接缝处用炒面糊住。第一次划过去的时候，接缝处炒面被水浸泡一部分已经脱落，所以第二次过江时筏子已开始渗水，但他们谁也不知道这一情况，危险正悄悄向他们袭来。当筏子划到江心处时，江水不断浸入接缝处并进入筏子内，筏子开始缓缓下沉。就在离江岸只有十几米处时，只见筏子快速下沉，随即一个巨浪打来，将筏子和人一并打入汹涌咆哮的金沙江中，瞬间就不见了踪影。第一次渡过去在岸边等待的三人眼睁睁地看着他们4人（洮商王某和马某，还有一名藏族乘客和筏子手）被卷入滔滔的金沙江中。他们三人顿时感到天旋地转，一起哭喊着向下游追去，期待着能把他们救出来，企盼有奇迹发生。他们跑到下游近100米处，却发现金沙江河谷陡然变窄，两岸绝壁峭岩，水流因巨大的落差而更加湍急汹涌，水势更加凶猛。只见眼前江水咆哮，浊浪排空，无论是牛皮筏子还是人，早已消失得无影无踪。

悲痛欲绝的刘永辉等三人沿江岸追得筋疲力尽，只好停下脚步，望着金沙江泪如雨下。他们除了万箭穿心的痛苦外，还盼望着奇迹的出现。他们想到一路上5人白天风餐露宿，爬冰卧雪，晚上对空望月，陪伴狼虫虎豹，想到大家为了养家糊口，离妻别子来到这么遥远的地方……可谁也没有想到在金沙江畔却遭此大难，两名同伴殉难金沙江。

刘永辉等三人当夜露宿金沙江边，追思逝者。他们三人整整哭了一夜，眼睛都哭肿了。第二天天亮后他们擦干眼泪，溯江而上折回白玉，然后从白玉县城发电报给家里报丧。这期间，他们还尽全力给下游的人带话，希望能找到遇难者。但是几天过去了，没有任何的消息。知道遇难者已无生还的可能，他们盼望的奇迹没有出现，万般无奈的三人只好捧起金沙江水祭奠逝者，然后搭便车返回家乡临潭。

洮商为了生存，为了发展，在20世纪80年代初期，在金沙江上上演了一幕天人同悲、令人心碎的人间悲歌。所有的洮商和临潭人不会忘记这个日子——1981年农历端午节。

白玉洮商个案：马德福（白玉县兴和民族商店经理）

采访时间：2007年8月18日

采访地点：白玉县粮食招待所

我于1967年出生于临潭县城关镇下河滩村，小学毕业后在清真寺念经3年。后来由于家庭困难，我被迫走出清真寺去四处打工挣钱，主要以做木匠活为主。1994年27岁的我第一次出远门上了昌都，从此踏上了从商之道。最早我在昌都穿街走乡，以销售绿松石为主，期间也积攒了一定的资金。

2002年5月我从昌都跨越金沙江，南下来到白玉县开铺子至今，生意有了长足的发展，在主营民族用品和日用百货的同时，也兼收中药材和畜产品。

由于我早年有过念经的经历，我来到白玉后，白玉县穆斯林临时礼拜点随即成立，大家就自然地推举我为临时礼拜点负责人。考虑到当地洮商（全部为回民）的宗教生活需要，我没有推辞。我在生意之余，认真主持临时礼拜点的聚礼、日常礼拜、斋月封斋和一年一度的念“圣纪”等宗教活动。人数多的时候临时礼拜点有30多人，冬季人少时也有20人左右。白玉县洮商们对我非常好，在每年斋月期间根据个人情况还给我一定的报酬。

## 十六、川西北最高地——石渠

2007年7月22日，我们乘坐越野车行驶在青海高原上。由于海拔的原因，通往玉树的路上植被变得越来越稀少，尤其是高大的植物几乎见不着。车子到了黄河源头，坐在车上的我们激动不已，于是停车摄影拍照留念。中华民族的母亲河——黄河原来就在这里发源。只见涓涓雪水从远处各山上流下，汇成溪流，在阳光下熠熠生辉，闪着银光，欢快地跳跃着，流到河谷汇合而成涛涛江河。由于草原宽广，流到河谷的雪水形成半似河流、半似湖泊的流水，温柔地向彼此靠近。只有亲自来到这里，你才由衷慨叹自己想象力的贫乏和文字功底的浅薄。

高原上有句俗话："高原的天，娃娃的脸。"形象地说明了高原天气多变、反复无常的状况。从达日出来，我们几乎在不到两个小时的时间内经历了四季气候的变化，时而阴云低垂、时而云开日出、时而风雨大作、时而冰雹如豆、时而阳光明媚。正是"一日有四季，十里不同天"。

六月飞雪，以前只有在书上看到过。可现在我们亲身经历着，兴奋之情可想而知。我们打开车窗将头伸向窗外，想零距离感受一下六月飞雪的滋味，寻找一种别样的快感。谁知刚把头伸出去，却又立即缩回来，原来这哪是雪花啊，其实是夹杂着冰雹的雪花，冰雹肉眼看不见，打在脸上却是针扎般的难受，看来这里不是浪漫的地方。如果要想寻找堆雪人、打雪仗的感觉或者寻找踏雪觅踪、煮雪烹茗的意境，就得另找他处。

一泓逝水，几缕飞云，高原吐翠，牛羊颔首，一条笔直的公路宛如黑色的缎带通往天际。下午六点多，我们将车停在路旁，从车上取下干粮坐在路边草滩上吃晚饭。其实我们并不是很饿，只是考虑到小张师傅整天驾驶，非常辛苦。于是以吃干粮为名让他停车，从而抽空休息一会儿。从甘德、达日离开时，当地洮商给我们装了许多牛羊肉、馍馍以及红牛、红景天等饮料。据说红景天是高原人参，喝红景天饮料或者咀嚼红景天会减轻高山反应症状。从西宁出发时，张贵仁兄弟还给我们准备了两个氧气袋，以防遇到不测。

我们一边喝饮料，一边啃干粮。之后大家查阅地图，发现此处已是玉树境内，距歇武寺不远，离四川石渠较近，只有90公里。于是我们临时决定先去石渠调研，之后再回头去囊谦。因为从四川德格到石渠的距离却有300多公里。

临近天黑时，我们到达歇武寺。歇武寺是属于玉树州玉树县的一个镇，地理位置重要，向东直通四川石渠，向西可到玉树、杂多，向南直通囊谦，向北可到称多。我们决定连夜赶路，到石渠后再住宿。于是在茫茫夜色中，我们的车子行进在崎岖不平的山路上。由于窗外漆黑一片，也因路途的疲倦，我们不由得打起了瞌睡。路上不时有野兔等在灯光的照射下跃过路面和沿着路面奔跑，看样子要和汽车比速度，也有受惊的鹿迎着车灯惊恐地看着我们。由于这条路是砂土铺成，且一路山高、路陡、坡急，小张异常谨慎地驾驶，自然行驶速度很慢，如稍有不慎，后果就不堪设想。在行驶了4个多小时后，到夜里十二点多钟我们才到达石渠县城。石渠洮商张仲奎早已焦急地在街头等待我们。因为此前西宁的张贵良阿訇已经给他打过电话，所以他们一家早已在街头等待着。

我们从车上取下行李，在张仲奎一家非常热情的招呼下进入房间。张仲奎的铺子和住房是连着的，里头一个套间用来食宿，外面三间大房为铺子，里面摆满各种货物。我们坐定后，他们很快给我们倒上冒着热气的茶水。喝了一路饮料，嘴里感觉涩涩的，一杯热茶下肚，困意顿消。接着端来丰盛的晚饭，手抓羊肉和鸡肉是必不可少的。事实上我们连续几天吃肉，我们这些常年在城市生活的白面书生的胃确实有点吃不消了，所以大家都拣素菜吃。

石渠，藏语为“雅砻江源头”之意。地处川西北丘状高原山区，东北为巴颜喀拉山脉，西南为沙鲁里山北段，东缘吉根巴俄达者山峰，海拔5334米，其北贡嘎拉者山峰海拔5325米，全县平均海拔逾4000米。属大陆性季风高原气候，气温低日照长，昼夜温差大，无绝对无霜期。

石渠县以畜牧业经济为主，是四川省海拔最高面积最大的牧业县，总面积2.51万平方公里，草地面积约占90%，有“四川省第一畜牧业大县”之称。全县辖22个乡（镇），168个行政自然村，拥有63500人口。有可利用草地面积3317.13万亩，耕地面积6.89万亩，林地8.54万亩。工业、商业方面有农机修配，砖瓦、电站等小型工业企业10个，电站2座，装机容量625千瓦。有商业服务网点158个。

石渠县现有洮商8家，拥有资金620万元，年上缴国家税收5.07万元，年支付当地租金19.02万元，从业人员22人，主要经营民族用品、日用百货，兼营虫草、皮张、曲拉、蕨麻等生意。

表29　　**四川省甘孜州石渠县洮商情况调查**

（调查时间：2007年7月22日）

| 业主姓名 | 性别 | 年龄 | 商铺名称 | 坐落位置 | 开业时间 | 从业人员 | 商铺面积 | 商铺租金(月) | 主营 |
|---|---|---|---|---|---|---|---|---|---|
| 张仲奎 | 男 | 44 | 鑫达贸易商行 | 石渠县尼呷镇 | 1994 | 3人 | 200平方米 | 1800元 | 日用百货、民族用品、床上用品、家电、地毯、泡沫、帐篷、电器、家具 |
| 敏志强 | 男 | 38 | 腾达贸易商行 | 石渠县尼呷镇 | 1996 | 4人 | | 1500元 | 日用百货、民族用品 |
| 马文义 | 男 | 30 | 文明商店 | 石渠县尼呷镇 | 1998 | 3人 | | 1500元 | 日用百货、民族用品 |
| 张德龙 | 男 | 44 | 恒达百货商店 | 石渠县尼呷镇 | 2003 | 4人 | 200平方米 | 1500元 | 百货、建材、家电、民族用品、家具 |
| 鲜俊才 | 男 | 40 | 百货商店 | 石渠县尼呷镇 | 1997 | 2人 | 60平方米 | 2100元 | 绸缎、布匹、电器、民族用品 |
| 马亥力 | 男 | 57 | 百货商店 | 石渠县尼呷镇 | 1995 | 2人 | 50平方米 | 2200元 | 同上 |
| 马建春 | 男 | 27 | 百货商店 | 石渠县尼呷镇 | 1992 | 2人 | 90平方米 | 4550元 | 同上 |
| 王廉兰 | 男 | 38 | 拉卜楞商行 | 石渠县尼呷镇 | 1997 | 2人 | 21平方米 | 700元 | 布匹、民族用品 |

石渠县洮商个案访谈：张仲奎（石渠县鑫达贸易商行经理）

时间：2007年7月21日

地点：石渠县扎溪卡饭馆

第一批到石渠经商的临潭人为李培德父子，时间为 1990年。他当时有上万元本钱；卓洛的赛志泉一家三口为第二批到达者，时间为1991年；我和舅舅二人1994年到此，算是第三批“淘金者”；敏志祥、敏志强二兄弟于1996年到此，为第四批到达这里的洮商。现在，石渠县城有洮商8家共11个铺面，洛须区有4家，经营货物大致相同。东渠有敏志刚、马曼勒2人，2006年销货200万元左右。就县城来说，2006年好一点的铺子销货100万—120万元左右，次一点的铺子销售额也在70万—80万元之间，总体利润平均10%到12%左右。和周边青海各县比较，石渠县社会治安良好，很少有盗抢现象，税收也比较合理，绝大数铺子纳税不超过500元。虽然海拔最高，但市容整洁卫生，感觉舒适。当地人近几年增收也比较快，消费水平明显提高。随着牧民告别帐篷走向定居，当地常见的寒湿病大为减少。除铺子外，我个人还独家经营家具，每年销售额10万元。我经营的床和床垫均为折叠式，适合牧民生活需要。床、床垫和泡沫塑料年销售额20多万元，占总销售额的15%。相对而言，我的进货渠道畅通，条件较他人优越，一是时间长，人际关系比较熟；二是在当地建立了良好的信誉，回头客多；三是自己会驾驶车辆，不需要雇司机，做生意比较方便。

在石渠，蕨麻是当地的主打产品。去年我收了30—40吨，均收购价9—10元，下游销价11—12元，扣除运费，每斤利润1元；2007年上半年已收购30—40吨，均价10.5—11.5元，下游销价12—13元，价格稳中有升，利润空间一样。可以说，石渠做生意虽然很艰辛，但洮商们的经济收益还是比较好的。

◎第四章

# 走进神秘多彩之地——西藏篇

在20世纪80年代初期，洮商中的第一批“淘金者”已走向了西藏自治区的经商大门。最早到西藏的洮商主要是从事运输业，他们的足迹遍及拉萨、日喀则、林芝、昌都以及樟木和亚东口岸。时至今日，洮商遍布西藏各地区，主要集中于拉萨、昌都、那曲三个地区，其中以拉萨市为最多，此外林芝、山南和阿里地区都有洮商足迹。2007年8月19-31日，我们调研组一行5人对西藏的洮商进行了调查。

西藏位于中国的西南边陲，青藏高原的西南部。面积122.84万平方公里。西藏海拔5000米以上的山峰众多，长年白雪皑皑，冰川似银蛇飞舞。这里江河纵横，湖泊密布，湖水清澈如镜。亚洲著名的恒河、印度河、湄公河、伊洛瓦底江的上源都在这里。

西藏自治区是我国人口密度最小的自治区，总人口270多万，其中藏族人口250万。藏族除分布在青海、甘肃、四川、云南等省外，1/2分布在西藏。所以，西藏是全国藏族居住最集中的地区，占人口总数的95%以上，其余是汉族、回族、门巴族、珞巴族、怒族、纳西族等民族。人口密度1.73人/平方公里，仅占全国平均数的1/60。全区人口分布很不均衡，主要集中在南部和东部。雅鲁藏布江中游及其主要支流拉萨河与年楚河流域，是西藏人口最稠密的地区，平均10人/平方公里以上，其中拉萨平原、年楚河中下游平原、泽当平原等地50人/平方公里左右，拉萨城关区附近达100人/平方公里以上。藏西阿里、藏北那曲人口特别稀少，往往百里不见人烟。羌塘草原北部甚至被称为“无人区”。

## 一、藏东第一门户——江达

2007年8月19日中午，我们完成了白玉县城洮商的调研、采访与摄像后，就沿着惊涛骇浪的金沙江逆流而上。从白玉返回的路上，我们的心里相对来说轻松了一些，一则司机熟悉了路况，二则我们心理上也做了调整。与我们同行的德格洮商的小车始终走在前面，在沿江蜿蜒曲折、路况凶险的沙土路上，汽车颠簸不已，司机们非常小心。因为一边是浊浪汹涌的大江，一边是陡峭的山崖，加上凹凸不平的搓板路，短短70公里路程，走了六个多小时，直到下午两点才到达德格县金沙江大桥东端。这里也是

川西北甘孜州与西藏昌都地区以金沙江为界的交界处。洮商马怀礼等人一路护送我们到了这里，大家一起合影留念，相互道别，预祝顺利平安。他们由原路返回德格，我们继续按考察线路驱车西行，赶往西藏的东大门——江达县。

金沙江大桥有武警持枪守卫。此桥是20世纪70年代建成的，大桥贯通了川藏两省，川藏公路由此直达昌都，对西藏经济社会的发展起了重要作用。我们过桥那天，晴空万里、气候宜人、风景秀丽，见到这美丽的自然景象，过去的那种向往今日终于变成了现实，我们终于踏入了这个令人神往的神秘多彩之地，心里非常兴奋。此前我们在四川藏区考察了半个月，

大家已经是疲惫不堪。在四川境内，我们平均每天采访一个县，每次都是白天上路，很晚或夜里才到达，立即召开座谈会，进行考察工作。早晨起来摄像并补充调研，完了继续赶路，每天的睡眠时间不足5小时。

虽然只有一江之隔，西藏与四川的自然风光大不相同。西藏的江达抬头是青山，低头是绿水，山间鸟鸣幽谷。汽车盘山而上，海拔逐渐增高，再仔细看，离山顶还有很远距离，原来这就是藏东第一山——岗托山。只见山势雄伟，道路蜿蜒曲折。

汽车行进在高耸入云、蜿蜒曲折的岗托山深处，一路风光无限，让人心旷神怡。突然，峰回路转，地势平坦起来，晴朗的天空却阴沉下来，骤然下起暴雨，我们不得不在路边停下车，等待暴雨过后再继续前行。顷刻，路边的山沟洪水四溢，淹没了公路的路面。过了一会儿，暴雨慢慢小了下来，幸好我们开的是越野车，才能在这样的暴雨和洪水中前行。我们继续沿着山路疾行了两个多小时，终于赶到了江达县县城。

江达县地处藏东横断山脉，西藏自治区北部，昌都地区西北部，东与四川省石渠、德格、白玉三县隔江相望，北与青海省玉树县毗邻，南接贡觉县，西连昌都县。全县地势由西北向东南倾斜，为金沙江流域的河谷地带，山势险峻，境内最高的山峰有5300米，平均海拔约3800米，相对高差有3100米。海拔较低的东南部生长着大面积的森林，是农、林、牧多种经营的优势地带。县域东西最大距离286公里，南北最大距离327公里，总面积1.3万平方公里。县城距昌都镇223公里，距拉萨1170公里，距成都1070公里。

到江达后，已是下午五点多，尽管大家非常饥饿和疲劳，但为了节约时间，我们决定住店后再联系洮商开展调研工作。江达虽地势狭窄，人口也不多，但县城宾馆还比较多，有的还有一定的档次，这可能与当地的旅游业有关。如果说昌都是藏东门户，那么江达则是昌都门户，是通往昌都的必经之地。我们接连跑了几个地方，宾馆都已客满，条件差的实在没法住，于是我们找到长途汽车站旁边临街的交通招待所登记住宿。

住宿问题解决后，我们就到江达车站院内的一家清真饭馆吃饭。该饭馆设在车站院内，显然是为了方便往来司机的食宿。这个洮州清真饭馆是一家洮商开的饭馆。这是我们在西藏地界上遇到的第一个临潭老乡。当得知我们的身份和来意后，他们一家对我们非常热情，如同亲人般招待，特意为我们做了美味可口的大盘鸡和拉面。结账时他再三拒绝收我们的饭钱，说这样未免太见外。在经过再三推辞后，我们强留下50元作为礼金送给他的小孩。因为我们知道他们在这么远的地方做些小生意实在不容易。

晚饭结束时，当地洮商马物里闻讯而至，他是丁汝俊教授从小一块儿长大的邻居。当听说我们到来，非常高兴，在街上四处寻找我们。遇见我们后他非常热情地执意要请我们吃晚饭，怎奈我们饭已经吃过，但盛情难却，我们只好答应晚上调研完后再去坐坐。

江达的夏季由于太阳下山较晚，我们决定乘天色尚明，抓紧时间对江达的洮商进行调研。

晚上九点，我们如约前往马物里住处，随我们而来的还有其他几位洮商。马物里的家人早已给我们准备了丰盛的晚餐，桌子上摆满各种水果和饮料。大家边嗑瓜子边交流，气氛热烈。不知不觉中已到深夜了，但能够在千里之外的异域他乡相遇实在不易，机会难得，所以我们在屋里集体合影留念。随后我们一行告别各位洮商，马物里送我们回到招待所。

8月20日，也就是进藏的第二天，大家一大早起来，准备好行装，匆匆吃了早点，就离开江达县县城，驱车直奔昌都。

根据调查，江达县现有洮商10家，拥有资金264.3万元，年上缴国家税收7.44万元，年支付当地租金30.1万元，从业人员29人 。主要经营民族用品、日用百货、食品饮料、牧区用品、人造毛、化妆品和餐饮业等。经营方式大多为家庭式，其次为伙伴式、家族式、庄村式和教坊式。

表30　**西藏自治区江达县洮商情况调查**

（调查时间：2007年8月19日）

| 业主姓名 | 性别 | 年龄 | 商铺名称 | 坐落位置 | 开业时间 | 从业人员 | 商铺面积 | 商铺租金(月) | 主营 |
|---|---|---|---|---|---|---|---|---|---|
| 马海龙 | 男 | 38 | 潭江百货商店 | 西藏自治区江达县嘎通街 | 1995 | 8人 | 27平方米 | 2550元 | 民族用品、百货、藏毯 |
| 敏先顺 | 男 | 34 | 临达百货店 | 西藏自治区江达县嘎通街 | 2004 | 2人 | 45平方米 | 315元 | 百货、民族用品 |
| 马尕西 | 男 | 27 | 马益商店 | 西藏自治区江达县嘎通街 | 2006 | 2人 | 77平方米 | 2900元 | 百货、民族用品 |

续表

| 业主姓名 | 性别 | 年龄 | 商铺名称 | 坐落位置 | 开业时间 | 从业人员 | 商铺面积 | 商铺租金(月) | 主营 |
|---|---|---|---|---|---|---|---|---|---|
| 马路退 | 男 | 35 | 兴隆清真饭馆 | 西藏自治区江达县嘎通街 | 2007 | 2人 | 30平方米 | 600元 | 面食、小吃、手抓、大盘鸡 |
| 马成龙 | 男 | 19 | 雪域百货店 | 西藏自治区江达县嘎通街 | 1988 | 2人 | 96平方米 | 3850元 | 绸缎、百货、地毯、人造毛 |
| 敏建福 | 男 | 33 | 永兴商店 | 西藏自治区江达县嘎通街 | 1997 | 2人 | 40平方米 | 3200元 | 民族用品、日用百货 |
| 苟尚恒 | 男 | 36 | 临潭清真饭馆 | 西藏自治区江达县嘎通街交通旅馆院内 | 2006 | 3人 | 60平方米 | 1600元 | 面食、炒菜、大盘鸡、手抓、小吃 |
| 刘永红 | 男 | 48 | 兴隆商店 | 西藏自治区江达县嘎通街 | 1987 | 2人 | 42平方米 | 3750元 | 日用百货、民族用品 |
| 敏亥牙 | 男 | 46 | 再回首商店 | 西藏自治区江达县嘎通街 | 2006 | 4人 | 25平方米 | 4000元 | 日用百货、民族用品 |
| 马勺布 | 男 | 48 | 伊民百货商店 | 西藏自治区江达县嘎通街 | 1984 | 2人 | 45平方米 | 3150元 | 民族用品、日用百货 |

## 二、三河一江汇合地——昌都

昌都是西藏的门户，藏东重镇。气温变化多样，河谷气候湿润，山顶处红土裸露。我们的车沿河谷行进。离昌都不远有一座大山——大玛拉山。它海拔5000多米，据说得绕108个弯，大车上山下山得5、6个小时，其中大部分时间都在山梁上行驶。大玛拉拐弯处往往是事故多发地带，宛

如江达附近的岗托山，过往司机无不谨慎驾驶，胆子小的司机根本不敢到昌都来，或者至少冬天不来。只有胆识过人、技术娴熟的洮商，才不畏艰险，不惧山高水深，严寒酷暑，一如既往地穿行在这条路上。但据不完全统计，自改革开放以来，已有数十名洮商鲜活的生命丧失在这条险峻的道路上。这座山上路窄、坡陡、弯急、沟深、岩凸、土松，这些都是行车的大敌，可以毫不夸张地说，能在这条道上纵横驰骋的司机一定是国内一流水平的司机。行进在川藏路上的司机，必须吃苦耐劳，艺高胆大，眼疾手快，反应迅速。具体来讲就是要手能、脚勤、嘴乖、眼亮、心细。耐瞌睡、忍饥渴、战风沙、斗严寒。所有这些他们都不怕，用他们自己的话说，最怕的还是“人”，就是在有些路段还有明火执仗，拦路抢劫的车匪路霸。现在的土匪也不“土”了，而是变换手法。他们有枪、有子弹、有望远镜等“作战武器”，“目标”侦察好以后，合伙行动，在拐弯处强堵汽车以要“辛苦费”、“修路费”。若有不从，轻者将身上钱财劫掠一空，重者杀人弃尸，连车带货一并“开走”，许多案件都成为悬案。

进入21世纪，昌都的交通和各地的治安环境发生了重大变化。从江达到昌都基本上都是柏油路，再也不需绕行大玛拉山，而是走从山底下沼河谷开辟的一条新路。这条新路的贯通，既节省了里程，又避免了车辆上山的风险。

昌都县位于西藏东部，澜沧江上游。面积10794.4平方公里，人口9.5万，辖3镇12乡206个行政村和9个街道委员会，地处三江一河地区（昂曲、扎曲、色曲、澜沧江），美丽的昌都镇就坐落在扎曲、昂曲两河交汇处。昌都县既是藏东最大的城镇，也是地委、行署所在地，是晶都地区政治、经济、文化、交通的中心，还是最大的商贸集散地和最大的市场。

我们经过五个多小时的长途行车，8月21日中午十二点我们进入昌都县昌都镇。只见昌都镇高楼大厦林立，跟20年前相比发生了很大的变化。到多多卡市口时，我们透过车窗看见好多熟悉的面孔，许多洮商——“虫草家”正站在那里做生意。

我们决定先登记住处，再联系当地洮商开展工作。我们依次去了金川宾馆、昌都饭店等，最后还是决定住在离市区较近的金川宾馆。于是我们准备坐上车掉头向金川宾馆行驶，刚要上车时，洮商苏生光和沙鹏举已闻讯而至，得知我们要去金川宾馆时，他们便抢先乘车前去登记。

我们这次之所以未给昌都的洮商提前打电话联系，就是怕麻烦他们。但还是被他们抢先了一步，沙鹏举、苏生光他们还是掏钱给我们登记了宾馆。我们问他们是怎么知道我们要来的，他们说：“你们的调研工作川藏线、青藏线都传遍了，大部分洮商都知道，非常地高兴，所以我们知道你们这几天就要来。刚才有人看到甘P牌照的车，凭感觉估计就是你们。于是我俩乘车沿街追寻，昌都的几家宾馆我们心里是有数的，你们去的地方我们也大致就能判断。”对他们的盛情，我们由衷地感谢。

到了昌都以后，大家感到非常疲惫，经过讨论研究决定我们在昌都多待几天。一是调整一下身体，便于下一步工作；二是昌都洮商很多，有许多洮商具有典型性，工作量比较大。我们在宾馆安排好后，便跟随苏生光、沙鹏举穿过昌都南街，去昌都清真寺门口的清真餐厅用餐。

这时餐厅主人早已准备好丰盛的午餐，我们上楼后，闻讯而来的洮商很快坐满了几桌。大家得知我们专门为洮商调研而来，心情非常激动。多年来，跟他们打交道的除了商人还是商人，日常生活中不是讨价就是还价。他们已习惯于表述别人，而不会自我表述。用他们的话说，这一次才是第一次被正式的专家调研人员所关注，才第一次有了表达自己思想和经商感受的机会。

在川藏线紧张工作20多天使我们劳累之极，在这里做了短暂的休息，身心放松下来，反而觉得不适应。我们洗完澡休息片刻后，便走出金川宾馆，步入昌都市区调研。在金川宾馆的斜对面是近几年落成的天津澜沧江广场（天津援建），它正好建于两江汇合处，广场中央耸立着一尊雕塑，上面塑一大鹏展翅，象征扎曲、昂曲两江汇合。我们在这里合影、留念，随即在主街上去感受夏日藏东明珠昌都的风貌。

在昌都调研的3天中，昌都洮商给我们提供了良好的服务。他们积极联系在昌都的所有洮商，组织座谈会，配合我们进行每一项调研工作。特别值得一提的是还专门安排车辆，带我们参观了昌都主要的景点和商贸场所，还去了昌都东边的大玛拉山顶，让我们俯瞰到了昌都的全貌。大玛拉山正如洮商所言，汽车沿山路一弯接一弯，缓缓而上，不少拐弯处都挂有经幡。问及原因，他们说这里出过事故。按照藏族的习惯，一旦出了车祸，其藏族家属便要在遇难处挂上经幡，以超度亡灵，也是寄托对死者的哀思。我们看着路边抖动的经幡，但见坡陡路急，路边土石松软，驾车人遭遇任何一种情况，如急弯、松土、错车，快车、重车等，一旦走神都可能出事故。

我们到了山顶开阔处，几辆小车一字长蛇阵停放在路边。大家下车取景、摄像，陪同前来的10多名洮商一个个脸上荡漾着笑容，自信、豁达、成熟、洒脱、刚毅都写在他们的脸上。大家在山顶合影留念，然后找一平坦处草地席地而坐，进行交流。我们还没发问，他们便你一言，我一语争相诉说自己的奋斗历史。我们坐在带来的地毯上，吃着瓜子，喝着饮料，听着他们不是传奇的传奇，心中无限感慨。洮商马俊海、敏勺布、丁学义、苏文林等一个个情绪激昂，自豪地谈起他们当年是如何背着绿松石走在茫茫雪地里串毡房，怎样去串乡赶牛，如何与大自然抗击的动人故事。当有一个洮商谈到自己卖掉绿松石后数钱的时候，怎样禁不住激动流泪大哭的情景时，大家都沉默了。我们知道他们此时的心情非常的沉重。还没有人真正了解他们具体奋斗的经历，也没有人去真正走进他们的世界。

当大家在山顶畅谈的时候，苏生光、沙鹏举、敏永海等人不见了。我们一问才知道他们坐车直奔大玛拉山底处的几户藏族人家去买羊，理由是要让我们这些专家在昌都吃一顿最新鲜的羊肉。其实这一路上，我们几乎天天在吃牛羊肉，喝红牛饮料。在昌都也是顿顿有肉，每顿肉也是很新鲜的。但在这样一个高山上，他们还不辞辛苦去买羊，昌都洮商的诚意和热情，让我们非常感动。

但过了许久，他们几个空手而归。问及原因，他们去了附近村庄，家家也都有羊，可就是不往出卖，最后他们把每只羊的价格给到1200元，还是不卖。羊没买到，也就没吃成，可是昌都洮商的盛情给我们留下了极为深刻的印象，成为这次调研过程中永远挥之不去的记忆。其实，在我们川藏线调研的一路上，各地洮商送给我们的饮料，几乎全是罐装红牛。当时一罐价格7元，是所有饮料中最昂贵的。也就是说，如果还有比红牛更贵的饮料的话，他们也会毫不犹豫地给我们，希望我们的调研工作顺利进行，能够实现对洮商的第一次正式历史记录。

8月22日晚，昌都地区洮商座谈会在昌都饭店大型会议室隆重召开。

昌都洮商苏生光主持了会议，昌都清真寺管委会主任杨纯灵、副主任冶龙仁、开学阿訇马志明、临时礼拜点马阿訇应邀出席，当地洮商120多人出席了座谈会。

在座谈会上，我们将过去一个月的调研情况，此行的目的和任务，以及将来产生的成果向洮商作了汇报。同时，我们根据调研的结果和此前对洮商的研究，客观地肯定了昌都洮商的贡献，高度评价了洮商吃苦耐劳，团结互助的精神。在座谈会上，我们相互交流时，有不少的洮商流下了激动的泪水。

座谈会结束后，我们按计划的调研项目对昌都洮商情况进行了全面的调查。白天，我们已经选择光线比较好的场地对代表性的洮商进行了专访和摄像。

我们原计划第三天要离开昌都。可是昌都清真寺要过伊斯兰教的圣纪节，寺管会领导再三挽留我们，并邀请我们去清真寺参加圣纪节。经过大家讨论认为，虽然我们调研时间安排紧，但洮商和寺管会领导的情意却难以拒绝，故决定第二天早晨去参加圣纪节，中午离开昌都。8月23日上午，我们一行应邀参加昌都清真寺的圣纪节，被邀请到寺内大殿前排就座。圣纪节在一片庄重、严肃的气氛中开始。只见数人簇拥着阿訇，高声诵念赞圣词缓缓步入大殿，殿内众人起立，两边站立，齐声附和。殿内每人手里有一炷香，整个气氛庄重、肃穆。我们在千里之遥的藏区腹地参加具有浓郁伊斯兰风情的圣纪节，这还是第一次。

圣纪活动结束后，大家在清真寺会餐，之后我们应邀到寺管会主任杨纯灵家里做客，并对他做了短暂的采访。中午十二点，我们告别昌都前往林芝。在离开昌都时，洮商和临潭籍群众全体集合列队站立在清真寺门口为我们送行，与我们一一握手告别。

在昌都调研期间，我们对昌都的民族宗教情况进行了较为全面的了解，特别是对昌都回族的来源和发展作了调研。

根据历史记载，昌都地区是回族穆斯林最早进入藏区进行经济商贸活动的重要地区之一，所以昌都也是西藏境内最早修建清真寺的地方之一。作为西藏东部重镇，当地很早就有回族入居。清康熙五十八年（1719年）昌都正式建起了清真寺，当时驻防昌都的清军回族官兵给予了捐助。1733

年后，清政府在昌都驻军500人。据现有资料来看，穆斯林在藏区做翻译者很多，这显然与穆斯林为藏区的外来移民以及穆斯林流动经商的特点有关。另外，20世纪50年代中国人民解放军十八军取道昌都入藏时，有大批回族青年踊跃随军做翻译而离开了昌都，从而很大程度上导致了昌都回族人口的减少。

昌都清真寺修建在昌都镇中心位置，始建于清康熙五十八年（1719年）。在杨怀德阿訇以及清真寺修建小组的精心组织下，教民们同心同德，出财出力，踊跃捐款，甚至驻防昌都的清军中信奉伊斯兰教的官兵也解囊捐款，所以工程进展顺利。教民们各尽所能，发挥了自己的聪明才智，建成了一座中国古典宫殿式建筑。清真寺建筑面积2700平方米，其中大殿占地300多平方米，寺内建筑得体，礼拜殿、学房、教长室、厨房、水房等错落有致，布局合理。从大门到二门过道用石条铺砌，长15米，宽1.3米，石板条厚度0.6米；二门到大圣之间全用小青石铺就，大殿前有一棵千年大榆树，树根部周围砌有高1.5米、长3米见方的花台，四面种花，每年夏秋季节姹紫嫣红，中间留有一处空白，作为宣礼台，以呼唤教民按时礼拜。在二楼，门楼里竖一椭圆形石碑，高1.5米，宽0.7米，石碑两边浮雕为二龙戏珠图案，正中刻有汉文。歇山顶寺宇，前后卷棚相连，檐角高挑，棚顶装点十五个白尖坨，远远望去，古朴典雅，蔚为壮观。正门和南侧单扇门是拜主的进出口，大圣顶棚有垂柱俯悬，柱头雕为莲花状图案，花瓣线条清晰，非常好看。墙壁上挂满名人赠送的匾额，如“真乃唯一”、“清净无染”、“咸尊真教”、“本然清高”等，令人肃然有悟。

大殿双门上悬有一幅蓝底金字大匾，据传是康熙五十年（1711年），由康熙皇帝册封昌都佛寺帕巴拉为呼图克图，正式颁发帕巴拉呼图克图诸门汗册印时，皇帝亲赐给昌都清真寺的。

清真寺基础设施比较齐全，运作功能正常。开学阿訇杨怀德继续担任教务工作、管理工作，强化了董事会，大家分工负责，各司其职，清真寺充满了生机。原来零散居住的教民自行迁到清真寺周围的色仓生和达然通（即现在的东幸福街和聚盛街东）聚合成一个回民社区，类似于唐代的蕃坊（蕃客们居住的教坊），形成了一个拥有共同地域、共同语言、共同信仰和共同心理素质的稳定的共同体。

众所周知，清真寺是穆斯林社区的符号，也是穆斯林组群认同的标志，是穆斯林心灵归属的殿堂。1978年党的政策落实后，重建昌都清真寺提上了重要的议事日程，以尽快满足广大穆斯林的宗教需要。1990年，昌都县有回族穆斯林18户，另外，在这里长年经商的外地穆斯林有200余人，他们都盼望昌都有一座清真寺。1990年9月，在昌都穆斯林群众的努力以及昌都地区民族宗教部门的关怀下，昌都县政府归还了占用原清真寺的部分地方共计700多平方米。

1991年4月，昌都县政府拨款5万元，昌都穆斯林自筹资金5.12万元，在昌都经商的部分甘肃籍、宁夏籍以及四川籍穆斯林商人也慷慨解囊，一座简单别致、结构精巧、朴实幽雅的小清真寺终于在1991年12月13日落成了。1991年修建的昌都清真寺位于昌都县城关镇，占地2.3亩。礼拜殿总体建筑呈传统歇山式，殿内长8.5米，宽52米，建筑面积54平方米，能容纳100多人礼拜。殿门正中高悬“宏扬真教”木雕漆金匾。殿前台阶下有一棵百年榆树，与大殿漆红门栏相对，别具风韵。现在，寺内还存有清代乾隆年间的碑文，上书有“昌都县清真寺”字样。从历史上讲，这是昌都清真寺的第三次修建。

由于当初资金不足，第三次修建的清真寺工程质量没有达到要求，造成大面积漏雨和地基下沉，进而导致大殿梁弯、铺垫霉腐、地板损坏，根本无法做礼拜。后虽多次维修仍无济于事，翻修清真寺成为当务之急。另外随着外来昌都经商的穆斯林人数逐年上升，原有清真寺大殿面积狭小，容不下越来越多的礼拜者，无法满足广大穆斯林的宗教需要，所以有必要将原来的大殿拆了重修。

2005年4月，昌都清真寺筹委会在当地政府的亲切关怀下，在拉萨大、小清真寺和日喀则清真寺以及昌都经商穆斯林的大力支持下，募集资金40万元，第四次开工修建昌都清真寺，也就是我们今天看到的昌都清真寺。第四次修建的昌都清真寺是一座融伊斯兰建筑和藏式建筑于一体的新殿堂，既有醒目的伊斯兰特征，又有浓郁的地方建筑风格。新礼拜殿建筑面积170余平方米，全部造价43万余元，可容纳200人同时礼拜，此次修建，较好地满足了穆斯林的日常宗教需要。

为更好地解决清真寺的收入，实现清真寺的自养问题，清真寺辅修客房9间，铺面7间以及沐浴室等配套设施共400平方米，每年通过房租收入来填补清真寺各项开支，其中有3间铺面的收入用来支付阿訇的薪水，较好地解决了阿訇的后顾之忧。另外，寺管会还考虑条件具备时，因地制宜地开展一些商贸活动，以进一步拓宽清真寺的资金收入，最终实现“以寺养寺”的愿望。

2006年9月24日，第四次修建的昌都清真寺竣工。在竣工典礼上，中共昌都地委副书记、昌都地区政协主席仁青措姆，昌都地委统战部部长旦真旺加等莅临祝贺。当地回民代表、外省区穆斯林代表以及远道而来的拉萨大、小清真寺，日喀则清真寺教长以及寺管会成员一道参加了庆典。

昌都清真寺的重建，意义十分重大，它不仅是昌都穆斯林自我意识的表达，也是昌都多元文化的外在表现；不仅是民族团结的象征，也是我国宗教信仰自由的有力体现，是我国社会主义大家庭里民族和睦、宗教和顺、社会和谐的具体见证。

论及昌都清真寺的复建，不能不提到昌都清真寺管理委员会主任杨纯灵（藏名洛桑）先生。现年72岁的杨纯灵先生系原昌都清真寺杨志平大阿訇的长子，是昌都县城关镇土生土长的回族，中专文化程度，就当时而言，算是昌都回族当中文化程度最高的。杨纯灵先生从小就在昌都读私塾（藏、汉、阿三语并举）。1950年10月昌都解放，同年11月，杨纯灵参加中国人民解放军，被分配到第十八军工作团当战士，1951年赴重庆西南公安部第五处边防训练班学习，1953年返回昌都工作直到1982年。1990年起从事昌都清真寺的复建工作。1993年任中国伊斯兰教协会第六届委员，西藏自治区第七、八、九届政协委员，昌都地区第六、七、八、九届政协委员，昌都县人大代表和政协常委。现任昌都清真寺管理委员会主任。

杨纯灵之子杨幸志，1982年生，藏名洛桑尼玛，现年25岁，中共党员，大专文化，是改革开放以来昌都本土穆斯林中产生的第一个大学生，毕业后赴昌都地区察雅县工作。

现年55岁的冶龙仁是昌都清真寺管理委员会副主任，他一面经商，一面兼做寺管会的工作。他是临潭县城关镇人，1983年离开家乡到昌都经商，常年往返于内地与昌都之间。冶龙仁热衷于穆斯林公众事务，经商之余，常常为昌都清真寺的复建与发展出力，得到当地回族和外来经商穆斯林的信任与支持，于1984年当选昌都清真寺管委会副主任。由于杨纯灵先生年事已高，且到昌都清真寺参加礼拜和节庆活动的人大多为临潭籍穆斯林，所以除重大事务外，昌都清真寺的许多具体事务由冶龙仁负责。

昌都清真寺的管理模式既保证和尊重了本地穆斯林，又照顾和吸纳了外地穆斯林，很好地协调了本地穆斯林和外地穆斯林的关系。具体负责管理清真寺的寺管会，对外既要协调清真寺与当地政府管理部门的关系，又要协调穆斯林民族与当地主体民族——藏族的关系；对内既要协调本地穆斯林与外地穆斯林的关系，还要协调分属于不同地方（甘肃、青海、四川、云南）的外地穆斯林之间的关系，即使来自同一地方的穆斯林，也要考虑不同教派门宦的关系。可以想象，没有宽广的胸怀、很好的组织能力和一定的威望，是很难当寺管会重任的。

如今在昌都清真寺寺管会的领导下，昌都的广大穆斯林结合自身的历史特点，为巩固和强化穆斯林的信仰，吸引和团结各地穆斯林，积极筹集资金，为发展穆斯林文化教育事业而努力。在每年冬季（生意淡季）和斋月期间，寺管会及时举办中短期穆斯林学习班，动员和团结更多的穆斯林来清真寺学习，以提高本地和外地穆斯林的文化素养和宗教素质。而伴随着穆斯林商人宗教素质的提高，宗教的力量很快就能转化成巨大的道德约束力，并具体体现在他们的日常行为上，如尊老爱幼、趋善避恶等；体现在商业行为上，就会大幅度减少和杜绝经商过程中的以假当真、以次充好、短斤少两等现象。从整体上来说，自然也就提高了穆斯林在当地的声誉，这也是穆斯林能够长期扎根昌都并赢得藏民们信任的重要原因。可以说，昌都清真寺的存在，对留住外地穆斯林商人，吸纳外来资金，繁荣和发展昌都地方经济，发挥着重要的作用。所以，昌都清真寺的复建也很大程度上体现了地方党政领导的政策水平和长远的经济眼光。

在昌都发展的历史上，随地入籍的回族退役军人和难民，通过垦荒种植，把内地先进的农耕技术带到昌都，使农耕文化与草原文化互相沟通。而他们自身也入乡随俗，喝奶茶、吃糌粑，与此同时，他们把自己的饮食文化也传授给藏族人民，如回式果点、油炸食品、菜肴面食，增加了藏历节日和喜庆日子的食谱品种，使游牧民族的生活发生了质的变化。这也是回族商人做出的重要的贡献。他们翻山越岭，历经千辛万苦，把内地的日常用品运到昌都各村落，打通和拓宽了汉藏两地的经济通道，极大地提升了当地藏族人们的生活水准，缩短了与内地经济的差距，填补了那里商业体系的空白，增进了友谊，加深了民族交往。

民族的属性和特质，必然在民族社会的相处和交往中作出反映。昌都的一位老人这样评价穆斯林："不敬这些人敬谁啊？他们不吸烟、不喝酒、不赌博、不骗人、忠厚老实、不吵架骂人，更不伤害别人。他们宰牛羊，虽然是罪过，但我们吃的又干净又可口，内外洁净是裹嘎（即戴白帽的回族）。"当地干部、活佛、喇嘛都喜欢回族操刀所宰的牛羊肉，认为吃得称心可口。

在住房建筑式样方面，昌都回族也吸收藏式建筑特点，其外形和当地藏族没什么两样，但在内部陈设与布置方面，则吸收了汉族特点，同时，也具有浓郁的穆斯林色彩。民族之间交往接触是互动的，穆斯林的单身汉在求偶择婚时，藏族人也不以另眼看待，不存任何隔阂，会愉快地接受和穆斯林的联姻。藏民族认同伊斯兰教文化，尊重回族的礼尚习俗，在回族姓氏后加上藏语里面表示吉庆和祥的字眼，以示对回族的尊重。

昌都县的洮商主要有两类：一类是经营冬虫夏草的洮商，他们是这里经济活动的主体。据我们调查，在昌都县虫草交易高峰季节洮商人数达100-120人。而专门从事虫草经营的洮商有40多人，2007年上半年经营虫草1397.5公斤，交易额约为1.118亿元；另一类是从事信息业和物流业的洮商，还有部分洮商从事民族用品的批发与零售。现有洮商铺面10家，拥有资金601万元，年上缴国家税收5.25万元，年支付当地租金34.78万元，从业人员36人。主要经营民族用品、日用百货、食品饮料、牧区用品、人造毛、化妆品等。经营方式大多为家庭式，其次为伙伴式、家族式、庄村式等。

表31　**西藏自治区昌都县洮商情况调查**

（调查时间：2007年8月22-23日）

| 业主姓名 | 性别 | 年龄 | 商铺名称 | 坐落位置 | 开业时间 | 从业人员 | 商铺面积 | 商铺租金(月) | 主营 |
|---|---|---|---|---|---|---|---|---|---|
| 马俊海 | 男 | 37 | 海兴商行 | 西藏自治区昌都县林业局楼下 | 2003 | 8人 | 346平方米 | 5800元 | 民族用品、百货、信息业、虫草 |

续表

| 业主姓名 | 性别 | 年龄 | 商铺名称 | 坐落位置 | 开业时间 | 从业人员 | 商铺面积 | 商铺租金(月) | 主营 |
|---|---|---|---|---|---|---|---|---|---|
| 敏永海 | 男 | 45 | 昌都农贸商城2楼1号 | 西藏自治区昌都县中路 | 1996 | 4人 | 142平方米 | 2400元 | 民族用品、布匹 |
| 丁尚义 | 男 | 45 | 昌都农贸商城3楼 | 西藏自治区昌都县中路 | 1990 | 3人 | 15平方米 | 1100元 | 布匹、人造毛 |
| 苏生光 | 男 | 49 | 昌都农贸商城2楼81号 | 西藏自治区昌都县中路 | 1996 | 3人 | 122平方米 | 2300元 | 布匹、人造毛、绸缎、民族用品 |
| 马振兴 | 男 | 42 | 振兴商店 | 西藏自治区昌都县中路61号 | 1998 | 2人 | 230平方米 | 3420元 | 日用百货、副食 |
| 敏生前 | 男 | 58 | 昌都农贸商城4楼152号 | 西藏自治区昌都县中路 | 1993 | 2人 | 45平方米 | 1265元 | 地毯 |
| 马继贤 | 男 | 33 | 天兴隆绸缎铺 | 西藏自治区昌都县中路农贸商城3楼 | 1985 | 8人 | 290平方米 | 6800元 | 地胶、绸缎、地毯、布匹、服装、民族用品 |
| 马吉庆 | 男 | 48 | 友谊绸缎铺 | 西藏自治区昌都县中路农贸商城3楼 | 1996 | 2人 | 55平方米 | 2800元 | 绸缎、布匹、人造毛、民族用品 |
| 李　平 | 男 | 20 | 昌都农贸商城3楼 | 西藏自治区昌都县中路农贸商城3楼 | 2000 | 1人 | 11平方米 | 640元 | 布匹、人造毛 |
| 敏勺布 | 男 | 48 | 昌都农贸商城 | 西藏自治区昌都县中路 | 1992 | 3人 | 100平方米 | 2200元 | 民族用品、百货 |

表32　**西藏自治区昌都县专营虫草洮商情况调查**

（调查时间：2007年8月22–23日）

| 姓　名 | 性别 | 年龄 | 文化程度 | 临潭家庭地址 | 2006年虫草收购量 | 2007年上半年虫草收购量 |
|---|---|---|---|---|---|---|
| 沙鹏举 | 男 | 45 | 初中 | 城关镇教场村 | 250—300公斤 | 100公斤 |
| 苏文林 | 男 | 42 | 高中 | 城关镇上河滩 | 150公斤 | 15公斤 |
| 敏孝龙 | 男 | 39 | 高中 | 卓洛乡上园子 | 20公斤 | 50公斤 |
| 冶龙仁 | 男 | 53 | 小学 | 城关镇西河滩 | 50公斤 | 22斤 |
| 敏勺布 | 男 | 48 | 小学 | 城关镇 | 200公斤 | 10公斤 |
| 马麻南 | 男 | 55 | 小学 | 城关镇小祖庙 | 40公斤 | 30公斤 |

续表

| 姓 名 | 性别 | 年龄 | 文化程度 | 临潭家庭地址 | 2006年虫草收购量 | 2007年上半年虫草收购量 |
|---|---|---|---|---|---|---|
| 丁胡赛 | 男 | 37 | 小学 | 长川乡长川村 | 20公斤 | 15公斤 |
| 丁奴尼 | 男 | 56 | 小学 | 长川乡长川村 | 20公斤 | 15公斤 |
| 马继才 | 男 | 29 | 小学 | 城关镇达子沟 | 10公斤 | 10公斤 |
| 韩生华 | 男 | 32 | 小学 | 城关镇西河滩 | 5公斤 | 10公斤 |
| 丁喜元 | 男 | 58 | 小学 | 长川乡长川村 | 15公斤 | 7公斤 |
| 敏福元 | 男 | 44 | 高中 | 流顺乡汪家咀 | 150公斤 | 35公斤 |
| 杨 林 | 男 | 27 | 初中 | 城关镇下庄子 | 30公斤 | 8公斤 |
| 敏贤义 | 男 | 54 |  | 卓洛乡 | 5公斤 | 8公斤 |
| 马昭杰 | 男 | 33 |  | 城关镇教场村 | 10公斤 | 10公斤 |
| 张国栋 | 男 | 40 |  | 长川乡 | 5公斤 | 6公斤 |
| 冶永安 | 男 | 39 |  | 羊永乡 | 10公斤 | 6公斤 |
| 马如林 | 男 | 35 |  | 羊永乡 | 8公斤 | 25公斤 |
| 丁学明 | 男 | 56 |  | 城关镇教场村 | 10公斤 | 10公斤 |
| 敏贤礼 | 男 | 43 |  | 卓洛乡 | 10公斤 | 4公斤 |
| 华忠德 | 男 | 40 |  | 城关镇 | 8公斤 | 10公斤 |
| 丁伟才 | 男 | 28 |  | 城关镇 | 6公斤 | 7公斤 |
| 冶维福 | 男 | 25 |  | 羊永乡 | 5公斤 | 10公斤 |
| 冯义德 | 男 | 41 |  | 城关镇 | 15公斤 | 5公斤 |
| 冶学智 | 男 | 30 |  | 羊永乡 | 30公斤 | 20公斤 |
| 敏永胜 | 男 | 22 |  | 城关镇 | 20公斤 | 16公斤 |
| 张国胜 | 男 | 30 |  | 城关镇 | 3公斤 | 5公斤 |
| 马建福 | 男 | 35 |  |  | 150公斤 | 21.5公斤 |
| 马 彪 | 男 | 41 | 初中 | 城关镇教场村 | 250公斤 | 45公斤 |
| 张尤努 | 男 | 37 |  | 羊永乡太平寨村 | 75公斤 | 25公斤 |
| 张物理 | 男 | 34 | 小学 | 羊永乡太平寨村 | 250公斤 | 10公斤 |
| 王世学 | 男 | 24 | 初中 | 羊永乡李岗村 | 250公斤 | 10公斤 |
| 丁学义 | 男 | 42 | 初小 | 城关镇教场村 | 1000公斤 | 50公斤 |
| 丁伟荣 | 男 | 35 | 小学 | 长川乡长川村 | 300公斤 | 100公斤 |
| 马尔巴 | 男 | 38 | 小学 | 城关镇达子沟 | 5公斤 | 3公斤 |

续表

| 姓名 | 性别 | 年龄 | 文化程度 | 临潭家庭地址 | 2006年虫草收购量 | 2007年上半年虫草收购量 |
|---|---|---|---|---|---|---|
| 马维杰 | 男 | 45 | 初中 | 城关镇西河滩 | 5公斤 | 9公斤 |
| 丁成喜 | 男 | 40 | 小学 | 羊永乡太平寨村 | 5公斤 | 10公斤 |
| 冶成忠 | 男 | 29 | 初中 | 城关镇西河滩 | 5公斤 | 20公斤 |
| 敏永海 | 男 | 45 | 小学 | 城关镇敏家巷 | 15公斤 | 20公斤 |
| 李德胜 | 男 | 38 | 初中 | 新城镇南街 | 500公斤 | 150公斤 |
| 丁忠义 | 男 | 39 | 小学 | 城关镇达子沟 | 40公斤 | 25公斤 |
| 丁木个 | 男 | 42 | 小学 | 城关镇达子沟 | 500公斤 | 300公斤 |
| 敏学仁 | 男 | 19 | 小学 | 城关镇教场139号 | 16公斤 | 20公斤 |
| 乜志成 | 男 | 30 | 小学 | 卓洛乡上园子村 | 350公斤 | 200公斤 |

昌都洮商个案访谈之一：苏生光（昌都农贸商城2楼81号商铺经理）

时间：2007年8月22日

地点：昌都金川宾馆

问：听说你很早就经商，能否简单地谈谈你的从商经历？

答：我于1957年出生于老家临潭，1岁时父亲去世，母亲改嫁。由于家庭生活难以为继，我初中毕业后被迫辍学。14岁时我被一位藏族朋友带到夏河县麦西公社（即现在的达麦乡）锻炼，一呆就是两个月。其间学会了一般的藏语会话，并大致熟悉了藏区环境和藏族的风俗习惯，为以后在藏区经商打下了基础。由于生活非常困难，日常开支举步维艰，考虑到我祖上曾多年在藏区经商，有许多固定的"主人家"（朋友），也就是说有一定的群众基础，这也坚定了我去藏区经商的决心。

我从夏河麦西公社回来后，从临潭县城买了一些干辣椒、韭菜准备背到夏河麦西零售，走到完冒（距离临潭15公里），遇见当地一藏民，便问要不要韭菜，对方说要，于是我跟着该藏民进村，用所背干辣椒和韭菜换了半袋子粮食，当晚背回了家。因为家里极度缺粮，尽管背上感觉沉重，但一路却是满心欢喜。家里的大人们对我的"作为"异常惊喜，因为我才15岁，毕竟是个孩子，居然能"捣腾"粮食进门。这算是我第一次做生意吧，应该说非常成功。第一次尝到甜头以后我在家里只呆了一天，第三天又置办了同样的货物，增加了几瓶醋，又去了完冒附近的村庄。这次运气更好，适逢该庄藏族群众"念大经"，身上所背货物自然是很快换完，当晚又是"满载而归"。

第二次回来后，我的表哥问我去了哪里，我如实相告，他也非常动心，请求我把他也带上。于是我们一块儿结伴去县城周围藏区串乡，很快成了串乡的好手。此时，我的藏语会话已经非常流利，人际关系也越来越熟，出门吃住不成问题。

问：听说你早年还有赶牛贩马的经历，能否给我们谈谈？

答：1978年改革开放以后，听人说康乐县犍牛走俏。当时有人找我，可是我手头没钱，对方也只有7元钱。无奈两人置办了一些干辣椒到碌曲县双岔乡设法欠牛，经协商，我们赊了5头牛（尕里巴牛），从碌曲双岔起身，用了2天时间将牛赶到临潭旧城。好几天时间卖不出去，于是又花了4天时间从旧城赶到康乐，在康乐只以成本价售出，抛开一路的辛苦不说，还亏了14元的草钱。此后我一度停止赶牛，挣"大钱"的愿望落空。

在家里呆了几个月后，一位邻居动员我说盐关（礼县境内）骡子、骒马行情看好。苦于寻找出路的我又动了心，两人搭班车去了青海省河南蒙古族自治县宁布塔乡找骡子。当时我俩身上只有300元钱。我们通过当地工作组赊了一匹骡子（1200元），一匹马和一匹驹子（共700元），从河南县走了7天到达旧城。在家歇息3天后，又起程前往盐关。行进路线是旧城—张其沟—岷县荣府—石家头—锁龙—马武—礼县。距离最后目的地盐关只有25公里路时，当地有人要买骡子，于是决定就地将骡子作价1700元，马900元，马驹400元出售。回来时从当地坐车到天水，然后转乘火车到陇西，又从陇西搭班车回家。扣除路上花费，此行一共赚了1000元，平均每人500元，可谓"大获全胜"。

赶马成功的喜悦时刻撞击着我躁动的心灵。在家休息半个月后，我们二人又去了河南县宁布塔乡，还清上次赊账后，又赊了12头犏雌牛赶回旧城。犏雌牛生性爱乱跑，极其难赶，总是赶不到站口（晚上歇脚地方）上。有一天晚上我们伫立在河边过夜，其时正值严寒季节，草原上的夜晚寒风凛冽，碎雪飞舞，长夜难熬，俩人冻得牙齿打颤，互相抱在一起取暖，但是脊背感觉寒气袭人，无奈只好在河边跑步暖身。熬到天亮后，赶牛继续前进，12天后到达夏河麦务乡（今属合作市管辖）陆续卖掉，12头犏雌牛总共赚了650元，于是对赶牛彻底失去了信心。

1980年，我又带了3名亲戚赴宁布塔乡欠了22匹马赶到盐关（甘肃礼县）销售，由于马不服水土，多日卖不出去。于是雇车拉马到清水县卖掉，途中还死了一匹马，收益不佳，基本不赚钱。

1981年，玛曲县尼玛乡贡玛、秀玛大队的藏族朋友赶了一帮马来到旧城出售，晚上投宿我家，闲聊期间得知陕西那边马匹走俏。于是藏族朋友和我们商量去陕西。我们一行13人（含藏民6人）总共赶了80匹马从旧城出发到岷县再到陇西，然后从陇西联系了两节火车皮，将马拉到陕西咸阳下车。这是新中国成立以后陕西人首次见到著名的河曲马，受到咸阳当地政府的热烈欢迎，立即通知咸阳各大队前来购买。光咸阳一处就卖掉一半马匹，最高价格卖到1800元，最低的也在千元以上，剩余的马匹赶往咸阳附近的县份销售一空。之后我们去西安观光旅游，咸阳地区政府举行了热烈的欢送会，并把我们送上了去西安的火车，约定今后继续保持交易。到西安后，当地市民没见过藏民，都来围观。我们在西安采购了一些本地紧缺的布匹等各自返回老家。这次咸阳之行往返两个月，我挣了近4000元，心里的高兴劲儿就甭提了。

1987年，听说四川茂汶县（今茂县）国营农场有若干犏雌牛要出售，于是约了几个伙伴前往茂汶县。在该县国营牧场蹲点半个月后，经挑选买了196头犏雌牛，平均每头140元，价格比较便宜。但那些牛都是未经驯化的，一头头"桀骜不逊"，又如"惊鹿"。我们费了九牛二虎之力才把所有的牛每两头为一组用皮绳从脖子上链住。光从山区牧场赶到茂汶县就花了3天。然后一行7人赶牛从茂汶出发，历时3个月徒步将牛赶到临潭。抛开赶牛人的辛苦不说，一路上光牛就死了17头。幸亏茂汶县国营农场承担了10头牛的损失，否则我们就无利可图。

从茂汶出发3天后才有了草原，期间不时有牛跑丢。为不影响行程，个别走不动的牛就地宰掉。我们把牛赶到热当巴（若尔盖县境内）以后，连当地藏族群众也吃惊，啧啧称叹，说是把未驯化牛远道赶过来，简直是奇迹。经过讨价还价，我们在热当巴卖掉60头牛，每头只作价270元。因为所赶之牛未被驯化，人难以靠近，故卖不上好价钱。剩下的109头牛赶到临潭后陆续卖掉。其中我在路上给自己物色了一头"好牛"，准备家养，结果在自家的牛圈里，我被那头牛牴晕在牛圈的墙上，差点送了命，于是赶紧将那头牛卖掉。这之后，我从玛曲贩了一趟马，然后彻底告别了赶牛贩马生涯。

问：常说赶牛是一件极为辛苦的事，能不能给我们谈一下具体情况？

答：赶牛的艰辛我给你们用语言是无法准确讲述的。赶牛人路上要穿越原始密林，翻越羊肠小道，跨越急流险滩，不时还要遭遇山间滚石、路面塌方、泥石流，有时还会惊牛狂奔、狼逐豹随，几乎每一段路都充满凶险。除此之外，还要随时防范"人为"之害。

赶牛人上路时而遇上六月飞雪，时而遇到凛冽寒风，天阴时遭遇倾盆大雨，天晴时经受烈日暴晒。就茂汶赶牛而言，你们可能无法想象，我们三个月几乎未脱衣服，甚至几乎不洗脸。赶牛人要顺着草原走，以方便近200头牛吃草。所以不可能经过市镇，自然吃不上一顿可口像样的饭菜。上顿下顿吃饭都是自带的干粮，一般都是酥油糌粑和晒干的牛肉等（这些食物有助于保存热量和增加体能）。赶牛的路上根本没有住店之说，走到哪里天黑就在哪里歇息，夜间便席地和衣而卧，天当房地当床，对空数星星望月亮。有时脚已冻僵但人却熟睡，因为实在困顿到了极限。

赶牛人最害怕的就是牛受惊四散狂奔，此时人与牛的“角逐”正式展开。如果牛顺路跑，倒还不怕，偏偏“牛奔”起来就是“不上路”，越是岔路、越是山梁、越是沟壑、越是丛林、越是斜坡、越是碎石洼地，牛越往这些地方跑。俗话说：“拉屎犏牛不上路”就是指这种情况。你别看它们平时“老实”，貌不惊人，一旦撒野跑起来，速度极快，令人防不胜防。等把这些惊牛聚到一块儿时，人累得几乎喘不过气来，浑身犹如散架，当然牛的力气也耗得差不多了，否则也就不会“束手就范”。

我们克服种种困难，硬是把上百头“不服管教”的犏雌牛赶到了临潭，在地方上引起了轰动，被认为是我们赶了一趟“野牛”。一时间街上议论纷纷，说要是没有超强的毅力和过硬的本领，将上百头“野牛”翻山越岭，跨省赶到临潭，简直是不可思议的事情。虽然千言万语说不完我们一路的辛苦，但听到这样的评价，我心里颇为自豪，那年正好我30岁。常言道：“男人三十而立”，那一刻，我陡然觉得自己立起来了，而且是立得堂堂正正。

问：你是何年到昌都的，现在主要从事什么生意？

答：1988年，由于我已积攒了一定资金，再加上赶牛跑车实在辛苦且“辛苦钱”难挣，于是我在四川道孚县开了铺子，主营铜锅（独行），暗地里也倒卖麝香（当时国家禁止的）。前后有6年时间，手头的积蓄有了进一步增加。1996年7月我来到昌都继续开铺子，主要销售百货，兼营虫草生意至今。从开铺子之日起，我基本上告别了“辛苦生涯”，生意也迈上了一个新的台阶。

问：你认为洮商有哪些特点？

答：我认为洮商最大的特点是能吃苦。只要哪里有钱挣，哪怕山高路远、盗匪出没、气候恶劣，甚至上刀山、下火海也在所不辞。洮商的汽车是逢石开路，遇水砍树架桥也要让汽车通过。

其次是洮商大都省吃俭用，不铺张浪费，不胡吃海喝。洮商挣钱的理念不是为了自己，而是以家道兴旺为己任，即为了整个家庭的生活幸福，为了让父母妻儿过上像样的日子。

再次是洮商讲诚信，守信用，非常对应藏民族诚实守信的性格，这也是洮商能够长期立足藏区并和藏族群众打交道的原因。有人说洮商吸收了藏族的优点，这话只说对了一半，应该说洮商是在体现伊斯兰经商理念的基础上逐步吸收了藏族的优点。

最后是洮商平时善于团结，关键时刻团结如一人。出门在外，无论连手（伙伴）遇到经济上的困难，还是各种意想不到的事情，其他人都会舍生忘死，奋不顾身地全力帮助。

问：就民族关系而言，你能不能举出几个洮商与藏族同胞友好相处的典型例子？

答：这样的例子不胜枚举。就拿我个人来说，我在昌都近十年，每年只要察雅寺院（昌都附近）有活动，总是派人专车到昌都邀请我们去寺院参加法会，大车帮我们拉货，小车拉人。法会进行期间，寺院为我们安排专门住处，同时帮助销售货物，甚至将销售不完的剩余货物由寺院统一收购，为的是不让我们把残货拉回昌都。

有一年，察雅寺院要在临潭铸造四口直径2米、深1.1米，总造价20万元的大铜锅。该铜锅需要红铜1100斤，手工费10000元。由于洮商讲信誉，察雅寺院将铜运到临潭后交给洮商铸造，寺院的负责人同时将铜锅铸造费用以及运费留下后离去，等铜锅铸造完毕之后再由洮商负责运送回察雅。寺院对整个铸造过程非常放心，既不担心铜里掺假，也不担心费用“没有下文”。

2007年春节，我被昌都齐齿街居委会推荐为昌都地区优秀个体户，地区行署及相关单位前来慰问，代表昌都行署表示感谢，并给我献了哈达送了红包，整个过程有全程录像。凡此种种，都能说明藏民族对洮商的信任，也充分地印证了江泽民同志所讲的“汉族离不开少数民族，少数民族离不开汉族，各少数民族之间也相互离不开”论断的正确性。

昌都洮商个案访谈之二：沙鹏举（虫草商）

时间：2007年8月22日

地点：昌都金川宾馆

问：请简要谈谈你的经商经历。

答：我1962年出生于临潭县教场村一农民家庭，初中文化程度。1980年，18岁的我开始经商，我的经商生涯是从串乡开始的。记得我们最早串乡到玛曲县的西科采、琼强一带，我当时的本钱不足100元，置办的货物也都是牧区群众需要的气球、头巾、橡皮玩具等小件。其间也利用空闲时间挖贝母、大黄等中草药，前后挣了460元，于是我以这460元为资本在玛曲县阿万仓乡开了一家小小的铺子。

1983年我带着3名同伴从玛曲县徒步走完琼强到阿万仓近90公里的路面。我们从下午两点起身，一直走到当天夜里十二点，还前后不见毡房，只听见很远处依稀传来犬吠声，此时我们4人已是疲惫不堪，腿上像灌了铅似的，只好背对背坐在路边草地上休息。时值立秋季节，草原的夜晚与白天温差极大，气候骤降，身旁冷风飕飕，冻得上牙磕下牙，好不容易熬到天亮。

我在玛曲前后5年时间，其间虽然没挣多少钱，但我却熟悉了藏区环境，也结识了许多“主人家”（藏族朋友），更为重要的是，我学会了一口流利的安多藏语，这为我以后在藏区经商创造了必要的前提。

1986年我辗转去了拉萨，串街卖松儿石两年之久。1989年我第一次来到昌都，从此扎根昌都至今已18年之久。我在昌都也是从卖松儿石起家逐渐过渡到其他生意，当时我在昌都主要收购麝香拿到内地药店交售，每年收购麝香约100斤左右，时间一长，圈子里人都叫我“麝香专家”。1990年，我在昌都开了铺子，算是有了一个“根据地”，主要经营废旧军用品、人造毛、布匹等，一直到2004年我将铺子整体转让，此时我手头已有200多万元的积累，于是我及时将生意转入虫草领域。

问：你是澜沧江车难第一现场善后事宜的处理者之一，能否给我们谈谈当时的车难?

答：作为东藏重镇，昌都依山傍水，海拔3200米，坐落于由扎曲、昂曲两条大河的冲积扇上，形成一个天然的三角平台。两江汇合后，始称澜沧江，浩浩荡荡在左右高大突兀的大山夹缝中，夺路而下，逶迤流至云南、老挝、缅甸、泰国，最后在越南汇入大海。

两个月以前，洮商赛某和敏某驾驶一辆橘红色双桥康明斯车在察雅县境内不慎坠入澜沧江支流，赛某的遗体被压车下，当天就被捞出。而敏某的遗体被江水裹挟而下，28天后才在澜沧江下游察雅县境内距离落水处34公里的地方找到，两条鲜活的生命就这样在远离家乡数千公里的异乡画上句号。

寻觅遇难者遗体和运送遗体时，昌都洮商几乎倾巢出动，打捞遗体，组织车辆接送通知家属，表现了洮商的高度团结以及出门一家人的理念。家乡的亲人远在数千里之外，他们就是遇难者的亲人。对另一名遇难者，他们多次沿江寻找，并张贴寻人启事，公布酬金。最后得知消息后，他们立即行动，组织车辆沿江南下，到地点认领遗体。遇难者遗体经多日江水浸泡，已高度肿胀，局部已经腐烂。他们给举报人兑现奖金后，立即拿香水喷洒遗体，并撒上细盐，然后用带来的白布从头到脚将遗体裹紧。由于天色已晚，遂在河边用石头覆盖亡人，置放一夜。第二天天亮后，他们和闻讯赶来的家属将亡人抬上车返回昌都，然后又从昌都安排车辆，将遇难者遗体连夜运回家乡安葬。

从出事之日起，3天过去了，他们没有放弃；5天过去了，他们没有放弃；10天过去了，15天过去了，20天过去了，他们依然没有放弃，他们不变的信念就是无论如何也不能让家乡的亲人成为他乡的孤魂野鬼，他们不能撇下连手（伙伴）不管，出于这种理念的支撑，他们几乎停下了手头的生意，而去寻找遇难者遗体，这正是洮商精神的高度浓缩，与雀儿山精神一样，极大地提升了洮商精神境界。

昌都洮商个案访谈之三：敏孝龙（虫草商）

时间：2007年8月22日

地点：昌都金川宾馆

问：请简要谈谈你的经商经历。

答：1967年我生于临潭县卓洛乡一普通农民家庭，初中毕业后辍学在家帮助父亲务农。1988年在邻居和亲戚们的影响和带动下开始利用农闲时节经商。咱们临潭地方不养人，年轻人要是呆在家里不出去，单靠务农仅够维持全家温饱，有时甚至连温饱也难以维持，根本无法从整体上改善家庭生活水平，所以“要想富，找出路”几乎成为当时年轻人的一致选择。另外从宗教的角度上说，伊斯兰教一直鼓励人们要散步在大地上寻觅真主的恩惠，所以临潭回商在各地脱颖而出，这与伊斯兰教鼓励经商的教导是分不开的，这就是为什么同在临潭这片土地上繁衍生息，回族人却率先出门拼打的根本原因所在。

1988年，我不出门则已，一出门直接就到了西藏的昌都寻求发展。我先是在昌都摆地摊起家，以后与人合伙经营铺子，逐渐过渡到虫草生意，10年后有了几十万元的积蓄。非常不幸的是，1998年在云南中甸的一次生意中，由于上当受骗，前后亏损30多万，10年心血毁于一旦。

常言道：“吃一堑、长一智”，此次上当受骗使我清醒了许多，可以说是在生意场上交了一笔昂贵的“学费”吧。两手被骗一空的我并没有就此消沉，而是受骗之后很快振作起来，从头再来。倔强的我认准“天上下雨地上滑，哪里跌倒哪里爬”的道理，从1998年以后，手无本钱、举步维艰的我从“力气活”着手，开始为昌都各工程队承包的工程点搞运输，往返拉水泥、玻璃、石灰、钢筋、瓷砖、沥青等各种建筑材料，由于我为人诚恳实在，善于吃苦耐劳，我的运输“路子”越来越宽，到2003年前后，我基本上在昌都恢复了“元气”。

2003年至今我在昌都各工程点继续供货的同时，也适时转入虫草领域兼做虫草生意。由于我曾经有过一次上当受骗的经历，自那以后我做生意“不把鸡蛋放到一个篮子里”，所以，尽管自2003年以来虫草价格飙升，驱使许多人完全投身于虫草行业，而我头脑始终保持冷静，并没有将全部资金投入到虫草生意中。市场经济风云变幻，虫草价格波动很大，如果把资金都投到虫草生意中，那么风险就很大。而我则是将“鸡蛋”分装在“几个篮子里”，所以生意上比较平稳。

问：你是澜沧江车难第一现场善后事宜的处理者之一，请你给我们讲讲当时的情况。

答：2007年农历四月十一日下午四点左右，赛某（男，41岁，卓洛乡下园子1社人，妻子患癌症去世40天，留有3个未成年的子女，2007年5月出门打工，司机）和敏某（男，24岁，城关镇大坡桥人，车老板）开一辆橘红色双桥车在西藏县察雅县境内行驶，就在出察雅县城8公里处，由于方向盘失灵，汽车冲出山崖，坠入滔滔澜沧江支流中，汽车断为两截，其中赛某被压在车下，当即遇难，身体未被激流冲走。而敏某则被急流冲得不见踪迹（28天以后才在澜沧江下游察雅县以南34公里处找到遗体）。

昌都洮商得知情况后，立即组织人员出动车辆前往出事地点，一部分人处理善后，另一部分人迅速沿江寻找另一名遇难者遗体未果。难能可贵的是昌都洮商并没有就此放弃，而是沿江积极张贴布告，并悬赏2000元寻找下落。28天以后，察雅县一藏民来电话说他们找见了遇难者遗体，请速来人接洽。得到消息后，昌都洮商一边通知亡人家属，一边立即出动，有钱的出钱，有车的出车，准备了香水、白布、食盐等前往察雅县。

他们到达地点后，看到遇难者遗体经多日水中浸泡和烈日暴晒已变得面目全非，浑身肿胀，气味熏人。几位洮商先是拿出香水喷洒，然后走到遗体跟前，再拿食盐撒在身上，之后小心翼翼地将亡人用白布裹好，然后在河边就地用石头加以掩盖，等待江达和贡觉的亡人亲戚前来认领。第二天天亮后他们将亡人遗体运回昌都，继而委托一辆洮商货车将遇难者遗体送到临潭安葬。

昌都洮商个案访谈之四：马俊海（昌都海兴商行总经理）

时间：2007年8月22日

地点：昌都金川宾馆

问：请简要谈谈你的经商经历。

答：1970年我出生于临潭县古战乡下藏村。1989年，时年19岁的我怀揣养羊挣来的1400多元本钱来到昌都寻找商机。在昌都期间先后卖过松儿石，以在昌都周围县份串乡为主，经常穿梭在丁青、类乌齐、边坝、洛隆、贡觉、芒康等县，有时也远至那曲地区的巴青、索县、比如一带。1993年花了7万元买了1

辆东风车，但运营不善，反倒负债7万元。1994年我重新起步，在昌都做虫草生意，逐渐恢复元气一直到现在。同时，为了避免重蹈覆辙，我汲取经验教训，筹划成立海兴商行并于2003年11月正式开张。

海兴商行职能有三：一是经营民族百货用品、家用电器、塑料制品，虽然利润不多，但生意稳当，能够维持日常开支且不受季节影响；二是兼营货运和信息业务，主要承担青海西宁至西藏昌都货运专线业务，除自己的2辆车外，根据货物多少雇用外地车辆，这个生意也比较稳妥，如果路上平安，也有一定的利润回报；三是以商行为根据地，每年虫草交易时期收购虫草（合资三人），然后拿到成都或者广州交货。2003年交易虫草1000公斤，利润320万元，2007年上半年交易虫草100公斤（产量下降），利润60万元，尚有100公斤虫草还未出手。

问：请你对洮商做一番评价，洮商面临的挑战是什么？你个人今后有什么打算？

答：洮商的优点很明确，就是能吃苦，讲信用，这是能够长期立足青藏高原并赢得藏民信任的根本原因所在。至于缺点坦率地讲也比较突出，一是文化水平普遍较低，知识含量高的领域几乎不沾边，如电脑、网络、旅游、营销、房地产等；二是目光较为短浅，缺乏长远的打算和发展思路，相当一部分人还停留在“顾家务”的层次上。

随着生意人越来越多，做生意的风险也越来越大，特别是随着邦达机场的开通，内地商人也接踵而来，加剧了生意的竞争性。内地商人资金雄厚，头脑灵活，文化程度高，这些恰恰是我们洮商的不足之处。我个人打算继续在昌都发展一个阶段，兢兢业业地做生意。

在我们的调研中，昌都洮商有许多优秀的代表，他们的经营活动不仅取得了良好的经济效益，而且获得了很好的社会效益，赢得了洮商和社会各界的高度赞誉。这里是他们经历的真实记录：

敏勺布，男，回族，1959年出生于临潭县城关镇敏家巷，昌都虫草商。敏勺布出生第二年就赶上了“大饥荒”岁月，可以说自打来到这个世界就在死亡线上挣扎，遑论上学读书。敏勺布家庭成分高，是那个时代专政排斥的对象，家道自然中落，学龄阶段无法念书，铸成一生遗憾。从懂事起，敏勺布就帮家里人挣工分以换取维持生命的口粮。十六七岁时，敏勺布在建筑工地上打工，天资聪慧的敏勺布在业余时间学会了开拖拉机，于是给生产队开拖拉机，这在当时是一种令人羡慕的“工种”，一般人可望而不可即，其自豪程度不亚于今人“开大奔”。彼时人人都从事繁重的体力劳动，“机械活”一般人轮不上。

1978年政策开放后，敏勺布如鱼得水，很快转变思维，适时涉足商业领域。1982年敏勺布远赴西藏昌都，成为改革开放后第二批到达昌都的洮商（1979年第一批洮商到达昌都，现在昌都经商的主力为第二批和第三批）。由于中国长达20多年高度集中的计划经济体制，使得藏区与内地存在巨大的贸易真空，和内地相比，藏区更显物资奇缺。敏勺布到昌都后租借房屋，坐地经商，其中1982—1996年以开铺子为主，虫草为辅。铺子经营布匹、绸缎和其他民族用品，这期间积攒了必要的商业发展资金。之后1996—2008年转向以虫草经营为主，铺子为辅，铺子作为经商的根据地。

丁学义，男，回族，1966年出生于临潭县城关镇教场村，小学文化程度，昌都虫草商。1986年时年20岁的丁学义来到昌都经营松儿石，从时间上推算，丁学义应该是第三批到达昌都的洮商。丁学义在昌都从摆地摊起步，由于市区生意竞争激烈，利润很薄，所以丁学义只能背着松儿石下乡串毡房，其间吃尽了苦头。

丁学义和同伴经常身背沉重的“石头”（松儿石）走在海拔4000米以上，百里不见人烟的茫茫雪原上，他们戴着雪镜（一种防止雪盲的变色镜），手提打狗棍（防滑和打狗两种功能），在忽而雨雪交加，忽而烈日暴晒的高山草甸中寻觅人烟。由于海拔高，空气含氧量不足内地的1/3，身负10公斤的东西如同内地身负30公斤一样。路上口渴时喝一口低处河谷汇聚的“矿泉水”（夏季），或者抓一把雪塞到嘴里（冬季），饿了吃随身携带的干粮凑合，遇有毡房人家，他们即上前讨口水喝，用手中的小松儿石换点酥油糌粑吃，这算得上是“美味佳肴”了。末了打开随身携带的“物品”谈生意。每当卖完或者换完身上的“石头”，那可真是“如释重负”，那种感觉坐在家里是绝难想象的。1997年丁学义开始经营虫草至今。2006年经手1000公斤，利润有200万元；2007年至今过手虫草100公斤，利润预计在30万元左右。

丁尚义，男，回族，1962年出生于临潭县新城镇，昌都虫草商。由于时代原因早年辍学，在家务农。1990年丁尚义第一次来昌都至今，在昌都农贸商城3楼租借铺面，主要经营布匹、藏服、人造毛以及各类民族用品的销售。除此之外，业余时间还与敏勺布合作从事虫草生意。丁尚义主要坐镇昌都收购虫草，而敏勺布则主要坐镇成都负责销售。

苏文林，男，回族，1967年出生于临潭县城关镇上河滩，初中文化程度，昌都虫草商。1987年到昌都，最初身无本钱，从别人那里赊账开铺子，主要经营民族用品。1992-1993年跑长途运输兼营畜产品；1993年复又在昌都开绸缎铺到1997年。1997年至今专营虫草，2006年经手虫草150多斤，利润50多万元，2007年上半年收购虫草15公斤多，尚未出售。

李德胜，男，回族，1969年生，临潭县城关镇教场村人，初中文化程度，昌都虫草商。1990年时年20岁的李德胜来到昌都倒卖松儿石，1991年开始跑长途运输，到1996年底把车卖掉，只剩6000元。无奈之下只好在昌都开饭馆，同时赊面粉送给附近饭馆。1997年到昌都附近的洛隆县城赊账开了一家小店铺，一直开到2004年，手头有了23万元的积累，于是将铺子转给别人，自己专营虫草生意。平时在洛隆坐地收购虫草，然后拿到成都、西宁等城市出售。2006年他收购虫草500公斤，获利30多万元；2007年上半年收购虫草150公斤，获利40多万元。

马建福，男，回族，1972年生，临潭县城关镇上古城人，江达虫草商。1994年马建福来到江达给人打工，时年22岁，后来利用自己的辛苦钱作为本钱开了一家铺子，出售百货、副食等；2002年步入虫草行业至今。2006年马建福经手虫草150公斤，利润有50万元；2007年上半年收购虫草22公斤，利润预计在12万元左右。

表33 **西藏自治区洛隆县洮商情况调查**

（调查时间：2007年8月23日）

| 业主姓名 | 性别 | 年龄 | 商铺名称 | 坐落位置 | 开业时间 | 从业人员 | 商铺面积 | 商铺租金(月) | 主营 |
|---|---|---|---|---|---|---|---|---|---|
| 单光明 | 男 | 29 | 兴兴商店 | 洛隆县商业街 | 1999 | 2 | 500平方米 | 3000元 | 百货、布匹、绸缎 |
| 敏永福 | 男 | 44 | 兴隆商店 | 同上 | 1992 | 4 | 500平方米 | 5000元 | 百货、布匹、军用品、卡垫 |
| 敏亥比 | 男 | 51 | 兴旺商店 | 同上 | 1995 | 4 | 400平方米 | 3500元 | 百货、布匹、绸缎、卡垫、鞋帽 |
| 单亚刚 | 男 | 27 | 潭祥商店 | 同上 | 2000 | 2 | 300平方米 | 2000元 | 同上 |

2007年8月23日，我们从昌都出发，汽车迅速上山，翻越山岭。从山上看，澜沧江宛如一条金色的飘带顺昌都镇迤逦南下，我们翻越海拔5000多米的年拉山口。从年拉山缓缓下坡，大约两小时到达昌都邦达机场，这是世界上海拔最高的机场，海拔在4000米以上。下午汽车到达八宿县，之后翻越了海拔4836米的业拉山（又称怒江山），此山有72道拐弯，山势极为险峻，岩石凸立、寸草不生，但山底却有人家，民居建筑极有特色。

一过八宿，风光清秀宜人。从昌都到八宿，海拔逐渐降低，纬度越来越靠南，由于印度洋暖湿气流的影响，这里的山色逐渐变得秀丽，宛如江南水乡，山下的然乌湖清澈见底，甘甜的湖水滋润着花草树木，依恋湖水而栖的各种生灵吟唱着自己的歌曲。清清的水、飘渺的云、静静的原始森林，还有湖边享受甘美牧草的牛羊，构成了一幅精美的人间图画。前方不久就到著名的景区——然乌湖了。说实话，如果不是身临其境，真不会相信西藏有如此人间仙境。

从昌都疾行到波密时，已经晚上六点多钟了，大家决定在此地休息，因为林芝显然是赶不到了。当晚我们入住波密神鹰大酒店。街上正好有一家来自甘肃临夏的清真饭馆还在营业，我们便吃了晚饭。波密县城修建得整齐，临河而居，两面高山翠绿，苍松翠柏，在一抹抹洁白云雾中时隐时现，静谧而神秘，给人以无限的美好遐想。波密确实不愧是林芝地区的“小江南”县城。

波密县位于西藏东南部，喜玛拉雅山脉与念青唐古拉山脉交汇地带，在川藏公路83与103道班之间。波密藏语为“波窝”，意为祖父。这里属山地丘陵，四周为山地，中部为河谷区。全县面积16578.24平方公里，河谷地带海拔2000米左右，全县平均海拔4200米。主要河流有帕隆藏布河、易贡藏布河，两条河相会于通麦后，流进世界第一大峡谷雅鲁藏布江大峡谷的大拐弯处。

波密县辖8乡3镇，城乡总人口3.1万多人，总面积16578.24平方公里，县驻地扎木镇，海拔高度2720米，面积4平方公里，距林芝地区八一镇234公里。由于受印度洋西南季风影响，形成了独特的亚热带半湿润气候带。它气候温和，雨量充沛，生物繁茂，冬无严寒、夏无酷暑，是典型的江南气候。

波密具有淳厚的高原气息、浓郁的乡土特质、明丽的雪域色彩、独树一帜的民俗风情和无与伦比的自然环境，它们自然地形成了波密县丰富的旅游资源，素来享有“西藏的瑞士”、“绿海中的明珠”、“雪域的江南”、“旅游之胜地”的美誉。

波密县现有洮商1家，主营民族用品、货运信息，有从业人员4人，年支付当地租金9600元，年上缴地方税收6000元。经营方式为家庭式。

从波密到林芝一带，郁郁葱葱、错落有致的森林遮天蔽日，云雾缭绕，汽车穿行在林荫中间，宛如人间仙境。我们不时停下车，观景、照相和摄像，把奇妙而优美的大自然风景装入数码储存器中，留下永久难忘的瞬间定格。

喜马拉雅山脉和念青唐古拉山脉似两条巨龙横空出世，由西向东平行伸展，在东部与横断山脉对接，形成群山环绕之势，位于中国西藏自治区东南部的林芝地区就静卧在这三大山脉的怀抱之中。有人称它是西藏的“瑞士”，也有人称它为“西藏的江南”。

林芝地区地处西藏东南雅鲁藏布江下游，平均海拔3000米左右，海拔最低的地方仅900米，气候湿润，景色宜人。其主要城镇和景区有尼洋河谷经济区、八一镇、帕隆藏布江景区。其中首府八一镇位于尼洋河畔，是该地区政治经济及文化中心。

山清水秀的林芝藏语意为“太阳宝座”，它的东面及东北部与云南省、昌都地区相连，北面是那曲，西部和西南部分别与拉萨市、山南地区相邻，南部又与印度、缅甸两国接壤，边境线长达1006.5公里。林芝地区下辖林芝、米林、工布江达、墨脱、波密、察隅、朗县7个县，总面积约11.7万平方公里，人口14万多。

林芝在色齐拉山下，这里海拔只有2600多米，但到色齐拉山顶却是5000余米。汽车从“八一镇”出发，要翻越色齐拉山，公路盘旋弯曲，得爬三个多小时。这样的大山，在内地是很少见的，可是在川藏公路上却屡见不鲜。

色齐拉山区的秋天，是绚丽多姿的。绵延的山岭上，白雪皑皑，远望恰似千条玉龙起舞；山腰游云缭绕；山坡上，重重叠叠的桃林坠满了果实；山下村旁曲径之边，高大的核桃树上肥硕的绿果向行人喷发清香，一片接一片的梯田从山凹河谷一直延伸向山坡。金黄的青稞和小麦折起层层波浪，油菜在微风中昂头挺立……

林芝山区的秋色是迷人的！若不是绵亘的山岭环抱着块块谷地，人们会把它当成是华北富饶的农村。

林芝山区气候温和湿润，平均气温都在零度以上，夏天热到二三十度。本来按照航空气象计算，海拔每升高1000米，气湿要降低7度。这里海拔在2600米以上，至少应该比同纬度的浙江宁波要低十六七度。但由于西藏高原面积辽阔，受太阳辐射热多，故高原比孤山或起伏的丘陵要暖和。

同时，印度洋的暖流湿气，沿雅鲁藏布江下游峡谷吹来，故使这里夏不酷热，冬不严寒。正因为林芝处西藏之东南，比较易受印度洋季风的影响，夏天东南风疾吹，带来大量水汽，故这里降水量很多，年平均降水量达六650毫米。每年从3月到9月，几乎天天有雨，春初、秋末多见阴雨霏霏，夏天却经常大雨滂沱，由于气候温湿，因此林芝山区森林浓密，翠竹婆娑，百花争艳，风景幽美。

夏末秋初季节，林芝地区季节比拉萨要早将近一个月，远远望去，成熟的青稞和麦子金黄一片，东南风徐徐吹来，带着阵阵扑鼻的清香。这里地旷人稀，土地开发还不多。山野里盛开着红色的郁金香、黄色的金盏花、紫色的紫罗兰、白色的杜鹃花，看上去十分美丽。路边林木遮天，野果挂满枝头，草丛里的野莓子，金灿灿的很是诱人，沉甸甸的果子让人满口生津。再走一段路，嗬，遍地长满紫红的、金黄的草莓，那味道是甜中带酸，野蜜蜂在上面飞来飞去。

林芝的森林原始景观保存完好，高原挺拔的西藏古柏、喜玛拉雅冷杉、植物活化石“树蕨”以及百余种杜鹃等等应有尽有，素有“天然的自然博物馆”、“自然的绿色基因库”之称。其中布裙湖一带还是传说中野人经常出没的地方。

林芝是门巴族、珞巴族等少数民族的聚居地，他们的生活习惯及宗教信仰皆保留着浓厚的传统色彩，具有独特的民族风情。古老的传说、淳朴的民俗与氏族、村寨的图腾崇拜、宗教神话联系在一起，给这些古老的民族、遥远的居地笼罩上了一层原始而又神秘的色彩。古老的传统文化以及藏传佛教和本地兴起的苯教的盛行，使林芝拥有著名的寺院等人文景观，与南迦巴瓦峰、雅鲁藏布江大峡谷、巴松错以及察隅、波密等独特的自然风光构成了丰富多彩的旅游景点。

林芝以世界上最深的大峡谷著称于世，并有世界上落差最大的垂直地貌分布，有异常丰富的植被及野生动物资源，山高水长，人力难及，原始自然风貌保存完好，是世界仅存的绝少为人类所涉足的净土之一。

6至8月底，正是高原黄金季节，明媚的阳光下，绿草红花，铺满大地，牛羊追逐游戏，鸟儿自由飞翔，金碧辉煌的喇嘛寺，在阳光下熠熠生辉，更显无比壮观。草地气候恶劣多变，忽而晴空万里，忽而大雨倾盆，忽而冰雪盖地。一路之上，皆峥岩峻坂，如登天梯，俯视河流，一带银波碧浪，响彻山谷。老桧交柯，云雾封滃。

我们翻越小山后，忽见广阔无垠，风清日朗，连天芳草，满缀黄花，帷幕四撑，一座现代化的城镇出现在我们的面前。林芝八一镇的美丽顿使人心旷神怡，真如武陵渔人误入桃源仙境一般。2007年8月24日中午，我们到达林芝县八一镇。

林芝县八一镇现有马哈克负责管理的洮商4家，主营宾馆业、土畜产品、日用百货和木材托运等，年支付当地租金188.72万元（含宾馆承包费144万元），年上缴地方税收2.412万元，从业人员17人。经营方式为家庭式。

表34　**西藏自治区波密县、林芝县洮商情况调查**

（调查时间：2007年8月23-24日）

| 业主姓名 | 性别 | 年龄 | 商铺名称 | 坐落位置 | 开业时间 | 从业人员 | 商铺面积 | 商铺租金(月) | 主营 |
|---|---|---|---|---|---|---|---|---|---|
| 马哈克 | 男 | 54 | 金林宾馆 | 林芝县八一镇滨河路 | 2005 | 12人 | 56床 | 10000元 | 宾馆 |
| | | | 家庭旅社雪域招待所 | 林芝县八一镇香港路清香商场 | 2002 | 3人 | 22床 | 3000元 | 宾馆 |
| | | | 自选百货店 | 林芝县八一镇滨河路 | 1989 | 1人 | 40平方米 | 860元 | 日用百货 |
| | | | 青藏土特产公司 | 林芝县八一镇滨河路 | 2001 | 1人 | 15平方米 | 600元 | 土畜产品 |
| 马刷力亥 | 男 | 37 | 通达货运信息部 | 波密县贸易公司院内 | 2001 | 4人 | 300平方米 | 800元 | 货运信息、木材托运 |

## 三、雪域圣城——拉萨

2007年8月24日，我们在林芝一家临夏人所开饭馆吃完中午饭后即驱车直奔拉萨。从林芝市出发，沿着国道318线向南，再向西南方向驱车赶往拉萨市，我们仿佛在云雾中行走。途经昌都西南部的林芝地区，跨越澜沧江、怒江、雅鲁藏布江等著名江河。只见雅鲁藏布江两岸，山峰耸立，松林茂密，江水汹涌澎湃，水流异常湍急。沿着雅鲁藏布江北岸蜿蜒前行，经过工布江达、墨竹工卡、达孜县，到晚上八时左右，才到达灯火通明的拉萨市，进入了这座令许多人神往的高原太阳城。

拉萨市是我国海拔最高的省会城市。位于西藏自治区中南部，拉萨河北岸，东、东南邻林芝和山南地区，西、北接那曲地区，西南连日喀则地区。拉萨是西藏自治区首府，也是自治区政治、经济、文化、交通和藏传佛教圣地。总面积2.95万平方公里，海拔3650米，地势北高南低，拉萨河横穿境内。市区面积50平方公里。总人口50多万，其中市区人口16万。有藏、汉、回等30多个民族的人民。拉萨市下辖城关区及当雄、林周、堆龙德庆、尼木、曲水、达孜、墨竹工卡7县。

拉萨市位于雅鲁藏布江支流拉萨河中游河谷平原，是祖国西南边陲的重镇，素以风光秀丽、历史悠久、文化灿烂、风俗民情独特、名胜古迹众多、宗教色彩浓厚而闻名于世，是国务院首批公布的24个历史文化名城之一。拉萨市有古迹200多处，已开发的旅游景点 20多处，待开发的景点30多处。拉萨市的名胜古迹主要有：布达拉宫、大昭寺、罗布林卡、色拉寺、桑浦寺、拉萨大桥、西藏自治区博物馆等。其中市中心的布达拉宫、大昭寺和罗布林卡被联合国教科文组织列入《世界文化遗产名录》。随着中国

与周边邻国友好关系的日益发展，拉萨已成为中国大西南对外经济、贸易、技术合作和文化交流的重要开放窗口。

拉萨城风景优美，被称为“蓝色欢乐之波”的吉曲河（拉萨河），从白雪皑皑的念青唐古拉山的冰峰雪谷中奔涌而下，喷珠吐玉，雪浪飞翻，穿过无数森林峡谷、田园牧野，全长315公里，在曲水地方象鼻湾汇入雅鲁藏布江，形成了蓝白二水相互交融的雪域奇观。拉萨古城就伫立在这条蔚蓝色的吉祥河畔。城中布达拉宫高耸云天，街道纵横，高楼群集，车水马龙，色彩缤纷。古老与现代，传统与创新，宗教与世俗，转经筒与电脑，昨天、今天和明天，都在这里碰撞、凝聚和交融。

改革开放30多年来，拉萨市的社会经济发展和文明进步发生了历史性的变化，受到了世人的瞩目和高度赞誉，已经成为青藏高原上最著名的旅游城市。

作为著名的历史文化名城和青藏高原的著名旅游城市，拉萨市的流动人口不少。特别是每年夏季旅游季节，成千上万的中外游人络绎不绝，来到拉萨市及其周边地区观赏雪域高原的独特风光、自然美景，体验源远流长、丰富多彩的藏族传统文化，领略林立的藏传佛教寺庙建筑风格，还有那皑皑雪山、苍茫草原，总是让人流连忘返。多年来日益发展的旅游业，极大地带动了拉萨市的消费业、服务业等各行各业的巨大发展。特别是旅游品、纪念品、民族用品的加工和销售发展迅猛。各个行业和领域内都活跃着来自全国各地的商人和企业家，来此地投资经营和交易。洮商也是其中最为重要和活跃的一支。他们多行业投资，多种经营，为自己在拉萨市的商业经济大舞台上寻找适合发展自己的空间和机遇。洮商不仅经营以民族用品、旅游品、纪念品为主的商品交易，而且经营冬虫夏草等中药材生意，同时还积极投资废旧军用品经销和当地居民日常生活所需的粮油、面粉等行业。从小到大，在市场上获得了很不错的效益。

拉萨是整个西藏地区临潭洮商人数最多、最为集中的城市，分布在拉萨的大街小巷。经过一个星期的调查，拉萨现有临潭回商150多家，其中八廓街(又称八角街)及其周围就有133多家，约占八廓街旅游品、纪念品、民族用品市场份额的70%，号称“临潭街”，可见其影响之大。在这条街上，有100多家从事旅游品行业生意，33家从事餐饮、压面、炕馍、小吃、鞋类、布匹、绸缎、淋浴以及百货生意，直接从业人员382人，间接带动1000多人。由于洮商在西藏拉萨的重要影响和贡献，2005年8月5日，时任甘肃省省长、现任中共甘肃省委书记、省人大常委会主任的陆浩在率甘肃党政代表团赴拉萨考察时，专程看望了洮商，并欣然为他们题词："架起商贸桥梁，促进民族团结"，充分肯定了洮商的重要贡献。洮商在拉萨的发展也得到了当地各级领导的大力支持和关心。人民的好公仆、当年任拉萨市副市长的孔繁森就曾经对洮商黎穆萨申请贷款一事专门给有关部门写信，指示给予解决。这些都是洮商的光荣，也是洮商值得永远铭记的。

我们在拉萨调研期间，专门对拉萨穆斯林的发展情况进行了调研。据史料记载，早在1000多年前，就有穆斯林往来于吐蕃与西域、克什米尔之间，并在西藏的城镇定居，拉萨清真大寺始建于公元10世纪中后期。13世纪元朝正式行使对西藏的主权后，一批批穆斯林先后随军队和商队从内地进入西藏，构成了目前拉萨穆斯林的主体。

拉萨清真大寺几经历史风雨，目前拥有一座具有民族特色的大殿，建筑面积达1160多平方米。平时，来清真寺做礼拜的穆斯林有250至300人，"主麻日"人数达3000多人，包括近些年从内地来拉萨经商的"新穆斯林"。

"我们的清真寺最近一次改扩建是在4年前，礼拜大殿由一层改为两层。清真寺有8名阿訇，能够满足信教群众的需求。"拉萨清真大寺的教长亚古说。43岁的亚古是一位土生土长的拉萨穆斯林。1980年高中毕业后，他先后去中国西北的阿拉伯语学校以及印度学习深造10年，返回拉萨后任大清真寺副教长，1997年担任教长。目前是西藏自治区政协常委、中国伊斯兰协会委员。

"伊斯兰"在阿拉伯语中的原意是"和平、安宁、顺从"，伊斯兰教是一种主张与不同文化、不同宗教和平共处的宗教。西藏和平解放前，拉萨穆斯林大多从事餐饮、缝纫、种菜、磨面等小商业和手工业活动，现在则已进入到经济领域的各行各业，经营管理水平和生活水平也不断提高。以赴麦加朝觐为例，虽然往返一次要花费4万多元人民币，但自1984年至今，报名朝觐的拉萨穆斯林逐年增多，已有144人完成了这项被穆斯林视为神圣的功课。

在这里长年经营旅游品、化妆品、古玩杂项的洮商有100家，拥有资金

5977万元，年上缴国家税收39.28万元，年支付当地租金382.86万元，从业人员269人。

表35　　**拉萨市经营旅游品、化妆品、古玩洮商情况调查**

（调查时间：2007年8月25—28日）

| 业主姓名 | 性别 | 年龄 | 商铺名称 | 坐落位置 | 开业时间 | 从业人员 | 商铺面积 | 商铺租金(月) | 主营 |
|---|---|---|---|---|---|---|---|---|---|
| 喜学义 | 男 | 48 | 西藏丽鑫珠宝商行 | 拉萨市八廓东街赛康1号 | 1995 | 4人 | 35平方米 | 5000元 | 旅游品 |
| 黎穆萨 | 男 | 47 | 拉萨藏特产聚宝行 | 拉萨市八角北街20号 | 1996 | 4人 | 70平方米 | 10000元 | 旅游品、古玩、中药材、房地产 |
| 丁振才 | 男 | 45 | 西藏振财商贸有限公司 | 拉萨市八廓北街38号 | 2001 | 5人 | 40平方米 | 5000元 | 披肩、古玩、旅游品 |
| 丁玉学 | 男 | 42 | 腾飞珠宝商店 | 拉萨市八廓北街13号 | 2004 | 4人 | 20平方米 | 2500元 | 旅游品、工艺品、香水、藏香 |
| 丁建仁 | 男 | 22 | 西藏雪域魂宝 | 拉萨市八廓北街19号 | 2005 | 5人 | 100平方米 | 6000元 | 旅游品 |
| 丁伊胜 | 男 | 27 | 灵宝轩 | 拉萨市八廓北街36号 | 2007 | 2人 | 10平方米 | 1500元 | 旅游品 |
| 丁建国 | 男 | 26 | 多情措 | 拉萨市藏医院路香巴拉酒店旁边 | 2007 | 2人 | 40平方米 | 3200元 | 旅游品 |
| 丁仲智 | 男 | 43 | 伊荣鑫民族旅游饰品商行 | 拉萨市北京中路凯拉斯酒店对面 | 2006 | 1人 | 15平方米 | 6000元 | 旅游品 |
| 丁永祥 | | | 藏梦缘 | 正门对面8号 | | | | | |
| 丁主毛 | 男 | 46 | 多吉次仁旅游品店 | 拉萨市八廓北街17号 | 1999 | 2人 | 10平方米 | 自购 | 旅游品 |
| 丁学俊 | | | 日月山皮鞋店 | 拉萨市冲赛康北中巷 | | | | | |
| 丁占福 | 男 | 36 | 石居一阁 | 拉萨市八廓北街40号 | 2007 | 2人 | 10平方米 | 2700元 | 旅游品 |
| 丁福林 | 男 | 41 | 再回首古玩城1号柜台 | 拉萨市八廓北街19号 | 2006 | 2人 | 10平方米 | 3000元 | 旅游品 |
| 丁由布 | 男 | 38 | 古城聚宝阁 | 拉萨市八廓北街24号 | 2003 | 3人 | 29平方米 | 5000元 | 旅游品 |

续表

| 业主姓名 | 性别 | 年龄 | 商铺名称 | 坐落位置 | 开业时间 | 从业人员 | 商铺面积 | 商铺租金(月) | 主营 |
|---|---|---|---|---|---|---|---|---|---|
| 苏永才 | 男 | 35 | 艺风藏石屋 | 拉萨市八廓南街20号 | 2000 | 2人 | 30平方米 | 2800元 | 旅游品、古玩 |
| 苏永福 | 男 | 33 | 奇域石轩 | 拉萨市八廓东街65号 | 2002 | 2人 | 6平方米 | 3000元 | 旅游品 |
| 苏 平 | 男 | 29 | 屋脊藏文化艺术店 | 拉萨市大昭寺广场18—23号柜台 | 2007 | 2人 | 12平方米 | 6000元 | 旅游品、工艺品 |
| 马光杰 | | | 格桑花珠宝店 | 拉萨市八角东街53—54号 | | | | | |
| 马永贵 | 男 | 22 | 屋脊藏文化艺术屋 | 拉萨市大昭寺广场 | 2007 | 1人 | 13平方米 | 3300元 | 旅游品 |
| 马得荣 | 男 | 34 | 再回首古玩城 | 拉萨市八廓北街19号 | 1997 | 5人 | 50平方米 | 5000元 | 古玩、印度及尼泊尔饰品 |
| 马光前 | 男 | 44 | 藏珍屋 | 拉萨市八廓北街19号 | 2006 | 3人 | 20平方米 | 3000元 | 藏红花、古玩、西藏特产 |
| 马 忠 | | | 绿松石拉萨批发部 | 拉萨市八角东街赛康商场11—12号柜台 | | | | | |
| 马尔萨 | 男 | 31 | 西藏藏传小屋 | 拉萨市八廓西街6号 | 2003 | 2人 | 26平方米 | 3000元 | 旅游品 |
| 马德俊 | 男 | 22 | 藏梦缘 | 拉萨市大昭寺赛康商场 | 2007 | 1人 | 4平方米 | 700元 | 旅游品 |
| 马俊宏 | 男 | 42 | 民族旅游商城 | 拉萨市宇拓路民族旅游商城A区19号 | 2006 | 2人 | 8平方米 | 1100元 | 旅游品 |
| 马永琪 | 男 | 31 | 恋藏小屋 | 拉萨市藏医院路1号恋藏手工艺品商行 | 2007 | 2人 | 28平方米 | 3500元 | 旅游品、工艺品 |
| 马继仁 | 男 | 21 | 藏饰源 | 拉萨市宇拓路民族旅游商城A区56号 | 2006 | 1人 | 10平方米 | 1500元 | 旅游品 |
| 马德元 | 男 | 45 | 西藏赛康商城 | 拉萨市八廓东街赛康旅游购物中心3—4号 | 2002 | 2人 | 4平方米 | 700元 | 旅游品 |
| 马俊明 | 男 | 26 | 八宝钰坊 | 拉萨市八角街40号 | 2000 | 2人 | 120平方米 | 3500元 | 旅游品 |
| 马德胜 | 男 | 39 | 旅游品专柜 | 拉萨市八廓东街赛康商城1楼 | 2006 | 2人 | 5平方米 | 1100元 | 旅游品 |

续表

| 业主姓名 | 性别 | 年龄 | 商铺名称 | 坐落位置 | 开业时间 | 从业人员 | 商铺面积 | 商铺租金(月) | 主营 |
|---|---|---|---|---|---|---|---|---|---|
| 马立克 | 男 | 60 | 赛康商城旅游品专柜 | 拉萨市八廓东街赛康商城1楼 | 2002 | 2人 | 8平方米 | 1050元 | 旅游品 |
| 马全顺 | 男 | 33 | 德勒古玩店 | 拉萨市八角东街7号 | 2004 | 4人 | 40平方米 | 4000元 | 古玩、尼泊尔银器、旅游品 |
| 马忠 | 男 | 45 | 旅游品专柜 | 拉萨市八廓东街赛康商城1楼 | 2007 | 2人 | 4平方米 | 800元 | 旅游品 |
| 马国瑞 | 男 | 38 | 藏古缘 | 拉萨市八廓北街20号 | 1999 | 2人 | 30平方米 | 4000元 | 旅游品 |
| 敏达吾 | 男 | 48 | 石头屋旅游品专卖店 | 拉萨市八廓北街 | 2000 | 3人 | 35平方米 | 3000元 | 旅游品 |
| 敏主毛 | 男 | 23 | 绿宝轩 | 拉萨市八廓南街56号 | 2006 | 2人 | 8平方米 | 2500元 | 旅游品 |
| 敏秉智 | 男 | 42 | 奇宝斋 | 拉萨市八廓北街53号 | 2002 | 4人 | 50平方米 | 5500元 | 旅游品 |
| 敏汝才 | 男 | 20 | 西藏宝艺屋 | 拉萨市八廓北街13号 | 2007 | 2人 | 20平方米 | 3000元 | 旅游品 |
| 敏拜克 | 男 | 33 | 藏传古玩店 | 拉萨市八廓北街52号 | 2004 | 6人 | 60平方米 | 6000元 | 旅游品 |
| 敏智<br>马永红 | 男<br>男 | 28 | 藏妙缘 | 拉萨市北京中路与藏医院路交叉口 | 2006 | 2人 | 8平方米 | 2000元 | 旅游品 |
| 敏富春 | 男 | 30 | 藏缘圣宝 | 拉萨市八廓西街10号 | 2005 | 2人 | 30平方米 | 4000元 | 旅游品 |
| 敏福海 | 男 | 42 | 藏宝鼎 | 拉萨市八廓北街37号 | 2002 | 4人 | 30平方米 | 3700元 | 旅游品 |
| 敏生荣 | 男 | 32 | 格桑花珠宝店 | 拉萨市八廓东街64—69号 | 2001 | 3人 | 40平方米 | 4000元 | 旅游品 |
| 敏录退 | 男 | 37 | 藏石阁 | 拉萨市八廓南街82号 | 2001 | 2人 | 24平方米 | 3000元 | 旅游品 |
| 敏林 | 男 | 27 | 聚石堂 | 拉萨市八廓南街50号 | 2007 | 2人 | 16平方米 | 3000元 | 旅游品、印度及尼泊尔首饰 |
| 敏富强 | 男 | 48 | 富强珠宝商行 | 拉萨市八廓街9号 | 1990 | 3人 | 40平方米 | 3000元 | 绸缎、旅游品 |

续表

| 业主姓名 | 性别 | 年龄 | 商铺名称 | 坐落位置 | 开业时间 | 从业人员 | 商铺面积 | 商铺租金(月) | 主营 |
|---|---|---|---|---|---|---|---|---|---|
| 敏志祥 | 男 | 42 | 淘宝阁 | 拉萨市藏医院路香巴拉酒店斜对面 | 2007 | 2人 | 35平方米 | 6000元 | 旅游品 |
| 敏书亮 | 男 | 32 | 民族旅游专柜 | 拉萨市宇拓路民族旅游商城A区31号 | 2007 | 2人 | 9平方米 | 4500元 | 旅游品 |
| 敏书亮 | 男 | 30 | 赛康商城民族用品批发店 | 拉萨市八廓东街赛康商场83—84号柜台 | 2003 | 2人 | 6平方米 | 700元 | 旅游品 |
| 敏文忠 | | | 赛康商城民族用品批发店 | 拉萨市八廓东街赛康商场65—67号柜台 | | | | | |
| 敏汝荣 | 男 | 38 | 赛康商城民族用品批发店 | 拉萨市八廓东街赛康商场55—56号柜台 | 2006 | 1人 | 4平方米 | 700元 | 旅游品 |
| 敏德才 | 男 | 26 | 老街石窟 | 拉萨市八廓西街13号 | 2006 | 2人 | 28平方米 | 4800元 | 旅游品 |
| 敏　瑞 | 男 | 28 | 名城汝缘 | 拉萨市八角北街37号 | 2007 | 4人 | 26平方米 | 4500元 | 旅游品 |
| 敏贤伟 | 男 | 38 | 藏居古玩店 | 拉萨市八角北街23号 | 1996 | 12人 | 90平方米(含库房) | 15000元 | 旅游品 |
| 敏秉忠 | 男 | 27 | 赏石屋 | 拉萨市八廓南街 | 2002 | 3人 | 20平方米 | 2600元 | 旅游品 |
| 敏正国 | 男 | 30 | 旅游品专柜 | 拉萨市大昭寺广场屋脊文化艺术屋 | 2007 | 1人 | 10平方米 | 3000元 | 旅游品 |
| 敏玉德 | 男 | 35 | 奇石阁 | 拉萨市八廓东街64号 | 2006 | 5人 | 6平方米 | 3000元 | 旅游品 |
| 敏折布 | 男 | 55 | 西藏振财商贸有限公司分公司 | 拉萨市林廓东路明珠饭店门面 | 2007 | 3人 | 50平方米 | 3200元 | 中药材、旅游品 |
| 敏学清 | 男 | 35 | | | 2007 | 3人 | 40平方米 | 5000元 | 旅游品 |
| 黎学龙 | 男 | 33 | 藏珠小屋 | 拉萨市八廓南街34号 | 2006 | 2人 | 6平方米 | 3000元 | 旅游品 |

续表

| 业主姓名 | 性别 | 年龄 | 商铺名称 | 坐落位置 | 开业时间 | 从业人员 | 商铺面积 | 商铺租金(月) | 主营 |
|---|---|---|---|---|---|---|---|---|---|
| 黎文智 | 男 | 43 | 民族用品批发点 | 拉萨市八廓东街赛康商场39—42号柜台 | 2000 | 1人 | 10平方米 | 1400元 | 旅游品 |
| 黎尕松 | 男 | 37 | 藏秘瑰宝 | 拉萨市八廓西街（大昭寺左侧） | 2006 | 2人 | 30平方米 | 2500元 | 旅游品、米蜡、琥珀 |
| 黎学海 | 男 | 25 | 古域瑰宝 | 拉萨市八廓南街44号 | 2007 | 2人 | 10平方米 | 2000元 | 旅游品 |
| 黎文辉 | 男 | 25 | 唐古拉石缘 | 拉萨市八廓南街40号 | 2002 | 3人 | 44平方米 | 2300元 | 旅游品 |
| 李文东 | | | 西藏小屋工贸有限责任公司 | 拉萨市八廓西街7号 | | | | | |
| 张学智 | 男 | 24 | 老城宝石屋 | 拉萨市八角北街21号 | 2005 | 4人 | 30平方米 | 5000元 | 旅游品 |
| 张继贤 | 男 | 23 | 圣地之约 | 拉萨市大昭寺广场民族商城A区47—48号 | 2007 | 1人 | 15平方米 | 5000元 | 旅游品 |
| 张国梁 | 男 | 29 | 古城老珠宝店 | 拉萨市八廓西街15号 | 2000 | 9人 | 80平方米 | 10400元 | 旅游品 |
| 张学良 | 男 | 32 | 卓玛珠宝店 | 拉萨市八角北街22号 | 2004 | 3人 | 30平方米 | 6000元 | 旅游品 |
| 张仲仁 | 男 | 50 | 赛康珠宝批发专柜 | 拉萨市八廓东街赛康商场59—60号柜台 | 2007 | 2人 | 4平方米 | 700元 | 旅游品 |
| 张仲才 | 男 | 39 | 雅珠商行 | 拉萨市八角北街56号 | 1996 | 4人 | 70平方米 | 5000元 | 旅游品、纪念品 |
| 张永贵 | 男 | 32 | 旅游品专柜 | 拉萨市八廓东街赛康商场1楼 | 2007 | 3人 | 8平方米 | 1400元 | 旅游品 |
| 喜学明 | 男 | 38 | 康宏鑫珠宝商行 | 拉萨市八廓东街赛康商场9号柜台 | 1999 | 2人 | 32平方米 | 4900元 | 旅游品、工艺品 |
| 牟英才 | 男 | 30 | 老城珠宝行 | 拉萨市八廓东街派出所隔壁 | 1997 | 3人 | 36平方米 | 8000元 | 旅游品 |
| 敏学礼 | 男 | 20 | 瑰宝缘 | 拉萨市八廓南街30号 | 2007 | 2人 | 10平方米 | 1000元 | 旅游品 |

续表

| 业主姓名 | 性别 | 年龄 | 商铺名称 | 坐落位置 | 开业时间 | 从业人员 | 商铺面积 | 商铺租金(月) | 主营 |
|---|---|---|---|---|---|---|---|---|---|
| 李奋荣 | 男 | 36 | 西藏艺术品购物网 | 拉萨市八廓西街16号 | 2005 | 4人 | 28平方米 | 4000元 | 旅游品 |
| 马光信 | 男 | 40 | 藏饰缘 | 拉萨市八廓南街22号 | 2006 | 3人 | 30平方米 | 4000元 | 旅游品、银器、装饰品 |
| | | | 藏巴拉宝石屋 | 拉萨市八角北街21号 | | | | | |
| 敏世海 | 男 | 29 | 石全石美西藏天珠专卖店 | 拉萨市藏医院路香巴拉酒店旁边 | 2007 | 3人 | 40平方米 | 3200元 | 各种旅游品 |
| 敏孝义 | 男 | 28 | 格桑梅朵 | 拉萨市八廓西街12号 | 2004 | 5人 | 30平方米 | 5000元 | 旅游品 |
| | | | 古城聚宝阁 | 拉萨市八角北街24号 | | | | | |
| | | | 藏居古玩店 | 拉萨市八角北街 | | | | | |
| 兰世明 | | | 赛康珠宝批发专柜 | 拉萨市八廓东街赛康商场63—64号柜台 | | | | | |
| 丁树忠 | 男 | 31 | 赛康商场民族用品批发点 | 拉萨市八廓东街赛康商场61—62号柜台 | 2007 | 3人 | 4平方米 | 700元 | 旅游品 |
| 穆永强 | 男 | 27 | 藏珍阁 | 拉萨市八廓南街32号 | 2001 | 2人 | 30平方米 | 3000元 | 旅游品 |
| | | | 藏饰缘 | 拉萨市八廓南街赛康商场30—33号柜台 | | | | | |
| 马维民 | 男 | 29 | 藏宝轩 | 拉萨市藏医院路21号 | 2000 | 3人 | 29平方米 | 5000元 | 旅游品 |
| 马文彪 | 男 | 37 | 天堂眼一分店 | 拉萨市藏医院路香巴拉酒店对面 | 2007 | 2人 | 40平方米 | 8000元 | 旅游品、藏香、藏刀 |
| | | | 亚古道商行 | 拉萨市藏医院路 | | | | | |
| 张永良 | 男 | 25 | 曼达拉有限责任公司 | 拉萨市藏医院路 | 2004 | 14人 | 60平方米 | 5000元 | 旅游品 |
| 敏哈格 | 男 | 27 | 奇宝缘 | 拉萨市八廓南街52号 | 2005 | 2人 | 8平方米 | 2000元 | 旅游品 |

续表

| 业主姓名 | 性别 | 年龄 | 商铺名称 | 坐落位置 | 开业时间 | 从业人员 | 商铺面积 | 商铺租金(月) | 主营 |
|---|---|---|---|---|---|---|---|---|---|
| 张忠元 | 男 | 36 | 藏宝天眼石专卖店 | 拉萨市八廓南街58号 | 2007 | 2人 | 30平方米 | 5000元 | 旅游品 |
| 丁恒凌 | 男 | 30 | 天眼石专卖店 | 拉萨市八廓南街58号 | 2002 | 3人 | 9平方米 | 2000元 | 旅游品 |
| 马国荣 | 男 | 23 | 八宝石窟 | 拉萨市八廓南街28号 | 2007 | 3人 | 67平方米 | 4500元 | 旅游品 |
| 李文荣 | 男 | 48 | 藏地缘 | 拉萨市八廓东街19号 | 2007 | 6人 | 50平方米 | 5000元 | 旅游品 |
| 吴振刚 | 男 | 36 | 藏饰源 | 拉萨市八角北街23号 | 2006 | 2人 | 15平方米 | 3000元 | 古董、旅游品 |
| 黎永平 | 男 | 22 | 藏宝阁 | 拉萨市八角北街4号 | 2006 | 3人 | 15平方米 | 3000元 | 旅游品、藏香 |
| 沙鹏超 | 男 | 42 | 屋脊藏文化艺术屋8号摊位 | 拉萨市大昭寺广场 | 2007 | 2人 | 8平方米 | 8000元 | 旅游品 |
| 兰永龙 | 男 | 45 | 旅游品专柜 | 赛康商场1楼 | 2003 | 2人 | 6平方米 | 700元 | 旅游品 |
| 敏勺布 | 男 | 25 | 旅游品专柜 | 赛康商场1楼 | 2004 | 2人 | 5平方米 | 700元 | 旅游品 |

在拉萨市长年经营粮油、餐饮、轧面、绸缎、鞋类、废旧军用品、音像制品、淋浴的洮商有33家，拥有资金816.6万元，年上缴国家税收6.47万元，年支付当地租金74.15万元，从业人员113人。

表36 **拉萨市经营粮油、餐饮、绸缎、鞋类、音像品等洮商情况调查**

（调查时间：2007年8月25—28日）

| 业主姓名 | 性别 | 年龄 | 商铺名称 | 坐落位置 | 开业时间 | 从业人员 | 商铺面积 | 商铺租金(月) | 主营 |
|---|---|---|---|---|---|---|---|---|---|
| 马玉梅 | 女 | 26 | 雅兴化妆品店 | 拉萨市八廓南街 | 2005 | 3人 | 40平方米 | 1200元 | 化妆品 |
| 苏文伟 | 男 | 42 | 如意轧面房 | 拉萨市夏沙苏路9号 | 1998 | 3人 | 40平方米 | 1200元 | 轧面 |
| 敏继才 | 男 | 44 | 宏海轧面店 | 拉萨市小昭寺路 | 2005 | 5人 | 45平方米 | 2500元 | 轧面 |
| 丁勺布 | 男 | 30 | 阿西雅轧面房 | 拉萨市小昭寺路 | 2005 | 5人 | 30平方米 | 2200元 | 面条、挂面、空心面 |

续表

| 业主姓名 | 性别 | 年龄 | 商铺名称 | 坐落位置 | 开业时间 | 从业人员 | 商铺面积 | 商铺租金(月) | 主营 |
|---|---|---|---|---|---|---|---|---|---|
| 苏文俊 | 男 | 55 | 藏汉面加工房 | 拉萨市鲁固停车场 | 2006 | 2人 | 30平方米 | 1200元 | 轧面、面粉加工 |
| 张守义 | 男 | 37 | 鲁固清真轧面铺 | 拉萨市鲁固停车场 | 2002 | 4人 | 60平方米 | 1250元 | 轧面 |
| 丁国成 | 男 | 41 | 国成食品铺 | 拉萨市东郊老安居院 | 2007 | 3人 | 30平方米 | 1000元 | 食品 |
| 苏文俊 | 男 | 52 | 轧面房 | 拉萨市北郊扎基路 | 2004 | 2人 | 40平方米 | 400元 | 轧面 |
| 马德元 | 男 | 40 | 轧面铺 | 拉萨市鲁固停车场 | 2005 | 3人 | 25平方米 | 2500元 | 轧面 |
| 苏尔萨 | 男 | 60 | 苏尔萨轧面房 | 拉萨市东孜苏路73号 | 1999 | 5人 | 40平方米 | 1500元 | 轧面、加工面 |
| 敏文忠 | 男 | 28 | 伊清轧面铺 | 拉萨市东孜苏路 | 2007 | 3人 | 30平方米 | 1400元 | 挂面、加工面 |
| 敏正平 | 男 | 33 | 正平馒头店 | 拉萨市八廓南街 | 2007 | 4人 | 25平方米 | 1000元 | 馒头、饼子 |
| 敏启荣 | 男 | 47 | 清真馍馍店 | 拉萨市八廓街错那路 | 2006 | 2人 | 20平方米 | 1500元 | 馍馍 |
| 马英祥 | 男 | 55 | 清真馍馍铺 | 拉萨市八廓街吉日路71号 | 2005 | 2人 | 10平方米 | 500元 | 馍馍 |
| 丁亥半 | 女 | 35 | 凉皮摊 | 拉萨市东孜苏路73号 | 2002 | 1人 | 临时摊位 | 60元 | 凉皮、凉面、凉粉 |
| 敏正旗 | 男 | 38 | 德兴清真饭馆 | 拉萨市八廓街吉日路6号 | 2007 | 8人 | 46平方米 | 1500元 | 炒菜、面食 |
| 黎永俊 | 男 | 39 | 拉萨伊斯兰饭庄 | 拉萨市东孜苏路22号 | 2002 | 14人 | 280平方米 | 5000元 | 餐饮 |
| 丁凤兰 | 女 | 34 | 凉皮摊 | 拉萨市东孜苏路 | 2007 | 2人 | 5平方米 | 60元 | 凉皮、凉面 |
| 马曼亥目 | 男 | 55 | 清真牛肉铺 | 拉萨市八廓街吉日路1号 | 2004 | 4人 | 10平方米 | 300元 | 牛羊肉 |
| 敏贤达 | 男 | 26 | 洁康淋浴 | 拉萨市东孜苏路 | 2006 | 2人 | 40平方米 | 1500元 | 淋浴 |
| 敏正林 | 男 | 38 | 清真淋浴 | 拉萨市八廓南街112号 | 2001 | 2人 | 40平方米 | 1500元 | 淋浴 |
| 丁学俊 | 男 | 40 | 学俊鞋店 | 拉萨市冲赛康北中街6号 | 2000 | 3人 | 245平方米 | 2900元 | 鞋类、废旧军用品、民族用品 |

续表

| 业主姓名 | 性别 | 年龄 | 商铺名称 | 坐落位置 | 开业时间 | 从业人员 | 商铺面积 | 商铺租金(月) | 主营 |
|---|---|---|---|---|---|---|---|---|---|
| 丁学俊 | 男 | 40 | 日月山皮鞋店 | 拉萨市冲赛康北中街 | 2001 | 3人 | 104平方米 | 3700元 | 旅游鞋、大头鞋、帐篷、马掌、马蹄钉 |
| 王海宇 | 男 | 36 | 宇瑞鞋服商贸店 | 拉萨市冲赛康中街10号 | 1997 | 3人 | 240平方米 | 7000元 | 各种鞋类 |
| 丁志刚 | 男 | 25 | 由四夫鞋店 | 拉萨市冲赛康中街 | 2005 | 2人 | 25平方米 | 2000元 | 旅游鞋 |
| 敏折布 | 男 | 55 | 敏忠毡房店 | 拉萨市冲赛康中街13号 | 1995 | 6人 | 270平方米(含库房) | 3700元 | 废旧军用品、帐篷加工 |
| 敏顿个 | 男 | 35 | 军用品摊位 | 拉萨市八廓东街149号 | 1989 | 1人 | 2.2平方米 | 800元 | 废旧军用品、旅游品 |
| 敏文俊 | 男 | 31 | 旅游鞋专卖店 | 拉萨市冲赛康北中街28号 | 2003 | 3人 | 55平方米 | 3400元 | 旅游鞋 |
| 穆永龙 | 男 | 31 | 踏浪鞋屋 | 拉萨市八廓街吉日路清真寺商品房 | 2007 | 2人 | 25平方米 | 1100元 | 旅游鞋 |
| 敏富强 | 男 | 48 | 天兴隆绸缎经营部 | 拉萨市八廓街6号 | 1997 | 5人 | 32平方米 | 5000元 | 绸缎 |
| 马玉才 | 男 | 63 | 玉亨祥绸缎铺 | 拉萨市八廓东街8号 | 1992 | 3人 | 10平方米 | 1470元 | 绸缎 |
| 丁尔利 | 男 | 36 | 小百货店 | 拉萨市八廓街吉日路78号 | 2003 | 2人 | 25平方米 | 850元 | 服装、百货 |
| 马忠海 | 男 | 27 | 雷欧音像店 | 拉萨市八廓东街66号 | 2006 | 1人 | 8平方米 | 600元 | 光盘 |

拉萨个案访谈之一：金松（拉萨市八廓街派出所所长）、扎西（拉萨市八廓街派出所副所长）

时间：2007年8月26日

地点：藏特产聚宝行

问：请你对洮商的优点和缺点等方面给予评价。

答：甘肃商人，特别是洮商绝大多数是守法经营的，他们为人诚实，待人热情，善于吃苦，勤于业务。首先来说，洮商为西藏地方的经济做出了巨大贡献，这是需要明确肯定的。仅在拉萨八廓街就有100多家洮商经营各种旅游品和工艺品，每年为地方缴纳房租数百万元，上缴地方税收数十万元。其次，洮商是为了自己的发展，远离家乡，远离亲人，来到西藏寻求发展机遇的。

至于洮商的不足之处，我认为首先是洮商的经营理念有待转变和提高；其次是资金未得到充分利用，要加快资金的整合利用；再次，洮商的经营规模有待扩大；最后要全方位提高服务水平，赢得顾客青睐，虽然大部分顾客可能不是回头客，但是回到内地后有着巨大的宣传作用，很显然正面宣传和负面宣传的效果是不一样的，我们不能目光短浅、直盯着眼前利润，而要有长久眼光。

问：你认为洮商需要经济转型的话，在拉萨搞什么业务前景更为广阔？

答：近几年来，随着青藏铁路的通车，进藏旅游人数越来越多。去年拉萨宾馆业火爆，人满为患，宾馆价格直线攀升，旺季入住率几乎是百分之百。所以我认为宾馆业发展前景看好，可惜的是洮商似乎对宾馆业不感兴趣，这可能与他们的经营理念有关系。当然宾馆业投资很大，这就需要整合资金，搞“联合舰队”，改变往日“单打独斗”的格局。

还有就是工艺品市场前景广阔，因为凡进藏旅游者回去一般都要带回一两样东西，其中工艺品是必不可少的。鉴于工艺品行业参差不齐，档次高低有别，所以要尽快注册自己的公司，打响品牌，这才是长久之计。

拉萨洮商个案访谈之二：喜学义（西藏丽鑫珠宝商行经理）

时间：2007年8月28日

地点：拉萨市天河宾馆

问：请谈谈你个人的情况。

答：我的经名是艾由布，1959年生，1967年上小学，1978年毕业于临潭县第二中学。当时正好赶上恢复高考制度，我也是第一批参加高考的学子。非常遗憾的是，高考成绩只差了2分而未被录取，我的命运就此改写。当时身为长子的我由于家庭的贫困，是没有可能复读参加来年考试的，虽然第二年我很有把握考上大学。我感觉比较幸运的是我总算完成了高中学业，比起同时代的同龄人来说，有个高中文化程度也是不多见的。我今日生意上的成功，有众多的因素，但我认为文化知识对我的帮助是非常大的。

生活的艰辛根本没有给我时间去回味学校生活，便匆匆跨入了赶牛贩马的行列，并以此开始了我的商业生涯。这期间，我先后去过青海的河南蒙古族自治县，四川的甘孜县、石渠县、阿坝县、马尔康县。我至今还清楚地记得第一次出门到甘孜，路途遥远、水流湍急的情形。当时，不满20岁的我身上只带了家中东挪西凑的1835元钱，告别了亲人出门挣钱。

当时在甘孜县，400–500元可买一匹马，60–100元可买一头小牛。我们私下一算账，买不起马，一匹马的钱能买7头牛。于是我们将身上所带的钱全部买了牛，每人花4.5元从甘孜各买了一双球鞋，然后徒步从甘孜起程赶牛回家。在交通高度发达的今日，坐车去甘孜或者从甘孜返家，都至少需要3天时间。而在当时却是关山重重、长路漫漫。几千公里的路硬是用两只脚板走完了全程。其间不知翻过多少座高山峻岭，趟过多少大河大江。一座座山脉，一条条崎岖坎坷的山路，海拔在3000—4500米的高原上，一条条急速奔流的大河我们都是拽着牛尾巴趟过来的。现在回想起来，真是就像走过了二万五千里长征一样。20年以后，当我从电视上看到《长征》电视连续剧时，我止不住热泪盈眶……只有经历过那种艰难困苦的人，才会有刻骨铭心的体会。特别让我感怀的是，我们走过的大部分地段就是当年红四方面军走过的地段。

问：请你谈谈在经商过程中最难忘的事情。

答：我记忆最深的是，我们在一次赶牛生意的行进途中遇到一连17天下大雨。时而疾风狂啸，时而暴雨如注，时而雷鸣闪电，时而洪水泛滥，更多的则是淅淅沥沥无尽的绵绵秋雨，每次下雨都会把我们浇成落汤鸡。我们每日绕山走而不能沿山麓行进，因为走平路洪水随时会把我们冲走。由于天天下雨，我们连续6天不能生火做饭，只好凑合着边吃干粮边行进，有好几天只能饿着肚子赶路。到了晚上，根据分工我们还得轮流守夜，不能睡觉，以防盗牛者下手。

那次从甘孜把牛赶到临潭老家花了50多天时间。牛卖掉后，我们每人分了650元的利润，相当于今天的一桌饭钱。可以想象，那时候我们挣钱是多么的艰难。

1986年经人介绍，我跟朋友一块儿做绿松石生意。做出决定后，我跟朋友一块儿去了南方，就是现在的湖北省陨西县、竹山县、郧县、白河县等出产绿松石的地方。从湖北置办绿松石后拿到拉萨摆地摊销售。这期间，被当地的保安打过、骂过，受过各种各样的欺负。后来我看这样下去不是办法，于是我在拉萨第一个办了营业执照，开始在赛康商场摆柜台。这一来生意上了正路，从此生意也一天天好起来了。

同在拉萨的临潭老乡们看着我的生意就像芝麻开花——节节高，于是争相开铺子。你开我也开，一人接一人开始了他们的创业阶段。在这20多年的商海搏击中，说句心里话，我尝尽了人生的酸甜苦辣，其中有流不完的泪，有诉不完的苦，也有讲不完的笑。今天我说一句真心话：创业难，守业更难啊！我们在这里挣钱，拿到家乡让家中牵挂的父母妻儿过上好日子，让家乡的贫困面貌改变一下，这是我个人最大的愿望和理想。

问：你对未来的生活有什么向往和期待？

答：我个人在拉萨有3个大的商店，总计有几百万的资产。从当年赤手徒步赶牛的毛小伙到现在已年近半百，这个事业的确来之不易。凭真主的口唤，我最大的希望是我的下一代能够守住这来之不易的家业，珍惜时代赋予我们各少数民族发展的大好机会，将经商事业在我辈奋斗的基础上做大做强，以彻底实现从温饱型向小康型再向富裕型的转变。因为个人富了不算富，大家富了才是真的富。只有把事业做大做强，才能带动和吸引更多的家乡人走出来，才能帮助家乡告别贫困的面貌，才能完成必要的资金积累，然后才能向建筑、旅游、房地产等更广阔的领域进军。

问：作为一名成功的商人，你认为你最值得骄傲的事情是什么？

答：在我的帮助下，我身边的亲戚朋友发展起来的有30多人。其中20多人成了大大小小的老板，他们都过上了好日子，这是我最值得高兴，也是最值得骄傲的一面。

还有就是我的四个子女均已长大成人，长女已出嫁，现和女婿也在拉萨做生意；次女在临夏中阿学校（中专）毕业后留校任教，三女和儿子都在兰州西北民族大学外国语学院上本科，两个孩子都学的是英语。前面说过，我当年以两分之差失去了上大学的机会，成为我心中永远的痛。感谢真主，感谢党和政府，孩子们还算争气，替我圆了大学梦。我让孩子们选学外语，也有一定的考虑，就是希望他们大学毕业后，能够到国外继续深造。我年逾半百还在这里奋斗，无非还是为了给孩子们的将来发展创造更好的条件。

拉萨洮商个案访谈之三：黎穆萨（拉萨藏特产聚宝行经理）

时间：2007年8月28日

地点：拉萨市天河宾馆

问：谈谈你个人的情况。

答：我的学名是黎永奎，经名穆萨，因为我常年在外经商，别人都叫我经名，我的学名反倒不为人所知。所以我现在的名片以及对外交往中都用黎穆萨这个名字，包括以前我和孔繁森交往时，他都称呼我为小黎或者直接称呼我为黎穆萨。

我于20世纪60年代出生于临潭县城关镇上郊口，家里兄弟5人，我排行第二，父母都是地道朴实的农民。众所周知，那年月是中国遭遇空前大饥荒的年代。所以用不着多说，我从小经历了怎样的艰辛与磨难。我上学时，正值史无前例的“文化大革命”轰轰烈烈地进行，虽然说是在上学，实际上学到的东西很少，停课闹革命或者参加生产队的劳动是常有的事。好在那时我们家成分较低，我还算“跌跌撞撞”念完了初中，高中只上了一年就再也念不下去了，只好含泪辍学，帮助父母维持日益捉襟见肘的家务。那年头每个家庭子女都比较多，所以每家的长子、次子稍为长大后就要替父母分担家务，就像人们常说的“人上十四，替老子（父亲）行事”，即是当时的真实写照。

问：能否简单地回顾一下你的从商经历和难忘的记忆？

答：你完全可以想象，我白手起家，从一文不名的穷小子到今天略有成就的商人其间经历的艰辛与磨难。要是让我个人撰写回忆录，我觉得几本书都难以写完我经商过程中的汗水与泪水，可惜我文化有限不能如愿。

20世纪80年代中期我就来到西藏做生意，我算是改革开放以来第二批到达拉萨的洮商之一。我最初从小本生意做起，从银行贷款2000元从玛曲贩牛贩马，3年期间挣了几千元。后经过几次贷款，银行对我很信任，又贷了两万元，下湖北郧西县采购绿松石拿到拉萨去销售。在此基础上，我从合作、临潭、卓尼购进棉布，运到西藏的樟木口岸去销，那几年的生意总的来说还不错。

1990年上半年，我从西藏那曲地区巴青县购了一车布匹，计划雇车运到樟木，没想到汽车走到拉萨时，暴雨如注，把通往樟木口岸的公路冲断了。无奈之下我把货卸到了甘南驻拉萨办事处院子里。在等待路通期间，我不慎上当受骗，进价57000多元的布匹被人连本带利骗走。我在身无分文的同时反而欠了朋友、亲戚以及银行的17000千多元钱，事发后，我到处上访都没有任何结果。

那是我从商以来栽的第一个跟斗也是最大的一个跟斗，陷于困境中的我并没有因此而绝望，而是擦干泪水，从头再来。打那以后，我做生意多了一份成熟，增添了一份智慧，更重要的是，我因为贷款的事情找过时任拉萨市副市长的孔书记（孔繁森同志后任中共阿里地委书记），引发了我与孔书记近十年的交往。孔书记因公殉职后成为中华大地上家喻户晓的人物，我此生能有缘认识这样一位品德高尚、为民解忧的领导而倍感自豪，孔书记当年的音容笑貌已经成为我心中弥足珍贵的记忆。

问：你与人民的好公仆孔繁森生前有一段交往，可否介绍一下情况？

答：提起孔书记，我的眼前就浮现出他那刚毅执著的眼神，想起他爱民如子的情怀。我跟孔繁森书记生前有真挚的交往，我对他有很深的感情，深深为他的人品和官品折服。我至今还珍藏有孔书记当年写给我的信件。

我在拉萨经商始于20世纪80年代中期，孔书记当时担任拉萨市副市长。当时我在拉萨时间不长，可以说是人生地不熟，前面说过，我那次布匹生意被骗一空后，生意陷入绝境。我是在走投无路的情况下，经朋友介绍结识了拉萨市副市长孔繁森，没想到孔市长真正是一位有爱心的好领导。孔市长得知我的遭遇时，给我大米等，并关心我、同情我，承诺要诚心帮助我。当时他就给拉萨市委书记写了信，给市公安局刑警队打电话要求抓紧破案。后来公安局将行骗当事人抓到，但遗憾的是此人已将布匹销售得一干二净。

孔市长担任阿里地委书记要离开时，将走投无路的我的情况及我的为人等给拉萨市建行行长及信贷科徐文哲科长写了一封信，信中非常中肯地介绍了我的为人，语气诚恳，希望建行给我解决贷款问题。此事令我终生难忘，因为这不仅反映了孔市长对一个外地商人的信任和关心，更显示了党的高级领导干部与一个外地少数民族商人的鱼水深情。我得到拉萨市建行10万元贷款后，生意很快走出困境，生意一天天在做大做强。孔书记遇难后不久，我将拉萨建行的10万元连本带息拿到建行领导们面前时，徐文哲科长流泪了，他说："你不愧是孔书记的好朋友。"

孔市长调任中共阿里地委书记后，他在那里无私奉献，扎实工作，赢得了藏族人民的高度信任，这期间我和他继续保持来往。后来当我从电视上得知孔书记去世的消息，顿时感到悲痛万分，如同失去自己的亲人一样。为了弥补孔书记去世后的缺憾，我至今和孔书记的女儿走亲戚，每次我到北京，必定要去探望孔书记的家人；而每次他们来拉萨，则必定和我联系，事实上我和他的交往一直延续到他的下一代。

问：孔繁森同志的生前事迹经媒体报道后感人肺腑，就你个人而言，需要给我们说些什么？

答：1992年拉萨市墨竹工卡等县发生强烈地震，孔书记在羊日岗乡的地震废墟上，领养了三个失去亲人和家园的藏族孤儿：12岁的曲尼、7岁的曲印和只有5岁的贡桑。孔书记一个人孤身在外，既要工作，又要带孩子，辛苦和劳累可想而知，晚上工作了一天的孔繁森回到家里，先要给孩子们做好可口的饭菜，然后再教他们读书识字，晚上临睡觉前，孔书记亲自给3个孤儿洗脚。我曾亲眼看到过孔书记给孩子们洗脚的动人一幕。孔书记抚养的三个孤儿均已长大成人，其中曲尼和曲印现在拉萨市工作，贡桑在南京上大学。如今我和已长大的三个孩子在一起吃饭时，他们总是流着泪说："是孔爷爷给了我们生命之路，我们至今十分想念我们的孔爷爷。"

是的，孔书记已经是中国家喻户晓的人物了，他的主要事迹全国各大媒体上都有登载，并相继被拍成电影和电视剧，用不着我多说。我只想说的就是媒体上宣传的有关孔书记的事迹都是真实的，没有一点虚构的成分，他的确是那样的一位领导干部。从做官的角度讲，他的确是一位爱民如子的好官；从做人的角度讲，他的确是一名大爱无疆的好人，这是我发自肺腑的话。时至今日，我仍旧亲切地称他为孔书记而不愿直呼其名，是为了表示对他的尊敬，因为孔书记永远活在我心里。

拉萨个案访谈之四：敏达吾（拉萨石头屋旅游品专卖店经理）

时间：2007年8月28日

地点：拉萨市天河宾馆

问：请谈谈你个人的生活经历和家人的情况。

答：我1960年出生于一个普通农民家庭，出生时正好赶上甘肃省一些地方发生饥荒。所以，我从小就受冻挨饿，饱尝人间辛酸。我一家共8口人，兄弟姊妹6个，我为长子。到1966年入学年龄时，又正好赶上了轰轰烈烈的"文化大革命"，上学自然无望。作为长子，为了减轻家庭的负担，我从小就用稚嫩的肩膀挑起家务重担，放牧、拾粪、背柴、务农是我童年生活的主旋律。1975年，15岁的我被迫出门乞讨，先后在夏河县麦家、麦秀、达蔡、科蔡一带要饭，平均每半个月给家里背回一袋炒面，那可是全家人赖以活命的主食。

问：请谈谈你个人的从商经历。

答：23岁那年我成了家，25岁时我和表哥结伴到四川甘孜州的竹庆、岔岔一带串乡，并从那里一直辗转步行到青海省治多县境内搭车回家。回到老家后，顾不得休息，报名到临潭县砖瓦厂当临时工，一干就是4年。其间每遇冬季砖瓦厂停工时，就到藏区跑生意。由于砖瓦厂劳动强度大，收入少，4年后我从私人手里贷款（月息5%），加上妻子变卖首饰所得的资金起步，到西藏昌都地区串乡。当时到昌都交通不便，路况极差，车速缓慢。从家乡出发，坐车沿川藏公路行驶7—8天后才能到达昌都。到昌都后，在昌都坐商手里买进一些绿松石，搭便车到丁青县，然后从丁青徒步串乡到那曲地区管辖的巴青县、索县、比如县一带。所谓串乡就是拿着绿松石徒步沿着草原挨家挨户串帐篷。最后我到达那曲县城，在那里休整几天后坐车顺青藏公路返回临潭老家。这一过程持续4年之久，我个人有了近2万元的积蓄。

我拿着这2万元的血汗钱开始步入虫草、麝香行业。由于虫草、麝香是名贵的中药材，没有一定的经济实力是不行的。大多数虫草商的原始积累是从串帐篷开始的，也有少数家庭条件较好的，就不需要吃这个苦头了。由于最初轻信别人，收了假麝香，导致血本无归，这是我在生意场上第一次栽跟斗。

后来，两手空空的我从朋友处借了1000元，赊了10公斤绿松石和若干百货到距离昌都最近的类乌齐县开铺子，由于生意伙伴存有私心，理财不清，铺子运行不到1年即告倒闭，我分到7000元后退出类乌齐又转赴昌都地区八宿县开铺子。八宿县地处昌都以南，气候较热，布匹销售缓慢，生意不景气。举步维艰的我又和云南人合伙贩牛皮，谁知牛皮也贩不到点子上，付出几千元的代价后无奈回到昌都。在昌都休息一月之后又到类乌齐作行商，可是不知怎么了，就是找不上生意，闲坐几个月后只好回老家另做打算。那一段时间可以说是我生意经历中最黑暗的时期。

1989年回到老家坐了不到一个月，不甘失败的我又从朋友处赊了20多公斤绿松石重返西藏。这回我决定选择拉萨，另找商机。于是我从西宁坐火车到格尔木，又从格尔木坐长途车直奔拉萨。谁知我这次也是时运不济，1989年夏季正好赶上拉萨骚乱，社会治安混乱，根本做不成生意。于是我又辗转到达林芝地区八一镇摆地摊做服装生意，但效果不佳，无奈3个月后返回拉萨。这期间我随身携带的松石受潮发白，卖不上价钱，只好含泪扔掉后回家。

问：请你谈谈在经商过程中最难忘的事情。

答：1989年冬天，我们全家团聚半个月之后，为了生活，我又别妻离子出门了。这次我从河南省南阳地区镇平县采办了若干公斤绿松石拿到西藏那曲地区去卖。

当时那里销路不畅且利润很薄，于是我和乡亲丁玉学、李木亥、敏奴勒四人结伴串乡。我们一行走到那曲胡尔麦区后，遇到一座大山。通过询问帐篷人家，得知大山那边还有牧民，而要到那里，就必须翻越眼前的高山。我们决定越山后过夜，于是各自背着自己的绿松石，拖着沉重的脚步，弓着腰顺坡度较缓的阳面登上了山顶。由于长途跋涉，我们疲惫之极，再加上高海拔（山上海拔逾5000米），即使几公斤重的绿松石也显得异常的沉重。

到达山顶后，我们在那里来不及庆祝胜利的喜悦，眼前的景象却让我们惊得目瞪口呆。只见下山的阴坡坡度极陡，几成垂直角度，上面覆盖着终年不化的厚厚积雪，在夕阳的照射下发出阴森恐怖的光芒。顺着山坡下望，不时有青石从雪线中露出狰狞的面目，似青面獠牙的魔鬼望着我们，又似乎在嘲笑我们。再往山脚下看，不远处有一处村庄，牧民做饭的炊烟正在袅袅升起。回头再看我们上山的路，由于是在阳面，坡度较缓且无积雪。

怎么办？是按原路下山还是豁出性命往前下山？一行四人坐在山顶商议，最后决定冒死从阴坡顺着雪线下山，然后到山下村庄寻求过夜。可是怎么下山？唯一的方式就是顺着雪线下滑或者更确切的说是滚下山，这是非常危险的，更何况我们中的年长者李木亥已年过50岁。但此时已无退路，我们决定将一切托靠真主，在山顶挑选一弯雪线较厚且没有“暗礁”的地方滚下山，并约定在山底互相等候。

山顶不宜久留，我们各自准备妥当后（扎紧鞋带，勒紧裤带，绑紧背上装有绿松石的布包），在选择下滑处闭上眼睛。第一位下滑者口诵“太丝米叶”（以普慈特慈的真主之名），继而双手一撑，两腿一蹬开始下滑，由于坡度极陡，只见下滑者像雪崩一样以极快的速度顺山阴滑下，与其时也，只见两边飞雪四溅，身下千年未动的雪线上被划开一道深深的裂痕。下滑者如坐飞毯，很快消失为一个黑点，直至飞出山顶同伴的视线。其他三人依次以同样的动作下山，整个下滑时间大约有10分钟左右。但由于速度极快且过程是那样的惊心动魄，当事人感觉时间是那样的漫长，感悟了一次生死历程的“漫长”的“滑翔”。若干年后，我在电影《极地营救》里看到过类似的镜头，但那毕竟是电影，而我们的经历却是活生生的。

大约一刻钟后，四人在山脚下会面，大家躺在地上，头脑好像还没有完全回到现实中来，依稀感觉像在梦里。可是隐隐作痛的脊背分明告诉我们：活着，我们已平安下山了。过了好一会儿，一位同伴说：“要是有飞机把今天的这一幕拍摄下来，那不知有多精彩。”另一位同伴接着说：“那样家里人看到这样的镜头，就不会让我们出门来挣钱。”

我们来不及过多回味惊心动魄的“滑翔”，落日的余晖却已在提醒大家还得赶路。于是我们一行四人站起身来，拍掉身上的雪渍，径直向前方的村子走去。半个小时后，我们抵达该村庄。冻饿交加的四人进入一户牧民院落，经与主人协商，用3块小的绿松石换了一只山羊，当即宰杀后借用主人家的锅灶开煮。还未及完全煮熟，就开始下肚，到睡觉前四人几乎是狼吞虎咽地吃完了将近一只山羊，仅剩下一条后腿。晚上在人家屋里打地铺睡觉，身上盖的是自己的上衣，大家虽然疲惫到了极点，但不敢熟睡，担心自己身上的绿松石被盗。而另一方面，主人家也因担心我们吃肉太多，怕胀死在他们家里，所以夜间不放心地把我们叫醒了几次。

### 拉萨个案访谈之五：丁振才（西藏振财商贸有限公司经理）

时间：2007年8月28日

地点：拉萨市天河宾馆

我于1964年出生于临潭县城关镇西庄子村，13岁时父亲因病去世，家中的顶梁柱轰然倒塌，一家人陷入巨大悲痛的同时还要面对生活的挑战。母亲再嫁，少年的我和弟弟生活陷入困境，过早地挑起家务重担。

我是一个性格倔强、不愿受命运摆布的人。几番拼搏之后，东挪西凑，筹措少量资金，远赴拉萨做小本生意，经营民族商品。经过20多年的打拼，从当年不名一文的“穷小子”成为今日拥有百万家产的商人，可以说是较为成功的。2006年，我在拉萨繁华地段——八廓街购置价值60万的住房一套。此前，我已将家里人的户口迁到拉萨，并打算永久居留拉萨，在拉萨继续把自己的生意做强做大。

我身为长子，幼年丧父，遭遇人生之第一大不幸，加上成长于“文革”时期，没有读完小学就被迫辍学务农。虽然生活的艰辛让我过早地走出学校大门，但生活的磨难使我倍知学习的重要性。我非常羡慕你们这些读书人，所以我将读书的一腔热血全部倾注在下一代身上。我的孩子们还算争气，三个子女中的两个成了大学生，目前女儿和儿子分别就读于湖南两所高校。

## 四、藏北重镇——那曲

2007年8月29日清晨，在毛毛细雨中，驱车离开美丽而充满生机的拉萨市前往那曲，我们的越野车沿着109国道线向西北行驶，再向北而行。

大约两个小时后，我们途经声名远播的羊八井地热电站，老远处我们就能看到地面上几股热气冲天而上。车行到郎洛时，天朗气清，高原上“十里不同天”的景象，让每一个人都对瞬息万变的天气手足无措。我们停下车，在西北角，念青唐古拉山峭拔耸立天际，雪峰如簇，与蓝天白云融为一体，洁白的雪峰在阳光的照耀下显得分外耀眼。一缕缕白云悠悠地飘荡着，宛若给雄伟峻拔的雪峰系上了一条条灵动的雪白哈达，诱人而神秘，令人神往。

继续驱车前行，途经当雄、香茂，下午四点半，我们终于赶到了青藏线上西藏北部的那曲地区行署所在地——那曲县那曲镇，入住那曲黑河宾馆。

那曲，藏语意为“黑河”，是怒江源头。那曲地区位于西藏自治区北部，与新疆维吾尔自治区、青海省接壤，南接拉萨、林芝、日喀则三地市，西与阿里地区相连。面积45万平方公里，海拔4600多米，周围有唐古拉山，念青唐古拉山和冈底斯山等著名山脉环绕。黑河流经城区，西部草原广阔，自古以来是西藏的北大门，往来内地的通衢。那曲地区总人口37万，其中藏族占总人口的98.98%，是西藏面积最大的地区，也是全国藏族人口在一个地区所占比例最高的地方之一。辖那曲、聂荣、巴青、索县、比如、嘉黎、班戈、申扎、尼玛、安多十县及双湖特别区。那曲整体位于藏北高原上，当地人称“羌唐高原”，西部是可可西里无人区。

那曲县地处西藏中偏北，唐古拉山和念青唐古拉山之间，为西藏北部重镇，面积 1.5万平方公里，平均海拔4200米，是名副其实的高原县城。共设3个镇，9个乡，267个行政村，总人口8万。县政府驻地那曲镇，属藏北高原，最高海拔6500米。气候属高原亚寒带半干旱季风气候区，基本没有无霜期，多大风、冰雹，干燥、寒冷，冬春多雪，长冬无夏。

那曲镇作为那曲地区行署的中心，青藏线109国道线穿越其间，东连昌都地区，西接阿里地区，北与青海省的果洛州、玉树州交界，是藏北通向青海、内地的重要区域。怒江的上游主流——那曲河从西向东绕过县城缓缓向东流去，河水大而湍急，奔腾而下。在藏北高原，那曲河像一条银色的玉带，萦绕着那曲草原，给这片世界上最高的草原赋予了流动的灵性。那曲镇是藏北海拔最高的县城之一，严重缺氧，天气也是瞬息万变，阴湿寒冷，自然环境和生活环境都比较恶劣。

1980年以前那曲镇人口稀少，房舍简陋，经济文化落后，还带有很浓厚的游牧生活气息。1978年改革开放的春风吹遍了神州大地，也吹到了那曲这个古老而又年轻的城市。当地政府把经济建设放在了最重要议事日程。

他们筑巢引凤，积极招商引资，提出建设藏北重镇的奋斗目标。30多年来，那曲经济社会发展和文明进步进入了一个新的历史阶段。外商不断前来，人口逐年增长，城市建设的现代化步子很快，城市的气氛也让我们留恋这座年轻的城市。甚至在我们看来，无论是城市建设，还是社会管理，那曲是西藏自治区仅次于拉萨、昌都的第3座城市。当我们漫步在那曲街头，但见街道整洁宽敞，各式建筑鳞次栉比。2006年青藏铁路贯通，更加便捷了人们的来往行动。那曲镇的地理优势更加突出，成为羌塘草原上一颗璀璨的明珠。

那曲洮商分别从事商贸、运输、餐饮、加工和药材收购行业，成为推动那曲经济发展的一支重要力量。其中很多人能够诚实经商，文明经商，他们艰苦创业的精神在当地留下了良好的影响。临潭县敏才、敏武兄弟是最早进入那曲的洮商，他们善于经商，信息灵通，头脑灵活，能够公平买卖，货物品种齐全，价格便宜，生意做得红红火火，再加上一口流利的卫藏方言，加深了他们与周边群众的交流与沟通，因此敏武兄弟在那曲很有威信，曾多次受到地区政府和工商局的表彰。2004年，敏武当选为那曲地区政协委员，第二年又当选为西藏自治区人大代表。现在，作为那曲地区再回首商行总经理、再回首地毯经销行总经理的敏武，是西藏自治区人大代表、那曲地区政协委员、那曲检察院人民监督员、那曲地区工商联执委，成为洮商的代表人物，为洮商争了光。

那曲也是一个临潭人值得骄傲和应当记住的地方。在那曲调研期间，丁克家博士和摄影师敏生贵专程前往那曲（黑河）革命烈士陵园，瞻仰了两位临潭籍回族烈士。1959年3月西藏发生武装叛乱，回族洮商丁存德、丁一奴奉命参加中国人民解放军的进藏平叛，于1960年5月在“百合色宇战役”中献出了自己宝贵的生命。如今在西藏那曲（黑河）革命烈士陵园里，临潭籍的两位回族烈士与牺牲的1000多名解放军战士长眠于此。他们的英灵向前来瞻仰的人们无声地诉说着往昔的峥嵘岁月。

那曲现有洮商35家，拥有资金1333.5万元，年上缴国家税收33万元，年支付当地租金106.18万元，从业人员108人。主营民族用品、日用百货、食品饮料、牧区用品、针织品、人造毛、化妆品、珠宝首饰、餐饮、帐篷、绸缎、布匹、废旧军用品等。

表37

## 西藏自治区那曲县洮商情况调查

（调查时间：2007年8月29–30日）

| 业主姓名 | 性别 | 年龄 | 商铺名称 | 坐落位置 | 开业时间 | 从业人员 | 商铺面积 | 商铺租金(月) | 主营 |
|---|---|---|---|---|---|---|---|---|---|
| 敏忠成 | 男 | 40 | 清真压面铺 | 那曲综合市场 | 2003 | 3人 | 45平方米 | 1100元 | 压面 |
| 敏海林 | 男 | 20 | 红豆居饰用品专卖店 | 那曲综合市场2楼17－18号 | 2004 | 2人 | 40平方米 | 936元 | 床上用品 |
| 苏才华 | 男 | 35 | 草原帐篷 | 那曲综合市场 | 1995 | 4人 | 30平方米 | 2200元 | 帐篷、军用品 |
| 孙志德 | 男 | 46 | 盛达商店 | 那曲综合市场2楼 | 2005 | 1人 | 24平方米 | 1000元 | 服装、马具 |
| 冶成军 | 男 | 30 | 成达商行 | 那曲综合市场2楼 | 2006 | 2人 | 40平方米 | 1800元 | 布匹、绸缎 |
| 丁耀龙 | 男 | 27 | 成达商行 | 那曲综合市场2楼 | 2001 | 2人 | 42平方米 | 1000元 | 服饰、民族用品、鞋类 |
| 张尔利 | 男 | 30 | 民族用品店 | 那曲综合市场2楼6号 | 2005 | 1人 | 40平方米 | 2000元 | 旅游品、民族用品 |
| 敏海峰 | 男 | 22 | 高原帐篷摊 | 那曲县羌塘市场 | 2006 | 1人 | 4平方米 | 200元 | 雨衣、军用品 |
| 丁　成 | 男 | 36 | 永兴绸缎铺 | 那曲县羌塘市场 | 1997 | 3人 | 50平方米 | 3600元 | 绸缎、布匹 |
| 马亥克 | 男 | 45 | 兴昌绸缎铺 | 那曲县羌塘市场 | 1997 | 1人 | 19平方米 | 2214元 | 绸缎、布匹 |
| 丁存个 | 男 | 52 | 红光商店 | 那曲县羌塘市场 | 1995 | 2人 | 13平方米 | 1300元 | 绸缎、布匹 |
| 张由布 | 男 | 43 | 食品百货铺 | 那曲气象局商品房 | 1995 | 2人 | 100平方米 | 2800元 | 食品、百货 |
| 丁奴勒 | 男 | 54 | 天兴隆绸缎铺 | 那曲县羌塘市场 | 1993 | 2人 | 20平方米 | 1740元 | 绸缎、布匹、帐篷、人造毛 |
| 李玉萍 | 女 | 30 | 清真麻辣馆 | 那曲藏北市场小巷 | 2007 | 1人 | 10平方米 | 530元 | 麻辣烫、油饼、包子、炒面片 |
| 丁志勇 | 男 | 46 | 振兴商店 | 那曲藏北市场1楼 | 2001 | 2人 | 10平方米 | 640元 | 服装、鞋类 |
| 马继业 | 男 | 30 | 绸缎铺 | 那曲藏北市场 | 1999 | 4人 | 20平方米 | 740元 | 绸缎、布匹 |
| 黎永清 | 男 | 40 | 家电专柜 | 那曲县浙江商城 | 2005 | 2人 | 25平方米 | 2600元 | 家用电器、民族用品 |

续表

| 业主姓名 | 性别 | 年龄 | 商铺名称 | 坐落位置 | 开业时间 | 从业人员 | 商铺面积 | 商铺租金(月) | 主营 |
|---|---|---|---|---|---|---|---|---|---|
| 高志英 | 男 | 40 | 三利自立轮胎专卖店 | 那曲县拉萨南路 | 2003 | 3人 | 200平方米 | 3000元 | 汽车轮胎 |
| 马德 | 男 | 32 | 民族服装店 | 那曲县浙江路藏北市场 | 2001 | 1人 | 35平方米 | 1300元 | 民族服饰 |
| 马维祥 | 男 | 35 | 迈克专卖店 | 那曲县浙江商城 | 2001 | 1人 | 33平方米 | 1200元 | 百货、小家电 |
| 张顺喜 | 男 | 40 | 2楼2-4号柜台 | 那曲县藏北市场 | 2003 | 1人 | 26平方米 | 550元 | 服装、床上用品 |
| 黎永福 | 男 | 38 | 2楼2-3号柜台 | 那曲县藏北市场 | 2000 | 1人 | 58平方米 | 1100元 | 绸缎、布匹 |
| 敏富奎 | 男 | 23 | 爱心服饰店 | 那曲县藏北市场2楼 | 2002 | 2人 | 60平方米 | 1230元 | 服装、针织品 |
| 丁亥牙 | 男 | 40 | 宏达珠宝商行 | 那曲县藏北市场2楼 | 2000 | 3人 | 30平方米 | 1060元 | 珠宝、针织品、服饰 |
| 丁桂花 | 女 | 25 | 绸缎铺 | 那曲县藏北市场东5号 | 2004 | 1人 | 20平方米 | 1800元 | 绸缎 |
| 马顺德 | 男 | 28 |  | 那曲县藏北市场南1—6号 | 2000 | 1人 | 25平方米 | 900元 | 绸缎 |
| 马俊英 | 男 | 36 |  | 那曲县综合市场 | 2004 | 1人 | 60平方米 | 960元 | 服装、床上用品 |
| 张国峰 | 男 | 31 |  | 那曲县综合市场2楼 | 2000 | 1人 | 36平方米 | 832元 | 针织品、床上用品 |
| 敏才 | 男 | 42 | 再回首商场 | 那曲县浙江东路 | 1991 | 15人 | 300平方米 | 15000元 | 化妆品、针织品、文化用品、家电 |
| 敏贤龙 | 男 | 30 |  | 那曲地区气象局商用房 | 2003 | 1人 | 40间各28平方米 | 500元 | 房屋出租 |
| 敏色提 | 男 | 51 |  | 那曲县综合市场2楼南 | 2003 | 1人 | 60平方米 | 960元 | 服装、床上用品 |
| 李世荣 | 男 | 31 |  | 那曲县综合市场2楼 | 2005 | 1人 | 16平方米 | 350元 | 服装、旅游品 |
| 敏信天 | 男 | 44 |  | 那曲县综合市场2楼 | 2001 | 1人 | 40平方米 | 830元 | 服装、百货 |

续表

| 业主姓名 | 性别 | 年龄 | 商铺名称 | 坐落位置 | 开业时间 | 从业人员 | 商铺面积 | 商铺租金(月) | 主营 |
|---|---|---|---|---|---|---|---|---|---|
| 丁耀文 | 男 | 54 | | 那曲县综合市场2楼5—6号柜台 | 2000 | 1人 | 36平方米 | 1040元 | 服装、箱包 |
| 马含梅 | 女 | 30 | 清真小吃 | 那曲县藏北市场 | 2007 | 1人 | 10平方米 | 750元 | |

那曲洮商个案访谈：敏武（那曲再回首商场总经理）

时间：2007年8月30日

地点：那曲宾馆

问：请你简要谈谈自己的从商经历和再回首商场的情况。

答：我1967年出生于临潭县城关镇教场村，初中文化程度。1983年，年仅15岁的我来到那曲经商。最初我是一名跟车的小伙子，跟车跑拉萨长途，在这过程中我发现那曲虽然海拔高，气候恶劣，但地理位置重要，是藏北重镇，也是藏北的政治、经济和文化中心。如果在那曲做生意，前景一定广阔。于是我们兄弟先后来到那曲创业，逐渐在那曲立住脚。

1991年7月，我兄弟三人合伙投资26万元的那曲再回首商场开业，再回首商场租借那曲新华书店临街一楼铺面共8间，占地面积300平方米，位于那曲浙江中路繁华地带。商场主要经营化妆品、针织品、床上用品、文体用品和五金家电等。生意从此上了规模，效益也年年增长，目前已成为那曲最大的化妆品和针织品商店。商场进货渠道主要是兰州、拉萨、广州和浙江。

再回首商场目前周转资金300多万元，利润空间在15%-30%，年利润100多万元。每年支付地方租金18万元，年上缴地方税收（含工商管理费）48000多元，是那曲的纳税大户。商场现有员工12人，每人月工资1200元，包吃住。再回首商场实行家族式经营，我兄弟三人都是融资股东，我出任商场总经理兼法人代表。

此外，每年虫草季节我也投入一部分资金收购虫草，2005、2006年各收购虫草100公斤，获利50万-60万元。2007年至今已收购虫草80多公斤，目前来说行情看好。

问：除了担任西藏自治区人大代表之外，你还有什么社会兼职？

答：由于我兄弟三人精诚团结，诚信经营，很快在那曲获得了良好的商业信誉，同时，作为纳税大户，也得到了当地政府的信任。2004年，我当选为那曲地区政协委员，2005年我又当选为西藏自治区人大代表，我是唯一一位当选省级人大代表的洮商，也是咱们洮商在外省获得的最高政治荣誉，充分说明了自治区对咱们洮商在政治上的关心以及在商业方面的认可。此外，我还被西藏自治区那曲地区检察院聘为人民监督员，同时担任那曲地区工商联执委之一。

在西藏自治区广袤的高原大地上，有不少外来兄弟民族的商人，他们的足迹遍布许多地方。而洮商是其中一支最为活跃最重要的商人群体。除了拉萨、昌都、那曲等地外，在阿里地区、林芝地区、山南地区的许多重要县镇，都有洮商的足迹和身影。特别是日喀则市、中国尼泊尔边境贸易口岸——樟木口岸等地，洮商都在这里经营多年，而且经济效益、社会效益良好。

樟木口岸位于日喀则市聂拉木县樟木镇。樟木口岸目前是中国通向南亚次大陆最大的开放口岸，位于喜马拉雅山中段南麓沟谷坡地上，海拔2300米，是一座依山而建的小镇。东、南、西面与尼泊尔接壤，为国家一级公路——中尼公路之咽喉。樟木口岸距拉萨736公里，距加德满都120公里，是中国和尼泊尔之间进行政治、经济、文化交流的主要通道，面对尼泊尔中腹地区。畅通的中尼公路带来了樟木边境贸易市场的发展和繁荣，地理上形成了从樟木口岸到日喀则、江孜、拉萨以至国内兄弟省区的连接。樟木口岸气候较好，海拔2400米，距国界友谊桥头1700米。樟木口岸交通方便，能源、通讯等基础设施基本完善，海关、银行、工商、联检、公安等管理机构健全。樟木镇常住人口3000多人，外贸、边贸公司20余家，日平均流动人口1000人左右，年商品交易额已突破2亿元。樟木口岸对内辐射西藏及相邻省区，对外辐射尼泊尔及毗邻国家和地区，是西藏目前最大的边贸中心口岸。樟木镇街道拐弯很多，整个镇的房屋布置比较随意，高低错落明显，层层紧挨，全由街道和石阶相沟通。作为一个非常繁忙的通商口岸，镇里车水马龙，常常水泄不通。公路两旁，商店密密麻麻约有几百家，经营着各种各样的物品，能看到不少印度、尼泊尔等地的舶来品。街上常能见到五颜六色的尼泊尔TATA货车，除藏族和汉族外还有很多印度人和尼泊尔人，各种肤色的游客、商人来来往往。

樟木口岸常住洮商1家，即甘肃顺达集团公司樟木分公司，成立于1993年，总经理为张世清，今年41岁。公司驻地面积3000多平方米，仓库2万多平方米，公司拥有樟木口岸60%的仓库面积，年资金周转量4000多万元，主要从事物流集散和百货输出业务，有员工100人。公司的利润空间20%左右，年上缴国家利税、工商管理费以及地皮租赁费共220多万元。

1990年，张世明第一次带领三弟张世荣，装上进藏的第一车货物，从兰州出发西进青海西宁，沿青海南山山脉经都兰至察尔汗盐湖南缘格尔木市，南下翻越昆仑山口和海拔5500米的唐古拉山口进入西藏，再经安多、那曲、当雄、念青唐古拉峰至拉萨市，继而经喜马拉雅山北麓，雅鲁藏布江畔逆江行至日喀则市聂拉木县珠穆朗玛峰脚下的樟木口岸。一路上高原缺氧，遇大雪封山、遇飞沙走石、涉渡天险，克服种种艰难险阻将货物万无一失地运送到目的地西藏樟木口岸。后经多次到樟木运送货物，张世明凭借个人良好的人际关系，结识了外贸的几位好朋友，并以商人特有的敏锐眼光和洞察力，看到樟木良好的贸易环境和发展前景，及时把二弟张世清介绍给一家外贸公司，合作开发边境互市贸易，使他们的业务从单纯运输转向商业贸易。经过几年的拼搏，随着樟木口岸对外贸易的快速发展，张世明带领几位兄弟从长远发展着眼，平均每年增购车辆2 辆。到1997年，累计增购车辆12辆，解决临潭本地贫困户青年就业30人，同时边境贸易经营也有了长足发展，给外商订购鞋类、陶瓷、布料等商品，在4—5年间共发货120车(次)。

之后，张世明瞅准了物流运输这个行业巨大的发展潜力，把运输业作为自己事业的起步石。当时正值改革开放初期，流通领域暗藏着巨大的潜力，于是他带领着自己的兄弟，东去兰州，南行四川、武汉、湖南、广州、上海、浙江等地，西走青海、西藏、尼泊尔、印度等地，在这些城市间，将各地物资通过汽车运输调剂余缺。几年中在川藏线、在青藏线，张世明同他的兄弟们，伴着汽车的马达声而眠，喝着高原的雪水而行，硬是凭着一股不怕苦的精神，使自己的事业逐步壮大。

樟木洮商个案访谈：张世清（甘肃顺达集团穆萨正通物流有限公司总经理）

时间：2008年10月15日

地点：电话采访

问：请你简要谈谈自己的早期经历。

答：1967年我出生于临潭县城关镇上河滩，在五兄弟当中排行第二。1987年我高中毕业后报名参加农行招干被录取（全县共招10人）。参加工作后，每月工资只有60多元，于是很快放弃了工作步入做生意的行列中。1987—1989年先后在四川阿坝、松潘一带从事贝母等中药材的收购。1989年3月，渴望求学的我前往北京，通过考试进入中国伊斯兰教经学院学习，谁知两个多月后，北京发生学潮，学校一片混乱，无法让人安心学习，于是我中断学业回家另谋出路。

问：你是什么时候到樟木经商的，最初遇到的最大困难是什么？

答：1991年跟了一年多长途汽车，后经朋友介绍前往西藏自治区日喀则地区聂拉木县樟木镇阿坝州供销社驻樟木办事处工作，成为该供销社一名“吃皇粮”的办事员。该供销社主要负责向尼泊尔供应鞋类、陶瓷、布料、绸缎等物资。我刚到樟木时，人生地不熟不说，环境也不适应，气候潮热，饱受蚊虫叮咬。樟木条件艰苦，路途遥远，交通困难，有时遭遇大雪封山，就只能蜷缩在镇上，根本出不去。当时樟木镇尚未通电，平时我们点蜡烛照明。此外，樟木也不可能有任何清真餐饮，每日三餐都是自己购置面粉蔬菜，自己动手，我硬是从不会做饭成为做饭的一把好手，这全都是环境逼出来的。记得有一年路上遭遇大雪，汽车无法通行，我只好徒步在大雪中走路一整天才到达聂拉木县。

问：你从工作人员到成功的货运业老板，是如何实现这个转变的？

答：我在樟木工作期间，一边刻苦学习尼泊尔语，一边寻找适合自己发展更大的生存空间。由于工作的便利，使得我有机会到尼泊尔考察，建立业务关系。我的尼泊尔语也在实践中得到了锻炼，我跟尼泊尔人打交道的过程中学会了一口流利的尼泊尔语。彼时樟木口岸刚刚开放，我在往返樟木与尼泊尔之间发现这里蕴藏着巨大的商机，于是我在工作的同时，在单位附近租借了一家铺面，邀请我其他几位兄弟前来樟木发展。

我大哥、三弟、四弟和五弟先后来到樟木，很快都能独挡一面。于是我们兄弟齐心协力经营樟木的铺子，随着生意越来越红火，规模越来越大，于是我们将开铺子挣来的钱购置东风车一辆搞长途运输，一面挣运费，一面给自己的铺子供货，指派两名兄弟轮流跟车。这期间，汽车运输业务量成倍增长，利润可观，于是又不断根据业务增购车辆。后来由于我大哥张世明成立了顺达集团公司，手下缺人，三弟和四弟前往协助。樟木只剩我和五弟张世平，在此情况下，我只好辞去原有工作，一门心思壮大自己在樟木的事业。五弟张世平在樟木两年时间也学会了尼泊尔语，生意做得也非常好。

问：请你介绍一些穆萨正通物流有限公司的有关情况。

答：穆萨正通物流有限公司是在我们兄弟搞长途货运的基础上发展而成

的。我兄弟五人经营的车辆给自己供货的同时也给别人供货，无论零装、散装还是整装，我们都接货，我们经营的车辆从一辆发展为多辆。此时，无论是业务的需要还是规模的增长，成立物流公司势在必行。1993年顺达集团公司樟木分公司——穆萨正通物流有限公司正式成立，我出任总经理兼法人代表。

由于我们兄弟善吃苦、讲信用，穆萨正通物流有限公司在尼泊尔有着良好的口碑和商业信誉度，声名远扬。我公司成为中国昌河、长城、中泰三大汽车公司以及宗申、嘉陵、力帆、天马等摩托车公司在尼泊尔的指定代理商。我多次赴尼泊尔建立业务关系，足迹遍布尼泊尔的各地，可以毫不夸张地说我是洮商中对尼泊尔情况最熟悉的人。

穆萨正通物流有限公司驻地面积3000多平方米，仓库20000多平方米，公司拥有樟木口岸60%的仓库面积，主要从事物流集散和百货输出业务，现有总资产500多万元，年货物吞吐量1800多车，年资金周转量4000多万元，年上缴国家利税、工商管理费以及地皮租赁费共220多万元。公司的利润空间20%左右。穆萨公司现有员工100多人，其中80%的员工来自樟木本地，有力地拉动了地方就业和经济发展。公司管理层人员主要来自甘肃，装卸工主要从当地招聘，每年员工工资支出200多万元。

## ◎第五章

# 漫步彩云之南——云南篇

云南简称滇，地处中国西南边陲，作为我国大西南的门户，云南省是我国与东南亚各国交往的地理大通道。全省东西最大横距 864.9 公里，南北最大纵距 990 公里，总面积 39.4 万平方公里，占全国总面积的 4.1 %，居全国第 8 位。

云南省又被称为我国的多民族博物馆。全省总人口4270万人，汉族占全省总人口的61.9%。云南省是我国少数民族最多的省份，共有52个民族，其中白族、哈尼族、傣族、傈僳族、佤族、拉祜族、纳西族、景颇族、布朗族、普米族、怒族、德昂族、独龙族、基诺族等15个民族为云南所特有。全省辖昆明、曲靖、玉溪、昭通、普洱、保山、丽江、临沧8个地级市，楚雄彝族自治州、红河哈尼族彝族自治州、文山壮族苗族自治州、西双版纳傣族自治州、大理白族自治州、德宏傣族景颇族自治州、怒江傈僳族自治州、迪庆藏族自治州8个自治州，12个市辖区，9个县级市，108个县（含29个自治县）。历史上，云南多民族、多宗教的多元文化生态，使云南的各个兄弟民族和睦相处，共同发展，共同开发和建设了云南，共同推动了云南的社会经济的全面发展。

云南省西部和西南部与缅甸接壤，南部与越南、老挝毗邻，东部与广西壮族自治区和贵州省相连，北部同四川省为邻，西北部紧倚西藏自治区。国境线长 4061 公里，是我国毗邻周边国家最多、边境线最长的省区之一。云南有 8 个边境地州， 26 个边境县，已开通 11 个国家级口岸、 9 个省级口岸和近百条边境通道，与周边国家乃至东南亚、南亚其他国家和地区交往便捷，是中国沟通东南亚、南亚地区的主要陆上通道，沿边开放条件极其优越。

从古至今，云南省与缅甸、泰国等东南亚国家和地区的跨国贸易往来频繁。云南自古以来也是我国大西南丝绸之路的通道，拥有历史上著名的汉—藏彝走廊上的茶马古道。各个兄弟民族共同为开发云南的经济商贸和文化交流做出了历史性贡献。

改革开放以来，云南省仍然是我国面向东南亚开放的中心区域，良好的地缘优势和经济社会发展态势吸引着祖国各地的商人以及东南亚等外国客商来到云南从事各种经济商贸活动，开拓创业。其中，作为经济大潮中的活跃群体之一的洮商，也不甘落后，纷纷南下来到云南，开展多种经营，艰苦创业，在云南的边陲重镇立足发展，获得了良好的经济效益和社会效益。

洮商凭着自身的地缘优势、文化优势，来到青藏高原的东南边缘迪庆藏族自治州和丽江市等毗邻西藏的藏区，开展多种经营，积极投身到推动当地社会经济发展的商贸活动中。

云南省洮商主要集中在迪庆藏族自治州的香格里拉县、德钦县和大理下关、丽江等地。

## 一、在梅里雪山下——香格里拉

2007年11月23日，这一天兰州天气很好，早饭后我们赶往兰州中川机场，乘坐十四点五十分的航班去昆明，后转去迪庆香格里拉县进行洮商考察工作。飞机高速地冲向跑道，山脊、白云迅速从视线中划过，从舱窗里望去，群山连绵起伏，宛如一条条粗壮的绳索捆绑在大地上。天空太广阔了，朵朵白云似棉海，天空里现出灰蓝色，气浪滚滚而来，飞机在高速旋转的气流中打颤。一小时后，飞机飞临横断山脉上空，机翼下的风景炯然不同，但见云海更加密集，山势更加崔嵬。山上是郁郁葱葱的森林，山脚下则是一片墨绿色，云海、气浪、雪峰、林海、原野在机翼下擦过。下午五点三十分飞机准时到达了昆明机场。

2007年11月24日，我们早上六点钟起床，准备前往迪庆州香格里拉县。昆明机场的客流量比兰州大得多，入关、安检没有兰州中川机场那么快。而安检的人数多，手续繁杂，登机前40分钟进不了安检口，由于去机场的路上堵车，我们没有赶上按要求进入安检口的时间，人当然也就无法登机了，就将去香格里拉的航班改签成25日早晨七点半的班机。无奈只好返回昆明市再住一晚了。为了第二天方便登机，我们住在机场附近的红河宾馆，并把这一变化电话告知了香格里拉那边早已等候我们的洮商。

第二天早上我们准备到达机场按时起飞。飞机经过1个小时的飞行，

我们到达迪庆藏族自治州州府香格里拉县，刚出候机室就有马更林等十几名洮商在迎接我们，他们共开来了6辆小车。我们乘车直接去了马更林的住处，在那儿喝了早茶后，又去一家兰州拉面馆吃了早饭。在席间交流中，丁汝俊博士向香格里拉洮商介绍了这次考察的内容和工作进度，并将课题组成员作了介绍。香格里拉的洮商对我们的到来非常的欢迎，对调研工作给予了高度评价。他们说："早就听说你们去了川藏线、青藏线调研洮商。我们一直在等待着你们来，很担心你们不来这里了。因为我们这里最近经常下大雪，路远又非常不好走。但你们还是来了，我们心情非常的激动。"

早饭后洮商们带我们去了附近的风景区。当地人修建的石堡房子，它们尽显着雄浑和大气，厚重的建筑艺术，凝结着一个民族的特质和真诚。舒缓的山岗，翠绿的松林，清澈的湖泊，湛蓝的天空，汇成了一幅幅精美的七彩画卷。

香格里拉的街道井井有条，市政建设发展很快。映入我们眼前的是一个十分美丽的县城，在这个小县城竟然还有五星级酒店，这在内地也还不多见。香格里拉县石生桥是一处天生的自然屏障，从茂密的森林徘徊流淌的清溪穿过一堆石墙，不知流向了何方？石生桥的下方，清溪穿插而过，还有一处从崖缝里溢渗的温泉，让人留连忘返。当地人在这道峡谷中修筑了精致的房屋，给游人提供了休闲的地方。

迪庆，藏语意为"吉祥如意的地方"。地处滇、藏、川三省（区）交界处，金沙江、澜沧江中上游，北接西藏昌都地区，东邻四川甘孜藏族自治州，南与丽江地区毗邻，西与怒江州相连，是云南省唯一的藏族自治州，也是全国10个藏族自治州之一。历史上，迪庆是"茶马古道"的必经之路，西南"丝绸之路"的一个重要物资中转站。少数民族人口占总人口的84%。

迪庆州是多民族多宗教地区。藏族几乎全民信教，傈僳族、普米族聚居区一部分群众信仰天主教。东巴教、伊斯兰教、道教等在当地也有一定的影响。迪庆州僧侣、教徒众多，寺院、庙宇遍布各处，形成了以藏传佛教为主，多种宗教并存的环境。

1997年9月14日，云南省人民政府向世界宣布了"香格里拉在云南迪庆”，从此在国内外兴起了空前的香格里拉热，“香格里拉”开始走向世界。“香格里拉”这个美丽的称呼被赋予了无尽的遐想。风如野马，大地如歌，藏俗民情，雪山神湖，在这里表现得淋漓尽致。与其说是永远的香格里拉，不如说是圆梦的香格里拉。我们到达这里的时候，虽说已是隆冬，山野没有开放的鲜花，但浑朴的民居，平坦的山岳，茂密的松林，碧波荡漾的纳帕海，熠熠生辉的雪山，使这片宁静的地域如同世外桃源，给我们留下了终生难忘的印象。难怪英国作家詹姆斯·希尔顿的小说《消失的地平线》，1933年在英国出版后，就很快畅销全球，在西方世界引发了“香格里拉热”。无数的海内外游人正是通过希尔顿梦幻般的语言色彩和虚幻缥缈的神韵描写，来到这里寻找心目中的香格里拉。

香格里拉县是迪庆州州府所在地，是云南进入西藏的唯一通道，处在云南进西藏入四川的中心地带，海拔3410米，人口约10万。2000年前叫中甸县，在历史上就是内地与藏区进行经济和文化交流的中转站和物资集散地。迪庆州境内的香格里拉县、德钦县等县城都有洮商的经营活动。

我们从石生桥返回后，就投入了紧张的考察工作，专访了这里有代表性的洮商。香格里拉的环境名不虚传，可以毫不夸张地说，这里是洮商生活和经营环境最好的地方之一。现在香格里拉县有1家洮商企业——康美乳业开发有限责任公司，由洮商敏志清、马卫东等人经营，目前经营状况良好。另有9家商铺分别经营地毯、电器、牧区用品、日用百货和中药材、民族用品等。此外，还有洮商铁文海、祁生海、祁进山、娄中晓、马平林、丁勺布、张奴海、马晓云、马云川等在当地以坐商的形式开展多种经营。洮商每年支付铺面房租总计38.52万元，拥有资金906多万元，年上缴国家税收30.97万元。

表38　**云南省香格里拉县洮商情况调查**

（调查时间：2007年11月25日）

| 业主姓名 | 性别 | 年龄 | 商铺名称 | 坐落位置 | 开业时间 | 从业人员 | 商铺面积 | 商铺租金(月) | 主营 |
|---|---|---|---|---|---|---|---|---|---|
| 祁进山 | 男 | 33 | 青州地毯民族用品商行 | 香格里拉县长征路1号 | 2007 | 1人 | 74平方米 | 5400元 | 地毯、民族用品 |

续表

| 业主姓名 | 性别 | 年龄 | 商铺名称 | 坐落位置 | 开业时间 | 从业人员 | 商铺面积 | 商铺租金(月) | 主营 |
|---|---|---|---|---|---|---|---|---|---|
| 娄中晓 | 男 | 35 | | 香格里拉县长征路武装部 | 2006 | 4人 | | 1800元 | 开出租车 |
| 敏志清<br>马卫东 | 男<br>男 | 34<br>43 | 康美乳业开发有限责任公司 | 香格里拉县康定路57号 | 2005 | 26人 | 1800平方米 | 2500元 | 干酪素加工销售 |
| 敏绍贤 | 男 | 30 | 地毯商行 | 香格里拉县长征路3号 | 1999 | 2人 | 120平方米 | 5300元 | 地毯、藏服、虫草 |
| 马平林 | 男 | 54 | 甘肃民族用品商店 | 香格里拉县长征路6号 | 1994 | 2人 | 358平方米 | 1250元 | 地毯、藏服、各种民族用品 |
| 丁匀布 | 男 | 45 | 甘肃民族用品商行 | 香格里拉县长征路负3号 | 1998 | 2人 | 40平方米 | 3000元 | 民族用品 |
| 张奴海 | 男 | 38 | 卓玛电器专卖店 | 香格里拉县长征路负1号 | 2007 | 1人 | 90平方米 | 3120元 | 民族用品、电器专卖 |
| 马晓云 | 男 | 31 | 福盛和地毯商行 | 香格里拉县长征路35—2号 | 1998 | 3人 | 128平方米 | 5760元 | 地毯、民族服饰、民族工艺品 |
| 马云川 | 男 | 37 | 安多民族用品商行 | 香格里拉县长征路工行楼下 | 2000 | 2人 | 170平方米 | 4000元 | 民族用品、手工地毯、绸缎 |

迪庆州德钦县城升平镇位于雄峻的梅里雪山下一个三面环山的山坳里，海拔3400米。德钦是云南最北面的县，北与西藏接壤，东与四川德荣县隔江相望。在历史上茶马古道兴盛之时，这里就是一个重要的驿站和市场。近几年德钦县的经济社会发展很快，有许多地方的商人在这里从事商贸活动。洮商也是最先到达这里的商人群体之一。我们到达香格里拉时，因大雪阻路无法去德钦县，我们只能通过电话对有关情况进行考察。现在德钦县有两家洮商，经营状况良好。

表39 **云南省德钦县洮商情况调查**

（调查时间：2007年11月25日）

| 业主姓名 | 性别 | 年龄 | 商铺名称 | 坐落位置 | 开业时间 | 从业人员 | 商铺面积 | 商铺租金(月) | 主营 |
|---|---|---|---|---|---|---|---|---|---|
| 铁文海 | 男 | 42 | 铁家商铺 | 德钦县中四路 | 1995 | 2人 | 80平方米 | 4800元 | 民族用品 |
| 祁生辉 | 男 | 40 | 祁氏商铺 | 德钦县中心路 | 1995 | 2人 | 80平方米 | 3400元 | 地毯、民族用品 |

香格里拉县洮商个案访谈：敏志清（康美乳业开发有限责任公司董事长）

时间：2007年11月25日

地点：康美乳业公司办公室

问：请简要介绍一下你主要的经商经历和康美乳业开发有限责任公司的基本情况。

答：我1973年出生在临潭县城关镇西庄子村。1989年初中毕业后怀揣父亲给的6万元本钱跟着叔父去昌都收虫草。一年后我又去了玉树，未及一年返回临潭。

1996年我跟邻家大哥丁志强到云南中甸（今香格里拉县）开铺子，主要经营民族用品。2000年我另起炉灶，与丁志强分开单干。2004年我将铺子交给弟弟敏绍贤经营，自己着手筹建乳业公司。2005年4月我们合资先期投资300万元的康美乳业公司正式成立，我出任董事长兼总经理。当年8月建成投产，年干酪素产值达4000万-5000万元，2006年销售额突破5500万元。我公司现有员工50多人，年上缴国家税收30多万元。主要以加工奶渣为主，在云南尚属空白。2007年11月修建竣工的3000平方米的新厂房，总投资1100万元（含机器采购）。目前公司总资产2600万元，其中固定资产1100万元。

问：请你介绍一下康美乳业开发有限责任公司成立的资源条件、主要产品以及销路。

答：康美乳业开发有限责任公司属于近年来在中国食品行业迅速崛起，利用生物工程技术生产营养型功能性绿色食品添加剂企业。我公司位于云南省迪庆藏族自治州香格里拉县，这里富饶的雪山草甸，高原特有的地理气候，使香格里拉成为云南省最大的牦牛繁殖基地，为公司提供了充足的奶源。我公司采用当地天然无污染的牦牛奶及鲜奶酪原料，运用先进的技术工艺，专业生产鲜奶级干酪素、工业干酪素、食用干酪素、奶油等天然绿色产品。同时，我公司还以高科技为龙头，以市场为导向，积极探索研发具有高科技含量的新产品，以满足食品工业的快速发展和国内外市场的需要。我们希望以自己企业的良好发展来推动食品朝绿色化、营养化、多元化、高档化方向发展。公司产品主要销往国内20多个主要省、市及中国香港、中国台湾、新加坡、泰国等国家和地区。

## 二、滇西名城——丽江、大理

2007年11月26日早晨，我们与洮商在香格里拉拍完合影后，洮商们安排由洮商娄中晓师傅开自己的出租车送我们去丽江市。在沿途，我们看到香格里拉不高的山坡上有郁郁葱葱的松林，公路两旁的田野里还盛开着一些不知名的鲜花。据娄师傅讲，香格里拉的经商环境和生活环境非常好，气候也不错。每年到这里来旅游的中外游客非常多，有力地推动了香格里拉的经济发展。他和他妻子也是通过回族洮商介绍到这里来做生意的。起初他们开了一个缝纫部，但经营状况一般。后经洮商们帮助，让他开出租车，妻子则在家中为别的商家加工衣服。在香格里拉两年多经济收益良好。他非常喜欢这里的环境，希望和回族洮商们一起共同发展。当娄师傅把我们送到丽江市时，这里的洮商敏孝海一家早已等候我们。我们在他家吃过饭后，娄师傅就返回了香格里拉。敏经理安排我们住进丽苑大酒店。

丽江市位于云南省西北部云贵高原与青藏高原的连接部位，面积2.06万平方公里，人口110多万人。丽江自古就是一个多民族聚居的地方，有12个世居少数民族生活在这里。丽江历史悠久，是滇西北政治、经济和文化中心，是汉唐时代通往西藏和印度等地的南方丝绸之路和茶马古道上的重要

集散地。

具有800多年历史的丽江古城，坐落在金沙江中部丽江坝子中央，面积约3.8平方公里。丽江始建于南宋末年，是元代丽江路宣抚司、明代丽江军民府和清代丽江府驻地。发源于城北象山脚下的玉泉河水分三股入城后，又分成无数支流，穿街绕巷，流布全城，形成了“家家门前绕水流，户户屋后垂杨柳”的诗一般美丽图画。丽江街道不求于工整而重在自由分布，主街傍水，小巷临渠，300多座古石桥与河水、绿树、古巷、古屋相依相映，极具高原水乡古树、小桥、流水、人家的美学意韵，被世人誉为“东方威尼斯”、“高原姑苏城”。而丽江市充分利用城内涌泉修建的多座“三眼井”，上池饮用，中塘洗菜，下流漂衣，是纳西族先民们智慧的象征，已成为当地人民科学利用水资源的杰作，充分体现了人与自然的和谐统一。

在丽江古城中心，由整齐繁华的铺面围成一块方形街面，称四方街，这是由于丽江地处滇川康藏交通要道的结合点上，故而得名。自清初就有四方商旅来这里贸易，使丽江古城成为滇西北主要的商品集散地和手工艺品产地。藏族地区的毛纺织品、山货药材从丽江转销内地，而西双版纳、下关等地的茶叶、日用百货从丽江运往藏区。丽江古城在历史上就闪耀着民族和睦相处的人性美的光辉。四方街是大研镇的中心，象征着“权镇四方”，是丽江有名的贸易市场，身着五颜六色民族服装的各族人民在此交易商品，是大研镇最热闹喧哗的地方。四方街街面宽广，主街有四条，向四周辐射。每条街道又分出许多小街小巷，街巷相连，四通八达。每条巷道，均由五彩花石铺就，光滑平整，雨季不泥泞，夏季无尘土。四方街上至今仍保留着古代利用河水清洗街道的装置，可以定期清洗街道，保持古城洁净。以清水洗街，中心为市，薄暮涤场的独特街景而闻名遐迩。古城中至今仍然大部分保留着明清建筑的特点。“三坊一照壁，四合五天井，走马转角楼”式的瓦屋楼房鳞次栉比，既突出结构布局，又追求雕绘装饰，外拙内秀，玲珑清巧，被中外建筑专家誉为“民居博物馆”。丽江古城文物古迹众多，文化蕴含丰厚独特，是我国保存最完整、最具民族风格的古代城镇。

丽江古城是古羌人的后代——纳西族的故乡。这里是滇藏茶马古道的起点，在悠远的岁月中，无数的马帮就从这里走向遥远的雪域高原。当我们漫步在丽江古城的石板道上，能够体验到这里文化的厚重。被誉为“活着的象形文字”的东巴文字，以1340个单符，1000多种拼写组合写就了浩繁的东巴经典籍，记录了纳西族古代社会的历史、经济和艺术。这些活化石似的文字至今仍刻在古城的石壁上，让人们去慢慢品味那悠远的历史。夜幕降临，神似于天籁之音的纳西古乐轻轻回荡在古城的大街小巷，古老的房檐下悬挂着红色的灯笼，来自玉龙雪山的清溪将映在水面的波光闪烁着带向远方，也将人们的思绪带入一个幽静的时空。

随着当地旅游业的快速发展，洮商们也不远千里来到这里寻找商机。他们发挥自身优势，瞄准当地特色浓郁的民族风情，积极开展多种经营，主营民族地毯、民族工艺品、藏族工艺品等，商贸经济效益良好。当地洮商主要有敏孝海、丁永忠、张忠文等人，长期在丽江市从事多种商贸经济活动。洮商每年支付当地租金29.04万元，拥有资金560万元，年上缴国家税收4.08万元。

在丽江市现有洮商4家，主要经营地毯和旅游品等。洮商敏孝海来自临潭县卓洛乡上园子村，他的地毯铺子开在丽江市香格里拉大道北段，经销民族用品兼做建筑业。敏孝海一家4口人都来到丽江已经十几年了，两个儿子在当地小学和幼儿园就读。洮商丁永忠来自临潭县城关镇西庄子村，他的铺面在丽江七星街，主要经营地毯及民族用品。洮商张忠文来自临潭古战乡下藏村，是迪庆洮商中为数不多的具有高中文化程度的商人，他的商店开在丽江最繁华的古城商业街，叫尼玛藏族工艺品店，在丽江纳西族东巴文化的商业气氛中却很有特色。

表40　**云南省丽江市洮商情况调查**

（调查时间：2007年11月26日）

| 业主姓名 | 性别 | 年龄 | 商铺名称 | 坐落位置 | 开业时间 | 从业人员 | 商铺面积 | 商铺租金(月) | 主营 |
|---|---|---|---|---|---|---|---|---|---|
| 敏孝海 | 男 | 34 | 甘肃民族地毯商行 | 丽江市香格里拉大街 | 2002 | 5人 | 170平方米 | 9600元 | 地毯、床上用品 |
| 丁永忠 | 男 | 38 | 民族工艺毯总汇 | 丽江市七星街 | 1998 | 3人 | 90平方米 | 3000元 | 地毯、民族工艺品 |
| 张忠文 | 男 | 34 | 尼玛藏族工艺品商店 | 丽江市古城光义街现文巷26号 | 1999 | 3人 | 20平方米 | 3400元 | 藏族工艺首饰、各种工艺品 |

2007年11月28日，在丽江完成调查后，我们坐班车前往滇西古城大理。大约3个小时后，我们到达大理。

大理市背靠巍峨苍山，面临浩瀚洱海，地处云南省中西部，东距省会昆明398公里，西离中缅边界580公里。总面积1468平方公里，人口近60万，是一座以白族为主体的少数民族聚居的边疆城市。大理市是大理白族自治州政治、经济和文化的中心，是滇西陆路交通枢纽和重要物资集散地，也是我国与东南亚国家进行文化交流、通商贸易的重要门户。

大理已有600多年的历史，是滇西最著名的文化名城之一。大理保持完整的古城墙高24米，周长3500米，城中有一条贯穿南北的街道。街市有各种卖大理石制品、扎染、草编、皮画、旅游纪念品的店铺和风味小吃店，还有一条不长的东西走向的洋人街，咖啡、香槟散发着洋味。自苍山流淌的清泉穿街走巷，别有风趣。城内外到处可见古朴雅致、极富白族传统。民居石墙青瓦，门窗雕刻得精美别致。自古以来，这里的民生都有“家家流水，户户养花”的习俗。我们在这里的感受是，大理是一处安逸生活和平稳发展的最好地方。大理城的房屋建筑不高于三层，一切建筑物修得精巧别致。在建筑物、街市、水渠等的修筑上尽显出大理人的聪明才智，一块铺石、一股流水、一株花草、一幢楼牌、一家民居，精巧得玲珑雅致。我们走过许多的地方，但大理的自然环境和居住环境给我们留下的印象是最深刻的。

大理有洮商2家，主要经营地毯和旅游品等。

2007年11月30日，在大理考察完成后我们返回昆明。此前我们在丽江已买好了返回兰州的机票。当日下午应丁汝俊博士的朋友——中共云南省委党校教务长、经济学教授马金书夫妇和纳灿辉老师的邀请，我们一同到一家清真餐厅吃饭。当他们得知我们所进行的调研工作内容后，给予了充分的肯定。他们认为，目前在我们从事社会科学研究的专家学者中，能够这样全面地实地考察一个研究对象的人已不多见。不论你们研究的水平如何，价值有多高，但你们的这种吃苦精神和科学态度是值得令人敬佩的，也是非常可贵的。相信你们的研究成果，一定会得到社会的认可。你们所进行的洮商研究，对青藏高原民营经济研究做出了开创性的贡献。

2007年12月1日，吃完早餐后纳老师开车来接我们去机场。我们从昆明登机返回兰州，云南洮商调研工作结束。

◎第六章

# 而今迈步从头越——都市篇

自从1978年中共十一届三中全会以来，沐浴着改革开放的春风，昔日活跃在青藏高原上的洮商中的先行者们已走下青藏高原，跟随市场经济的大潮，开始摆脱原有商业经营模式，向新的商业领域进军。在包括北京、上海、广州、深圳在内的国际性大都市和国外市场中积极寻找发展出路，开拓新的商业渠道。这说明洮商经过几十年的努力探索，已善于捕捉商机，敢于知难而上，不断超越自我，与中国主流经济发展同步而行。

随着时间的推移，经济大潮的发展，洮商已经不仅仅在广阔的青藏高原上驰骋经营，而且已经从青藏高原上面向全国发展自己的经营事业，如不少的青藏高原上的洮商逐步在经营行业的转型发展中，步入到青藏高原的周边大城市或者内地大城市发展自己的事业。如一部分洮商如今在拉萨市、西宁市、兰州市、成都市、昆明市携家带口，购置商品房和经营房地产，加入了当地户口，子女也转学于当地良好的中小学，接受比家乡条件更好的教育，成为这些城市中新鲜的移民群体，而且这一部分洮商在经营理念、经营方式、经营的行业上有了新的起色，如一些人已经投身到电器、信息业等具有一定知识和科技含量的新兴行业，参与到了社会主流经济的大潮中，书写着洮商新的时代诗篇。

2008年2月，调研组丁汝俊博士和摄影师敏生贵飞赴位于珠三角的深圳和广州，先后考察了深圳和广州的洮商。

## 一、南国春早——深圳、广州

深圳是中国四大经济特区之一，位于中国南海之滨、珠江口东岸，与国际大都会香港一水之隔。深圳市面积1952.84平方公里，有常住人口1300万人，是世界第四大集装箱港口，中国第四大航空港和中国第四大旅游城市，也是中国与世界交往的主要门户和窗口之一。

在深圳有洮商5家。1家从事信息和货运业务，另有4家经营餐饮业、旅游品和古玩杂项。

表41　　**广东省深圳市洮商情况调查**

（调查时间：2008年2月16日）

| 业主姓名 | 性别 | 年龄 | 商铺名称 | 坐落位置 | 开业时间 | 从业人员 | 商铺面积 | 商铺租金(月) | 主营 |
|---|---|---|---|---|---|---|---|---|---|
| 马建中 | 男 | 36 | 旅游品商店 | 深圳火车站罗湖商业城2楼 | 2003 | 3人 | 20平方米 | 1660元 | 旅游品、古玩 |
| 敏永其 | 男 | 39 | 清真餐饮 | 深圳市南岖常兴路709号 | 2005 | 12人 | 85平方米 | 1000元 | 餐饮 |
| 敏信真 | 男 | 32 | 兰州正宗牛肉面馆 | 深圳市 | 2006 | 15人 | 75平方米 | 3400元 | 餐饮 |
| 敏云峰 | 男 | 52 | 兰州牛肉面馆 | 深圳市南岖学府路178号 | 2006 | 9人 | 80平方米 | 916元 | 餐饮 |

广州是广东省政治、经济、科技、教育和文化的中心，地处广东省中南部、珠江三角洲的北缘，接近珠江流域下游入海口，总面积为7434.4平方公里，人口已过千万。广州与全国各地的联系极为密切，有“中国南大门”之称。

广州有3家洮商企业——甘肃顺达集团公司广州分公司，主要从事货运、信息及物流业；哈达雅进出口国际贸易公司，主要面向西亚、非洲从事国际贸易；甘肃华羚乳业集团公司广州分公司。

表42 **广东省广州市洮商情况调查**

（调查时间：2008年2月14日）

| 业主姓名 | 性别 | 年龄 | 商铺名称 | 坐落位置 | 开业时间 | 从业人员 | 商铺面积 | 商铺租金(月) | 主营 |
|---|---|---|---|---|---|---|---|---|---|
| 张世平 | 男 | 30 | 甘肃顺达集团广州分公司 | 广州市机场路旧机场北门云霄路快骏业运输服务有限公司院内 | 1999 | 50人 | 4000平方米 | 5666元 | 国际物流、货运代理（印度、尼泊尔专线）、报关报检等 |
| 马建宏<br>敏海林 | 男<br>男 | 35<br>38 | 广州哈达雅国际贸易有限公司 | 广州市麓景路麓景花园90号 | 2001 | 7人 | 305平方米 | 8000元 | 货运代理、服装、建材、机械、电器、家具、日用品等 |

我们在广州调研中，专访了洮商中两位年轻的企业家，现做如下简要介绍：

张世平——甘肃顺达集团公司广州分公司总经理

张世平，临潭县城关镇上河滩村人，生于1975年。1995年初中毕业于临潭县回民中学，是临潭回中成立以来的第一届毕业生。初中毕业后开始进入社会，先是跟车一年，1997—1998年前往西藏日喀则地区聂拉木县樟木镇协助他二哥开铺子两年。期间他学会了一口流利的尼泊尔语。1999年顺达集团公司安排他前往广州市开拓业务。经过一番拼打，他很快在广州站稳了脚跟。几个月后，张世平受命组建顺达集团广州分公司并出任总经理。

张世平刚到广州时，人生地不熟，不懂粤语，不适应南方潮热的气候，不适应南方的饮食习惯，几次想打退堂鼓。但一想到身上肩负的使命，他咬紧牙关一一挺了过来。语言不通，他从头学起；气候炎热，蚊虫叮咬，他经常在汗流浃背中开拓业务，终于蚊虫也不来打扰，身上的痱子也不见了；当时广州清真饭馆极少，租住的地方没处吃饭，他经常自己动手做饭；人际关系不熟，他自己主动上门；客户不上门，他自己主动联络。

“不经一番寒彻骨，那有梅花扑鼻香”。顺达集团广州分公司紧跟市场经济发展的步伐，在实现业务现代化管理的同时，已成功实现网络化经营，业务范围由广州发展到内地，由国内发展到国际，由一国发展为多国。张世平没有辜负顺达集团的期望，他以出色的组织能力和协调能力使顺达集团广州分公司成为广州物流业的一支劲旅，成为中国——尼泊尔唯一公路专线货运公司。兰州、西宁、拉萨、天津、上海等城市通过陆路樟木和亚东口岸运往尼泊尔和印度的物资，大部分是通过顺达集团广州分公司完成。公司员工从最初的2人发展为现在的50人，货物吞吐量从最初的每月3车左右（9.6米车厢）发展为现在的每月45车左右（16米车厢），业务量成倍增长。他为顺达集团公司的总体发展做出了贡献，成为广州洮商中的先行者。

### 马建宏——广州哈达雅国际贸易有限公司总经理

马建宏，临潭县新城镇人，生于1975年。1991年考入兰州经学院学习阿拉伯语，1994年毕业后转赴巴基斯坦白沙瓦师范学院，继续攻读阿拉伯语专业。在巴基斯坦求学期间，有经商天赋的马建宏发现中巴两国之间存在巨大的贸易真空，当地人特别喜欢中国的丝绸，而巴基斯坦的珊瑚也比中国便宜得多，可以说是物美价廉。所以，每年回家时，马建宏不忘带些珊瑚回来拿到临夏或者兰州的市场上出售，回去时又带上中国的丝绸，拿到白沙瓦的“巴扎”（市场）卖掉。每年往返一趟，除赚够自己的学费和机票以外，还有一定的结余。

在巴基斯坦留学期间，马建宏还利用时间刻苦学习英语和乌尔都语。为了锻炼英语和乌尔都语会话能力，求学之余的马建宏经常在伊斯兰堡、拉合尔和白沙瓦一带的市场中进行商业贸易的实践。他一边询问价格，一边锻炼听说能力，而两只眼睛却在纷繁复杂的各色货物中扫视，寻找商业空白点。这为他今后从事国际贸易打下了扎实的语言基础，同时也开阔了他的眼界，锻炼了贸易实践的能力。

1998年，马建宏完成学业后回国。但他并没有像大多数人想象的那样走上普通工作岗位，而是利用自己的语言优势从事皮毛、珊瑚和民族用品方面的跨国生意。2000年马建宏前往阿联酋考察商机，他在迪拜一边给人打工，一边以犀利的目光观察市场。他一口流利、标准的阿拉伯语得到了充分施展，也使他结识了许多阿拉伯世界商界要人。

2001年满怀信心的马建宏回到广州，随即组建了哈达雅国际贸易有限公司并出任总经理。公司名称哈达雅，阿拉伯语意为“不懈奋斗”。即寓意他要在商道上努力拼搏，不懈奋斗。

哈达雅国际贸易有限公司成立之初只有2人，现已发展到10人。起步资金从最初的30多万元发展到现在的600多万元，效益增长20倍。业务量从最初每年40—50个集装箱到现在每年100—200个集装箱。业务范围从亚洲走向非洲，进而发展到美洲。公司客户遍布亚洲的阿联酋、叙利亚、巴勒斯坦、黎巴嫩、沙特阿拉伯、科威特、卡特尔等国，非洲的埃及、利比亚、摩洛哥、阿尔及利亚、南非、毛里求斯等国以及美洲的巴拉圭、巴西等国。可以说，他是具有一定学历，视野开阔，白手起家，勇敢创业的年轻洮商中的优秀代表。

## 团结向上、自强不息的顺达精神

甘肃顺达集团公司发展的过程和董事长张世明兄弟的奋斗历程，可以说展现了洮商团结向上、自强不息的精神。顺达精神是洮商精神的具体体现。

在20世纪50—70年代，由于政策的原因，临潭这块曾经繁华一时的土地，同全国一样经受着贫困之苦，地方经济一片萧条，人民生活处于极度的商品短缺之中。1960年，张世明就出生在这样一个年代。当时，临潭的许多人为了生计远走他乡。

由于时代的原因，身为长子的张世明初中毕业后被迫辍学在家，过早地挑起了家务重担。此时，懂事的张世明已明白了为生存就必须付出艰辛劳动的道理。

1978年十一届三中全会的春风唤醒了沉睡已久的华夏大地。当时临潭物资非常紧缺，张世明的父亲和两位朋友融资开设了临潭县贸易货栈共同经营，在经营期间父亲因病早逝，张世明继承了父亲在贸易货栈的融资股份。但由于长期的生活贫困，人们的消费水平非常低，商品销售能力差，贸易货栈的生意不景气，生意无法正常经营，出现了撤资倒闭的局面。张世明也只拿到了一小部分融资（人民币7000多元），他用2500多块钱还掉了他人债务，给兄弟2700多块钱买了一台二手拖拉机，以维持生活。自己则拿1000多块钱到碌曲、玛曲、若尔盖串乡。但生意不好，无法长期维持家务开支。

1990年在任若尔盖红星车队队长的张国林等几位叔父的帮助下，张世明自己贷款，购买了“解放牌141”货车一辆。从此，他带领几个兄弟，跟随叔父走上靠运输发展起家的艰辛创业之旅。1990年，他带领三弟张世荣，装上进藏的第一车货物，从兰州出发西进青海西宁，沿青海南山经都兰至格尔木市，南下翻越昆仑山口和海拔5500米的唐古拉山口进入西藏，再经安多、那曲、当雄、念青唐古拉峰至拉萨市，沿喜马拉雅山北麓，雅鲁藏布江畔逆江行，到日喀则市聂拉木县珠穆朗玛峰脚下的樟木口岸。一路上高原缺氧，遇大雪封山、遇飞沙走石、涉渡天险，克服种种艰难险阻将货物万无一失地运送到目的地西藏樟木口岸。后他们又多次到樟木运送货物，张世明以商人特有的敏锐眼光和洞察力，看到樟木良好的贸易环境和发展前景，就及时把二弟张世清介绍给一家外贸公司，合作开发边境互市贸易，使他们的业务从单纯运输转向商业贸易。经过几年的拼搏，随着樟木口岸对外贸易的快速发展，到1997年，已累计增购车辆12辆，解决临潭本地贫困户青年就业30人。同时，边境贸易经营也有了长足发展，在4—5年间共发货120车（次）货物。

1997年张世明瞅准了物流运输这个行业巨大的发展潜力，把运输业作为自己事业的起步石。当时正值改革开放初期，流通领域暗藏着巨大的潜力。于是他带领着自己的兄弟，东去兰州，南行四川、武汉、湖南、广州、上海、浙江等地，西走青海、西藏、尼泊尔、印度等地，在这些城市间，将各地物资通过汽车运输调剂余缺。几年中在川藏线、在青藏线，张世明同他的兄弟们，伴着汽车的马达声而眠，喝着高原的雪水而行，硬是凭着一股不怕苦的精神，使自己的事业逐步壮大。

为了进一步巩固和发展业务，在1997年下半年，张世明调二弟张世清在成都设立第一个办事处，成为和各外贸企事业单位打交道的平台，但由于经营性质是个体经营，在跟外贸企业签订货运合同时，因没有健全的营运证照，严重制约着办事处的发展，在这关键时刻，又是张世明提议在临潭成立顺达商贸有限责任公司，以应对瞬息万变的市场变化。他倾其全部资金，于1998年正式创建成立了临潭第一家私营长途物流运输企业——临潭顺达商贸有限责任公司，使其业务从零散化经营走向规模化经营，公司也进入了一个全新的发展时期。成都办事处和樟木办事处的业务快速延伸扩张，打交道的国内外企业不断增加，业务面也更加广阔。公司从一开始单纯货运服务发展到相互提供商务信息、物流信息、商品代购、代销、仓储服务和海关代理报关、报检等业务。他们这种方便客户、服务客户、信誉第一的运行机制，使国内外客户与该公司建立了互信互动的稳定关系。

1999年他们决定在外贸大省广东设立公司第三个办事处。广州办事处是顺达公司的业务发展在沿海发达城市立足的前哨站，是顺达公司业务发展中成功的一笔。为此，顺达公司的业务量迅速上升，整体效益明显提高。同时，由于公司的发展，人才的重要作用也开始凸显出来。张世明很快意识到这个问题的重要性，开始在临潭招聘了一批具有一定的外语水平、懂电脑的大、中专毕业生和专业人才，把顺达公司的业务从以前的粗放式经营转化成科学化、网络化经营，成功地降低了公司的营运成本。此后，公司将广州办事处的营运模式相继在浙江义乌、桐乡、柯桥、福建晋江等地进行了推广。到2004年年底，顺达公司已投资2000万元在全国设立了广州、福建、义乌、上海、成都、重庆、兰州、西宁、拉萨、樟木、合作、卓尼等12家（网点）及尼泊尔正通快运公司。"兰州正通快运公司"从一开始单纯提供仓储服务，发展到现在已成为集货运、仓储、中转为一体的物流中心，为总公司架起了连接东西南北的顺达之桥。

经过几年的发展，顺达集团公司的车队由当初的一辆解放牌卡车发展到89辆（其中包括部分在公司名下挂靠的车辆）新型的大吨位的卡车，固定资产达到149万元，总资产达到205万元，并陆续在四川成都、甘肃兰州、广东广州、深圳、浙江义乌、柯桥、桐乡、福建晋江、石狮、厦门和西藏樟木等地以及尼泊尔、印度等国设立了办事处，从事物流运输业和信息服务业。

顺达公司经济效益从1996年以来，每年都成倍递增。到2005年5月资产总投资近亿元，固定资产达3800多万元（包括金洮良种牛繁育基地及800吨冷库屠宰生产线的投资），累计安全发送货物8000多车9.6万吨，价值2.6亿元，支付运费6800万元，支付工资130万元。

顺达公司从1995-2005年共安置待业青年和下岗职工（藏、回、汉）260多人就业，另有500多人间接受益。累计给国家上缴税款800多万元，为地方经济建设做出了积极贡献。与此同时，张世明为家乡还积极捐资助学，救助贫困，关心社会公益事业，共累计捐款达126万元。

甘肃顺达集团从拥有几辆货车的运输小企业，经过18年一个家庭中几位弟兄的团结合作、艰苦拼搏，至今已发展成为以经营电力为主，物流、信息以及畜产品生产加工综合发展的集团性企业，取得了良好的经济效益和社会效益，对地方经济发展做出了自己的贡献。可以说，甘肃顺达集团是家族式企业中一个成功的范例。

## 二、漫步首都——北京

2008年7月洮商调研组敏文杰博士和摄影师敏生贵前往北京和上海考察洮商。7月14日他们从兰州中川机场起程，两个小时后到达首都国际机场。

北京是中华人民共和国的首都，是全国的政治、经济、文化、教育和交通中心，世界闻名的历史文化名城，有许多闻名于世的名胜古迹和人文景观。北京市总面积1.68万平方公里，人口1184万人，少数民族占总人口的3.84%。这里人才荟萃，中外商家云集，充满商机和活力。

北京洮商有8家，拥有资金382万元，年上缴国家税收11.56万元，年支付当地租金44.16万元，从业人员34人。主要经营餐饮、民族用品、中药材和古玩杂项等。

表43　**北京市洮商情况调查**

（调查时间：2008年7月11-14日）

| 业主姓名 | 性别 | 年龄 | 商铺名称 | 坐落位置 | 开业时间 | 从业人员 | 商铺面积 | 商铺租金(月) | 主营 |
|---|---|---|---|---|---|---|---|---|---|
| 马义仁 | 男 | 40 | 鸿仁香清真餐厅 | 宣武区白广路德泉胡同12-2号 | 2004 | 10人 | 85平方米 | 8000元 | 餐饮 |
| 敏文炳 | 男 | 33 | 达吾德美食城 | 北京市宣武区珠市口西大街113号 | 2004 | 9人 | 120平方米 | 3800元 | 餐饮 |

续表

| 业主姓名 | 性别 | 年龄 | 商铺名称 | 坐落位置 | 开业时间 | 从业人员 | 商铺面积 | 商铺租金(月) | 主营 |
|---|---|---|---|---|---|---|---|---|---|
| 敏孝忠 | 男 | 44 | 雪域山珍 | 宣武区前门 | 2006 | 2人 | 40平方米 | 5000元 | 土特产兼旅游品 |
| 郗文海 | 男 | 43 | 古玩杂项 | 朝阳区潘家园旧货市场2区12排25号 | 2002 | 2人 | 12平方米 | 1250元 | 玛瑙、珊瑚、铜器、琥珀 |
| 苏海光 | 男 | 22 | 古玩杂项 | 朝阳区潘家园旧货市场2区12排6号 | 2006 | 1人 | 12平方米 | 1250元 | 古玩、杂项 |
| 刘玉清 | 男 | 26 | 琦晖堂 | 朝阳区北京古玩城2楼45号 | 2007 | 4人 | 16平方米 | 4500元 | 玛瑙、珊瑚、铜器、琥珀 |
| 敏正仲 | 男 | 46 | 东嘎藏饰 | 西城区西四南大街54号 | 2006 | 2人 | 40平方米 | 10000元 | 珠宝、饰品 |
| 马苏里麻 | 男 | 40 | 兰州优质牛肉面馆 | 大兴区平安路北二条16号 | 2006 | 4人 | 80平方米 | 3000元 | 餐饮 |

北京洮商个案访谈：敏文炳（北京宣武区达吾德餐厅经理）

时间：2008年7月14日

地点：北京宣武区达吾德餐厅经理办公室

问：听说你高考前夕弃家而走，闯入商海，不知当时如何考虑的？

答：我1974年出生于临潭县城关镇上河滩村，父亲是一位小学教师，母亲是一位善良的家庭主妇。可能因为是教师的缘故吧，从小我父亲对我抱有很高的期望值，所以平时对我们的管教很严。1994年即将参加高考的我，由于无法承受生命之重，高考的压力、父亲的愿望、老师的期盼、亲人的祝福一起向我袭来，我过多地考虑了考不上大学给他人而不是给自己造成的后果。与此同时，我也对自己的学习做了冷静的分析，认为考不上大学的可能性更大，这样家人肯定会失望之极。经再三权衡，我决定让他们失望在先，这种失望对我来说比考不上大学的失望更能接受，于是在高考前夕断然弃考走人，另找出路。

问：请你谈谈个人的主要经商经历。

答：1994年高中毕业前夕我离家出走后步入商海，先去青海省果洛州甘德县与人合伙开铺子，经营过程中不慎上当受骗，最后导致血本无归（损失36750元）。后来我投身餐饮行业，学习拉面技术，在临潭某餐厅干了一年，后经朋友介绍来北京打工，白手起家，从拉面开始，学习炒菜，边干边学。五年之后，在北京郊区门头沟自开一家小拉面馆，由于闹纠纷，致使拉面馆倒闭，亏损17000元。

无奈之余，又在外地人的饭馆打工掌勺两年。期间配菜、炒菜技术逐步提高，积累了丰富的餐饮业经营和管理经验，为日后的发展奠定了基础。有一次，在前门开饭馆时，东北人控制的黑社会前来滋事，吃饭不给钱，僵持30分钟时间，后来对方（6人）见我们人少（只有2人），于是大动干戈，想通过武力解决。情急之下，我拿起菜刀跟他们拼命，对方落荒而逃。自那以后，黑社会对我们敬而远之。

问：请你谈谈达吾德美食城的运营情况。

答：2002年我在北京前门自己开了一家小饭馆，生意渐渐有了起色，第一年盈利8万元。2004年6月由于前门拆迁，就搬到珠市口继续经营，也就是现在的达吾德美食城。之所以命名为达吾德美食城，是因为我的经名就叫达吾德，凡是穆斯林顾客一看就明白。达吾德美食城先期投入资金6万元，主要用于购置桌椅碗筷等，招募员工5人。达吾德美食城开张后，生意日渐兴隆，回头客很多，就连外国人也时常光顾，平均每年盈利20多万。随着生意的进展，餐厅员工紧张，恰好儿子又到了上学的年龄，于是我决定将家里人接到北京，这样妻子成了餐厅的主要帮手，儿子在北京就近上学。这样，既增添了人手，又解除了后顾之忧。达吾德美食城现有员工7人，以西北风味而见长，可同时接待50人用餐。

我妻子到来后，负责餐厅的日常运营，我专门负责进货购物。餐厅所需牛羊肉来自牛街清真牛羊肉市场，每次我都是亲自选购，严把质量关。餐厅所需米、面、油等由河北大厂县一回民老板送货上门。餐厅所需蔬菜也是在专门地点购置，扣除所有费用，餐厅月收入一般在1万元以上。除此之外，我还在一家演艺公司兼职负责音像技术，虽然是个粗活，但每月也有2000元的收入。

问：能否谈谈在北京经商的体会以及你今后的打算？

答：北京毕竟是中国的首都，发展空间大，人文素质高，社会治安好，经商环境比较理想。另外，北京文化发达，眼界开阔，对孩子的成长和教育大有益处。但另一方面，北京商家云集，竞争激烈，房租贵，物价高。作为外地人要在北京拼打，就要付出超常的努力，否则没有立足之地。

至于我今后的打算，落叶归根是所有离乡人的愿望。北京再好，毕竟没有家乡的那种情怀和气息。随着父母亲年纪的增长，作为儿女，思乡之心日切。我个人打算在北京继续拼打5—8年，完成一定的资金积累后计划回老家搞养殖业，这也算是一种衣锦还乡吧。搞餐饮虽然能挣钱，但毕竟太累，要起早贪黑，忙里忙外，作为外地回民还受某种难以名状的歧视。另外要把餐饮做大做强，就得跟酒打交道，那也不符合我的初衷。因为穆斯林是严厉禁酒的，而无酒的餐厅在北京的确举步维艰，这也决定了到一定阶段我必须转行，另寻商机。

问：听说2005年上半年的贵州传销案卷入了不少临潭人，而你也是受害者之一，能否简要介绍一下情况？

答：贵州传销案的确卷入了不少临潭商家，受骗上当者中以文化水平低为主，有老人、哈吉、学生、商人、农民、老师、国家干部。而且该案的确闹得沸沸扬扬，我是那次传销案的间接受害者。最早在北京我弟弟的一位同学给我弟打电话，说他们在贵州做海鲜生意，规模很大，有2辆冷藏车，有3个摊位，每天纯利润达上千元，听着的确动人。为防万一，我决定先让弟弟前往贵州考察，然后再做决定。我弟去贵州之后一个礼拜音信全无。

一周后，我弟突然从贵州六盘水打来电话，说这段时间帮他们进货很忙顾不上打电话。还说朋友已帮他找了个摊位，竞争相当激烈，急需大笔资金，让我赶紧汇过去6000元订金。过了两天，我弟又来电话，说摊位已定妥，生意已进入状态。还说那边同学们对他照顾有加，生意特忙，最好你也把北京的餐厅关掉，到贵州给他们帮忙，去挣大钱。

我接到电话后，不敢怠慢，于是从北京坐火车赶赴贵州。三天后我在六盘水下车，有人专门接车。下午3点左右之后到达他们的居住点，接待的人均为临潭县人。该居住点为一居民小区，3居室房间，里面饭菜准备停妥。进门后，我疑惑顿生。我的商业嗅觉告诉我，气氛根本不是贩卖海鲜的迹象，屋内整洁。我带着疑惑，提议要去看摊位。他们说饭后再去，于是我和他们一起用饭，饭后2小时出发，七拐八拐进入另外一个居民小区6楼。上楼之前我问，你们的市场在何处？他们回答说在前面不远处。我们进入6楼后，屋内摆桌子一张，三张凳子，居中凳子较高，有一20岁左右的女性。

我坐定后，她问你知道事情真相吗？我问什么真相？她回答：我们这里其实没什么海鲜，你弟给你撒了一个白色谎言（意为善意的谎言），也是为你的前途着想，你能接受吗？

我顿时明白上当了，他们是在搞传销。我举杯准备泼向女子，被我弟等人奋力劝住。谁知该女子又说，你尽管发泄吧，你的心情我们理解。无奈我下楼准备登记旅馆，但他们说，不必了，铺盖、床位已为你准备好了。

我当即以不习惯为由予以拒绝，我对弟弟说他们搞传销。我弟最初不信，于是我们找到一家网吧。其间我们被人跟踪，用了一个小时才摆脱跟踪。在网上我打了“传销”二字检索，出现的内容跟他们所说的毫无二致，而且当我搜索他们公司名称——深圳文斌有限责任公司，发现该公司早在1985年就倒闭。接着我给临潭的杨勺布（原先搞过传销）打电话确认。杨勺布劝告千万不要上当，我弟等方才相信。我经历的传销活动就是这些，希望人们勤劳致富，诚实经营，不要盼望发横财。

## 三、相聚黄浦江畔——上海

上海地处长江三角洲入海口，是中国最重要的门户之一，中国最大的商业和金融中心，也是驰名世界的国际港口城市和购物中心。全市总面积达5800平方公里，人口1349万，其中市区人口约870万，是中国第一大城市，也是世界大都市之一。

上海有洮商企业2家，上海阿敏生物技术有限公司，主要生产和销售高科技生物制品；酷换网络科技有限公司，主要经营电子商务。另有8家洮商商铺，拥有资金1310万元，年上缴国家税收9.26万元，年支付当地租金116.64万元，从业人员46人。主要经营古玩杂项、旅游品和首饰品等。

表44　　上海市洮商情况调查

（调查时间：2008年7月16-18日）

| 业主姓名 | 性别 | 年龄 | 商铺名称 | 坐落位置 | 开业时间 | 从业人员 | 商铺面积 | 商铺租金(月) | 主营 |
|---|---|---|---|---|---|---|---|---|---|
| 丁光远 | 男 | 30 | 酷换网络科技有限公司 | 黄浦区河南南路1001弄18号楼101室 | 2003 | 6人 | 150平方米 | 7000元 | 网上销售时装、房地产等 |
| 丁目沙 | 男 | 36 | 亚泰银饰第二分店 | 黄浦区福佑路333鄂尔多斯广场B-15号 | 2003 | 4人 | 29平方米 | 15000元 | 银饰、珠宝、皮具等 |
| 张志平 | 男 | 29 | 印度所罗门珠宝公司 | 黄浦区福佑路427号2楼222-223 | 2000 | 15人 | 50平方米 | 40000元 | 印度及尼泊尔珠宝、首饰 |

续表

| 业主姓名 | 性别 | 年龄 | 商铺名称 | 坐落位置 | 开业时间 | 从业人员 | 商铺面积 | 商铺租金(月) | 主营 |
|---|---|---|---|---|---|---|---|---|---|
| 冶海录 | 男 | 36 | 西藏古艺阁 | 黄浦区城隍庙上海老街404-2号 | 2005 | 6人 | 16平方米 | 13000元 | 古玩、旅游品、中药材 |
| 敏生华 | 男 | 24 | 316冷钢饰品 | 黄浦区427号1楼40号 | 2003 | 3人 | 4平方米 | 5000元 | 冷钢系列饰品 |
| 马承祖 | 男 | 27 | 华泰银饰 | 黄浦区福佑路427号2楼242-243号 | 2003 | 4人 | 12平方米 | 6500元 | 银饰系列 |
| 敏生光 | 男 | 25 | 亚泰银饰第一分店 | 黄浦区福佑门小商品批发市场1楼89-90号 | 2003 | 5人 | 12平方米 | 6500元 | 银饰系列 |
| 马正伟 | 男 | 23 | 芭顿银饰 | 黄浦区丽水路悦圆商厦1楼A2-3号柜台 | 2007 | 3人 | 5平方米 | 4200元 | 银饰 |
| 苏 翰 | 男 | 39 | 阿敏生物技术公司 | 张江高科技园区 | 2003 | 12人 | 200平方米 | | 生物制品 |

上海洮商个案访谈之一：丁光远（酷换网络科技有限公司总经理）

时间：2008年7月18日

地点：上海市好景门宾馆

问：能否简要介绍一下自己的从商经历?

答：我出生于临潭县长川乡长川村。1992年小学毕业后到西藏那曲开铺子，1999年底那曲生意亏本，闲居在家2年时间。2001年我带1万多元资金只身闯荡大上海寻找商机。最初我先摆地摊，10个月之后转为小店经营一年之久。2003年我经英国朋友介绍，逐渐了解电子商务国际平台，先到培训班，又学电脑又学英语。在此之前，我连QQ都不会聊，但很快就适应和熟悉了业务。2003年4月正式注册公司，主要经营唐装。2003年年底，在上海购置一套房，2004年到北非利比亚首都的黎波里考察商务，但徒劳而返，便继续在沪从事网络销售。2005年我到海南三亚购置2套房，2006年继续购置临夏、冶力关房地产，2007年购置深圳房子，年终又在广东惠州购置房子1套，2008年上海浦东新房1套。但2008年股票大跌，亏损了35万元。

问：能否谈谈经商过程中最难忘的经历？

答：2002—2003年期间，由于资金短缺，原有摊位销售不佳，急需店面。我谈好一家店面后，付了1000元订金。但在交接时，由于资金短缺5万元，无处筹备。无奈之际，向一位在上海交通大学读书大连籍学生刘玫娜（此前认识）说明情况后，她主动给我借了5万元。当我拿到钱后，感激之余，也有沉重感。我对她说："有可能我还不了你的钱，你要想清楚。我是不想赖账，但生意上没高低"。她说："我相信你的能力，你一定能走出困境"。8个月后，我生意好转，作为回报，我给刘玫娜2万元现金，1万元货物，对方欣然接受。

问：你是如何从事商务活动的？

答：2003年我一位英国朋友爱丽丝（Alise）由于工作繁忙，无法全身心地投入，她邀请我帮忙，并给我介绍有关电子商务知识。从此我对电子商务逐渐产生兴趣，开始介入国际电子商务。后来我自己尝试通过网络平台做生意，最初经营惨淡。主要原因是自己的文化水平，特别是英文、计算机应用技术极差。正在无奈之际，2003年年底我认识了华东师范大学计算机专业毕业生周小哲和李金波，他们已开发了一种类似于阿里巴巴的BTB电子商务平台，在上海城隍庙招收会员，希望商家在他们开发的平台上发布供求信息。有一天他们进入我开设的商店推广，于是我成为他们整个电子平台中的第一个客户。之后，大家互相有了进一步的了解，周小哲下班之余用英语帮我回答客户的邮件，同时帮我学计算机应用相关技术。经过一个月的强化学习之后，加上他们的帮助，一个月在网上销售了3000美元，第二个月有所增长，之后节节攀升。第三个月，两人提出加入我的电子商务平台销售，成为生意合伙人。我把所有的3万资金放成了启动资金，他俩凭技术入股。1年之后我们每人赚了40万元左右，为今后的发展奠定了基础。

2005年，周小哲的母亲也加入了我们的团队，她是地道的上海人。此时李金波已分出，周氏母子也提出分为2个团队发展，而我带3个人出来在黄埔科技创业中心创办了现在的公司。

一次偶然的机会了解到别人在网上做耐克运动鞋销售平台，我便点击进入后与对方联系。对方名叫张琴，我向她虚心请教，了解货源及销售状况。我们二人虽未谋面，但经常联系，使我进一步熟悉了相关业务。后来我得知张琴在别人手下打工，于是经协商，我以公司30%的股份作为回报，吸收张琴到我公司来工作，使其成为公司核心成员，一直到现在。2007年年底，我们结为夫妻，双双搏击商场。我想，我们洮商有许多其他商人所不具有的优势，但也有致命的一些劣势。主要是要提高文化教育水平，紧跟时代发展的步伐，用开阔的视野，充分利用现代高科技手段发展自己。也许这是今后我们发展的一个重要方向。

上海洮商个案之二：苏翰（上海阿敏生物技术有限公司总经理）

时间：2008年7月18日

地点：上海市好景门宾馆

问：你是目前洮商中学历最高的一位，能否简要介绍一下自己的求学经历？

答：我1968年出生于临潭县城关镇左拉村，1987年考入上海华东师范大学生物系，1992年毕业获理学学士学位。毕业后任教于甘肃省白银市某中学。1994年9月我再度考入母校华东师范大学生物系攻读硕士研究生，研究方向为微生物学，1997年6月获理学硕士学位。毕业后我就职于上海科华生物技术公司，期间参与创办了《上海穆斯林》杂志，并作为主要撰稿人之一。我也参与创办了国内最早的穆斯林网站——“中国伊斯兰在线”。2003年辞职创办上海阿敏生物技术有限公司并出任总经理。

问：作为公司的创使人，请简要介绍一下阿敏生物技术有限公司的有关情况？

答：阿敏生物技术有限公司目前是国内研制、生产、销售 Halal 生物制品（Halal, 中文译为“清真”）的高科技企业。

阿敏公司在上海张江高科技园区建立了研发中心和营销中心，在青海西宁拥有1.7万平方米，符合 Halal 要求的生产基地，在甘肃广河建有2万平方米的初级产品生产厂，并且在马来西亚吉隆坡设立了海外销售中心。我们希望将阿敏Halal生物制品快速推向国际市场，成为全球最大的 Halal 生物制品供应商。

“发展生物技术，振兴清真产业”是阿敏公司发展的宗旨。阿敏公司立志以先进生物技术为全球清真产品消费者提供种类齐全、价格适中的Halal生物制品。这些生物制品可广泛应用于医药、食品、饮料、保健品、化妆品、饲料以及家用化学产品等，在广大穆斯林国家和地区深受欢迎。目前公司生产和经销的主要产品大类分为Halal多糖类、Halal蛋白质类、Halal酶类以及Halal生物材料检测试剂盒等。

阿敏公司拥有一批专业的技术人员，全部具有大学及以上学历，其中80%为硕士，并有3位博士和1位博士后。这些技术人员来自全国知名的生物化学和医药企业，拥有多年的研发和生产经验，对企业的发展贡献很大。充分利用高科技人才资源，可以说是我们公司快速发展的一条重要经验。

# ◎后　记

经过一年多时间的调研和半年多紧张的写作，本书总算定稿了。我们感到激动，也感到轻松了许多。

为了完成甘肃省2007年度哲学社会科学规划项目——《临潭回族史》，弥补对于洮商研究遗留下的历史缺憾，客观地展现青藏高原上具有区域性、民族性的独特商人群体——洮商在特殊区域所进行的经济活动现状、重要贡献、商业伦理和精神风貌，获得第一手丰富的研究资料，2007年5月，我们组成由科研项目负责人、甘肃省委党校校长助理、经济学博士、博士后丁汝俊教授为组长，宁夏社会科学院回族伊斯兰教研究所副所长、研究员丁克家博士，西北民族大学马克思主义学院副教授敏文杰博士，临潭县冶力关风景管理区专职摄影师敏生贵，司机张世文参加的5人洮商调研组。在中共甘肃省委党校、宁夏社会科学院、中共临潭县委、临潭县人民政府和其他有关部门以及全国各地洮商们的大力支持与配合下，于2007年7-9月，调研组先后驾车从青藏线、川藏线两路深入到青藏高原腹地洮商主要经营县域进行调研；2007年11月-2008年7月，又先后赴云南迪庆、昆明、丽江、大理、深圳、广州、北京、上海等地对洮商的经济活动进行了实地考察；2008年5-6月，对甘肃省临夏、合作、碌曲和兰州等地的洮商进行了调研，总计行程4万多公里。

洮商调研组历时一年多，共拍摄照片2.8万多幅，拍摄录像带69盘，召开座谈会33次，登记调查问卷1500份，个案调查120人次，撰写行程记录40余万字。特别是调研组一行5人长途跋涉，到达了自然条件艰苦的甘、青、川、藏、滇广大青藏高原腹地进行实地考察，行程2万多公里，克服了高原反应、路途凶险、气候生活不适应等许多从未遇到过的困难，终于完成了调研任务中最艰苦、最重要的工作，获得了第一手重要而丰富的研究资料。

本书的完成凝结着调研组全体成员的智慧和汗水。全书是在科研项目主持人丁汝俊策划和具体组织下完成的。丁汝俊负责考察路线设计和工作任务的确定。调查问卷和表格由敏文杰和丁汝俊设计，问卷记录的填写由敏文杰、丁克家和丁汝俊完成。全书基本框架由丁克家初步设计，丁汝俊和敏文杰修改确定。本书初稿主要由敏文杰负责完成，丁汝俊负责全书的调整、增删、数据统计、修改等统稿工作，并撰写了部分书稿内容和前言、后记。书中所配插图由敏生贵拍摄和设计。

为了完成调研任务和本书的写作，我们还做了以下主要工作：

一、从参加规划项目——《临潭回族史》课题组的十一个成员中选拔了具备一定学术水平、调研经验丰富、身体状况适应青藏高原生活环境，熟悉民族地区情况，具有经济学、人类学、民族学等学科背景的青年专家学者参加洮商调研工作。

二、调查内容按经济学、人类学调查要求完成。本课题立项后，调研组首先做了充分的物质准备——一辆越野车、两架摄像机、三台笔记本电脑、四个移动硬盘、四架数码照相机、两个氧气瓶以及录音笔、扫描笔等。

三、经多次征求部分洮商意见，调研组设计了详尽的考察路线和工作阶段划分，按照经济学学术研究要求，设计了调查提纲和调查表格。

四、在调查过程中，采取总体与个体、定性与定量相结合的调查方法，以体现调查对象的经济性与社会性、历史性与现实性。在调研资料的获取上，采用召开座谈会、个案专访、第三者评价、问卷调查、现场录像以及观察分析等方法。

五、在写作方法上，本书力求客观、全面、公正。个案采访的内容尽量按采访者的自述方式记录，没有做过多的文字修饰，以客观反映被调查者的个体性，使读者通过此书透视洮商具体的从商经历和不同地区洮商整体发展的脉络。

由于洮商具有600多年的历史，且经济活动分布地域广阔，内容丰富多彩，仅用25万多字的专著是难以做出详尽的记录，只能是挂一漏万。正如我们此次调研的阶段性科研成果之一、已出版发行的画册——《青藏高原上的洮商》后记中所说："洮商从商的经历、日常生活的艰辛、个人成功与失败的泪水，每每感动着我们。几乎每一个上了年纪的洮商都是一部浓缩的奋斗史、拼搏史；每一个洮商的奋斗足迹都是一部感人的个人传记……这一切，都给我们留下了终身难以忘却的记忆；这一切，也绝非一本书、一本画册、两张光碟所能记录”。

我们相信，洮商的经济活动、历史贡献、商业精神和商业伦理以及时代特征，必将引起国内外经济界、新闻界以及学术界的足够关注、报道和进一步研究。

在这里，我们要感谢中国社会科学出版社对本书稿给予的客观评价，感谢该社资深编辑黄燕生编审的大力支持和辛勤工作，使本书得以按期出版。

我们要感谢在青藏高原上奋力搏击、开拓进取的洮商们，感谢他们对我们的热情接待和大力支持。更重要的是感谢他们为祖国边疆的稳定，为民族地区的经济社会发展和文明进步，为各民族间的团结与和睦相处所做出的特殊而重要的贡献。

由于我们的调研工作受时间、经费、人力等条件的限制，作为第一本洮商考察记行，书中遗漏或错误再所难免，恳请广大读者和洮商们批评指正。

作　者

2008年12月29日